广东省普通高等学校
成人教育研究论文集

【第六辑】

廖仕湖 主编

西南师范大学 出版社

国家一级出版社 全国百佳图书出版单位

图书在版编目(CIP)数据

广东省普通高等学校成人教育研究论文集.第六辑 /
廖仕湖主编. -- 重庆:西南师范大学出版社,2017.11
　　ISBN 978-7-5621-9073-8

　　Ⅰ.①广… Ⅱ.①廖… Ⅲ.①成人教育–高等教育–
文集 Ⅳ.①G724-53

　　中国版本图书馆CIP数据核字(2017)第264604号

广东省普通高等学校成人教育研究论文集·第六辑

廖仕湖　主编

责任编辑:周明琼
装帧设计:闽江文化
排　　版:重庆大雅数码印刷有限公司·张祥
出版发行:西南师范大学出版社
　　　　　　地址:重庆市北碚区天生路2号
　　　　　　邮编:400715　市场营销部电话:023-68868624
　　　　　　网址:http://www.xscbs.com
经　　销:新华书店
印　　刷:重庆紫石东南印务有限公司
开　　本:787mm×1092mm　1/16
印　　张:24.75
字　　数:476千字
版　　次:2017年11月　第1版
印　　次:2017年11月　第1次印刷
书　　号:ISBN 978-7-5621-9073-8

定　　价:88.00元

编 委 会

前 言

近年来,广东省普通高等学校成人教育研究会组织理事院校积极开展继续教育理论研究与实践探索,撰写了一批获学术界和教育界人士好评的研究论文。为了更好地促进普通高等学校继续教育理论与实践的研究,推动广东省普通高等学校继续教育规范办学与转型发展,本研究会收集了理事院校2013年以来部分省级或省级以上成人教育优秀论文及调研报告,在省级或省级以上刊物公开发表的论文,各级立项的成人教育研究课题的论文,研究会年会、专题研讨会交流的论文及其他具有一定创新性和前瞻性的论文,编辑出版《广东省普通高等学校成人教育研究论文集(第六辑)》。

本论文集荟萃了广东省普通高等学校继续教育工作者在继续教育教学、管理、改革等方面的研究成果,凝聚着继续教育工作者的心血,在一定程度上也反映了广东省继续教育理论研究的水平。

本论文集(第六辑)由西南师范大学出版社出版发行,旨在为广大继续教育工作者提供理论和实践的借鉴和参考,为继续教育工作者对继续教育的创新和改革提供一些启发,期望能够抛砖引玉,引发出广东省继续教育研究领域更多理论性和实践性的著述。

由于编者水平有限,本论文集难免存在不足之处,恳请继续教育专家、同仁和广大读者予以指正。

广东省普通高等学校成人教育研究会

2017 年 5 月

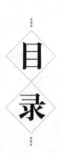

目 录

实践探索篇

理论研究篇

xMOOC对学历继续教育教学改革的启示[①]
——基于教学要素理论的分析

华南农业大学 高建军

广东白云学院 黄大乾

摘要：本文从教学七要素：教师、学生、教学目的、教学内容、教学方法、教学环境、教学反馈七个方面，对传统成人高等学历教育、网络教育和xMOOC的教学进行比较分析，并对今后学历继续教育教学改革提出意见和建议，即注重课程教师团队建设；完善适合成人学生的教学管理机制；设定科学的教学目的；教学内容应与理论知识、技能培训、思想和情感教育并重；实施混合式教学并注重微课、翻转课堂的运用；重视教学反馈信息的收集与利用。

关键词：xMOOC；学历继续教育教学；教学要素

MOOCs自产生以来迅速风靡全球，尤其自2012年开始，基于Coursera、Edx、Udacity三大平台的xMOOC更是对传统高等教育产生了革命性的影响。国内教育界也纷纷将目光投向MOOCs，密切关注并深入研究、实践cMOOC、xMOOC、SPOC，期望能够借鉴MOOCs理念对我国传统高等教育在教学模式、课程设计等方面进行深层次的变革完善。本文基于教学七要素理论，重点对传统成人高等学历教育、网络教育和xMOOC在教学方面的优劣进行了比较分析，并对学历继续教育教学改革提出

① 课题来源：广东省普通高校成人教育研究会2014年度成人教育专项课题重点立项课题"MOOC时代成人教育网络课程资源建设——基于xMOOC模式的研究"研究成果，项目编号：Pgy14103。

了意见和建议,希望能对我国学历继续教育办学高校或机构今后教学改革的实施提供借鉴。

一、教学七要素理论

教学要素是指构成教学活动(系统)的单元或元素,是教学论研究的基本问题。我国著名教育家李秉德教授应用系统论的分析方法,提出了教学七要素理论,在教育界获得了大多数专家学者的认可。教学七要素包括:教师、学生、教学目的、课程(教学内容)、教学方法、教学环境、教学反馈。本文从教师的配置及分工,学生学习的灵活性和自由度,教学目的是否有明确的专业培养标准,课程目标是否服务于专业培养标准,教学内容的开放程度,教学方法和教学环境是否满足课程目标实现的要求和提供有效的教学质量保障,教学反馈是否及时、准确等七个方面对传统成人高等学历教育、网络教育和xMOOC的教学进行比较,评价各教学模式在教学过程中存在的优劣。

二、成人高等学历教育、网络教育和xMOOC教学七要素比较

(一)教师的配置及分工

教师是教学过程中传授知识并指导学生学习的人,在教学过程中教师的职责及工作量大小直接影响着最终的教学质量。

传统成人高等学历教育的教师在面授教学过程中,既是主讲教师,又是教学活动的组织者,教学任务繁重。繁重的教学任务和课堂面授教学限制了优秀教师服务于学生的规模。随着学生规模的扩大,优质师资紧缺、教学质量参差不齐的问题日益突出。

网络教育课程的教师由一位主讲教师和若干在线辅导教师组成,主讲教师和辅导教师的分工有效分解了教师繁重的教学任务,并且通过网络教学有效实现了优质教师资源的共享,也适应了学生规模扩大的需求。但是因为分工明确,主讲教师和辅导教师之间,以及辅导教师之间缺乏沟通或根本无法实现有效沟通,大家对课程目标的认识容易出现偏差,教学活动的组织也千差万别,从而也无法有效克服教学质量参差不齐的问题。

xMOOC课程教师由一个教学团队组成,主讲教师和辅导教师的分工比较模糊。xMOOC像网络教育一样,通过网络教学有效实现了优质师资资源的共享和满足了学生规模扩大的需求,并且在教学质量保障方面,因为教师团队内部沟通的有效性和便捷性,每位教师对课程教学目标都有统一的认识,教学活动也统一组织开展,从而避免了课程教学质量参差不齐的问题。

(二)学生学习的自主性和灵活性

学生是课程知识的接受者,学历继续教育的学生利用业余时间开展学习,因此对学习过程具有较高自主性、灵活性的需求。另外,师生、生生间便捷、畅通的交流沟通也是影响学历继续教育学生学习积极性的重要因素。

传统成人高等学历教育中,学生在教学过程中处于被动接受知识的地位,没有学习的自主性。且受课堂教学时间、空间的限制和课外沟通的不便利,学生学习的灵活性不高,学生与教师以及学生之间的交流、讨论非常有限。

参加网络教育的学生在教学过程中具有完全的自主性和灵活性,学生可以完全按照个人意愿完成课程学习,学生与辅导教师存在有限交流,同学间的交流沟通也较少。在学习过程中基本没有来自主讲教师或辅导教师的督促,学生处在一种自由学习状态。

参与xMOOC学习的学生,在学习过程中具有一定的自主性和灵活性,但是需要根据课程计划的安排,在规定时间内完成既定的学习任务。教师团队会在课程及各章节学习前、中、后及时提醒学习进度,督促学生完成学习任务。学习过程中学生与教师之间、学生与学生之间可以通过多种渠道或课程论坛等开展交流。

(三)教学目的的设定

教学目的是课程教学应该达到的目标,直接服务于国家人才培养规格和学校专业培养标准的要求,对教学内容、教学方法、教学活动等具有直接指导价值。

传统成人高等学历教育经历几十年的发展与完善,在人才培养规格、专业培养标准和课程教学目标设置方面,都已经形成完善的体系。专业培养标准严格服务于成人高等学历教育人才培养的规格要求,且对课程设置、学制的安排都有比较成熟、完善的指导方案。传统成人高等学历教育教学目的明确,符合各办学高校和机构专业培养要求,对教学方法的采用、教学活动的组织具有明确的指导价值。

网络教育经过十多年的试点,在人才培养规格、专业培养标准和课程教学目标的设置方面,也已经相对完善。但在教学过程中因学生规模庞大,学习中心管理松散,教学过程组织困难等因素,教学目的对教学方法、教学活动的指导价值大打折扣。

xMOOC出现时间较短,并且xMOOC各大运营商重点运用MOOC平台开展独立课程的教学活动。因此,在教学目的方面,xMOOC的课程教学目标相对明确,并且教学过程基于统一的教学平台,课程教学目标对课程教学方法的采用和教学活动的指导具有关键的影响。但是xMOOC的课程目标是否能够满足国家对学历继续教育人才培养规格的要求,特别是在适合各办学高校专业培养标准的要求方面尚存在不确定性。这也是xMOOC目前在推进优质资源共建共享和各高校间学分互认方面面临的根本问题。

(四)教学内容的开放性

教学内容是教学活动中最具有实质性的因素,指的是由一定的知识、能力、思想与情感等方面内容组成的结构或体系。教学内容是否符合学历继续教育学生的需要,知识内容的丰富性和开放性,均对学历继续教育最终教学质量具有直接影响。

传统成人高等学历教育的课程教学都指定了教材和授课教师,因此,课程知识内容取决于教材内容和授课教师的经验。受限于面授时间和授课教师的经验,课堂教学很难对教学知识内容外的泛在知识点进行深入、透彻的讲解,教学知识内容相对比较封闭。并且传统成人高等学历教育的教学内容"普教化"问题比较严重,课程内容重理论轻技能,已不能满足学历继续教育学生技能提高的需求。但在思想与情感内容方面,传统成人高等学历教育课程的教学活动比较成熟。

网络教育教学过程中,主讲教师通过网络把录制的授课视频、推荐的参考资料和导学材料传递给学生,供学生自主开展学习。辅导教师给予必要的答疑辅导,学生也可以通过网络对课程内容涉及的泛在知识点进行搜索、查学。相比传统成人高等学历教育,网络教育的课程知识内容相对开放一些。但在教学技能内容的设定上,网络教育也存在着与学历继续教育学生技能提高需求相脱节的问题,且网络教育在思想与情感教学方面缺失比较严重。

xMOOC的课程教学在方式上与网络教育相同,通过网络传递授课视频、教学课件,推荐学习资料和导学资料等供学生自主开展学习。但是xMOOC在师生、生生间的交流方面做了加强,教学中专门开设交流论坛和虚拟实验等活动,针对学历继续教育学生急需的知识或面临的问题进行深入交流。论坛研讨、虚拟实验以及基于互联网络的泛在知识点搜索、查学,使得xMOOC课程的教学知识内容具有了开放性,在技能提高方面也做出了大胆尝试。但是,在思想和情感教学方面xMOOC尚未涉及。

(五)教学方法和教学环境的采用

教学方法和教学环境是保证课程教学内容在教师与学生之间有效传递的手段,是实施有效教学、保障教学质量的基础条件。

传统成人高等学历教育是集中的课堂面授教学,面对面的教授及交流、手把手的实操训练以及实物的实验器材操作,可以有效保障理论知识、实践技能等教学内容在师生间的准确传递。并且在师生情感交流、校园文化熏陶以增进学生对办学高校的归属感方面具有无法逾越的优势。但是集中面授方式受限于时间、空间,带来了比较突出的"工学矛盾",也不能充分发挥现代信息技术进步带来的便利。

网络教育通过网络途径实施远程网络教学,可以实现优质资源的最大化利用,且有效克服学生在传统成人高等学历教育中面临的"工学矛盾",确实可以提高学习自主性、积极性高的学生的培养质量,对学习自主性、积极性不高的学生却无法提供有效的培养质量保障。另外,网络教学对实操技能性知识的传播存在限制,无法有效开展技能性教学内容的教学活动。网络教学也缺乏师生面对面的情感交流,学生难以得到校园文化熏陶,学生对办学高校的归属感不高。

xMOOC运用网络交互技术完善了网络教育的教学手段,加强了网络教学过程前、中、后各个环节的监控与督促,并在教学过程中及时组织开展论坛讨论,加强了师生、生生间的交流,大胆尝试开展网络虚拟实验教学,这些都为xMOOC提高理论知识和技能知识的教学效果提供了保障。但是xMOOC在开展思想与情感教学、增加学生对高校的归属感方面也没有有效的办法。

(六)教学反馈

教学反馈是教师与学生之间进行信息传递的交互活动的表现,教学反馈信息的准确性、及时性、通畅性对课程教学方法的调整、教学质量的提高具有重要影响。

传统成人高等学历教育面授教学是最能有效保障教学反馈的教学方式，除教学反馈信息调查问卷外，教师在教学过程中可以通过学生对教学内容的课堂反应或面部表情等及时准确掌握课程教学情况，并及时采取完善措施，改进教学方式方法，从而保障课程教学效果。

网络教育的教学过程，师生处于完全分离状态，且学生与主讲教师、辅导教师的交流沟通也没有得到有效保障，主讲教师和辅导教师对课程教学效果只能通过课程期中（大部分没有安排）和期末的测评考试得到反馈，因而不能及时掌握学生对课程内容的接受程度，教学方式方法也无法及时得到调整完善。网络教育的教学反馈环节在及时性和准确性方面表现最差。

xMOOC教学过程中加强了教师团队与学生的交流互动，教师通过邮件、论坛和教学平台及时通知学生学习进度，并从学生反馈的信息中掌握学生重点关注和难以理解的课程知识。另外，xMOOC平台可以利用大数据分析技术，从学生学习进度、章节练习、课程测试等环节分析学生学习过程中存在哪些难点问题，从而帮助教师团队针对重点和难点知识组织开展教学活动。但与传统成人高等学历教育的面授教学相比，xMOOC基于网络技术的教学反馈仍存在及时性、针对性不足的问题。

通过教学七要素的比较分析，可以看出传统成人高等学历教育、网络教育和xMOOC在教学过程中各有优劣。传统成人高等学历教育在教学目的设定、教学反馈及时性和准确性、开展思想及情感教学等方面具有优势；网络教育有效解决了成人学生求学过程面临的"工学矛盾"，并在优质教育资源共享方面做出了重大贡献；同样是基于网络途径的教学活动，xMOOC在教师配置、教学过程监督与管理、师生交流论坛等方面进行了明显的改进和完善。

表1　基于教学七要素的比较分析

教学要素	传统成人高等学历教育	网络教育	xMOOC
教师	既是主讲教师，又是课堂组织者；优质师资供应紧缺	主讲教师和在线辅导教师分工明确，但内部沟通不足	教师团队，合作开展教学活动

教学要素	传统成人高等学历教育	网络教育	xMOOC
学生	被动接受知识,学习受时间、空间限制大	主动性和灵活性高,学习过程较少控制,自律性要求高	灵活性高,学习过程受一定督促
教学目的	培养目标、课程目标明确,且相互关联	培养目标、课程目标明确,课程目标的实现存在困难	课程目标明确,但能否满足人才培养规格要求存在不确定性
教学内容	取决于教材内容和授课教师的经验,相对封闭	取决于教材内容、主讲教师和辅导教师经验、在线辅导材料,具有一定的开放性	取决于在线辅导材料、教师团队经验、同学的经验,开放性较高
教学方法	面授	在线自学和辅导	在线学习、辅导和交流论坛
教学环境	教室、多媒体	网络	网络
教学反馈	面对面交流,但时间有限,信息反馈渠道单一	在线沟通,但及时性不足	基于师生、生生间的在线沟通和交流,教学进度监控及大数据分析技术运用

三、学历继续教育教学改革的意见和建议

(一)注重继续教育课程教师团队建设

各学历继续教育办学高校和机构要转变继续教育师资培训的方式,完善课程教师团队培训体系;要注重开展课程教师团队的建设,对教师加强互联网、现代教育信息技术的技能培训,调动教师利用现代信息技术辅助课程教学的意识和积极性。学历继续教育课程的授课教师,要抛弃传统成人高等学历教育课堂教学单打独斗的方式,也要克服网络教育中主讲教师和在线辅导教师分工明确、沟通不足带来的弊端,要充分借鉴xMOOC中教师团队的建制模式。通过团队内教师间的密切合作,共同承担课程的教学任务,每位教师都可以根据各自所长担任课程某章节、知识点的主讲教师,最大化实现优质教师资源的利用,又都能够参与到教学辅导活动中,共同分

担学生规模扩大带来的越来越繁重的教学任务。教学团队对学历继续教育的人才培养规格、专业培养标准和课程教学目标有统一的认识,并能够围绕培养标准和课程目标共同组织、参与教学活动,为所有参与课程学习的学历继续教育学生提供统一的教育服务。

(二)完善适合成人学生的教学管理机制

学历继续教育的学生管理,既要考虑到学历教育达到一定培养规格的目的,又要考虑到成人学员利用无固定、碎片化的业余时间开展学习的实际需求。传统成人高等学历教育完全集中的课堂组织管理,已不能适应成人学员业余时间学习的需求,"工学矛盾"问题日益突出;网络教育中完全灵活的、靠自觉的网络教学管理,又缺乏必要的督促,难以对学生参与教学活动进行有效管理。基于xMOOC的提前发布课程教学通知、定时组织开展课程教学活动,并限定时间要求学员完成学习任务的网络教学过程管理,再加上适当的集中组织开展思想与情感交流、校园文化教育活动的面授管理的教学管理机制,是学历继续教育今后在教学中开展学生管理工作的有效选择。

(三)设置科学的学历继续教育教学目的

针对大学后的成人学生开展继续教育教学,培养学士、硕士、博士多层次的应用技能型人才,是各学历继续教育办学高校和机构都应该达到的国家对学历继续教育人才培养质量的最低要求。在专业人才培养标准方面,各办学高校或办学机构应结合各自学科建设实际,突出自身特色,明确专业培养标准,满足社会对学历继续教育培养多规格、多学科专业技能人才的需求。另外,办学高校和机构要以服务于人才培养质量和自身专业培养标准为目的,重点做好各门课程的教学目标编制工作。课程教学目标一定要明确,能够切实对课程教学方法的采用、教学活动的组织等起到指导作用,并能够兼顾人才培养规格和专业培养标准的要求。在教学目的编制方面,传统成人高等学历教育已经形成比较成熟、完善的方案。结合互联网发展和现代教育信息技术在继续教育教学过程中的运用,对传统成人高等学历教育的课程教育目标进行修订完善,以适应新时期学历继续教育的教学要求,是学历继续教育教学改革应尽快开展的一项工作。

(四)教学内容应理论知识、技能培训、思想与情感教育并重

学历继续教育达到培养多规格、多层次、多专业应用技能型人才的培养标准,在教学内容的设置上应重视理论知识、技能培训、思想与情感教育并重。不论是传统成人高等学历教育,还是网络教育以及xMOOC,在教学内容的设置上,都存在重视理论知识传授,弱化实践技能培训的情况,这与培养应用技能型人才的要求和成人学生对继续教育实践技能培训的需求存在错位。实践技能知识的教学内容设置应是今后学历继续教育教学改革重点关注的方面。另外,学历继续教育应该继续注重成人学生思想和情感的教育,以及校园文化的熏陶,培养成人学生的社会责任感和爱国爱党爱民的高尚情操,以及成人学生对办学高校的归属感。在教学内容的覆盖面和开放性上,应充分发挥互联网及现代教育信息技术的优势,增加对课程泛在知识点的涉猎和吸纳。

(五)实施混合式教学,重视微课、翻转课堂的运用

在学历继续教育课程教学方法和教学环境方面,基于"网络+课堂面授"的混合式教学是发展的必然选择。基于课堂和互联网的混合式教学可以充分发挥面授和网络教学在各自教学中的优势,特别是对理论知识、实践技能、思想与情感教育在师生间得到有效传递,达到课程既定的教学目的,具有切实的保障作用。各办学高校和机构在专业培养标准和课程教学目标方面存在差别,因此在混合式教学的具体实施过程中具体教学活动安排也千差万别。但是在微课和翻转课堂的运用方面,各办学高校和机构都应该高度重视。微课对于吸引成人学生利用无固定的、碎片化的业余时间进行学习,以及翻转课堂对巩固和提高成人学生所学课程知识,都是经过实践检验可行的教学方式,且都具有非常好的效果。微课、翻转课堂应该在学历继续教育的混合式教学中得到大力推广和运用,这也是学历继续教育教学方法改革应该重点研究的课题。

(六)重视教学反馈信息的收集与利用

学历继续教育办学高校和机构应该高度重视并做好教学反馈信息的收集与利用。在面授或网络教学过程中,要加强师生、生生间的交流互动。充分运用互联网交互技术搭建师生、生生间的交流沟通渠道,并鼓励、组织学生参与课程交流。在运用传统的教学反馈调查问卷外,在开展网络教学的过程中,要充分借助大数据技术及时对学生学习进度情况进行了解掌握。在加强通过师生交流、调查问卷、大数据

分析获取教学反馈信息的同时,要准确分析课程教学过程获得的成功经验和存在问题,对存在的问题应尽快采取改进措施,调整教学方法、完善教学活动,以保证课程教学质量。

参考文献:

[1]李秉德.教学论[M].北京:人民教育出版社,1991.

[2]严继昌.在线教育与MOOC的比较分析[J].江苏开放大学学报,2014(5):5-8.

[3]岑詠霆.关于"摩课"在成人高等教育中应用的思考[J].成人教育,2014(3):83-86.

[4]牟占生,董博杰.基于MOOC的混合式学习模式探究——以Coursera平台为例[J].现代教育技术,2014(5):73-80.

[5]施学莲,王雪峰,王翠芳."MOOC"时代:我国成人高等教育的机遇和挑战[J].中国成人教育,2014(15):15-17.

[6]徐君,凌慧.机遇与挑战:慕课时代下的成人教育[J].河北大学成人教育学院学报,2014(3):11-18.

[7]段雄春.刍论"慕课"来袭与我国成人高等教育的改革与发展[J].职教论坛,2014(30):48-50.

[8]吉莉莉.成人高等教育慕课(MOOC)教学模式探讨[J].时代教育,2015(5):146-147.

成人高等学历教育网络学习流程设计研究①

广州大学　付洋

摘要:随着信息技术的发展,以及教育部取消利用网络实施远程高等学历教育行政审批政策的出台,从事传统成人高等学历教育的院校正积极筹备进入网络教育领域,但如何做好网络教育规模与教学质量间的平衡,已成为网络教育普遍且亟待深入研究的问题。文章以社会建构主义为理论基础,通过设计以成人学生为中心的个性化、开放性的网络学习流程来保证网络教学质量。

关键字:网络教育;教学质量;网络学习流程;个性化

近年来随着我国普通高等学历教育规模的扩大,成人高等学历教育办学模式生源数量呈总体下降的趋势,各专业生源分布不均衡,教学手段较单一,办学成本逐年增加,究其问题的本质主要集中在工学矛盾、师资质量、教学投入等方面。当前,利用网络技术缓解工学矛盾、提高师资质量、降低办学成本等问题已成为国内成人高等学历教育界的共识。与此同时,2014年初国务院常务会议决定,推出进一步深化行政审批制度改革的措施,取消和下放64项行政审批项目和18个子项中包括取消利用网络实施远程高等学历教育的网校审批。对于开展传统成人高等学历教育的高校来说是发展的历史机遇,同时也应该清醒地意识到取消利用网络实施远程高等

---

①　课题来源:中国成人教育协会"十二五"成人教育科研规划2013-2014年度一般课题项目"基于Moodle网络平台的成人高等教育学习模式研究"(编号:2013-88Y)。"2016年度广东省普通高校成人教育研究会优秀论文"(广东省普通高校成人教育研究会)。

学历教育网校的审批将进一步加剧远程成人高等学历教育的市场竞争。因此,在挑战与机遇面前,部分从事传统成人高等学历教育的院校已开始准备建设网络教学管理平台、网络课程资源,积极探索、筹备进入网络教育领域,但在使用网络进行大规模教学时,如何设计符合网络教育、成人学生特点的网络学习流程,以保证网络教学质量,已成为网络教育普遍且亟待深入研究的问题。

一、成人高等学历教育网络学习流程设计及其特点

传统教育中,教学流程设计是指根据课程标准总目标在分析教学对象的基础上组织教学内容、教学活动,选择教学媒体,实施教学活动及对教学活动的实施效果进行评价的教学活动设计。以传统教学流程设计为理论基础,在互联网技术背景下,将教学流程设计由"教"为中心向以"学"为中心进行转移,由教师为主导向以学生为主导进行转移,由被动接受知识向主动获取知识进行转移,由此基于互联网技术的教学流程设计相应地变成了学习流程设计。

在进行成人网络学习流程设计中,要以基于教学流程设计中以成人学生为中心、关注成人学生能力的培养和关注成人学习流程三个要素为基础,同时要结合网络教育的特点为成人学习者提供符合自身情况的学习进度、学习内容、自我评估,以及同步、异步的交互协作的反馈机制,因此成人高等学历教育网络学习流程具有个性化、自主性、交互协作性等特点。

(一)个性化

网络学习流程设计应考虑学习者能够根据自己的需要,选择和决定所学内容和学习方式。在具体的学习过程中,学习者可以结合自己的特点和经验,分析面临的学习任务和学习情景中的相关因素,并根据自身的条件,提出个人可实现的目标和需求,然后根据自己确定的目标,选择自己喜爱的学习方法,建立解决问题的方案。

(二)自主性

自主性是网络学习与以往的传统学习最大的区别所在。在网络学习过程中,学生始终都以学习主导身份出现,自主地选择课题,自愿地组成课程小组,自主拟订学习计划,在其实施过程中,又自主寻求学习资源。在网络学习环境设计学习流程中,需要考虑学生自主设计学习方案,自主完成学习过程并评价交流学习成果。

(三)交互协作性

交互与协作是网络环境下学习策略的基本特征。在进行网络学习时,学生在课程教师提供的学习参考资料基础上,可以向远在千万里之外的教师提问,与网上的其他同学讨论和评价在课堂上所学的知识,从而调动了学习的积极性,有利于发展学生个体的思维能力,增强学生个体之间的沟通能力以及对学生个体之间差异的包容能力。因此,在进行网络学习流程设计时,需要充分考虑学生自我构建性、交互协作性学习的重要特点。

二、成人高等学历教育网络学习流程设计的意义

对于从事传统成人高等学历教育的院校,在进入网络教育领域时要意识到网络学习流程的组织、管理和实施是影响网络教育质量最核心和最基本的因素,同时也要意识到网络教育的优势与劣势,网络教育优势在于以学生为中心,不受时间与空间的约束,实现了教与学的过程分离,并提供丰富的学习资源以及大规模的教学辐射等。在网络教育模式中,学生能够根据自己的需要自主安排学习计划,自主决定学习时间、地点和选择学习内容,学生学习的自主性、个性化和能动性得到了充分的发挥;其劣势在于由于成人学生绝大多数已经参加工作,并具有一定的社会工作经验,学生的认知水平要求较高,参加学习的目的、自我约束能力、文化基础各不相同,学习能力不平衡,求学目的不同,导致在学习过程中缺乏有效的教学过程管理、教学质量的管控等。

目前的网络教育实践中,网络教学流程的设计大部分是从传统的课堂教学经验出发,很多网络教学活动中教学组织、管理和实施还存在一些误区。在这种背景下,对于要进入网络教育领域的传统成人高等学历教育院校来说,值得认真研究。在网络教学规模与网络教学质量并重的前提下,探索如何科学地设计符合成人高等学历教育的网络学习流程是非常必要的。

本研究以社会建构主义为理论基础,在充分考虑网络教学的开放性、交互协作性,成人学生的个性化需求、自主性等特点的前提下,为确保成人高等学历教育网络教学的质量,设计一套基于社会建构主义理论的成人高等学历教育网络学习流程。

三、成人高等学历教育网络学习流程设计原则

在成人高等学历教育网络学习流程的设计过程中,应结合网络教育、成人学生的特点,充分发挥成人学生的主动性,使教师、学生与课程内容组成学习共同体,教师不仅仅局限于设计、组织、实施需要进行的学习活动,同时为了保证网络学习质量,教师应为学生提供同步、异步的学习指导、过程监督及学习成果评价,在此过程中教师也以学习者的身份参与到学习活动中,从中得到提高。区别于传统的学习过程,网络学习流程中学生作为学习活动的主动参与者,又交互协作、自主地参与到学习活动中去。

综合以上的分析,在进行成人高等学历教育网络学习流程设计时,需要从学习方式角度,也就是从网络学习的角度对课程体系进行结构性的调整,将传统课堂教授和网络自主学习有机地融合到网络学习课程中,并根据教师与学生的特点做好网络教育中的角色定位。具体在设计过程中应考虑以下三个方面。

(一)网络学习角度下课程体系的调整

在对传统课程根据网络学习角度进行课程体系调整时,应清楚每门课程都有其独自的基本问题和基本结构,成人学生由于概括水平的限制很难把握课程的基本结构,因此在设计网络学习流程时,教师应在关注成人学生的已有知识的基础上,以注重培养成人学生自主、独立思考的能力为出发点,对课程体系结构、课程学习重点、课程学习目标按照网络学习的要求进行调整。

(二)传统课堂教授和网络自主学习的有机融合

传统课堂教授和网络自主学习及讨论等活动应根据学习任务的性质和内容灵活地融合、独立,并根据成人学生学习目的和学习能力、基础知识程度、课程的内容、学习的阶段等因素来灵活安排。

(三)网络教育中教师和学生角色的定位

在网络学习中学生主要通过网络学习平台进行自主学习,教师由以往的课堂学习主导者,转换为网络学习环境的构建者,并为学生提供学习支持服务,学生由以往的被动接受者,转换为学习过程中的主导者。教师在整个网络学习过程中,根据课程性质、成人学生特点等因素设计适当的学习任务、学习目标,学生在明确的目标的引导下,学习的自主性、交互协作性、主体性增强,学生解决问题的能力得到更好的培养。

四、基于社会建构主义的成人高等学历教育网络学习流程设计

前面阐述了成人高等学历教育网络学习流程设计基本概念及设计原则,下面以社会建构主义教学法为理论基础来设计成人高等学历教育网络学习流程,社会建构主义教学法的显著特点是它允许师生或学生彼此间共同思考、合作解决问题,该特点充分体现了网络学习交互协作的特点。在设计过程中,需要充分考虑学生个性化、自主性、开放性、交互协作性的要求,并在学习流程中引入学习流程控制。

学生通过网络教学平台构建的学习环境,在教师指导引领下,学生在课前有目标、有计划地学习指定的网络课程内容。然后,教师与学生、学生与学生在网上进行互动式的探讨、协作、交流,最后进行拓展训练,并进行发展性教学评价,以达到自主、个性化的学习目标,提供新型教学关系、提高教学效果、建立完善的教学信息反馈机制,从而确保网络教学质量。

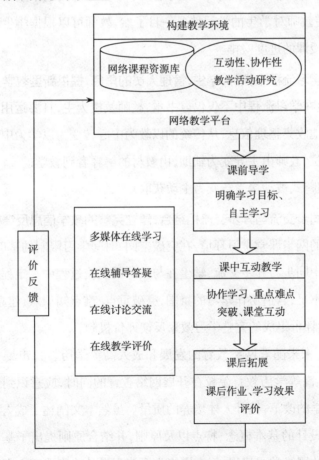

图1 成人高等学历教育网络学习流程图

(一)改变传统的学习方式,自主学习,教师引导,提高学习效果

传统课堂教学过程中,以教师为主导,教师是课堂的主宰,学生被动地接受知识。在网络学习环境下,通过构建个性化、开放性的学习流程,教师与学生的角色发生变化。课堂由传统的说教型讲授变为交互型指导,教师作为课程的设计者、学习的引导者,学生从单纯地接受知识转变为学习的主动者,师生之间是民主平等的和谐关系。在网络学习流程中教师的主要任务是提供学习素材、引导学习方法、营造浓郁的学习氛围,自主学习、自主探索研究成为课堂上学生获取知识的主要方式。

(二)师生共同参与建设丰富的教学资源,设计个性、开放的教学活动

网络教学的教学活动除了传统课堂的教学活动以外,还有基于网络学习平台的师生互动、生生互动以及学习小组合作等教学活动,并且教师可以及时获取学生反馈的教学信息,随着学习开展的深入,网络教学平台可以通过采用导入的方式来设计教学活动,使教师对学生的学习情况一目了然,教师可以根据学生的学习进度情况来动态调整授课的进度安排。

(三)变革学习流程中教师、学生、管理人员的角色,提供新型教学关系

首先,学生在学习流程中不仅仅以书本、教师教授为主,且要运用现代教育技术自主地有目的地收集整理信息,从传统的以教为中心转变为以学为中心;其次,通过师生角色的换位,教师由主导变为辅助,由教材的解释者到教学的设计者、组织者等转变,学生由填鸭式被动接受转变为主动获取知识。

(四)通过同步交流与异步交流相结合,建立完善的教学信息反馈机制

教师构建的网络课堂学习环境,在突破空间、时间学习限制的基础上,实现了学生在学习流程中同步与异步交流,学生在与教师的交流过程中一定程度上弥补自主学习主动性的不足,营造协作学习的氛围,突破重点、难点知识点,建立由课前导学、课堂互动、课后评价组成的完整学习效果反馈评价机制。

综上所述,未来随着网络教育的发展和成人高等学历教育市场竞争的日益加剧,各传统成人高等学历教育院校在开展网络教育的同时,应意识到通过网络教育深化课程与教学的改革,提升人才培养的质量。虽然本文阐述了成人高等学历教育网络学习流程设计的基本概念、特点以及原则,并结合原则提出了基于社会建构主义为理论基础的网络学习流程,但在网络学习流程设计原则研究上有些方面还不够

深入,对于教师如何利用网络学习平台组织课程资源、具体课程的结构性调整方面,有待于做进一步研究。

参考文献:

[1]孙长忠.网络教育环境下大学生素质教育的内容及特征分析[J].焦作大学学报, 2007(21):111-114.

[2]林容容,高传友.网络学习环境的搭建[J].广西职业技术学院学报,2010(1):29-31.

[3]郭延兵.现代远程开放教育个性化教学的特点[J].电化教育研究, 2011(7):73-77.

[4]夏丽华,杨晓芳.终身教育个性化教学的策略及研究[J].中国科技信息, 2012(8):245,260.

[5]姚刚,张明胜.函授教育融合网络教育之教学计划改革[J].继续教育研究,2014(4):37-38.

[6]刘晔.网络教育产业发展模式研究[D].北京:首都经济贸易大学,2008.

成人教育实验课程的网络化教学管理模式分析

广州大学　游亚新　陈仲

摘要:成人教育有力推动着我国社会的进步和经济的发展,与其他的教育形式相比,已被绝大多数人接受和认可,它在教育形式中的地位是非常重要的。实验是使学生提高动手能力的有效方法,它是教学环节中的重要组成部分,实验对培养学生的创造性、协作性以及主动性是非常有利的,开设实验课程是非常必要的,例如为了更好地掌握并运用数学知识,可以开设数学实验课程。但是成人教育学时的限制及工学矛盾的突出,使成人教育实验课程的开展受到了一定的限制。网络化提供了一种高效、便捷的教学管理模式,这种教学管理模式具有高效、便捷、经济、平等的优点。成人教育实验课程的开展应该发挥网络化教育管理的优势。

关键词:成人教育;实验课程;网络化教学管理

一、成人教育实验课程的现状

现在,成人教育教学工作的开展主要是学生边工作边学习,工学矛盾突出。很多单位工作任务多、压力大,甚至在外地、野外作业,学生很难按时到校上课,出勤率低。这样不仅影响他们自己的学习,还影响了学校正常的教学秩序,给教学管理带来很多不便,以至于教学质量难以提高,达不到应有的教学效果。

实验是使学生提高动手能力的有效方法,它是教学环节中的重要组成部分,但是现在由于各种原因,很多学校用于成人教育的实验设备老化,也不及时对实验仪器、设备进行更新与维护,严重影响成人教育实验课程的开展。此外,由于成人教学计划的安排,学时有限,理论课程已占用大部分学时,这就缩短了实验课程的授课时间,造成实验课程的缺失,学生实践能力得不到提高,很多必要的知识没有获得,这也使教学质量大大下降。

二、成人教育实验课程教学管理模式优化的必要性

现在网络与多媒体技术发展迅速,普及面很广,学生能够利用它们在任何时间和空间学习,很大程度上满足了学生对学习的需求,并且在网络上有较好的互动性。这样便于缓解学生工学矛盾,减少学生学习方面的困难,有助于学生顺利完成学业,从而学生学习的积极性会提高,学习兴趣也会增强。

例如,高等数学是成人高等教育一门重要的公共基础课。一直以来,由于高等数学的内容多而且非常抽象,再加上成人学生数学基础相对薄弱,学生惧怕数学,而且每年都会有大量的学生补考数学,最终影响毕业。多年来成人学生高等数学的教学都是采用传统教学模式进行的,教学内容脱离实际,教学手段陈旧,教师传授的数学知识只能局限于学生专业课程的需要,无法提高学生在实际工作中运用数学知识的能力,从而让学生产生了学数学无用的想法。因此,对于高等数学的教学,开设数学实验课程既能缓解成人教育中普遍存在的高等数学教与学的矛盾,又能加强成人教育的实践环节,符合现代教改的要求。数学实验是数学教育改革的一门新课程,它的教学方法和教学内容受到了越来越多学生的欢迎。这种新课程的设置强调的是数学的应用,凸显数学的实用性,从而避免了数学理论的枯燥乏味和手工计算过程的繁杂。最重要的一点就是教学环境的开放,一方面,学生借助计算机和数学软件观察数学现象、解决实际问题,让学生去验证和解释数学规律,激发学生学习数学的兴趣;另一方面,也可以培养学生有意识地应用数学的能力,从而加强学生解决实际问题的能力。所以,对成人教育实验课程进行网络化教学管理符合当今的实际。

三、成人教育实验课程的网络化教学模式

现代信息技术发展迅速,计算机网络普及非常广泛,这就为实验课程的教学管

理提供了一条有效途径,我们可以打破传统的授课方式在时间、空间上的限制。但是怎样利用计算机网络信息技术的优势来解决实验课程中存在的问题,如实验课时是否不够、教学效果是否低下等,是该新的教学模式成败的关键所在,其中一个可行的方式是对实验课程实施网络化的教学管理。现在大概有两种模式:一个是利用计算机和现代诸多较为先进的信息技术,建立覆盖范围广泛的计算机网络形式,把知识传授给广大学生;另一种是集中化的多媒体教学模式,它能够实时地面对面地指导学生。

(一)利用计算机等信息技术的远程化教学模式

远程教育是利用计算机网络进行授课的模式,对于实验课程网络化教学如何实施以及效果和评价,都关系到远程教育的质量。会影响人们对远程教育的看法和信心,所以在网络上建设并开展实验课程的教学是远程教育的重点内容。这就需要相关人员从教学的设计、管理、技术开发等方面来建设实验课程。对课程进行网络化教学管理的前提与基础是网络课程资源库的建设,对于实验课程要保持它的特色、质量、品牌等,在建设资源库的整个过程中这些观念都不能变。成人学生在学习中有他们的特点:目的明确并富有针对性,他们希望通过学习能够解决在工作中遇到的问题。作为实验课程的教学管理者,要将实验课程的内容设置成模块形式,方便学生选择对自己工作最有用的那个模块的实验课程进行学习。

以数学实验课程为例进行说明。数学实验是以计算机技术与相关数学软件相结合并引入教学后产生的新事物,是应用数学软件进行数学理论和应用学习的实验课程。它是以实际生活的具体应用为背景,以数学教学内容为中心,强调在教师的指导下,以学生亲自动手为主,使用相关数学软件(如 Mathematica, Matlab, Lingo)来掌握和应用数学知识。数学实验中所用到的数学软件包具有很多的实用功能,在求函数的极限、导数、积分,还有解方程以及求解微分方程等方面都有很多实用价值。数学实验课程要以问题为导向、以学生为主体,实验的题材选取也要与各专业知识密切相关,要具有开放性。比如:由于学生所学的专业不同,他们的专业课程可能涉及微分方程、线性代数、数理统计等方面的内容。所以教师在选择数学实验的题目时,要有针对性地根据学生所学专业的需要来选择,这样既能激发学生学习数学的兴趣,同时可以提高学生运用数学知识解决实际问题的能力。

另外还要强调一些事项。首先,对学生的网上学习要严格管理,设置一个记录学生网上学习时间和过程的系统;建立解决问题、提供帮助服务的模块,通过该模块学生能够提出问题并获得人工方式的解答;增加练习、测试等模块。学生在学习中遇到的多种问题可以及时、快速地解决,确保网上学习对学生的吸引力。其次,建立一个自动生成学生实验课程成绩的系统。通过学生做实验的次数、提出的问题及其深度,还有提交的实验报告等,系统能够对这些信息进行归纳、整理与分析,自动生成学生相关实验课程的成绩。

(二)在多媒体教室进行的集中授课模式

理工类专业的实验实训课程,由于学校实验室客观条件的局限,成人学生较多,不可能短期内都进到实验室,因此,可以采取在多媒体教室集中授课的方式。充分利用有限的实验设备和多媒体等信息传播手段,通过视频同步传输的方式,进行实验全程直播。由实验课程的授课教师在实验室里带领一部分学生进行实验操作,并在操作过程中指导他们,同时对实验流程、要求和注意事项、关键环节等进行讲解,其余的坐在多媒体教室里的学生能够清晰地观察到整个的实验过程。这样也能够让这些学生直观感受实验的仪器设备、操作过程、注意事项等,达到提高成人学生的认知能力和提高教学质量的目的。

四、总结

现代社会产业结构不断调整与产品更新换代速度加快,企业由原来的劳动密集型转化为技术知识密集型,这就要求企业的专业人员、管理人员在知识与能力结构和自身素质上达到一个更高的水平。设置实用的实验课程内容,改变实验实训授课方式,进行网络化教学管理,完善技能考核办法,才能使成人学生的专业知识、操作技能和综合能力达到与学历相当的水平,以满足成人学生工作岗位能力的需要。

参考文献:

[1]乔晓燕.成人教育实验课程网络化管理的思考[J].商情,2012(14):147-182.

[2]杨颖颖.高职院校数学实验课程建设探讨[J].衡水学院学报,2013(4):95-96.

[3]李定梅,李青.护理专业本科成教实验教学课程体系构建的设想[J].实用预防医学,2011,18(7):1381-1382,1305.

大数据环境下创新远程教育教学管理的思考①

华南理工大学　施旭英　王全迪

摘要：教学管理创新是提升现代远程教育教学质量的重要推动力，大数据环境下，教学管理应有新的内涵。本文结合当代信息技术的发展，探讨了远程教育教学管理创新的基本要求；提出了遵循人才培养与社会需求相结合、促进个别化教学和实现科学的教学评价的指导思想；构建了大数据环境下推进现代远程教育教学管理创新的实践途径：建立信息化的教学互动平台是基础，完善适宜的教学管理激励机制是关键，配备一支高素质的学习支持服务队伍是保障。

关键词：大数据；远程教育；教学管理；创新

我国高等教育在规模上已经步入了大众化阶段，现代远程教育在我国高等教育大众化进程中发挥了重要作用。近年来，随着现代远程教育在学生规模和数量上的迅速发展，反映在现代远程教育中的质量问题就显得更加突出，各高等学校内部的教学管理也面临着巨大的挑战。教学管理是保证教学质量的重要因素，也是提升教育质量的重要推动力，在当前信息化和大数据环境下通过创新教学管理的途径来保证教学质量、提高现代远程教育的社会认可度，是各试点高校教育工作者需要认真思考的理论和实践课题。

---

①　基金项目：华南理工大学中央高校基本科研业务费社会科学类研究项目"网络教学活动的设计与应用研究"（项目编号：D213400w）的成果之一。

一、大数据环境下教学管理创新的基本要求

(一)树立教学管理改革意识

"信息技术对教育发展具有革命性影响,必须予以高度重视。"在现阶段,网络信息技术的发展日新月异,引起了教育方式的深刻变革。网络信息技术也已广泛应用于世界高等教育领域,对高等学校在教学系统的优化、教学资源开发和人才培养模式变革等方面都起到了引领作用。在我国,突出地表现在自1999年实施的现代远程教育试点工作上,十多年来的实践历程,在推动我国经济社会发展、提高国民素质等方面发挥了重要作用。然而,我国现代远程教育的发展目前面临着两个突出的问题:其一,人才培养方案的设计模式相对封闭,培养的人才技能、素质与社会及企业等用人单位的现实需求相脱节,存在社会认可度不高的问题;其二,人才培养模式和教学组织方式,还没有很好地实现学生个体的需要,学生的学习主体性和积极性没有得到有效的体现和激发。这两个问题的存在,严重影响了现代远程教育的教学质量和社会认可度。

显然,这两个问题的存在与办学理念、运行机制等诸多因素都有关,不纯粹是教学管理的问题,但与教学管理的关系密切。教学管理是保障人才培养质量的重要因素,是在一定教育思想的指导下,利用有效的教学信息来帮助管理与决策,对教学过程进行高效的计划、组织、指挥、协调、控制,从而达到既定的教学目标。传统高等教育教学以课堂教学为主,教学管理在理念上注重保证常规的课堂教学秩序,在方法上则实效性不大,教学管理人员处于"埋头苦干"的状态,把大部分精力放在教学检查评估、数据统计等烦琐的事务性工作上。由于其管理理念和方法的落后,不仅对教学质量的促进作用不明显,久而久之,教师和学生可能会觉得自己处于一种被动的"教和学"的约束状态,反而使教学效果难以保证。因此,从这个意义上说,要提高教学质量,教学管理急需改革。信息时代的到来,大数据方法的应用将为教学管理改革注入新的活力。

(二)赋予教学管理以新的内涵

大数据环境下,教学管理的内涵发生了深刻的变化。传统高等教育的教学以知识传授为目标,教学管理的重点放在对课堂教学的管理上,以追求课堂教学有序、促进管理效率和统一标准等为目标。这是与工业社会的生产方式相适应的,从某种意

义上说,这种教学管理方式是"工厂管理方式"在教育领域中的反映,追求的是高效率而不是高质量。然而,知识经济时代的生产方式是以信息、知识决策为导向的,知识、信息、智力在知识经济中起决定性作用,信息技术的应用价值和应用领域也日渐增强。大数据就是随着网络和信息技术发展而悄然兴起的一个信息概念,由于其数据来源齐全,通过专业处理可以实现数据增值的效果,近几年越来越受到人们的关注,人们开始探讨其在生活、生产等各个领域的应用价值。大数据的意义不在于数据信息及其完整性的本身,而是"利用新的多种类型的数据获取信息,以数据为基础进行研究,寻找出规律并做出决策"。在教育领域,目前我国学者开始运用大数据方法探讨学科研究范式、教学方法改革、课程体系改革、教学管理改革创新等。

在大数据时代,面对当前教学中存在的各种突出问题,急需加强对教学质量的监控。教学管理必须要突破传统的管理模式,结合社会对人才培养的需求形势,以学生的实际和需要为依托,推行改革。因此,新时期需要给教学管理引入创新的思维。第一,网络化、数字化是教育发展的大势所趋,教学管理改革要在教育信息化和教育现代化的背景下,以信息化手段为支持,形成新的教学管理方法和手段。使传统教学管理从传统的"埋头苦干"中解放出来,将繁杂重复的工作转化为"巧干",增加实效性和便捷性。第二,树立以社会服务和学生为本的教学管理服务理念,以大数据为支撑完善课程体系改革、学习过程激励和教学评价改革,旨在增强学生的学习主体性,切实促进教学质量的提高。

二、创新远程教育教学管理的指导思想

随着计算机、网络和信息技术的发展,国内外各高校的远程教育机构在教学管理理念和教学手段上呈现出新的发展趋势:一是办学理念开放化,二是教学手段现代化。在信息化社会,学生接受知识的来源多样化,教师固有的知识优势衰减;数字化和信息化改变并颠覆了人们对教育的传统认知,深刻改变了以知识传授为主的传统教学模式。在这样的环境下,大规模开放课程(MOOC)应运而生,短时间内成为国际高等教育的主流话语,在全世界范围内都受到了人们的普遍青睐。然而,我们也要冷静地看到,MOOC也还存在缺陷,如课程完成率低、学习效果不易掌握、考试和认证相对困难等。要应对MOOC的挑战,在我国现阶段应以社会和学生需求为出

发点,寻求切合我国远程教育实际的教学管理理念和方法,才能适应知识经济时代高等教育的可持续发展。

(一)树立服务社会的课程改革新理念,促进教育与社会需求相结合

课程改革一直是我国各类教育教学改革的核心和落脚点,这是因为"教什么"的问题,是国家、社会客观需要直接或间接的反映。现实生活中,人们常常抱怨在学校学的知识与岗位需要、社会现实需要脱节,认为学校学习的书本知识与现实生活错位。这是一个复杂的、客观存在的问题,因为教育内容往往跟不上经济社会转型对人才提出的需要,从某种角度上说,教育与社会有一个磨合和调适的过程,学校开设的课程内容一般来说总是滞后于社会发展需要的。那么,什么样的课程是符合社会需要的,如何更新和完善课程体系改革,在技术上如何缩短教育与社会的调适周期,这始终是困扰高等教育教学管理的难点问题。过去,我们要开展课程体系改革工作,往往是从学科自身发展、从知识领域的角度来界定的,因为人类的实践经验或科学实验要转化为科学知识是需要一段较长周期论证和检验的,这也正是学校教学内容滞后于社会发展的原因;在课程内容选择的方法上,我们也往往通过抽样调查或问卷调查的方法来决定课程内容的取舍,这一做法具有一定的主观性和片面性,导致课程体系改革难以取得好的效果。

现代远程教育的受众对象以在职人员为主,他们接受继续教育的主观愿望是希望学校开设的课程使自己提升能力,更好地从事各种工作。在信息时代,树立服务社会的管理理念,应将社会对人才的需求转化为课程目标和质量的要求,可以采用大数据的方法来有效解决教育与社会的"错位"问题。比如,我们将培养计划设置为若干门课程,要辨别学生对具体课程的兴趣程度,就可以通过教学实践中获得的大量数据分析来获得。例如,将课程选修的人数比例作为了解学生兴趣点的依据,选修人数比例多的课程和内容,就说明该课程与学生的兴趣和需求是密切相关的。采用这种逻辑分析方法,可以帮助我们在理论上建立描述课程内容与社会需求之间的动态关系数学模型,在实践上通过这种方法来调节课程设置和内容选择,为课程体系改革提供科学的、合理的依据,真正使课程体系改革与社会需要紧密结合。高等教育的根本价值在于服务社会,只有树立服务社会的教学管理观念,才能使人才培养与社会需求相适应。

(二)遵循教学规律,体现个别化教学过程管理思想

教育既要为经济社会发展服务,也要为人的发展服务,体现"社会需要"与"个人需要"的统一。随着人们主体性意识的逐渐增强,传统课堂教学方式越来越暴露出不足,即不能很好地满足学生个别化的需要。因此,在远程教育的教学实施过程中,不能只局限于资源上网、传统课堂搬家,而忽视学习过程中人的因素。按建构主义观点,知识获得的过程在本质上是学生主体主动建构和完善自身知识结构的认识过程,这一认识过程既存在普遍性也存在特殊性。所谓普遍性,就是指要符合人类认识事物的发生和发展规律;所谓特殊性,是指个体在认识事物中表现出来的兴趣、特点、学习风格等不同倾向性。为此,我们在远程教育的教学实施中,既要符合学生认识和发展的基本规律,更应体现出个别化教学思想的特征。教学过程要想达到预期目的,避免盲目性,必然要对学生学习的规律有一个较清晰的认识。

大数据为准确地把握学生的学习过程提供了可能。首先,对学生学习过程的跟踪和记录是现代远程教育管理手段的优势和特点之一,每个学生登录网络系统的时间、次数、视频点击次数、关注的知识点、完成作业和练习情况、参与讨论的情况以及讨论主题等都可以通过一定的数据信息完整地记录下来。其次,引入大数据分析方法,对这些数据信息进行专业化处理,可以准确地描述学生的学习过程和学习状态,进一步揭示出学生在网络学习过程中的认知发生发展的规律,从而为更好地组织、协调和调整教学策略提供科学的依据。最后,利用大数据方法还可以收集每个学生的个别化学习的信息。个性化的学习平台和学习环境的设计,无论是在学习内容、方法和进度上都要以开放的、灵活的策略为原则,满足学生的不同需求。教师也可以通过对学生的学习过程数据信息的观测,及时发现问题,为学生提供合适的学习内容、学习方法和学习顺序的指引等个性化的学习服务。

(三)以大数据分析方法实现科学的教学过程评价

教学过程评价是改进教学的重要手段。传统的教学评价通常以学生知识掌握的程度和绩效来进行,属于结果评价,由于难以了解和把握学生学习过程的差异,评价的可信度会受到影响,同时对教学过程的改善意义也不明显。大数据环境下的学习分析技术主要有社会网络分析法、话语分析法和内容分析法三种,学习分析技术应用于远程教育中,使科学的、有效的过程评价成为可能,使"学测评"一体化的及时

巩固思想得到了充分体现，可以最大限度地实现教与学相适应。对学生而言，依据程序教学思想，在学习完某个知识点之后，安排特定的学习评价程序，对于知识掌握得快的学生，系统自动准予进入后续知识点的学习，促进进一步的学习；而对于掌握得较慢的所谓"学困生"，评价系统将提供关于进一步巩固的网络链接、背景知识以及微课等资源来帮助学生再次学习。对教师而言，利用统计学和数据挖掘方法来分析教学评价过程中产生的数据，将学生学习活动的过程分析结果以直观的方式反馈。这样，教师就可以根据大数据信息反馈的情况，相应调整教学方法和教学策略，逐步达到教与学相适应。这种评价便于实现个性化的学习引导，遵循以人为本的管理理念，将有效激发学生学习的积极性和主动性。

三、大数据环境下推进远程教育教学管理创新的实践途径

大数据时代的到来为教学管理创新提供了一个全新的视角。虽然当前高等教育学术界对大数据驱动远程教育教学改革的趋势已初步达成共识，然而，总体说来，对大数据影响和趋势的理论探讨多，实践相对滞后。我国现代远程教育已有十多年的办学历史，形成了海量的数据信息，将这些数据信息转化为提高远程教育质量的"推动力"，具有重要的现实和实践意义。从教学管理的维度来分析，要实现大数据环境下远程教育教学管理的创新，需要从教学管理平台建设、建立管理激励机制和配备高素质的学习支持服务队伍三个方面入手。华南理工大学现代远程教育经过多年的教学改革探索，已初步构建教学管理创新的实践基础，取得了明显的效果，提高了社会服务能力，教师和学生的满意度明显增加。

（一）建设信息化教学互动平台是基础

目前各高校远程教育所建设的教学平台，在基础架构和服务内容上还不太统一，大部分是建立在传统教学管理业务的基础上，对资源管理、学籍管理和考务管理等基本业务系统建设比较重视，而对网上学习的"教"与"学"活动过程则重视不够，而教学交互活动的开展和实施恰恰又是保证远程教育质量的根本所在。因此，在现代教育管理思想的指导下，围绕教师、学生、资源、教学组织策略等教学系统基本要素，统筹规划，构建一个适应现代化、信息化需求的教学互动平台，是推进现代远程教育内涵建设的基础。如果把远程教育看作一个系统的话，那么它由教师、学生、管

理人员等不同主体构成,它们之间的关系可以用一个教学互动模型进行表示,如图1所示。在该教学互动模型中,教学主体通过教学管理支撑平台实现一系列的教学交互活动,教师的主要职责是引导学生学习,其教学任务主要有发布课程公告、布置作业、组织讨论和答疑;学生的学习任务有学习课程资源、完成自测和作业以及参与讨论、协作互助等。

以教学交互活动类型为基础建立的教学管理支撑平台,有助于我们实现两个目标。一是促进课程资源的改革。将视频、文本、练习、作业等资源实现元素化、指标化建设,并将资源与教学过程耦合起来,利用教学过程的大量评价数据的反馈可以实现资源的替换和更新。二是促进学生学习。将教师和学生在平台中的教学活动任务和学习活动任务进行细化分解,将教师和学生在网上从事各种教学活动类型中的表征信息记录下来,作为学习分析和数据挖掘的基础。

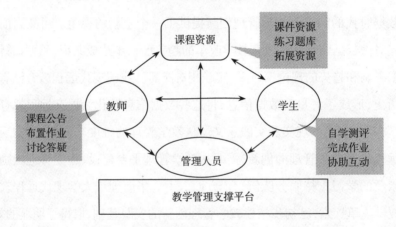

图1　远程教育的教学互动模型

(二)建立合理的激励制度是关键

现代远程教育不同于传统课堂教学,要使各项教学活动顺利开展和实施,必须发挥教师和学生主体的积极性,形成适合远程教育实施的配套制度。合理的激励制度是促进教学管理创新的关键,这既是新型教学互动组织模式的需要,也贴近我国当前学生学习的实际需求。首先,现代远程教育改变了以知识传授为主的教学模式,学生的主体地位逐渐增强,客观上要求改变传统的师生关系,要求学生具有高度的学习主动性和积极性。然而,由于受长期的计划经济体制和传统教育下应试教育模式的影响,我国学生学习主动性普遍不强,对教师的"教"存在不同程度的依赖,这似乎呈现出一种二律背反的现象。此时,如果没有建立相应的操作性和约束力较强的激励机制,学生的学习效果恐怕难以保证。再者,从教师角度讲,现代远程教育并没有降低教师的地位和作用,反而对教师的要求提高了,因为它需要教师具备一定的信息技术素养,还要对网络教学职责和学习分析技术有清晰的认识。实践表明,只有教师充分理解并参与到教学活动中,网络中的教学活动才能真实有效地发生。

基于这样的认识,华南理工大学现代远程教育面向教师制定了绩效考核制度,面向学生制定了形成性考核激励机制。在教师管理上,除了定期对教师进行教育技术相关知识和平台操作的培训之外,为使教师对网络教学的职责有更为清晰的认识,制订了"网上教学任务书",以区别于传统的面授教学任务。该任务书规定了教师应完成的任务,并将教学任务分解为各项可衡量和统计的指标,这样教师便可清晰地了解自己的具体任务。在每学期结束后,教学管理系统推送出教师各项任务的完成情况和学生的评价情况,根据定量分析和定性分析相结合来衡量教师工作绩效。在学生管理上,采取大力提高课程形成性考核所占比例,切实调动学生参与网络学习的积极性。形成性考核成绩占课程总评成绩的50%,形成性考核成绩又由学生参与课程练习、作业和讨论等学习过程的表现和效果等表征信息组成。此外,在课程修读制度上采取开放灵活的管理模式,为学生提供多样化的课程选择服务,选修课比例可达40%~50%。再者,进一步优化教学系统,友好的用户界面大大提升了学习者的学习体验,如及时推送出课程公告、作业布置、教师评语、练习情况等教学交互信息;对课程累积的平时成绩采用"进度条"的方式呈现,既直观又人性化,可有效增加学习成就感。

(三)配备高素质的学习支持服务队伍是保障

在远程教育中,随着教学管理工作的日趋规范和教学组织管理的信息化,对教学管理和学习支持服务从业者的基本素质提出了较高的要求。首先,教学管理工作者除了应具备专业理论知识、服务意识和工作组织能力之外,更需要形成与现代化、信息化相适应的管理理念和素质。教学管理人员对新的信息技术要保持一定的敏感性,能主动发觉和判断技术对自身业务流程和管理效率的促进作用;要具备一定的教育科研能力,研究如何运用信息技术解决日常管理工作中的实际问题;还要具备将研究成果投入实践的勇气,为教学管理的创新提供实践基础。其次,教学管理人员还是网络教学活动的积极参与者和实践者。有人认为,远程教育是由教师、学生和教学管理人员(又称为"学习支持服务人员")等多个主体之间构成的一种以互联网为基础的"主体间性"的教学活动。传统教学管理没有参与到教学活动过程中,只是从"教学活动"的外部来组织和调控教学;而在远程教育中,教学管理人员则起到重要的枢纽和桥梁作用,他不仅促进教师、学生之间的交流和沟通,而且往往是直接参与到交流、沟通之中。有调查表明,当前远程学习中的一个显著特征是缺乏人际间的交互。由此看来,促进和支持各类主体之间的交流和互动将是学习支持服务的努力方向和发展趋势。

管理水平和教学质量的提升,有赖于教学管理工作者的协调和落实,否则,再好的管理制度也无济于事。远程教育特别需要加强教学管理人员的主体性意识,采取多种措施提升教学管理从业者的工作技能。如加强交流和培训,定期开展教学管理工作会议,切实提高他们的信息技能和综合素质;积极鼓励管理与研究相结合,以科研立项方式支持教学管理人员将实践中遇到的各类问题上升到理论层次来研究,又将相关理论研究成果运用到实践中去,做到理论与实践相结合,全面提升管理者的工作水平。

总之,科学和技术的进步正不断改变着人类的生活和生存方式,教育在大数据时代也面临着发展的机遇和挑战,教育改革需要有创造性的观念和力量。我们认为,现代远程教育在运用大数据技术促进教学管理改革方面应当扮演"领头羊"角色,这是由远程教育手段的特点所决定的,远程教育中教与学活动从组织计划、具体实施、教学评价等都实现了全程信息化、网络化,而且网络的开放性、交互的灵活性使得每时每刻都产生大量的、全面的教学数据,对这些大数据的记录、分析、挖掘和应用,必将成为教学改革的重要动力。只有改变原有的教学管理模式,将教学管理的理念和实践创新上升到与当前技术发展相适应的新的层次上,教学管理才会有创新,教学质量也才能进一步得到提高。

参考文献:

[1]中华人民共和国教育部.国家中长期教育改革和发展规划纲要(2010-2020年)[N].中国教育报,2010-07-30(3).

[2]叶小琴.教学管理信息化建设的探索与实践[J].教学与管理,2013(24):28-30.

[3]祝智庭,沈德梅.基于大数据的教育技术研究新范式[J].电化教育研究,2013(10):5-13.

[4]吴剑平,赵可,等.大学的革命:MOOC时代的高等教育[M].北京:清华大学出版社,2014:17.

[5]者昌贵.高等教育改革论——高等教育改革的理论、实践与思考[M].北京:人民出版社,2011.

[6]陈律.大数据背景下学习分析技术对教学模式的变革[J].中国教育信息化,2013(24):15-17.

[7]张海波,张军儒,杨晓帆.现代远程教育的"间性"理论研究[J].教育理论与实践,2011(3):21-23.

[8]李爽,何字娟.基于学习参与度调查对远程学习支持服务的反思[J].中国远程教育,2010(3):24-29.

戴明管理思想及其对普通高校继续教育管理的启示

中山大学　蒋海红　梁征宇　韦金春

摘要：继续教育是高等学校办学的主要组成部分。随着终身学习的思想和理念为全社会所认同和接受，高等学校的继续教育近年来快速发展，并拥有着广阔的发展前景。各高校纷纷谋划继续教育的改革与发展，意图将继续教育办得更好。本文主要介绍戴明管理思想，并针对普通高校继续教育现状，尝试以戴明管理思想为指导对高校继续教育管理的改革与转型进行探讨。

关键词：高等学校；继续教育；戴明管理思想；管理

一、戴明管理思想

威廉·爱德华兹·戴明（William Edwards Deming, 1900—1993）享有20世纪十大经营管理策略大师、品质运动与学习型组织这两大领域的先知、第三波工业革命之父的美誉。

戴明管理思想强调并致力于提高经营管理品质，对美国与日本产生了巨大影响。戴明帮助美国的企业开展长期的生产品质和管理体制改革，对官方或非官方服务机构、院校、医院也产生了重要影响，带给美国人性化的管理体制和创新思想，为美国不断的技术改革、持续的经济增长奠定了基础。

戴明管理十四条充分体现了戴明管理思想的核心,其内在联系如图1:

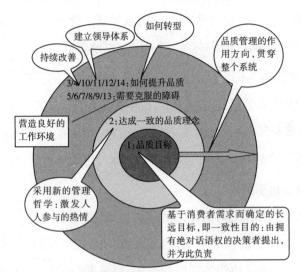

图1 戴明管理十四条图

(一)创造一个改善产品/服务的一致性目的

经营者要确定本组织所生产的产品或提供服务的长远目标。通过提供有市场的产品或服务,保持竞争力确保持续经营,并提供就业机会,实现组织的长远目标。戴明指出组织的最高主管才能够建立组织的一致性目的,了解客户的需求与期望,并满足他们。只有最高主管才能制定政策,建立组织核心价值观,并为组织提供长期的发展方向。戴明认为组织的产品/服务质量出自最高层,组织内的员工只能做分内的事,最高层必须为组织的产品/服务质量负责。

(二)采用新的管理哲学

有作为的高层管理者必须意识到自己的责任,永不停止地学习,接受新理念,直面挑战,领导持续革新、持续改善、持续转型,充分了解本组织系统,持续改善系统:学习了解并帮助内部员工,让员工了解组织的长远目标,领会所参与的工作在实现长远目标中的作用与意义,帮助他们在工作中获得更大的成就感,从而实现组织系统最大优化。

(三)停止依赖大量的检验,持续不断地改善生产和服务系统

管理者的职责是了解顾客的需要,改善流程,改善现有的产品/服务,创造一个令人愉悦的工作环境。在不断的改善过程中令产品/服务各环节的变异不断降低,从而降低成本,提高竞争力。以务实的观点对待检验,它可以帮助我们了解工作的进展,但不能单依靠检验实现产品/服务的质量保证。此外,组织在运营的每一个活动周期都是一个过程,都能运用"休哈特循环"加以改善。

(四)消除那些剥夺人们以技术为荣的障碍,排除员工的恐惧

消除那些不能让员工以其工作艺术、技术为荣的障碍,如年度考核制度及目标管理。如员工为减少500美元的开支的做法获得公司的接受并肯定后,则员工将以此为荣,忠诚度及荣誉感将大大增强,品质将因此产生雪球效应,越来越好。

(五)破除部门间的障碍

组织内各部门必须有团队精神,避免部门之间因竞争而各自为政,避免把部门工作做得很好却让品质走下坡路。要有由各部门人员组成的"质量管理"小组,与组织高层管理者共同沟通协调各部门的合作,避免部门间的竞争,促进各部门在合作中共赢,高层管理者把顾客的终极需求与期望加以定义,鼓励人人参与创新,在互信互重中,感受自己的贡献。

(六)建立领导体系

取消针对员工的目标和工作标准量,以领导替代废除目标管理和数值管理目标。戴明认为:设定"配额""一日工作量"或"等级"等标准比任何情况更容易伤害品质,因为它们为小瑕疵预留了相当大的弹性空间,这会带来低效率、高成本。如成本降低10%,业绩增长10%……是毫无意义的目标。管理者应转化为领导者。管理者不能只提出目标却不提供完成目标的方法。管理的工作不是督导而是领导,建立产品/服务的品质理念,然后将理念转化为设计及实际的产品。在第一线的督导人员应该是团队教练或教师,指导下属令其改善,共同努力把工作做得更好。

(七)建立在职培训制度

管理层必须学习与接受培训,了解组织运作的各个环节,了解组织系统的变异,因为单纯地改变制度并不能保证产品连续地改善;制订培训计划,承诺为员工开展长期连续、全面的教育培训,保证员工了解各种需求,令组织内部目的性趋于一致。组织要的不只是优秀的人才,还需要能够自我教育和改善的人。单位必须保证有足够的培训费用,并善用之,避免错误的培训。例如员工培训员工的方法,只会令培训越来越糟糕。员工需要通过教育培训不断适应新的工作,新的工作需求,承担新的责任。

（八）采取行动完成转型

管理者应当致力于转型，要革新改善，变得比以前更好。戴明认为转型要遵循"休哈特循环"，也称"PDCA循环"即计划（PLAN），实施（DO），查核（CHECK），行动（ACT）。该循环已经成为规划作业流程的重点了。该循环如图：

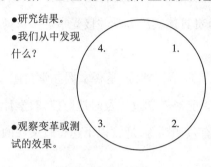

●研究结果。

●我们从中发现什么？

●观察变革或测试的效果。

●本团队可能获得的最大成就是什么？

●应该进行哪些变革？

●有哪些现成资料可用？

●需要进行新的观察吗？

●如有需要，安排一个变革或测试，并决定如何运用观察所得。

●寻找手头现成资料，回答步骤一的问题或实施上面步骤所说的变革或测试，以小规模为宜。

图2　休哈特循环图

（引自：苏伟伦主编的《戴明管理思想核心读本》，中国社会科学出版社，2003:71。）

尽管转型的原动力必须来自管理层，但转型是组织内每个人的职责，每人都应改变其固有视野。戴明指出：转型除了使用"休哈特循环"，还应组织内部各成员开始思考"我的工作可以在哪些方面有助于实现长远目标"。这对转型成功非常重要。通过研讨会或其他方法，高层管理者向组织内部关键多数员工解释，什么变革是必要的，变革与每个人息息相关，要有足够多的人去了解，否则推动变革进行转型时必然势单力薄。

二、高校内部继续教育管理现状

在联合国"教育第一"全球倡议行动一周年纪念活动上，中国国家主席习近平应邀发表了视频贺词。习近平指出，中国将坚定实施科教兴国战略，始终把教育摆在优先发展的战略位置，不断扩大投入，努力发展全民教育、终身教育，建设学习型社会。世界一流大学的实践表明，研究型高校的专业院系的人才培养重心已放在本科后教育，担负着本科后的学术性学位教育、面向在岗人员的专业学位教育及非学历非学位教育培训，建立起了本科生教育、研究生教育和继续教育三足并重的人才培养体系。普通高校继续教育是高校根据社会经济发展需求，为社会各成员更新知识，提升履职能力，提供各类教育培训服务，是普通高校服务社会，扩散学校影响力的重要途径之一。以下是目前高校内部继续教育管理现状：

(一)管理方式以粗放的行政管理方式为主

目前国内各高校均将继续教育管理纳入学校统一行政管理范畴。一般有一名主管副校长负责;有专门设置或指定归口管理的部门:继续(成人)教育行政管理部门或继续(成人)教育学院,监管全校继续教育办学,负责管理全校有关规章制度文件以及统计办学情况的信息;办学院系负责具体实施办学并接受指定归口管理部门的监管。

高校对继续教育的管理侧重于学校管理是否到位,是否掌握办学自主权,是否做到令行禁止,管理协调能力是否强,是否能对教学过程及时地监控,教学计划是否顺利实施,资源的调配、办学积极性是否有效调动等,通常以下达行政文件的形式实现管理。

(二)高校对继续教育发展目标缺乏一致性

继续教育作为高校办学的主要组成部分,随着终身学习的思想和理念为社会所认同和接受,近年来呈快速发展态势,拥有着广阔的发展前景。尽管各高校都在积极谋划发展继续教育,充分认识到其办学品质关乎其生存与发展,如何保证并持续提升其办学管理质量,也备受各校及各级教育行政主管部门的重视,但继续教育在普通高校办学体系中总体处于边缘非主流地位,其管理模式和发展目标随高校行政长官变更而变化,缺乏科学合理定位,难以保证发展目标的持续性和一致性。

(三)继续教育管理的主动导向性不足

继续教育办学发展决定于办学院系,实质上形成了继续教育办学主导继续教育管理的格局,归口管理部门的审批管理实际上沦为办学流程上的一个环节,难以实现对办学活动的主动引导。

三、戴明管理思想对高校继续教育管理转型的启示

就关于高校继续教育管理的有关文献来看,高校内部继续教育管理改革的有关探讨,仅偏重于高校内部继续教育管理机构的设置,隶属关系及管理规章制度,未能从根本上改善高校继续教育发展中的各种障碍、弊端。戴明管理思想,特别是戴明管理十四条,不仅仅展示了一幅充满人性化的组织管理蓝图,而且为高校继续教育管理的转型,提供了深刻的启示。

（一）高校首先需要对继续教育进行科学定位，即确定本校继续教育长远一致的发展目标

根据戴明理论，高校继续教育需要确定长久的目标，以保持竞争力并在市场中持续发展；同时也指出了品质只能出自高层，高校继续教育办学品质同样要出自校长会议，因为只有最高管理层才能制定政策，建立组织核心价值观，为学校继续教育提供长期的发展方向。学校最高层管理者的职责是在了解继续教育的市场需求与期望后，能高瞻远瞩地预测继续教育趋势，及时地改善继续教育，维持继续教育的可持续发展。普通高校高层必须提高对继续教育的理解与认识，进行科学定位，否则继续教育难以实现根本的改善并成功实现转型。

（二）建立继续教育领导体系

管理工作不是监管而是领导，建立继续教育品质理念，然后将理念转化为实际的服务。目前高校中的归口管理部门，负责对办学单位进行办学监督。事实上，办学单位很难将他们当伙伴，校长会议参加者团队也没有赋予他们真正的管理权限，因为遇到各种情况总是需要打报告做请示。根据戴明理论，这会破坏团队精神。归口管理部门无法做最终的裁决，但应该能为继续教育办学提供指导，为办学单位的办学提供改善建议，改善办学品质。

现行的继续教育管理体制，迫使归口管理部门工作以文件为重心，更糟糕的是，许多工作只是计算或总结，甚至只是根据上级的旨意，有目的地书写文件统计总结。应当为归口管理部门人员提供相应的学习培训机会，使他们参与到继续教育管理流程中去，帮助他们胜任指导的角色。

高校继续教育领导者需要持续学习，充分了解本校继续教育办学系统的稳定性，从而持续改善系统；学习了解并帮助继续教育工作人员，学会倾听，了解他们，知道他们需要哪些帮助，哪些人需要帮助，让他们更好地工作，享受工作的乐趣，让他们在工作中获得更大的成就感，从而实现继续教育系统最大优化；鼓励员工进修学习，安排各种有效的课程培训或研讨会，让他们有不断成长感，不断激发其对所从事工作的热情；从而提升继续教育服务品质。

（三）持续改善，明确高校继续教育管理体制的转型方向

各高校都在积极谋划发展继续教育，充分认识到其办学品质关乎其生存与发展，如何保证并持续提升其办学管理质量，即想把继续教育办得更好，目前的继续教

育管理迫切需要转型。转型关系到每一个人,每个人都有责任。但高校继续教育管理转型的原动力必须来自学校高层决策者。戴明认为转型要遵循"休哈特循环",在做可行性论证及变革测试观察之前,校长办公会上不应做出草率决定并强行推进。实施转型决策前有必要做小规模的改革测试(试点)。经过变革测试后的转型,每一次办学周期还要运用"休哈特循环",以持续改善办学。

(四)消除部门间的竞争,营造共赢的发展

戴明指出组织内各部门之间必须有团队精神,避免部门之间的竞争,要在合作中共赢。高校中的继续教育与本科生教育、研究生教育办学体系共存。以上三个体系,因服务对象不同,需求不同、所提供的服务也存在差异。在管理上不应进行简单的合并,至少应该保存三种类型办学在行政管理上的相对独立与并重,尤其是若将继续教育管理与其他两种管理做简单的合并,在现行的体制下,会在行政上不断矮化弱化继续教育的管理,这场竞争意味着继续教育管理在各种资源的配置中处于劣势,使继续教育管理人员产生挫折感与消极情绪,也对继续教育的品质造成伤害。

参考文献:

[1]苏伟伦.戴明管理思想核心读本[M].北京:中国社会科学出版社,2003.

[2]〔美〕戴明,〔美〕奥尔西尼.戴明管理思想精要[M].裴咏铭,译.北京:西苑出版社,2014.

[3]高建军,黄大乾.广东省普通高校继续教育管理体制研究[J].继续教育研究,2010(1):4-7.

[4]李建斌.美国名校继续教育现状研究——麻省理工学院[J].继续教育,2008(8):60-63.

[5]李建斌.美国名校继续教育现状研究——哈佛大学[J].继续教育,2008(9).

[6]李建斌.美国名校继续教育现状研究——加州大学伯克利分校[J].继续教育,2008(10):59-62.

高校中外合作办学质量评价指标体系研究

华南理工大学　占小华

摘要: 近几年来,中外合作办学被大众广泛认识,已成为学生接受高等教育的重要途径之一,由于真正发展的时间短,管理存在一定缺位,中外合作办学存在各类违规办学、办学质量参差不齐等问题,开展切实有效的评估并将信息公示,最大限度保障学生利益,是中外合作办学当前工作的重要议题。基于此,本文开展高校中外合作办学质量评价指标体系研究,具有一定的理论和实践意义。

关键词: 中外合作办学;评价指标体系

由于"文化大革命"的影响,中国高考制度从1966年开始中断,直到1977年得以恢复,这一局面给我国教育事业造成严重破坏,拉大了我国文化教育事业和西方国家教育的距离,使我国的教育远远落后于西方国家。改革开放后,中国开始了大规模的经济建设,需要大量适应市场需求的各类人才,从此我国开始探索中外合作办学。30多年来,国家随着政治经济发展形势和对中外合作办学认识的不断提高,中外合作办学的内涵和制度不断得以完善。现阶段中外合作办学发展情况总体较好,社会关注度、信誉度、品牌度有所提升,社会影响扩大,促进教育改革发展、推动教育对外开放的作用进一步凸显。与此同时,由于发展不平衡、政策理解不同以及质量标准和保障机制需要加强和完善等,中外合作办学存在各类违规办学、办学质量参差不齐等问题,加强中外合作办学监管和评估工作,使各类中外合作办学信息透明,是当前迫切需要解决的问题。2009年7月教育部办公厅发出《关于开展中外合作办学评估工作的通知》,并公布了质量评价指标体系,正式启动了中外合作办学的评估工作,标志着国家对中外合作办学教育质量的重视提升到一个高度。但纵观国内外,不管是官方还是民间对中外合作办学质量评价指标体系的研究很少,系统的研究更加少。因此,构建一套中外合作办学质量评价指标体系,不仅可以充实中外合作办学理论研究内容,还对政府和民间开展的评估工作以及高校中外合作办学日常工作具有很大的实践意义。本文研究对象为高校中外合作办学,即高等教育阶段的中外合作办学。

一、什么是中外合作办学

根据《中华人民共和国中外合作办学条例》和《中华人民共和国中外合作办学条例实施办法》的有关规定,中外合作办学是指中国教育机构与外国教育机构依法在中国境内合作举办,以中国公民为主要招生对象的教育教学活动。中外合作办学有合作设立机构和合作举办项目两种形式。从中我们可以明确:(1)中外合作办学的主体是具有法人资格的中国教育机构和外国教育机构;(2)中外合作办学的方式必须是合作办学,既不是合资办学,也不允许外国教育机构、其他组织或者个人单独办学;(3)中外合作办学的主要招生对象是中国公民,而不是主要招收外国的学生;(4)教育教学的地点主要在中国境内;(5)中外合作办学机构和项目都应当依法取得行政许可。

考虑到我国中外合作办学的实际,国家规定,中外合作办学项目也包含中国教育机构采取与相应层次和类别的外国教育机构共同制订教育教学计划,颁发中国学历、学位证书或者外国学历、学位证书,在中国境外实施部分教育教学活动的依法举办的中外合作办学项目。但中国教育机构没有实质性引进外国教育资源,仅以互认学分的方式与外国教育机构开展的学生交流活动,不纳入中外合作办学项目加以管理。

二、我国中外合作办学高等教育结构体系

我国高校中外合作办学包括学历教育和非学历教育,学历教育指的是依法批准

设立的中外合作办学机构和项目,对计划内招收的学生实施的国内专科、本科和研究生教育,按照国家有关规定颁发学历证书或者其他学业证书;非学历教育指的是依法批准设立的中外合作办学机构和项目对计划外招收的学生实施的教育,按照国家有关规定颁发培训证书或者结业证书。我国高校中外合作办学结构体系如图所示:

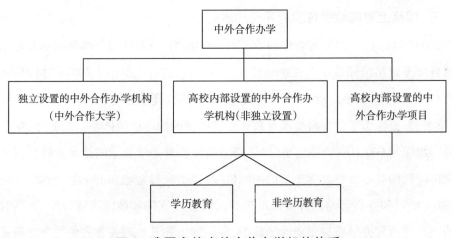

图1　我国高校中外合作办学机构体系

(一)独立设置的中外合作办学机构(中外合作大学)

有人把独立设置的中外合作办学机构称为"中外合作大学",它具有独立的法人资格。它的办学机制和民办教育一样,其各项前期筹备费用及运行过程中各项支出均由合作双方承担或以民办机制共同筹措,具有独立的校园,独立进行招生,独立实施教学组织和管理,独立颁发学历证书,独立进行财务核算,独立承担民事责任。

(二)高校内部设置的中外合作办学机构(非独立设置)

它是设置在中方合作大学内的中外合作办学机构,不具有法人资格,是学校的二级机构,行政上接受学校的管理,政策及业务上接受政府教育部门的管理。一级大学作为法人代表与国外高等教育机构签订合作协议,然后由它具体实施合作办学中各项教育教学活动。中外合作办学机构普遍以这种形式存在。

(三)高校内部设置的中外合作办学项目

它是设置在中方合作大学二级机构内的一个项目。一级大学或由一级大学授权二级机构与国外高等教育机构签订合作协议,然后由专门的或兼职的项目团队负责实施合作办学中各项教育教学活动。从办学内容上来讲,它与独立设置的中外合作办学机构、高校中的中外合作办学机构基本一样,但从规范性、受重视程度、管理人员专业性等方面来说,一定比不上独立设置的中外合作办学机构及高校中的中外合作办学机构。

三、国际上对跨境教育质量评价的研究

2003年11月,在由经济合作与发展组织(OECD)与挪威教育部共同举办的第二次教育服务贸易国际论坛上,"跨境教育"这一概念被首次提出。2004年11月,联合国教科文组织(UNESCO)和OECD共同起草了一份《高等教育跨境提供质量保障纲要(草案)》,提出希望建立跨境高等教育提供质量的国际框架体系。2005年,联合国教科文组织与OECD联合制定了《保障跨境高等教育办学质量的指导方针》,目标是提供保障跨国高等教育办学质量的国际框架,以适应日益增加的学生、教师、专业人员、办学项目和办学者跨国界交流的需要。它旨在支持和鼓励国际合作,提高对保障跨国高等教育办学质量重要性的认识,保护学生和其他有关各方免受办学质量低下或违规办学者之害,鼓励能够满足人文、社会、经济和文化需要的高质量跨国界高等教育的发展。指导方针向政府、高等教育机构/办学者(包括教师在内)、学生团体、质量保障和资质认定机构、学生认证机构以及专业团体提出了行动建议。

2006年,澳大利亚大学质量署(AUQA)发表"Quality Audit and Assurance for Transnational Higher Education",阐述澳大利亚高校跨境教育质量评价方法,共有如下17个评价指标:基本价值判断、合作伙伴和代理商、合同或协议、质量控制、治理、工作人员和工作人员发展、课程、市场营销及推广、入学标准、语言、教学、审核标准、学术支持、田园支持、研究、社区联系、评审。

2009年7月,教育部决定对依法批准设立和举办的实施本科以上高等学历教育的中外合作办学机构和项目,以及实施境外学士学位以上教育的中外合作办学机构和项目进行评估。中外合作办学机构评估指标体系有9项一级指标:办学宗旨、管理体系、资金资产管理、管理质量、师资队伍、教学设施、培养质量、社会效益、办学特色,与21项二级指标:机构定位、办学思路、管理机构、管理队伍、资产管理、资金管理、招生和学籍管理、教学管理、教学质量监督、文凭证书管理、师资评聘、师资状况、

师资队伍建设、教学设施状况、教学设施建设、毕业成果质量鉴定、学生满意度、社会评价、办学单位内部效益、办学单位外部效益、办学特色。中外合作办学项目评估指标体系有8项一级指标:培养目标与培养方案、项目管理、培养条件、师资队伍、教学组织、培养质量、社会效益、办学特色,与22项二级指标:培养目标、培养方案、管理机构、资金管理、招生和学籍管理、教学质量监督、文凭证书管理、政策环境、教学设施、师资评聘、师资状况、师资培训、教学计划、教学大纲及教材、教学方式、教学文件及教学档案、毕业成果质量鉴定、学生满意度、社会评价、办学单位内部效益、办学单位外部效益、办学特色。

四、中外合作办学质量评价指标体系构建原则

中外合作办学质量评价的原则集中体现了进行中外合作办学评价的指导思想和基本要求,是中外合作办学评价规律的反映,是人们在中外合作办学评价实践中升华的理性认识。中外合作办学评价的原则既具有客观性,又蕴含主观意志。一方面,中外合作办学评价的规律是客观存在的,人们不能超越客观规律的制约;另一方面,中外合作办学的评价原则又必须体现国家对中外合作办学评价的意志,体现加强教育对外交流与合作,引进外国优质教育资源以促进我国教育事业发展的思想。在构建中外合作办学质量评价体系中应遵循以下原则:

(一)系统性原则

系统性原则也称为整体性原则,它要求把决策对象视为一个系统,以系统整体目标的优化为准绳,协调系统中各分系统的相互关系,使系统完整、平衡。因此,在决策时,应该将各个小系统的特性放到大系统的整体中去权衡,以整体系统的总目标来协调各个小系统的目标。中外合作办学质量评价是一个系统工程,它的目的是鼓励教育对外交流与合作,引导各高校引进外国优质教育资源,培养国家急需的国际化专门人才,从而促进我国教育事业发展。与此同时,它涉及高校办学定位、办学模式、培养层次、教学管理、培养成果等小系统,在评价指标体系的设置中,应充分考虑和权衡整体目标与这些小系统的关系。

(二)定性与定量相结合的原则

定性是个模糊界限,定量则是以清晰的数据分析问题。如果只有量,没有界,则无法定性。如果只有定性,而无定量,则难以断定发展趋势。在制订中外合作办学评价指标体系时,应尽可能采用定量指标,但影响中外合作办学质量的某些因素难以量化,只能用定性指标加以描述,因此要采用定性与定量相结合的原则设置评价指标。

(三)完备性原则

完备性意味着评价指标体系的信息量既必要又充分,是由若干指标构成的一个指标的完备群。从理论上讲,多一个指标会造成信息的重叠和浪费,少一个指标会造成信息的不充分。每一个指标最好能够反映中外合作办学项目质量的某一个层面,n个指标相互独立,构成n维空间,空间中的每一个点都对应着中外合作办学项目的某一个状态。

(四)静态和动态相结合的原则

静态评价是指对被评价对象已经达到的水平或已经具备的条件进行评价。这种评价在评价时不考虑评价对象今后的情况和今后的发展趋势,只是考查评价对象在特定的时间和空间中的现实状态,它有助于进行横向比较,便于看清评价对象是否达到了某种标准。动态评价是指对评价对象发展状态的评价。它在评价时注意评价对象的发展潜力和发展趋势,重在纵向比较,便于看清评价对象的变化过程,从而发现其发展的规律。静态评价与动态评价各有所长,又各有所短,如果仅用静态评价或动态评价都不能很好地完成评价任务。中外合作办学培养出的人才是否达到了培养目标的要求,是否促进了本校学科发展,是否推动了国家教育事业的发展,是否填补了国家对急需专业人才的空白等,均需要时间的检验。因此,在设计评价指标体系时,既要有体现中外合作办学质量发展现状的指标,又要有体现中外合作办学质量发展趋势的指标。

(五)通用可比性原则

通用可比性指的是不同时期以及不同对象间的比较,即纵向比较和横向比较。纵向比较指同一对象这个时期与另一个时期比较。横向比较指不同对象之间的比较,找出共同点,按共同点设计评价指标体系。中外合作办学质量评价指标体系的设置要遵守通用可比性原则,找出不同办学类型的共性,提炼出评价指标,同时保证指标在不同时期对同一对象可以做比较。

五、高校中外合作办学质量评价指标体系的建立

中外合作办学高等教育与普通高等教育在培养目标、教学方式、管理模式等方面有很大的不同,因此中外合作办学高等教育质量评价指标体系与普通高等教育质量评价体系必然有一定的区别。领导认识、教学条件和教学运行是影响中外合作办学质量的三大因素。领导认识决定了办学理念和战略方向,是实施办学的关键因素;教学条件,指的是实施办学的硬件,如场地建设、图书资料、多媒体设施等,是实施办学的基础;教学运行,指的是办学的软件,如培养计划、教材、师资、教学管理等,是实施办学的核心因素。基于相关概念和评价理论的研究,围绕国家有关中外合作办学的法律法规、通知等精神,借鉴其他教育形式评价指标体系,参照国内外跨境教育质量评价理论研究成果和各国正在实施的跨境教育质量评价标准,遵循中外合作办学评价指标体系构建原则,结合本人多年中外合作办学实践经验,建立如下中外合作办学高等教育质量评价指标体系。

表1　高效中外合作办学质量评价指标体系

一级指标	二级指标	三级指标
领导重视与认识	管理机构	机构设置
	办学经费投入	前期投入
		学费使用
	办学理念	培养对象及目标
		办学层次及规模
		办学思路
办学条件	管理队伍	管理人员学历结构及学术水平
		管理人员背景及工作经验
	教学设施	课室及多媒体设备
		图书资料
	信息化管理	网络学习资源
		教学软件
		教学教务平台

续表

一级指标	二级指标	三级指标
教学运行	培养计划	培养方案
	教材	国外优秀原版教材的比例
		自编教材比例
		其他教材选用合理性
	师资队伍	师资评聘
		师资状况（含师生比、外教情况）
		师资进修
		教学方式（含授课语言）
	质量监控	招生和学籍管理
		学风建设
		教学督导机构设立与运行
		相关方问题反馈及跟进解决机制
办学效果	学生评价	学生满意度
		学生毕业时掌握的技能
	学校内外部效益	引进教育资源与国家目标一致性
		带动学科建设和科学研究情况
		教学手段和方法多元化情况
	社会评价	毕业学生就业率
		用人单位评价
		毕业学生评价
		家长评价
		媒体评价

由上表可看出，中外合作办学高等教育质量评价指标体系设置了4个一级指标、13个二级指标和35个三级指标。

(一)领导重视与认识

领导重视程度与认识对中外合作办学的发展至关重要。设置了3个二级指标,管理机构、办学经费投入、办学理念,和6个三级指标,机构设置、前期投入、学费使用、培养对象及目标、办学层次及规模、办学思路。中外合作办学是非独立设置的中外合作办学机构,还是中外合作办学项目,如是非独立设置的中外合作办学机构,表明学校更加重视中外合作办学的发展。学费收入是否全部用于中外合作办学事务中,其中用于教学投入、员工工资福利、教育发展基金的比例分别为多少。办学理念是学校领导基于"办怎样的中外合作办学"和"怎样办好中外合作办学"的深层次思考的结晶,主要评估中外合作办学合作对象、培养对象、培养层次、培养目标、开办专业、合作模式、办学思路等。

(二)办学条件

设置了3个二级指标,管理队伍、教学设施、信息化管理,和7个三级指标,管理人员学历结构及学术水平、管理人员背景及工作经验、课室及多媒体设备、图书资料、网络学习资源、教学软件、教学教务平台。评估管理队伍的学历结构、专业背景和工作经验以判断管理团队的管理专业水平。教学设施指的是教学基础设施基本情况。信息化管理主要考查学生使用网络学习的方便性、网络资源的丰富性、教学软件优化教学效果情况等。

(三)教学运行

教学运行,也称教学管理,包括计划管理、教学目标管理、教学过程管理、质量管理、教师管理、学生管理、教学档案管理,它的任务是制订教学工作计划,明确教学工作目标,保证学校教学工作有计划、有步骤、有条不紊地运转;建立和健全教学管理系统,明确职责范围,发挥管理机构及人员的作用;加强教师的教学质量和学生的学习质量管理;组织开展教学研究活动,促进教学工作改革;深入教学第一线,加强检查指导,及时总结经验,提高教学质量;加强教务行政管理工作。设置了4个二级指标,培养计划、教材、师资队伍、质量监控,和12个三级指标,培养方案、国外优秀原版教材的比例、自编教材比例、其他教材选用合理性、师资评聘、师资状况(含师生比、外教情况)、师资进修、教学方式(含授课语言)、招生和学籍管理、学风建设、教学督导机构设立与运行、相关方问题反馈及跟进解决机制。

(四)办学效果

办学效果是领导重视与认识、办学条件、教学运行等多种要素作用的结果,主要体现在两方面,一是培养出的人才是否为国家紧缺具有国际视野的高素质人才,二是通过国际教育交流和合作,是否促进了我国高校学科发展,推动了教学改革和多元化教学手段及教学方法的应用。设置了3个二级指标,学生评价、学校内外部效益、社会评价,和10个三级指标,学生满意度、学生毕业时掌握的技能、引进教育资源与国家目标一致性、带动学科建设和科学研究情况、教学手段和方法多元化情况、毕业学生就业率、用人单位评价、毕业学生评价、家长评价、媒体评价。

参考文献:

[1]中华人民共和国教育部.教育规划纲要实施三年来中外合作办学发展情况[EB/OL].http://old.moe.gov.cn//publicfiles/business/htmlfiles/moe/s7598/201309/156992.html.

[2]黄建如,张存玉.澳大利亚大学质量保障署的跨国高等教育质量审核初探[J].复旦教育论坛,2010(3):81-84.

[3]肖玉梅.现代成人教育管理学[M].北京:中国人民大学出版社,2006:31-33,238-239,240-260.

[4]殷永建.高校中外合作办学项目质量评价体系建构[J].黑龙江教育学院学报,2011(4):23-26.

[5]攸县机关幼儿园.什么是学前教育评价的静态评价与动态评价相结合的原则[EB/OL].[2011-11-15].http://ping.ci123.com/firms/topics/95839/42231.

高职教育与高等教育自学考试学分互认探析①

华南师范大学　余玲玲

摘要: 学分互认是现代教育发展的内在要求和必然结果。结合高职教育与高等教育自学考试各自发展的特点,分析它们之间进行学分互认的可行性,探讨如何构建相应的学分互认体系、政策支持与保障机制具有十分重要的意义。

关键词: 高职教育;自学考试;学分互认

随着终身教育理念的不断深入,个体学习的个性化和多样化愈发明显,不同高等教育形式之间的沟通与融合也更加广泛。这在一定程度上将打破不同教育形式和层次间的壁垒,突破时空限制,实现教育资源的有效共享,促进各类教育的顺利转换,从而体现"以人为本"的教育本质。在此情形下,作为现代教育发展的必然产物,若实现不同高等教育形式之间相互沟通与融合,学分互认政策与转换机制的构建与完善是至关重要的。《国家中长期教育改革和发展规划纲要(2010—2020年)》明确指出"建立继续教育学分积累与转换制度,实现不同类型学习成果的互认和衔接""搭建终身学习'立交桥'。促进各级各类教育纵向衔接、横向沟通,提供多次选择机会,满足个人多样化学习和发展需要"。高职教育与高等教育自学考试(以下简称"自考")作为两种不同的高等教育形式,二者间的学分互认也势在必行。

① 课题来源:2014年度广东省高等职业教育教学改革立项项目(粤教高函〔2014〕205号)"高职院校与普通高校学分积累互认的制度与政策研究"。

一、高职教育与自考实现学分互认的可行性

所谓学分互认,是指已经获得国家统一认可的各级各类学校、培训机构给予的学分如何科学地转换为所需的学分。换句话说,以前在别处已经获得的学分能否全部或部分地转换为当前所需的学分。高职教育与自考之间的学分互认,是双方旨在推动高等教育大众化发展与构建继续教育、终身教育体系和学习型社会的必然产物和必要手段,具有较强的可行性。

(一)学分互认是二者发展的内在需求与时代诉求

一方面,当前国家正大力发展现代职业教育,并加快发展职业教育与其他教育形式之间的衔接与沟通,从而"建立学分积累与转换制度,推进学习成果互认衔接","为学生多样化选择、多路径成才搭建'立交桥'",完善职业教育人才多样化成长渠道。因此,从现实环境来看,随着现代终身教育理念的不断深入和学习型社会的建立,职业教育的发展与创新需要适应自身发展需求与时代诉求,不断寻求与其他教育形式的融合与沟通,以提升自身人才培养的竞争力与生命力。另一方面,受高等教育大众化及其自身发展局限等因素影响,当前自考发展也面临着新的任务和挑战,急需探索新的发展途径和培养模式,加快自身适应现代复合型人才培养的步伐,主动实现与其他高等教育之间的学分互认,从而"努力满足社会成员多样化的自主学习需求,为构建终身教育体系和人才培养'立交桥'服务"。值得一提的是,作为一种高等教育形式,自考在学分互认上具有较明显的优势,它不仅一开始就以学分制为基础,而且考试形式灵活、开放,这些是实现其与高职教育学分互认的前提条件。

(二)二者人才培养目标的共通性为实现学分互认奠定基础

从人才培养目标上来看,二者具有共通性。高职教育培养的是"高素质劳动者和技术技能人才",而自考主要培养"应用型、技能型、职业型"人才,同时人才培养应主动"面向职业、面向农村、面向社区"。二者人才培养目标均指向具有职业能力的应用技术型人才,具有相通相似性。"人才培养目标主要通过专业教学计划来实现,构成教学计划最基本的教育影响因素是各门具体的课程。"当前,无论是高职教育还是自考,国家在其专业设置和课程设置政策引导上都强调以市场需求为导向,使之更加适应经济社会需求。事实上,高职教育与自考人才培养目标的专业设置和课程设置有共通之处。专业设置上二者都偏向于以市场需求为导向的应用型、技能型专

业为主,面向职业化;课程设置上都是在注重理论与实践相结合的同时,适当偏重于实践课程的教学、技术技能的培养与提高,提升职业能力。另外,课程考核方式越来越注重教育对象学习过程的考核。这些共通性都为实现二者之间学分互认的可能打下现实基础。

(三)国内外学分互认机制的研究和实践为其提供相关的经验借鉴

学分互认在世界范围内很多国家和地区都已经建立了较为成熟的机制和转换系统,如欧洲学分转换系统(European Credit Transfer System)、澳大利亚资格框架(Australian Qualifications Framework)学分积累模式、韩国学分银行制度等。我国学分互认虽然尚处于初级阶段,但是部分地区高校之间也做了一些积极的探索与有效的尝试,如北京学院路地区高校教学共同体、广州大学城高校课程互选等。它们已经用实践证明:不同国家之间、不同高校之间、不同教育形式之间的学分可以相互接纳、相互转换。这些为高职教育与自考之间开展学分互认提供了较好的经验借鉴,也间接证明了二者之间进行学分互认是可行的。

二、高职教育与自学考试学分互认体系的构建

(一)确立课程学分互认标准

高职教育与自学考试分属不同的高等教育形式,二者存在形式之间的区别;由于教育层次的差别,高职教育直接与自考本科教育之间进行学分互认存在一定的问题,它们在课程内容、学时要求、学分设置、学习形式及考核方式等方面存在差异。因此,要构建高职教育与自考之间学分互认的体系,实现两类教育形式与不同层次间的顺利转换,必须先优化各自的专业课程设置,形成相对稳定的、可操作的课程互认标准,使之具备沟通融合的空间。如,将高职教育与自学考试性质相近的专业视为一个整体,提炼其所需的共同知识和技能,建立标准化课程体系,制定两类教育形式之间的课程学分互认标准;对可以进行学分互认的高职教育与自学考试同类专业课程的培养目标、内容结构、学习形式和考核方式等进行优化建设,共同体现二者应用型、技术性的课程特色和职业化人才培养特点,为二者之间的学分互认寻求相同相似的课程标准。

(二)制定学分互认和转换规则

虽然国家大力提倡不同教育形式之间要积极搭建人才培养的"立交桥"，但学分的互认和转换在我国尚处于起步阶段，且效果并不理想。因此，加强学分互认制度研究、制定科学的学分转换规则迫在眉睫。高职教育与自考之间学分互认的构建，也必须成立各自的学分互认和转换机构，从行政管理层面引导研究者和制定者进行广泛而深入的政策研究，制定互认和转换规则。

一般来说，高职教育与自考专科教育同层次间专业课程的学分互认，可主要通过等量原则来完成互换，即互认课程各比对要素基本相同或相近就可相互代替。而高职教育与自考本科教育不同层次专业课程的学分互认规则稍为复杂，笔者以为可通过如下方式来制定：其一，自考本科教育可采取"以高认低"的原则与高职教育相同或相近专业课程进行学分互认，即自考本科专业中已通过的课程，若高职院校专科专业中也有该门课程，学生可免修并取得学分；其二，高职教育中若有一些专业课程内容部分涵盖自考本科专业课程内容，可采取"差异性补偿教学"的方式，即对专科专业课程中缺少的部分或与本科专业课程存在差异部分进行补偿教学，"以低认高"本科课程的学分；其三，高职教育专业通过设置一些与自考本科专业相同或相近的"加考课程"或"选修课程"，在学生获取毕业证书后，通过免考的方式进行学分互认；其四，双方若取得政府或相关教育部门认可的资格证书或岗位证书，可按相关要求对彼此专业中相关课程进行免考或免修，从而实现学分互认。

总而言之，高职教育与自考学分互认与转换规则的构建应体现以下特点。一是课程学分互认"等量交换"或"就高不就低"，"以低认高"必须进行课程差异性补偿教学；二是学分互认以优化双方专业课程设置为基准，通过相互融合相互适应，进行学分互认；三是坚决执行"质量优先"原则，确保学分互认的质量；四是双方管理机构深入管理，以加大学分互认的执行力度。

(三)积极建设现代化信息管理系统

在"互联网+"时代，制度的运行离不开现代化信息管理平台和管理手段。高职教育与自考学分互认的申请与管理，毫无疑问是一项细而杂的工作，不管是教育部门、学校还是学生本人，都需要依赖共同的现代化管理系统来完成，以保证信息发布的及时性、管理的便捷性和执行的高效性。同时，由于学分互认体系原则上是基于服务成人学生个性化、多样化的学习支持服务体系,具备个性化、开放化、复杂化等特点,需要多环节、多部门的密切配合,因此面向学生个体搭建高职教育与自考之间学分互认的信息服务平台和建设现代化信息管理系统更为必要和重要。它主要包括:搭建学分互认信息发布平台,及时发布学籍管理、学分管理、学分互认与转换等相关文件政策规定;搭建学生网上服务平台,服务学生进行二者间的学分互认申请与办理;建设互认课程学习资源网站,以利于学生进行开放式的线上学习;等等。总之,积极建设学分互认的现代化信息管理系统,是实现高职教育与自考学分互认健康运行的必要手段和技术保证。

三、高职教育与自学考试学分互认的政策支持与保障

当前,我国高职教育与自考之间尚未形成普遍的学分互认制度。主观上来看,两类教育形式存在"本位"思想,各自偏于自身的发展,较少从发挥高等教育整体优势出发。客观上来看,双方培养方案与目标不完全一样,为二者间学分互认制度的制定和执行带来一些困难。因此,要建立完善健全的学分互认体系,必须全面深化管理,加强政策支持和制度保障。

(一)成立各级学分互认管理机构,加强学分互认系统的管理职能

无论是政府管理部门、高职院校,还是普通高校(自考主考学校)、自考助学机构,都应成立各自的学分互认管理机构,直接参与高职教育与自考学分互认政策、法规和文件的制定和运行,同时提供各自在人、财、物等各方面的支持和服务。具体而言,政府管理部门可负责学分互认政策的出台、引导和协调,高职院校和自考主考学校负责学分互认具体细则的研究和制定,各类助学机构负责学分互认政策的具体落实,各机构之间既分工明确又广泛合作,共同加强高职教育与自考学分互认系统的管理职能,从而保障学分互认制度的制定和健康运行。

(二)制定双方认可的学分互认机制和运行规则,确保学分互认的具体实施

一套规范、可操作的学分互认机制和运行规则是实施学分互认的依据,也是进行学分互认工作的关键。目前我国高职院校普遍实行学年学分制,受学年制制约,完整意义上的学分制并不健全,学生选修课比重较少,学分选择灵活度较小,毕业受学年限制等。而自考从一开始便实行学分制,形式上没有学年制的制约,选课较为

自由,学生只要修满学分即可毕业。两种教育形式在学分管理、课程体系、教学制度和教学模式上存在诸多差异,这些都是影响双方学分互认规则制定的制约因素,也为学分互认规则的运行带来一些困难。因此,在制定学分互认机制和运行规则时,必须协调好高职教育与自考、高职院校和自考主考学校之间的关系,在科学进行相关课程学分指标体系的制订、验证、协调和实施的基础上,研究制定规范、可实施的学分互认机制和运行规则,建立业务流程,实施动态监控,做好相关课程学分的衔接和互认,从而确保二者之间学分互认的具体实施。

(三)制定学分互认质量评估标准,加强学分互认质量监督

质量是生命线,高职教育与自考之间的学分互认必须坚持质量标准,它是学分互认规则正常运行和长期有效的根本。因此,必须制定一套严格而有效的学分互认质量评估标准和运行后质量监督体系,以保证学分互认制度的正常运行和人才培养质量标准。一方面,相关教育主管部门应成立评估监督机构或委员会,对提供学分互认课程的高职院校、自考主考学校及其他机构进行科学评估,在课程设置、师资力量、教学环境等软件、硬件上层层把关,建立严格准入机制。另一方面,参与学分互认的各院校机构内部亦须建立质量保障机制,各自抓好互认课程在教学质量、课时设置、考核方式及教学管理等方面的评估和监控工作,并且建立统一的、公平公开的评估监督标准。只有牢固树立学分互认质量观,认真落实学分互认质量评估监督工作,切实抓好学分互认制度下的教育教学质量,才能树立高职教育与自考之间学分互认制度的权威性,扩大社会影响力和认可度,从而推动学分互认制度的发展。同时,真正使学分互认制度既体现"以人为本"的教育本质,又达到资源共享、避免浪费和优势互补的教育目的。

(四)提供学分互认外部环境支持,营造良好的发展环境

高职教育与自考学分互认的研究与实践皆处于起步阶段,二者之间的良好运行,离不开外部环境的有力支持。全面实行学分制是实现各教育形式、各院校主体进行学分互认的前提。首先,参与学分互认的各教育主管部门、各高职院校和自考主考学校、助学机构,在思想和行动上都必须重视完全学分制的建设,尤其是对目前还普遍实行学年学分制的高职教育而言,学分制的建设更为必要。其次,为保证高职教育与自考学分互认工作的顺利进行,各相关行政职能部门和院校主体必须加强

政策协调研究,财务、人事、劳动等各部门给予政策协调和支持。再次,建立学分互认管理信息平台,在技术层面提供支持,及时发布有关学分互认的政策规定,加大学分互认宣传力度,提高学分互认管理效率和服务水平。

参考文献:

[1]杨黎明.学分互认的依据是"知识点"的多少[J].中国职业技术教育,2004(16):19-21.

[2]中华人民共和国国务院.国务院关于加快发展现代职业教育的决定[EB/OL].[2014-6-22].http://www.gov.cn/zhengce/content/2014-06/22/content_8901.htm.

[3]国家中长期教育改革和发展规划纲要工作小组办公室.国家中长期教育改革和发展规划纲要(2010-2020年)[EB/OL].[2010-7-29].http://www.moe.edu.cn/srcsite/A01/s7048/201007/t20100729_171904.html.

[4]顾明远.教育大辞典[M].上海:上海教育出版社,1998:899.

[5]杨晨,顾凤佳.国外学分互认与转移的探索及启示[J].现代远距离教育,2011(4):9-14.

[6]彭丽茹.学分互认制度的国外实践探析[J].广州广播电视大学学报,2013(6):45-48.

广东省成人高等教育发展对策研究

华南理工大学　尚琳琳

摘要:在对广东省成人高等教育进行深入思考的基础上,全面审视广东省经济社会发展与成人教育体系发展现状,查找广东省成人高等教育存在的问题,提出广东省成人高等教育创新科学发展之路。即统筹资源整合,开拓信息渠道,搭建成人高等教育发展的科学平台,架构起终身学习的"立交桥";加强政产学研结合,突出产业结构调整与自主创新教育;开拓非学历教育培训手段及学习支持服务体系,提升成人高等教育的层次和辐射面。

关键词:成人高等教育;科学发展;思考

《国家中长期教育改革和发展规划纲要(2010—2020年)》的出台将"加快发展继续教育","建立健全继续教育体制机制","构建灵活开放的终身教育体系"作为国家成人高等教育改革和发展的主要方向与推动力。2008年《珠江三角洲地区改革发展规划纲要(2008—2020年)》明确把加快珠江三角洲地区的改革发展上升为国家战略,并赋予"科学发展、先行先试"的重大使命。适应广东省经济社会发展的需要,成人高等教育今后应统筹资源整合,开拓信息渠道,搭建成人高等教育发展的科学平台,架构起终身学习的"立交桥";加强政产学研结合,突出产业结构调整与自主创新教育;开拓非学历教育培训手段及学习支持服务体系,提升成人高等教育的层次和辐射面。

一、广东省成人高等教育的发展现状

30多年来,广东省成人高等教育能够根据经济社会的发展需求积极探索,不断对自身进行调整。

(一)立体化的办学体系逐渐形成

经过多年的发展和改革,广东省成人高等教育形成了集成人高等学历教育、非学历教育、远程教育和自学考试、职业教育于一体的多形式、多层次、多学科、多功能,机构相对合理的立体化成人高等教育办学体系。其中学历教育按层次划分包括高中后专科教育、高中后本科教育、专科起点本科教育、在职研究生课程班以及继续教育形式第二专科、第二本科。普通高等学校举办成人高等教育的形式有函授、夜大学、自考助学、远程教育等。

(二)特色化的学科与专业设置日趋丰富

为适应广东经济建设和社会发展的要求,成人高等教育在学科门类的建设方面也得到了不断的丰富,专业设置也更趋合理和完善,开设了文史、财经、法律、理工、外语、外经外贸、体育、音乐、美术艺术等应用性和职业性较强的专业。同时,结合珠三角地区经济及企业发展的需要,也逐渐探索开设了各类新领域与特色专业,如汽车、动漫、工程造价、数控技术、城市轨道交通运营管理、信息管理等专业,为广东实现高等教育大众化和人力资源能力建设做出了重大贡献。

(三)科学化的人才培养模式不断完善

广东省成人高等教育不断转变教育观念,深化教学改革,严抓教学质量,以培养具有竞争意识、创造精神和实践能力的高素质、应用型人才为目标,已形成了适应国家特别是广东省发展需求的人才培养模式。改革开放30多年来,各级各类在校学生(学员)逐年稳步增长,通过探索"以生为本"的人才培养模式,不断扩大受教育范围和教育对象,推进了教育民主化和大众化的进程,为广东省流动人口与广东省欠发达地区人口的培养发挥了极其重要的作用。

二、广东省成人高等教育存在的问题分析

《广东省中长期教育改革和发展规划纲要(2010—2020年)》中指出,要建设教育强省和人力资源强省,加快实现"高等教育普及化、终身教育全民化、教育服务多元

化、教育合作国际化,在全国率先基本实现教育现代化"。面对崭新的历史时期,华南理工大学成人高等教育的发展又将走上一个怎样的新台阶,已经成为成人教育工作者迫在眉睫需要思考的问题。从对广东省经济社会发展和教育体系的现状分析,我们可以看到:

教育与教育变革的动力主要来自经济社会发展的需要。从广东省经济发展存在的潜力与动力因素来分析,广东省教育事业尤其是成人高等教育的发展存在很大的机遇与空间。从现状与预期及与相当经济实力的省份对比中,我们可以明显地看到目前广东省高等教育的发展还存在很大的差距,与广东省经济社会发展状况存在很大的不协调。广东省经济社会的可持续发展,教育和人才是最大的推动力。因此,需要以更加科学的理念来发展成人教育,从而促进广东省全民素质的提高及在职人员职业技能的全面提升。

同时,从广东省教育体系的现状分析来看,推动成人高等教育的变革存在相当大的契机。《广东省中长期教育改革和发展规划纲要(2010—2020年)》提出:"加强统筹协调,推进学历教育和非学历教育协调发展、职业教育和普通教育相互沟通、职前教育和职后教育有效衔接,构建完备的终身教育体系。"主要依托普通高等学校发展成人本专科教育,"大力发展现代远程教育,构建以信息技术为支撑、为各类人员提供教育服务的网络,实现跨越时空的教育资源共享","实现不同类型学习成果的互认与衔接,不断扩大社会成员以不同方式接受高等教育的机会"。

从对各类教育现状的分析来看,我省成人高等教育存在的主要问题是:

(一)成人教育与各类教育形式之间缺乏衔接通道和方法

这不利于受教育者多样化和多次性的选择。"现有教育体系在管理上的弊端使各个类别的教育彼此间自成一体,相对封闭,相互间的沟通衔接缺乏制度的依据和得力的措施,造成了普通教育、职业教育、成人教育和各类培训虽然彼此内部结构完善,但相互间融合与交叉严重不足,横向沟通渠道不畅、纵向衔接途径有限的局面",在这种封闭系统内,受教育者跨系统灵活学习的难度比较大。

(二)重学历继续教育,轻非学历继续教育

在继续教育办学规模上,非学历继续教育虽有所增长,但是离实际需求还有很大距离。原因是学历继续教育仍是高校继续教育的主要内容,满足社会上学历教育

的需求依然占据主导地位,而非学历继续教育处于辅助地位。随着终身教育理念的确立和有关非学历继续教育政策的进一步明确,非学历继续教育需求的快速提升已是不争的事实,如何抓住高等学校非学历继续教育发展的机遇,是普通高等学校继续教育学院和管理者需要认真思考的问题。

(三)普通高校办学相对封闭,社会办学力量不足

目前,全省普通高校仍然是从事继续教育的主力军,公办学校82所,民办学校25所,普通高校继续教育部门与社会力量办学的合作渠道有限、管理和审批过于严格、门槛过高,将一些有继续教育能力的教育机构或者私人办学单位排斥在高等继续教育领域之外,既加重了高校继续教育的负担,也无法满足社会上多元化的继续教育需求。

基于以上分析,我省成人高等教育应顺应市场与社会潮流,更新成人高等教育观念,不断推进高等学校成人教育的改革、发展与创新。

三、推进广东省成人高等教育改革的对策建议

我省成人高等教育改革的重点在于打通各类教育模式之间衔接的通道,需要充分发挥高等学校成人高等教育在构建终身教育体系中的重要作用,大力发展教育培训服务,建设、开发远程开放成人高等教育及公共服务平台,为学习者提供方便、灵活、个性化的学习条件,促进高等学校更好地服务于全民学习、终身学习的学习型社会建设是成人教育改革和发展的主要目标。具体在以下几个方面:

(一)探索统筹资源整合,开拓信息渠道,搭建成人高等教育发展的科学平台,架构终身学习的"立交桥"

各种办学类型、办学层次齐全,顺应国家提倡的构建终身学习"立交桥"的需要,应探索打破各类教育间的藩篱,促进各级各类教育资源的开发、整合与共享,为努力构建人人皆学、处处可学、时时能学的学习型社会做出高等院校应有的贡献。具体而言,可以在以下几方面进行变革:

1.以学分制为基础,构建终身学习机制

应该根据成人学习的特点,灵活机动地调整学习时间和学习方式,"以人为本、因材施教,实行弹性学年学分制"。国外的各种教育形式在学习方式等方面是相通

的,不管哪种途径,通过学分积累,达到一定要求即可毕业。我国继续教育还未实行弹性学年学分制,强制规定必须在规定的学年内完成学业,这种僵化的、非以人为本的办学方式,严重制约了学生参与继续教育的积极性。因此,从根本上转变办学思路,是继续教育发展的重要条件。

2.开辟多种教育渠道,优化继续教育培养途径

各类高等继续教育的发展很不平衡。据2009年数据,普通高校举办的成人高等教育毕业生数172.55万人;成人高校举办的成人高等教育毕业生数21.84万人;广播电视大学举办的成人高等教育毕业生数6.30万人;网络教育成人高等教育毕业生数98.35万人;高等教育自学考试学历报考1040万人次;非学历高等继续教育结业531.70万人次。普通高校仍然是成人学历教育的主渠道,成人高校、广播电视大学、网络教育的力量未得到充分发挥。高等教育自学考试学历报考人数虽多,但是毕业人数较少,报考人数呈现历年递减的趋势。因此,大力开辟多种教育渠道,优化继续教育培养途径,满足各种不同的社会需求,仍然是继续教育部门需要努力的方面。

3.实现不同层次、不同类型教育的互认互通

不同层次、不同类型教育的互认互通主要指对不同层次、类型教育资源和成果的相互肯定,减少不必要的重复学习过程。这种互认互通包括资格证书教育与学历教育的相互对接;各类办学实体学历的相互认定;各类办学实体学籍的自由转移;等等。

(二)探索加强政产学研结合,突出产业结构调整与自主创新教育

高校与企业、政府合作,无论从"人才—科研—产品—市场"的价值链,还是"知识创新—技术创新—成果转移—产业化—商品和服务"的价值链看都是关键环节。其实质就是通过合作发挥各方在技术创新过程中的优势以谋求自身利益最大化。高校成人高等教育是政产学研合作实现的有利平台。我校目前实践的各类培训项目、网络教育与企业合作的送教上门等都是政产学研合作的积极实施。成人高等教育可以紧贴市场需求的变化,更加灵活地设置专业与课程,适应行业、企业人才培养的需要,突出珠三角地区产业结构调整的需要,完善人才自主创新教育,充分利用学校优质的教学资源和已有的精品课程课件,结合社会资源,发挥行业、企业内部技能培训的优势,打造"学科式"和"需求式"培养相结合、学历教育和技能培训相结合的

创新型远程教育课程体系及开发各类培训项目。同时,我们将进一步积极寻求联合共建的各类政府、企事业党委,发挥其与市场紧密接触的优势、政策把握的优势等,将社会资源充分共享,致力于开拓华南理工大学更广阔的办学市场。我们可以从以下几方面进行开拓:

1.与政府部门紧密联系,开展长线培训项目合作

从培训需求来说,政府的培训项目具有需求稳定、培训对象稳定、培训项目内容稳定等特点。我们可以针对特定对象的不同要求,研发培训项目和课程,把普遍化培训与个性化培训有机结合,有效提升干部队伍的素质能力。

2.与社区、行业协会、企业合作,开展职业、岗位资格认证培训

学校整合现有的非学历继续教育资源,制作培训项目菜单,开展一系列针对性的市场营销活动,积极主动向社区、行业协会、部门和企业推介,开展合作培训,把与社区、行业、企业的合作作为非学历教育的切入点。

3.与考试认证机构合作,开展认证培训

一些考试认证机构对认证培训项目具有垄断权,积极开拓与具有市场发展潜力的认证机构合作,获得其授权,可得到较稳定的培训收益。

(三)探索远程非学历教育培训手段及学习支持服务体系,提升大学成人教育的层次和辐射面

1.构建大学终身教育的优良环境和条件

2010年颁布的《国家中长期教育改革和发展规划纲要(2010—2020年)》提出"构建体系完备的终身教育。学历教育和非学历教育协调发展"。按照国家关于建设终身教育体系和学习型社会的要求,大学成人高等教育部门应该把非学历教育作为今后发展的重点,构建终身教育优良环境和条件,探索提升对企业、行业的服务水平,创新非学历教育的培养方式。在新形势下,政府、企业等方面的职业技能、资格认证等教育需求非常突出,大学应充分利用现有的远程教育平台的服务与管理系统,进一步开发远程教育平台的功能,提升与开拓远程非学历教育的服务水平,丰富其教育教学手段,以手段与形式的创新丰富与完善非学历教育学习支持服务体系,从而突出支持服务的针对性、扩大支持服务的开放性、追求支持服务的个别化,加强远程学习策略支持、切合学生需求,强化支持服务的有效性。建立适于成人学习者

多样化学习需求的课程、资源,以及培训体系、证书体系、评价制度和培训管理制度等。从而,从技术层面与服务层面更好地扩大大学非学历教育的市场占有率与辐射面。

2.充实和完善专业技术继续教育基地,开展多种形式的继续教育

大学已有的专业技术继续教育基地,要在进行面授培训的同时,继续探索远程教育手段,开展与职业教育相关的资格证书、职业技能等教育;开展校企合作,共同构建校企终身教育平台,针对企业实际,开展量身定制的继续教育服务;开展政府培训项目,针对领导干部继续教育的特点和要求,利用远程教育平台,开展干部领导力培训、一般干部职业技能培训等,提高机关干部的继续学习能力和工作能力。

3.整合当地优质教育资源,开展适合各类群体的继续教育

依托自身的平台、资源、支持服务等优势,整合广东尤其是广州当地的优质教育资源,形成继续教育专业课程超市和学历学分银行,为本地区各类群体的不同教育需求提供合适的服务和解决方案,通过数字化远程教育学习平台,支持各类教育资源的整合,提供快捷、便利的过程支持服务,有效拓展学历和非学历继续教育。

参考文献:

[1]国家中长期教育改革和发展规划纲要工作小组办公室.国家中长期教育改革和发展规划纲要(2010-2020年)[EB/OL].[2010-7-29].http://www.moe.edu.cn/srcsite/A01/s7048/201007/t20100729_171904.html.

[2]广东省教育厅.广东省中长期教育改革和发展规划纲要(2010—2020年)[EB/OL].[2010-10-21].http://www.gdhed.edu.cn/publicfiles/business/htmlfiles/gdjyt/s1211/201404/474781.html.

[3]华南理工大学.教育无界限 沟通有桥梁——各类教育互通的人才培养"立交桥"的探索和实践[EB/OL].[2010-12-07].http://www.doc88.com/p-288604855118.html.

[4]张嘉英.在函授教育中实行弹性学年学分制管理的探讨[J].太原理工大学学报(社会科学版),2005,23(S1):170-171.

[5]曾海军,马国刚,范新民.高校网络教育及其他类型继续教育的比较分析[J].中国远程教育,2010(10):12-17.

国外学习支持服务及其对我国远程教育的启示

——以英国开放大学为例

暨南大学 栗万里 杨潇郁

摘要:学习支持服务是远程教育不可缺少的构成部分,要提高远程教育的质量,必须建立一个全面、优质的学习支持服务体系。英国开放大学作为一所获得巨大成功的远程开放大学,它的学习支持服务系统建设值得借鉴。本文从服务组织、信息资源、服务流程三个方面分析了英国开放大学学习支持服务系统的构成,以及由此为我国国家开放大学建设带来的启示。

关键词:英国开放大学;学习支持服务;信息资源;课程资源;学习者

英国开放大学是学习支持服务思想的发源地。1978年大卫·西沃特正式提出"学习支持"这一概念,引发业界强烈反响。经过30余年的实践和发展,学习支持服务已成为现代远程教育领域最重要的概念之一,而英国开放大学也成为学习支持服务实践工作的领军者。

一、英国开放大学学习支持服务系统的构成

大卫·西沃特认为学习支持服务系统的构成要素几乎是无限的,不仅仅限于在线学业咨询、在线电子图书馆、学习中心的集体教学、学习中心的图书馆服务、年度

住宿学校(强制或自愿的)、定期的教师和学生的视频会议、学习小组或学习自助小组、广播辅导、电话辅导、创办针对学生的报纸等这些因素。提供什么样的学生支持服务取决于远程教育的市场定位、远程教育使用的课程教学包、课程的发送系统、组织的形象、远程教育文化环境、远程教育机构承担的培养学生自制能力的责任、学生总体的差异性等。在这样的理论指导下,英国开放大学建立了极具特色的学习支持服务系统,主要包括:

(一)责权明确的服务组织

英国开放大学建有四个模块的管理系统,分别是米尔顿行政总部、全英13区教学中心、海外教学部和院系研究中心。米尔顿行政总部主要负责多媒体教学资源开发、规章制度制定、学分核算、图书馆资源管理、学生问卷调查分析等。全英13区教学中心主要负责注册缴费、学生贷款和奖学金发放、选课及课程咨询辅导、职业规划以及残障学生服务等。海外教学部主要负责海外学生的各项事务。院系研究中心中有十个院系主要负责专业课程研究开发和国际学术交流,另外有六个跨学科科研中心。

英国开放大学还设立了四个层面的执行系统来构成学习支持服务,分别是财政支持系统、学习技能支持系统、职业咨询支持系统和残障学生服务支持系统。在财政支持系统中,学习者可以根据自身的收入、学历、健康状况等接受审核,申请不同等级的学习基金。开放大学和英国政府有专门的资金用作此类财政支持服务。2010年有近42000位学生通过申请获得学习基金。学习技能支持系统由八个模块组成,学习分配(主要探讨如何分配学习任务,解决学习压力);复习考试评估(主要探讨如何温习所学应对考试);英语技能(主要讨论如何提高英语水平以更有效地进行专业学习);学习技能测验(测试现有的学习技能帮助制订学习计划);学习策略(探讨实用的学习策略以提高学习效率);思考阅读记录笔记(探讨积极主动的学习方式);团队合作(探讨如何与导师或其他学习者合作共享团队学习优势);学习中的统计运用(探讨如何在学习中运用数据和统计增强学习效果)。上述模块的内容不断更新,帮助学习者得到实用有效的学习技能,提高学习者的自信,保证学习质量。职业咨询支持系统为所有学生提供信息咨询和指导服务,帮助学生制订个人发展策划(Personal Development Planning,PDP,指根据个人的学习能力、学习基础和性格策划自己适合接受的教育以满足想聘职位要求的全过程），以支持学生的学习和进步，帮助学生获得想聘职位所要求的知识、技艺和能力。各地区教学中心拥有自己的咨询师，与总部的咨询师团队一起构成覆盖全国的职业咨询网络。除了职业咨询服务，该系统还为学生提供职业论坛、雇主信息库、空缺职位信息库和在线职业规划工具等资源。另外，系统还为企业雇主和其他未注册的浏览者提供相关的信息。残障学生服务支持系统则为英国开放大学超过9000名残障学生提供特殊辅导教师、学习资料、考试以及住宿环境，并且能够申请残障津贴获得财政支持。

（二）丰富便捷的信息资源

远程教育需要丰富的教学信息资源作为载体，生活节奏日益加快的现代人对信息的便捷性和质量要求也越来越高。英国开放大学为学生提供了各类优质教学资源，包括多媒体教学包、电子图书馆数据库、OpenLearn网站资源、ItunesU和Youtube上的资源和Facebook及Twitter上的资源。

英国开放大学围绕60多个主题建设了约600门课程资源，这些课程资源会以多媒体教学包的形式发送给学生，通过多媒体的形式呈现教学内容、教学要求、学习指导、作业安排、考试说明、面授辅导时间地点、实验材料以及教学包的使用方法等，这是实施其远程教育的核心资源，含金量极高，享誉全球；通过图书馆，学生可以获得覆盖全部学科的期刊报纸和论文数据库，课程的相关学习资料和历年的考试试卷，另外，Open Research Online还为非注册学习者提供论文数据和研究资料，实现更大范围的资源开放；2006年英国开放大学发布了OpenLearn网站，为所有人免费提供其教育资源，让更多人接受源自英国开放大学的顶级课程，亲身享受其学习支持服务，到2008年，OpenLearn已经公开发布了超过8000小时的课程资源，涵盖了管理、教育、语言、艺术、社科等十余个主题，截至2009年底，网站的访问量已超过8000000；英国开放大学是全英第一所加入ItunesU的大学，截至2010年，英国开放大学在ItunesU上的资源下载数量已超过26000000；另外在Youtube上也可以访问英国开放大学的课程视频；另外，学习者还可以通过Facebook和Twitter加入英国开放大学的交流社区，分享自己的学习经验，提问或咨询，和教师或校友进行互动。

（三）周全完备的服务流程

英国开放大学一直倡导"受支持的开放学习"（Supported Open Learning），学校通过导师及线上论坛为学生提供有关课程选择、教学资料分析和学习技能指导等服务。另外,学生还可以通过线上会议和非正式学习小组等方式相互沟通,共同学习。学校针对每一个学生的自身特点、需求安排个别学习指导,全程跟踪服务。除了丰富的在线学习资源,还可以根据需要提供面授和短期住校学习。

英国开放大学提出了实现"受支持的开放学习"的五个要素,这更是其优质学习支持服务系统的体现。这五个要素分别为:一是高质量的教学资源。教学资源由多学科课程团队共同开发,包括资深的专业学术教授、教育和媒体技术专家以及校外顾问。涵盖丰富的多媒体资源,能够生动、专业地体现教学内容。二是课程辅导教师。每学习一门课程学校都要为学习者安排课程辅导教师,要求他通过电话、e-mail和视频会议等方式与学生及时沟通,提供课程重难点及学分等问题的提示和帮助。全日制学生和住宿学生还可以和辅导教师面对面交流。三是持续研究不断创新。学校非常重视课程资源的更新,认为优质的教学资源必须是最新、最权威的,应该由那些在该领域拥有先进成果享有盛誉的专家编写。另外,应该积极运用最新的教学策略和教育技术以实施更加有效的教学。2011年,英国开放大学准备开展虚拟人生(Second Life)教学实验,开发更高效的远程教育模式。四是专业的后勤支持。米尔顿行政总部和各地的教学中心提供优质的后勤支持,为学生输送课程,委派辅导教师,回馈问题,全方位地调度各项工作。每周有数千个项目由行政后勤向学生发送。五是学习者的沟通和学习诚信。学习者可以通过e-mail、Twitter或Facebook等线上资源相互沟通,和其他大学一样,英国开放大学的学生也建有各种社团和俱乐部,拥有自己的校园文化。此外,对于远程学习,学习者的学习诚信也至关重要。

二、对中国国家开放大学建设的启示

我国在1995年提出要把电大建设成"具有中国特色的现代远距离开放大学",经过15年的努力,部分发达地区已经把地方电大运作成为区域型开放大学,中央电大也开始积极向国家开放大学转型。中央电大在实施开放教育试点项目以来,就借鉴和吸取了英国开放大学的很多办学经验。在下一步建设国家开放大学的过程中,英国开放大学学习支持服务同样能给我们很多启示。

(一)优质的课程资源是重中之重

高品质的多媒体课程资源是英国开放大学学习支持服务成功的关键,每一门课程的开发都由一个数十人的课程组完成,这个团队包括学科专家、教育技术专家、媒体技术专家以及评估顾问等,投资巨大,成品涵盖印刷品、网络、DVD等多种形式的资源,最后还需要送审英国高等教育质量保证署(QAA),对课程的质量做出评测。我国电大近年在课程资源开发方面也取得了很大的成就,到2009年,全国电大已开设88个专业,设计开发多媒体课程资源870余门。接下来应该对课程的质量做出更严格的要求,整合全国的教育资源,综合各类人才,从课程的立项到实施严格把关,开发出更多的精品课程。

(二)建设熟悉远程教育的专业教师队伍

英国开放大学拥有1200多名全职专业学科教师,7000多名辅导教师和超过3500名行政后勤服务职工。据2009年统计,我国电大专任教师已达到50951人,其中具有博士和硕士研究生学历的5870人,具有高级职称的13893人,此外电大系统还从高校和专业机构聘请兼职教师3.8万人。我国电大系统的教师数额相当可观,但是有相当一部分的教师还是缺乏现代远程教育经验的,尤其是偏远地区的地市和县级工作站,缺少熟悉学习支持服务和开展现代远程教育的辅导教师。建设国家开放大学,就要尽快建设熟悉现代远程教育的专业教师队伍,一支分工明确、协作顺畅,既有学科专业知识,又有现代教学技术,懂得开展学习支持服务的专业教师队伍。

(三)关注学习者

英国开放大学所提倡的"受支持的开放学习"始终是以学习者为中心、为主体的。它针对学习者开发学习相关的全程服务,从注册入学、选择课程、应用远程学习资源到职业和人生规划,每一个步骤都有专门的辅导教师和服务系统做支持。并且针对残障学生,还提供特殊的学习支持服务,给予他们更多便利和人文关怀。中央电大也拥有类似理念的办学经验,比如"学导结合的教学模式"和"以人为本、强化过程、强调规范、提高能力的教学管理模式",有良好的基础来应对转型,并且也建有残疾人教育学院,为更多弱势人群提供接受高等教育的机会。但相比英国开放大学这样的国际远程教育典范,我们还需要吸取更多经验,来促成国家开放大学的建设。

(四)重视新媒体的运用,开发更便捷更高效的学习方式

从电子计算机到互联网技术,英国开放大学从未停止对新媒体的追逐脚步,在ItunesU、Facebook、Twitter这样的时尚媒体开发中,英国开放大学永远是积极的先行者。为了让学习更加便捷,英国开放大学始终坚持着"Open to Methods"的理念,开发适用于各类多媒体终端的学习资源,真正实现随时随地的学习。英国开放大学还筹划开发以虚拟人生为平台的线上学习系统,尝试更高效的学习方式。中央电大的远程教育从广播、电视到互联网,一直与先进的媒体共行。现代快节奏的生活状态使人们越来越追求高效便捷的生活方式,对媒体终端的便携性要求也越来越高。对于远程教育,学习者也同样追求更易于实现的学习方式。因此建设国家开放大学的学习支持服务需要与新媒体保持同步,并且不断创新。

(五)中央和地方共建遍布全国的学习支持服务网络

英国开放大学建立了三级学习支持服务系统,从米尔顿行政总部到全英13区教学中心,再到300多个学习点,服务网络遍布全国。一是能够提供更及时、更贴合的支持服务,二是能够更准确、更真实地反馈支持服务的效果。这一切都得益于从中央到地方完善和谐的服务网络构建。截至2012年1月,我国的电大系统在国家开放大学的服务网络建设上有着天然优势,电大从创办到现在经历了30余年的发展,已经形成了由1所中央电大和44所省级电大、945所地市级电大分校(工作站)、1842个县级电大工作站、46724个教学班(点)组成的统筹规划、分级管理、分工协作的现代远程开放教育教学和教学管理系统。国家开放大学需要中央和地方共建,要充分利用现有的电大系统体系,完善合作,共迎转型。

参考文献:

[1]武丽志,丁新.学生支持服务:大卫·西沃特的理论与实践[J].中国远程教育,2008(1):25-29.

[2]黄章强.英国开放大学的教学支持服务及对我们的启示[J].天津电大学报,2008,12(3):45-47.

[3]罗琳霞,丁新.英国开放大学"开放学习"项目评述[J].开放教育研究,2007,13(4):109-112.

[4]张敏霞,丁兴富.英国开放大学的电子远程学习及对我的启示[J].开放教育研究,2003(3):15-17.

基于移动学习的成人高等教育学习支持服务体系建设研究①

华南农业大学 常薇

摘要：随着"互联网+"时代的到来，移动学习已经成为人们接受教育的主流学习方式。如何为学习者提供高效便捷的学习支持服务成为广大学者关注的问题。本文首先阐述了学习支持服务的概念，归纳了移动学习的学习特征，在分析了当前移动学习在成人高等教育学习支持服务的应用现状后，提出了基于移动学习的成人高等教育学习支持服务体系应当从移动学习平台建设、移动学习资源建设、移动学习过程管理、移动学习常规支持服务、移动学习隐性支持服务等五个方面展开建设思路。

关键词：移动学习；学习支持服务；服务特征；体系建设

在"互联网+"时代，随着人们对终身学习、终身教育的认识日益深刻，移动学习正成为人们不断提高工作能力、提升个人素质、接受高等教育的主流学习方式。同时，在成人高等教育与网络教育融合的发展趋势下，基于移动学习的远程教育越来越被广大高校推广使用。由于移动学习与传统学习有着明显的差异性，使得基于移动学习的学习支持服务在保证教学质量、提高学习者满意度等方面，起到了举足轻重的作用。

---

① 课题项目：广东省成人教育协会2016年成人教育科研规划课题"基于mooc的成教风景园林专业微课群的建设与研究"研究成果，项目编号：Ycx162005。

一、学习支持服务的概念

服务概念最初来源于经济学领域，其研究最早可以追溯到18世纪的亚当·斯密时代，随后被引入哲学、管理学、医学和教育领域等。1978年，英国开放大学大卫·西沃特（David Sewart）在论著《远程学习系统对学生的持续关注》中正式提出了"学习支持"概念。他提出应对学习者有不断持续的关注，提供更好的学习支持服务，否则学习者会在遇到各种困难后厌学，影响学习效果，并导致学习者的流失。1993年西沃特在《远程教育中的学生学习支持服务系统》一文对各国远程教育学生学习支持服务的早期发展做了理论总结。时至今日，文章中提到的许多观点仍然对我国远程教育发展中遇到的许多问题有着指导意义和理论帮助。自1999年教育部批准了首批68所远程教育试点高校以来，相关院校进一步加强了学习支持服务体系的建设与研究。十几年来，国内学者开展了大量关于学习支持服务体系的研究与实践，丁兴富最早将国外有关学习支持服务的观点引进国内，是国内对学习支持服务体系研究最有影响的学者之一。他在《远程教育研究》专著中，对学习支持服务的类型、功能及特征做了详尽的表述，提出远程开放教育机构要帮助远程学习者解决学习困难或问题，要提供学习支持服务以提高学习的有效性。

学习支持服务在广义上是指教学组织者对学习者的各种指导和帮助的总和。在远程教育中，学习支持服务是指远程教育机构（院校）为指导和帮助远程学习者自主学习，实现学习者的学习目标，通过各种形式和途径提供的各种类型的服务的总和。一般包括学术性支持服务和非学术性支持服务。学习者学习的过程就是使用、接受服务的过程，通过学校提供的全方位的学习支持服务完成学业，实现"有支持的学习"。

二、基于移动学习的成人高等教育学习特征

在现代信息技术迅猛发展的知识经济时代，随着移动互联网的普及，移动学习逐渐成为一种重要的学习方式。移动学习被看作是通过移动终端有效传递学习资源的学习活动。移动学习不在于使用了何种设备和载体开展学习，而是一种学习环境、学习过程和学习方式的深刻变革与发展。因此，基于移动终端的移动学习将是未来成人高等教育发展的一个重要方向。移动学习具有以下特征：

(一)学习时间的零散性

移动学习最重要的特征是学习的碎片化和零散性。移动学习者一般都是利用工作间隙和闲暇时间,在任何地点随时开始并随时结束的碎片时间利用移动终端开展学习。成人高等教育一直困扰学习者的工学矛盾,通过移动学习模式可以完全解决,真正实现"随时随地学习"。

(二)学习环境的多变性

移动学习者的学习环境一般都不固定,时间和空间都在不断变化,导致知识的学习总是时断时续。同时外部环境也会对学习者产生各种干扰。因此,如何抵抗外部干扰,并完整地完成对知识的学习,对学习者的自我约束能力和网络学习能力都是严峻的考验。

(三)学习资源的丰富性

移动学习资源为了适应各种移动终端设备,会以多种形式呈现,除了传统的文字、图片、音视频文件等,还会有各种短小精练的动画短片、微课等。

(四)学习主体的能动性

移动学习提倡自主学习,更倾向于一种个性化的学习。要求学习者应该具有较强的学习主动性,具有主动探求知识的求知欲,只有这样的学习者才能主动地构建知识,顺利完成学习任务。

(五)学习客体的多样性

移动学习的学习客体是外部学习环境的总和,包括用于移动学习的网络、各种终端设备、云服务等。

三、成人高等教育学习支持服务现状分析

目前,移动学习已经被广泛应用到成人高等教育中,许多高校利用移动终端设备在成人高等教育中实现了远程网络教学。但是在学习支持服务方面,并没有建立与移动学习模式相匹配的学习支持服务体系,仅仅是将传统的相关教学服务进行了延伸和扩展,在服务理念和服务方法上均存在一定的局限性。当前,成人高等教育学习支持服务存在以下问题:

第一,师资力量不足,师生比不匹配。许多高校的成人高等教育招生规模不断

扩大,但是受到管理体制等的制约,教师人数并没有增加。为此,一名教师需要指导的学生数量越来越多,教师精力有限,很难兼顾到所有学生。

第二,教师辅导角色定位不明确。从事成人高等教育的教师,一般都是兼职教师,他们的主要工作是高校普教生的教学,通常是利用闲暇时间开展成人高等教学工作。成人高等教育的主管部门考虑到招聘教师的困难,一般都不会对教师提出更多的要求,只需要教师讲授完课程知识和布置好相关作业练习。课后的辅导工作很难由授课教师完成,一般都另外聘请部分青年教师担任。授课教师和课后辅导教师的不一致,会给学生的学习带来一些困扰。

第三,网络资源建设的盲目堆积。许多高校为成人高等教育的远程教学资源建设工作投入了大量的人力和财力,网络资源建设在整个远程教育建设中的成本比例最大。由于缺乏一定的资源建设指导意见,许多高校都按照各自的原有专业课程,展开了成人高等教育课程的网络化资源建设,导致了课程的重复建设和投入成本的浪费。

第四,缺乏个性化的管理服务和学习支持。远程学习强调学习者自主学习,学习者个性化的学习需求会不断增多。许多高校在成人高等教育中使用了远程教学后,并没有改变现有传统的管理服务和学习过程管理,使得学习者无法获得个性化的学习支持服务。

第五,学生的归属感不强。远程学习的学习者由于工学矛盾,很难有时间进入学校参加课堂学习。有些学习者一个学期课程结束,也没有进入校园与教师和同学们进行过交流,使得学习者对学校和班级缺乏归属感。

四、基于移动学习的成人高等教育学习支持服务体系的建设

基于移动学习的学习支持服务体系的建设,需要转变建设思路,改变传统的学习支持服务理念和学习支持服务方式。要以学习者为中心,满足学习者日益增长的个性化学习需求。建设移动学习的学习支持服务体系的终极目标是帮助学习者顺利完成学业。因此,学习支持服务体系的设计不能仅仅局限于学习资料的提供,还要围绕学习者的学习习惯,把与之密切相关的一切活动都考虑到学习支持服务体系的建设中去。

(一)移动学习的学习支持服务特征

移动学习的学习支持服务归根结底是一种围绕学习提供的服务,它也一定具有所有服务的显著特征。第一,移动学习中服务的不可感知性。学习支持服务是一种学习者在学习过程中的情感体验,很难用准确的数据去衡量和评价。对于服务的提供者而言,重要的是将这种服务融合到学习的各个环节,服务于无形,全方位地增强学习者的学习体验,提高学习兴趣。第二,移动学习中服务的不可分离性。移动学习者在学习过程中,仅仅是分离了教师与学生的面对面交流这个单一环节,学习支持服务的提供者应该设计贯穿于整个学习活动中的互动环节,同时对于学习者这个学习主体而言,是否积极参与了贯穿整个学习过程的互动活动,与其未来的学习成效紧密相关。第三,移动学习中服务的差异性。移动学习凭借移动网络和移动设备的优势,可以不受时间和空间的限制,在任何时间任何地点服务任何学习主体。由于学习者个体的学习背景、学习能力和学习环境的差异性,决定了学习支持服务提供的服务内容和方式的差异性。

(二)移动学习的学习支持服务体系设计

从总体来看,在成人高等教育中实现移动学习,对应的学习支持服务体系应该围绕移动学习平台建设、移动学习资源建设、移动学习过程管理、移动学习常规支持服务、移动学习隐性支持服务等几个方面展开。

1.移动学习平台建设

成人高等教育的远程学习平台依托的是电脑,一般都是Windows操作系统,移动学习主要依托移动设备,如智能手机和平板电脑,操作系统是iOS系统和安卓系统。因此,要搭建适用于移动终端设备的移动学习平台,并与原有电脑远程学习平台兼容,使学习者感受到无论使用何种学习终端,学习内容都能无缝对接。

2.移动学习资源建设

移动学习资源建设需要满足几个要求:首先,要适应学习的碎片化需要,在设计和制作课程的时候,严格控制好时间长度,围绕一个小知识点展开讲解,透析清楚。其次,任何学习资源包括文本、图片、音视频文件、动画文件都必须在移动终端设备上能流畅播放,适应移动终端的两种操作系统。再次,要对知识点建立知识图谱,注重碎片化知识点的相互衔接和关联性。虽然移动学习都要求学习资源短小精练,呈现碎片化的知识点,但是学习一门完整的课程,学习者必须构建出相互衔接和关联的知识结构。因此,移动学习资源的建设者必须要对课程知识点建立知识图谱,按照知识图谱的关联性,再依据学习者个性化的学习行为建立相关的资源推送机制。最后,要注重资源的趣味性和新颖性。同一个学习资源以新颖的表现手法讲解和呈现,会吸引学习者更多的注意力,从而激发学习者持续学习的兴趣。

3.移动学习过程管理

移动学习的过程管理贯穿整个学习活动,与学习者的学习体验息息相关。移动学习的过程管理应该遵循几个原则:第一,方便性原则。第二,实用性原则。第三,监督性原则。移动学习的过程管理包括教务管理、学籍管理和毕业管理等。传统的成人高等教育教务管理和学籍管理流程比较烦琐,有些同学往往因为工作的关系很难亲自到学校办理相关手续。因此,在移动学习的过程管理中,简化管理流程的同时,需要同步建设移动终端的自动化管理系统,使得从提交申请、等待审核、获得批准的全部系列流程都能在移动终端完成,极大地方便学习者。此外,过程管理还应该注重对学习者的学习情况提醒监督功能的建设,移动学习虽然提倡自主学习,但绝不是放任自流,要设置定时定期地提醒推送功能,起到监督学习的作用。

4.移动学习常规支持服务

移动学习的常规支持服务是针对学习者在参与移动学习的过程中,可能遇到的困难或可能需要的认知和技能而提供的引导和帮助,旨在协助学习者更快地融入学习中。主要包括教师辅导答疑服务、课程论坛服务、自我测评服务、课程小讲堂服务、技术支持服务等。教师辅导答疑服务,重点建设教师使用移动终端的答疑功能,方便教师利用闲暇时间随时随地为学习者答疑解惑。课程论坛服务,主要提供一个学习者讨论交流的区域,围绕该门课程的学习,学习者可以互相提问,互相解答。自我测评服务,为每门课程建立一套自我测评系统,以该门课程的知识点为考核内容,学习者完成学习后,可以自主进行知识点掌握程度的测试,自测情况计入课程考核。课程小讲堂服务,系统设置小讲堂区域,开辟直播迷你课堂讨论区和视频区,主要内容围绕最新的知识展开,由教师自主安排内容,学习者可以在直播迷你课堂通过网络直播的方式与教师、同学一起展开讨论。技术支持服务,提供所有学习者在移动终端使用平台功能、开展学习所遇到的各类技术问题的解答和帮助。

5.移动学习隐性支持服务

移动学习隐性支持服务是针对学习者因个体差异性所形成的个性化学习而提供的情感认知方面的引导和帮助,旨在移动环境中营造学习氛围,吸引并满足不同学习者的潜在需求,并最终创造良好的学习体验。主要包括兼容移动通信软件服务、自媒体营销服务、班级互动服务、意见反馈服务等。兼容移动通信软件服务,将学习系统与当前热门的移动通信软件兼容,学习者在积累了一定的学习任务后,可以自动打卡到日常使用的移动通信软件,如微信、微博、腾讯等,这种方式不仅调节了学习本身枯燥沉闷的气氛,同时也有利于学习者的自我监督。自媒体营销服务,利用自媒体宣传和发布有关学校和学院的重要事项,吸引学习者的注意力,提升学习者对学校的凝聚力,增强归属感。班级互动服务,在学习系统建立好友功能模块,学习者可以自由添加和删除好友,与好友可以开展学习PK、约定学习、互相集赞等活动,这些互动服务能引导学习者主动愉快地学习,有效地激发学习兴趣。意见反馈服务,学习提供者应当从学习者的满意度出发,建立有效可行的信息反馈渠道,从而改进学习者的学习体验,提高服务质量。

五、结束语

实现"有支持的学习",是移动学习未来发展的主要趋势。本研究着重分析了基于移动学习的成人高等教育学习支持服务的特征和要求,对移动学习的学习支持服务提出了一些建议。如何将相关的研究逐步推广应用,需要继续关注的问题还有很多,例如:利用大数据方法对学习者的个性化学习行为进行分析;探索如何构建高效的移动学习平台;分析学习者对隐性学习支持服务的认可度;探讨如何建立有效的信息反馈机制等。总之,如何利用信息技术手段,不断丰富和充实学习支持服务的内涵,提升学习支持服务的能力和水平,是需进一步研究的重大课题。

参考文献:

[1]杨绪辉,沈书生.移动学习服务模式设计与实践[J].电化教育研究,2014(6):90-95.

[2]缪富民.对远程开放教育学习支持服务系统构建的认识与思考[J].中国远程教育,2005(15):35-37,77.

[3]史承军,陈海建.远程开放教育学习支持服务体系的构建——上海开放大学的实践与探索[J].开放教育研究,2013(5):112-120.

[4]王晓晨,黄荣怀.面向非正式学习情境的移动学习服务设计[J].开放教育研究,2012(6):16-20.

[5]朱庆好.移动学习模式下学习支持服务体系建设的基本思路[J].新疆广播电视大学学报,2015(2):39-43.

[6]顾静相,方幕真.远程教育学习支持服务体系构建探索[J].中国电化教育,2007(6):39-43.

[7]曹凤余,冯琳.有支持的学习:信息技术应用与学习支持服务——第六次"中国远程教育专家论坛"综述[J].中国远程教育,2010(21):5-18.

[8]董兆伟,李培学,李文娟."互联网+"时代的新型学习支持服务体系构建研究[J].远程教育杂志,2015(6):93-98.

继续教育学科论

中山大学 曾祥跃

摘要:一门学科的产生需要具备成熟性、独立性和可持续发展性三个基本条件。继续教育学科的成熟性表现在日益丰富的研究成果、初具规模的学术组织和学术期刊、日益浓厚的学术气氛和日益活跃的学术活动;继续教育学科的独立性表现在别具一格的研究对象、独具特色的研究方法、自成一体的学科体系以及泾渭分明的学科关系,而国家层面的继续教育战略布局以及学习型社会的建设,使得继续教育学科具有了良好的可持续发展性。继续教育学科的建立,对于继续教育的理论研究和实践探索均有非常重要的意义。

关键词:继续教育学;继续教育;学科

自继续教育概念引入我国后,我国的继续教育获得了长足发展,继续教育范畴已经从继续工程教育、大学后继续教育延伸到终身教育,继续教育也已成为建构终身教育体系、建设学习型社会的中坚力量。但是,我国的继续教育尚处于分散研究阶段,继续教育学科尚未建立。本研究试图从学科建立的基本条件入手,探讨继续教育学能否成为一门独立的教育学分支学科。

一、学科产生的基本条件

探讨学科产生的基本条件,首先需要明确什么是学科。《现代汉语词典》将学科定义为"按照学问的性质而划分的门类",该定义指出了学问的性质是学科分类的标准。一门学科的独立,首先需要其有一个不同于其他学科的学问性质。龚怡祖认为学科是作为人类知识领域的专门化分支而被创造出来的巨型复杂知识系统。该定义阐明了学科产生的方式,一门学科的产生是知识领域专门化的结果。欢喜隆司认为学科是社会、政治、经济、科学技术、文化传统、意识形态和教育等因素相互作用的产物。该定义指出了学科的产生是一定的社会环境使然,是各种社会环境因素共同作用的结果。

综合上述,学科是在一定的社会环境作用下,基于知识领域的分化而专门形成的一类相对独立的知识体系。

基于学科的基本概念,学科的产生需要具备三个基本条件。一是学科的成熟性,学科是各种社会环境因素相互作用的结果,新的学科能否建立取决于其条件是否成熟;二是学科的独立性,即新的学科具有从母体学科分化、独立出来的基础和条件,新的学科既要与母体学科一脉相承,又要相对独立,具有自身独特的研究对象、研究方法和知识(学科)体系,这是其生存之本;三是学科的可持续发展性,新的学科应具有广阔、可持续的实践领域,能够支持其长期、可持续发展。也只有当一个学科已经成熟,相对独立,并且能够持续发展,这个学科才有产生的价值、才有生存与发展的空间。

继续教育学科能否成立,也需要从继续教育学科的成熟性、独立性以及可持续发展性三个方面进行探讨,继续教育学科只有满足了三个方面的条件,该学科才有可能真正产生和发展。

二、继续教育学科的成熟性

当前,继续教育的学术研究氛围热烈,学术研究成果丰硕,学术研究刊物众多、学术研究机构蓬勃发展,这些因素标示着继续教育学科的成熟,也呼唤着继续教育学科的建立。

(一)日益丰富的继续教育研究成果

在中国电子期刊网,搜索篇名中包含关键词"继续教育""培训""继续教育或培训"的文献(时间为1980—2015年)。含关键词"继续教育"的文献总量为20612篇,关键词"培训"的文献总量为114872篇,关键词"继续教育或培训"的文献总量为134467篇。自2013年起,每年的继续教育相关文献(包含继续教育或培训关键词)突破了10000篇。可见继续教育研究成果非常丰富。

从图1可以看出,自1980年以来,继续教育文献呈现出快速增长的趋势。继续教育研究文献的高速增长,可以从一个侧面反映继续教育研究队伍的快速增长。

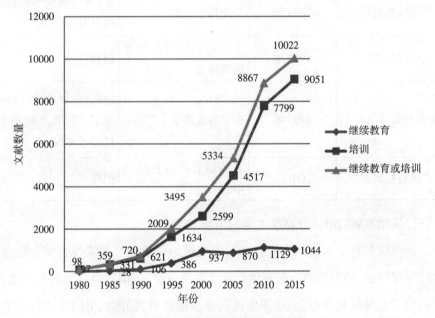

图1 继续教育文献数量的变化

(二)不断增长的继续教育学术期刊

随着继续教育的发展,继续教育的学术期刊在不断增多。目前已知的继续教育学术期刊主要有7种(表1),从其首刊年份看,很多期刊是从成人教育领域更名而来,足见继续教育发展空间已经大于成人教育发展空间。不断增长的继续教育学术期刊,使得继续教育研究者能够有更多机会发表学术论文,展示研究成果。

表1　继续教育领域学术期刊基本情况

期刊名	创刊/更名年份	主办单位	备注
《继续教育》	1993年	总装备部继续教育中心	创刊
《继续教育研究》	2000年	哈尔滨师范大学	由《函授教育》更名
《当代继续教育》	2013年	湖北大学	由《湖北大学成人教育学院学报》更名
《高等继续教育学报》	2013年	华中师范大学	由《高等函授学报》(自然科学版)更名
《中国培训》	1992年	中国职工教育和职业培训协会	创刊
《中小学教师培训》	1993年	东北师范大学	原名《高师函授》,1988年更名《中学教师培训》,1993年更现名
《农民科技培训》	2001年	农业部农民科技培训中心	创刊

(三)蓬勃发展的继续教育学术组织与学术活动

一是继续教育学术组织发展迅速。表现最为明显的是各级各类学会纷纷成立了继续教育分会,如中国高等教育学会继续教育分会、中国教师继续教育学会、中国电子教育学会继续教育分会、中华中医药学会继续教育分会、中国统计教育学会继续教育分会、陕西省高等继续教育学会等。

二是继续教育学术交流活跃。高等教育学会继续教育分会每年举办一次学术交流年会,参加高校众多,主要探讨继续教育领域的各类理论和实践问题。海峡两岸继续教育论坛每年举办一次高水平学术交流论坛,其是由部分高校于2000年联合发起的开展继续教育学术交流、合作和研究的协调性机构,目前共有25所会员高校参加,包括浙江大学、中山大学、台湾大学、香港大学、澳门大学等。

三是政府机构推动继续教育学术研究工作。为提升继续教育教学质量,推动继续教育教学研究,广东省于2013年成立了广东省本科高校继续教育教学指导委员会,于2015年成立了广东省高职院校继续教育工作指导委员,这些组织的成立,一方面加强了继续教育的教学指导工作,另一方面也加强了继续教育的教学研究工作。

综上所述,继续教育的学术研究氛围、学术研究团队已经形成,学术研究刊物、学术研究机构已经初具规模,建立继续教育学科的条件已经成熟。继续教育学科的建立正当其时。

三、继续教育学科的独立性

学科的产生和发展过程是学科的分化过程,也是学科逐步从比较单一向比较复杂发展的过程。继续教育学的产生源于继续教育不断深入的教育实践和理论探讨。

孙绵涛认为:"一门学科的建立,首先要明确研究什么,这就需要建立学科研究对象范畴;其次,就要明确用什么方法去研究,这就需要有学科方法范畴;再次,就要考虑用一个什么样的知识的基本概念体系将所研究的结果表达出来,这就需要建立学科体系范畴。这一学科要素体系既包括了学科研究什么,也包括了学科怎样研究,还包括了学科研究的结果。"也就是说,对于学科自身来说,其建立需要有三个基本条件:研究对象、研究方法和学科体系。

对于继续教育学科,同样需要明确自己的研究对象、研究方法和学科体系,这是其能否独立成为一门学科的基本条件。

(一)别具一格的研究对象

继续教育学的研究对象是继续教育,继续教育学研究对象的特殊性,首先表现在继续教育范畴的特殊性。

1.继续教育范畴界定

当前,继续教育包含了学历继续教育和非学历继续教育。然而,将学校教育、学历继续教育和非学历继续教育进行比较(见表2),我们可以发现,学历继续教育与学校教育在教学内容、教学组织、教学方式等方面非常相似,而与非学历继续教育相距甚远。从应然性视角,学历继续教育是学校教育中不可分割的部分,学历继续教育应该回归学校教育。也只有当学历继续教育与学校教育融为一体,才能实现同一学校学历文凭的标准统一,质量统一,品牌统一,认知度统一。

表2　学校教育、学历继续教育与非学历继续教育比较

比较项	学校教育	学历继续教育	非学历继续教育
办学主体	各级各类学校	各级各类学校	社会机构为主,学校为辅
办学性质	垄断性	垄断性	市场化,社会办学为主
教学内容	专业化、课程化、系统化	专业化、课程化、系统化	专题化、模块化、项目化
教学师资	自有师资为主,稳定性强	自有师资为主,稳定性较强	来源广泛,稳定性弱
教学周期	教学周期长,以学期为单元组织教学	教学周期长,以学期为单元组织教学	教学周期短,一般以天为单元组织教学
教学方式	体系化教学	体系化教学	模块化教学
教学组织	教学过程完整、严谨,学、测、评一体化	教学过程完整、严谨,学、测、评一体化	组织形式灵活多样,更注重实效
教学评价	基于教学质量的评价	基于教学质量的评价	基于教学绩效的评价
学习成果	学历、学位证书	学历、学位证书	结业、培训或职业资格证书
最高教育行政机构	教育部为主,人社部为辅	教育部为主,人社部为辅	人社部为主,教育部为辅

学历继续教育与学校教育的差异性主要表现在学习时间和学习方式上,表现在全日制学习或非全日制学习等,而在信息技术高度发达、远程学习方法日益完善的今天,两者的融合已经没有技术的难题,只需要捅破制度这层窗户纸。从先例来说,长期附属于普通教育中的专业硕士,其实也是一种学历继续教育,专业硕士教育制度的成功实施,也说明将学历继续教育归并于学校教育是可行的。

将继续教育范畴定位于非学历继续教育,即通常所说的培训,则能使得继续教育具有更为明晰、专一的实践领域,采用继续教育新范畴,使得继续教育与学校教育分类清晰,继续教育专门开展非学历教育,学校教育专门开展学历教育。

2.继续教育学的研究对象

每一门学科都有其特定的研究对象。继续教育学作为教育科学的一个分支学科,同其他科学一样,具有自己的研究对象。继续教育学的研究对象是继续教育,即

将继续教育这一社会历史现象的各个方面作为研究客体,探讨继续教育发生和发展的内在规律,服务继续教育实践。

继续教育学研究对象的独特性,体现在继续教育范畴的排他性和专一性。其排他性表现在只有继续教育学是专门研究非学历教育这一教育现象的学科。其专一性表现在继续教育只对非学历教育进行研究。当前所谓的学历继续教育,回归学校教育后,由学校教育领域的研究者进行研究。

3.继续教育学概念

继续教育学是在继续教育发展过程中逐渐形成的一门学科,是教育学学科在继续教育领域的专门化和专业化,其属于教育学的分支学科,遵循教育学的基本规律和原理。同时继续教育学作为一门教育学科,研究教育现象,揭示教育规律是其根本性的任务。

基于这样定位,我们可以给继续教育学下这样的定义。继续教育学是教育科学的一个分支学科,它在一般教育理论的基础上,专门研究继续教育的现象,揭示继续教育的客观规律,以促进人和社会的可持续发展。

(二)独具特色的研究方法

1.研究方法的传承与创新

研究方法作为每一门学科的研究手段和研究工具,其重要性不言而喻。继续教育学研究方法的来源主要有两个方面。一是对教育领域研究方法的传承与创新。首先,继续教育学作为教育学的新兴分支学科,对于教育学的研究方法,既要有传承,也要有创新。通过传承,可以吸纳教育学的优秀研究方法,为我所用;通过创新,可以改造教育学的研究方法,使其更适合继续教育领域的研究。其次,对于其他相关学科(如成人教育学、远程教育学)的研究方法,继续教育学需要采取"拿来主义"策略,基于继续教育研究的实际需要,或沿用,或改造,或创新,为我所用。二是对教育领域之外的学科研究方法的借鉴和利用。比如,对于继续教育的管理研究,可以借鉴和利用管理学的一些研究方法,对于继续教育的运营研究,则可以借鉴和利用市场营销学的研究方法。

2.教育领域研究方法的传承与创新

继续教育学的研究方法体系的创建,首先可以传承教育领域的研究方法,并对其创新,教育领域常规的研究方法通常包括问卷调查法、文献研究法、历史研究法、归纳推理与演绎推理法等,每一个研究方法,在应用于继续教育领域的研究时,都需要采取"拿来主义"的方法,既传承,也创新。

(1)问卷调查法:问卷调查法普适于各类研究,但是对于继续教育研究更有意义。一是由于继续教育的对象主要是成人,其中又以在职人员为主,访谈或面谈的方式相对更难,而采取问卷调查方式,特别是网上的问卷调查方式,则能节省受调查者的时间和精力。二是继续教育的群体相对较大,可以克服问卷调查回收率相对较低的特点。另外,基于继续教育的对象主要是成人,其自身具有较强的判断力和时间观,因此,问卷调查应该简洁、明了,调查问卷的问题数应尽可能精简。

(2)文献研究法:文献研究法作为一种通用的研究方法,适用于继续教育研究。当前,继续教育的研究相对来说,处于初级阶段,继续教育的研究者主要是实践领域的工作者,专职的研究人员比较少,因此,总体来说,学术性的继续教育研究文献较少,同时,高质量的研究文献更少。为此,在进行文献研究时,一方面要注意甄别文献的质量,同时还要对相关学科的文献做延伸调研,以增加研究的素材和资料。

(3)历史研究法:它是运用历史资料,按照历史发展的顺序对过去事件进行研究的方法。从继续教育的发展看,继续教育已经诞生了一段时间,而且会一直发展下去,从历史的纵轴看,不仅需要研究继续教育的历史,还要研究继续教育的现状和未来。采用历史研究法,能够帮助我们总结继续教育的历史经验,为继续教育的发展提供借鉴和指引。

(4)归纳推理与演绎推理法:所谓归纳推理,是根据一类事物的部分对象具有某种性质,推出这类事物的所有对象都具有这种性质的推理,归纳推理是从特殊到一般的过程。演绎推理法是从一般性的前提出发,通过推导即"演绎",得出具体陈述或个别结论的过程,是从一般到特殊的过程。从继续教育的发展历史看,继续教育只有几十年的历史,当前关于继续教育的理论和实践积累都不多,需要继续教育研究者采取归纳推理法,不断地归纳总结继续教育实践经验,发掘继续教育规律,从继续教育的特殊现象总结出一般规律。同时也需要继续教育研究者利用演绎推理法,将所归纳总结的继续教育规律,应用于继续教育实践中,实现从一般到特殊的过程。

3.非教育领域研究方法的创新应用

基于继续教育学自身的特点,继续教育学具有社会化、企业化的特点,为此,可以借鉴社会学、市场营销学的研究方法,为继续教育学所用,作为继续教育学的特色研究方法,包括绩效研究法、产品研究法、田野研究法等。

(1)绩效研究法:继续教育作为面向社会成员的教育类型,学习者对教学效果的要求与学校教育的学习者差异较大。学校教育的学习者注重学习成绩和学历文凭,而继续教育的学习者,则不太关注学习成绩和学历文凭,因为对于继续教育来说,可能没有考试环节,也不会颁发学历文凭。继续教育学习者关注的重点是教学的效果,教学给自身带来的绩效提升,因此,绩效研究法是继续教育所特有的研究方法,也是继续教育的一个很重要的、关乎继续教育质量评价的研究方法。

(2)产品研究法:继续教育作为面向社会的一种企业化的教育类型,其需要借鉴市场营销学的一些手段和方法进行市场分析和市场推广。产品研究法正是借鉴市场营销学的研究方法,将继续教育项目作为一种产品,研究教育项目的设计、制作、宣传、推广的一种方法。产品研究法是教育领域中,继续教育学所独有的研究方法。

(3)田野研究法:从继续教育的对象看,继续教育的主要对象是走上社会的社会成员,即承担一定社会责任和义务的社会人,他们分布在社会的各个领域和各个地域,具有分散性的特点。同时,每一个社会成员作为独立的社会个体,具有独立性的特点。继续教育的分散性、独立性和个体性,与学校教育的学生有本质的区别,因此需要借鉴社会学的研究方法,利用田野研究法,对继续教育进行实地调研,开展基于学习者个体的研究。

(三)自成一体的学科体系

马君等认为学科体系是一门学科的内核,基本反映了该学科的基本面貌和理论水准,它关系到一门学科的学术性、科学性、规范性问题,是衡量学科成熟度的标准之一。学科体系的架构是对学科体系的顶层设计,是学科的骨架,因此,学科体系架构对于整个学科具有战略性、统领性的特点。

1.学科体系的基本构成

一门新的学科是从母体学科不断成熟、分化而逐步产生的。每一门独立的学科,都有其自身生存和发展的环境,并在不断发展过程中,逐渐拓展、延伸成为一个学科体系。作为一个体系,一般包括体系的构成以及相互之间的关系。对于学科体系来说,其基本构成有两个,一是学科自身,二是学科的研究对象。两者之间的相互作用表现为作用工具和作用手段,对于学科来说,就是研究方法。因此,学科体系的构成可以简单理解为"两点一线"。两点是指学科自身和学科对象,一线是指学科方法,即联结学科与学科对象之间的纽带。

(1)学科本体研究,即基于学科自身的研究,用来解决学科"是什么"的问题。包括学科的逻辑起点与主要矛盾的研究,学科研究的目的、任务、价值的研究,学科的历史发展研究,学科的比较研究等。学科的本体研究,是学科体系的基本构成,是学科体系中其他学科研究的基础。

(2)学科对象研究,即基于学科研究对象的研究,用来解决学科"做什么"的问题,是学科的研究核心和主体。包括对研究对象这一客体的各种现象和规律的研究,如教育内容、教育方式、教育管理、教育评估等的研究。研究对象的内涵和外延越丰富,研究的内容和范围就越宽广,最终形成的理论体系也会越庞大。

(3)学科方法研究,即对学科研究方法的研究,是用来解决学科"如何做"的问题。学科方法研究是指学科用什么样的方法和手段对研究对象进行研究。研究方法是学科研究的手段和工具,是联结研究主体和研究客体的关键纽带。得当、实用的研究方法能够提高研究的效率和效果。研究方法通常包括教育测量、教育评价、教育统计等。

2.继续教育学科的体系架构

继续教育学作为指导继续教育实践的一门学科,既有理论学科的特点,也有应用学科的特点,继续教育学科兼收并蓄教育学、成人教育学、职业教育学、远程教育学、教育技术学的研究成果,自成一个独立的学科体系。继续教育学科体系遵循"两点一线"的学科体系架构,即学科本体研究、学科对象研究、学科方法研究。

(1)继续教育学的本体研究。继续教育学的本体研究,主要包括继续教育学的逻辑起点与主要矛盾研究,继续教育学的目的、任务、价值研究,继续教育学的历史发展研究,继续教育学的比较研究。通过对继续教育学的逻辑起点与主要矛盾进行研究,能够抓住继续教育学的根本和源头;通过对继续教育学的目的、任务、价值进行研究,能够弄清继续教育学存在的意义和价值;通过对继续教育学的历史发展进行研究,可以了解继续教育学的传承与发展;通过对国内外继续教育相关学科进行比较研究,可以了解继续教育学科的自身定位和发展空间。

(2)继续教育学的对象研究。继续教育学的研究对象就是继续教育,因此,与继续教育范畴相关的所有现象和规律都属于继续教育学的对象研究。主要包括继续教育系统论、继续教育营销学、继续教育教学论、继续教育学习论、继续教育管理学、继续教育经济学等。

①继续教育系统论:是从宏观的视角对继续教育体系进行的研究,包括继续教育的组织体系、运营体系、教学体系、支持服务体系、管理体系的建构研究,继续教育的体制、机制的设计研究等。

②继续教育营销学:是继续教育学特有的研究,是继续教育社会化、企业化的产物,继续教育营销学是基于继续教育的特点,研究如何面向社会开展继续教育的策划、宣传、推广、实施的一门学问。

③继续教育教学论:是继续教育的核心研究,其以继续教育教学为基点和核心,包括教学设计、教学内容、教学管理、教学组织、教学服务、教学质量等研究。基于继续教育的教育对象主要是在职人员,可以借鉴和利用职业教育学的相关研究成果,丰富和完善继续教育中职业教育板块的教学理论;可以借鉴和利用远程教育学、教育技术学的相关研究成果,提升继续教育的教学手段、教学方法和教育技术,丰富和完善继续教育学的相关教学理论。

④继续教育学习论:基于继续教育学习者的群体特征,结合终身学习理论,研究继续教育的学习规律、学习方法与学习特征。由于继续教育的教育对象主要是成人,可以借鉴和利用成人教育学的相关研究成果,丰富和完善继续教育学的学习理论。

⑤继续教育管理学:专门研究继续教育中的管理现象和管理规律。其基于教育管理学的一般理论,结合继续教育的管理特点,探索继续教育领域特殊的管理方法和管理规律。

(3)继续教育学的方法研究。继续教育的方法研究,包括继续教育测量学、继续教育方法论等。它是关于继续教育学手段、工具的研究,是继续教育进行测量、评估、统计的方法。对继续教育研究方法研究得越深入,研究的结果越准确、研究的效率也越高。

继续教育学科体系的基本架构可以用图2进行简单描述。

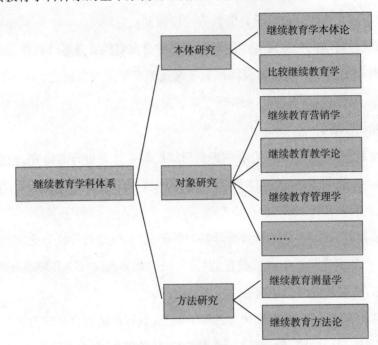

图2　继续教育学科体系的基本架构

(四)泾渭分明的学科关系

继续教育学作为一门学科的独立性,还体现在其与相关学科的泾渭分明的关系上。教育学作为一级学科,与继续教育相关的二级学科主要有成人教育学、远程教育学、职业教育学、教育技术学等。这些学科与继续教育学存在交叉关系,但是都无法涵盖和囊括继续教育学的学科内容。

1.成人教育学与继续教育学

成人教育学是指导成人学习的艺术和科学,以及为此目的而进行的成人教育理论、过程与方法的研究的学科。继续教育的教育对象主要是成人,成人教育学自然可以对继续教育进行研究,但是其研究的只是继续教育的一个领域,即基于继续教育的教育对象所开展的研究。因此,成人教育学无法涵盖继续教育研究,成人教育学只能是继续教育学的一个研究领域,一门基于继续教育的教育对象的学问。由于成人教育学定位于成人学习的艺术和科学,从应然性视角,成人教育学的研究对象应该包括社会中的所有成人,不仅包括走上社会的成人,也包括尚未走上社会的成人,如高等学校的学生。

2.远程教育学与继续教育学

远程教育学是研究远程教育的规律、原理、方法和特点的学问。远程教育学主要研究基于师生分离情况下的教与学的规律,其归根到底是一种教学方式、教学方法的研究。从教学方式看,继续教育有远程教学,也有面授教学,有线上教学,也有线下教学。远程教育学的基本理论和方法能够为继续教育的线上教学、远程教学提供理论和方法的指导,但是远程教育学并不能涵盖和替代继续教育学,如果说远程教育学能够开展继续教育研究的话,远程教育学也只是从教学方式、教学方法的维度对继续教育进行研究,其只能是继续教育研究的一个方面。为此,可以将远程教育学看成是继续教育学的一个分支,专门从教学方式、教学方法维度研究继续教育的一门学科。另外,远程教育学作为一种教学方式、教学方法的研究,其同样也适用于常规的学校教育,学校教育同样需要借鉴远程教育学的理论与方法,开展在线教学和远程教学。

3.职业教育学与继续教育学

职业教育学是研究职业教育领域的现象,揭示与把握职业教育发生、发展的规律,探求职业教育内部及其与经济、社会之间诸多方面的联系。继续教育的主要对象是在职人员,因此,在继续教育领域,具有广阔的职业教育学的研究领域和空间。但是职业教育学并不能涵盖继续教育学。首先,继续教育学的教育对象除了在职人员之外,还有非在职人员。其次,继续教育的需求不仅有来自职业教育的需求,也有来自于社会生活教育等方面的需求。职业教育学的研究内容只是继续教育学中的部分研究内容。我们也可以将职业教育学看成是继续教育学中基于职业教育内容维度的研究,是继续教育学中教育内容研究维度中的研究。另外,职业教育学不仅可以研究继续教育,职业院校更是其重要研究领域。继续教育学可以充分利用职业教育学的研究成果,丰富和完善面向在职人员的职业教育的理论。

4.教育技术学与继续教育学

教育技术学是专门研究教育技术现象及其规律的学科,是教育研究中的技术学层次的学科。教育技术学也是关于学习过程和学习资源的设计、开发、利用、管理和评价的一门学问。总的来说,教育技术学是一门利用技术促进教育的学问,继续教育学作为专门研究继续教育的学问,离不开技术的支持,继续教育学需要借鉴、利用教育技术学的研究成果为继续教育服务,提升继续教育的信息化教学和服务水平。但是教育技术学也一定不能取代继续教育学。同时,教育技术学的研究领域不仅面向继续教育,也面向学校教育。

5.教育学与继续教育学

教育学是通过对教育现象和教育问题的研究,去揭示教育规律的一门科学。继续教育学作为教育学的分支,其遵循教育学的基本原理,服务于教育学的培养目标。但是继续教育学作为教育学的二级学科,是对教育学的学科延展,是教育学的学科理论在继续教育领域的延展。继续教育学从普遍性、一般性的角度,遵从教育学的基本理论,但是从特殊性看,继续教育学因为继续教育领域的特殊性,而表现出其特殊的规律。

从两者的共性看,继续教育学源于教育学,继续教育学与教育学都共享教育学的基本规律、基本原理。从两者的个性看,因为继续教育领域的特殊性,继续教育学有自身独特的矛盾和规律,这些规律不能普适于上位的教育学。继续教育学的特殊性是在教育学一般性规律上的延展。

继续教育学与相关学科的基本关系见图3。

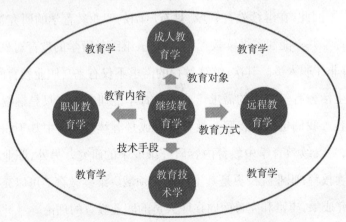

图3 继续教育学与相关学科的关系

从图3中可以看出,继续教育学与成人教育学、远程教育学、教育技术学、职业教育学都是隶属于教育学的分支学科。在继续教育学科领域中,可以将成人教育学看成是基于教育对象的研究,将远程教育学看成是基于教学方式的研究,将教育技术学看成是基于技术手段的研究,将职业教育学看成是基于教育内容的研究。

四、继续教育学科的可持续发展性

继续教育学科的可持续发展性,依赖于继续教育的可持续发展。继续教育的可持续发展,能够保障继续教育学拥有长期的、可持续的研究领域和研究空间,继续教育学也就能长期可持续发展。当前,不论是从继续教育的战略定位看,还是从继续教育在建设学习型社会中的作用看,继续教育无疑会有广阔的发展空间。

(一)继续教育战略布局促进继续教育学科的可持续发展

自1979年继续教育概念引入中国后,我国的继续教育获得了快速发展,继续教育范畴逐渐从原初的继续工程教育、大学后继续教育,发展到了今天的终身教育。当前,继续教育已经成为终身教育的一个中坚力量和核心构成。

改革开放以来,继续教育的战略地位在不断提升。在党的"十二大"报告中,只是体现了继续教育的形式,并没有提到继续教育。在"十三大"报告中,明确提到了加强在职继续教育,在"十四大""十五大"报告中,继续教育尚包含于成人教育中,报告中只提及成人教育,而在"十六大""十七大""十八大"报告中,均提到了继续教育,并作为构建终身教育体系的中坚力量(详细情况见表3)。

表3　改革开放以来,党的全国代表大会主题报告中的继续教育相关内容

年份	成人教育、继续教育相关内容	评价
十二大(1982年)	发展包括干部教育、职工教育、农民教育、扫除文盲在内的城乡各级各类教育事业	体现了继续教育形式,但是继续教育没有上升到国家战略层面
十三大(1987年)	加强对劳动者的职业教育和在职继续教育	继续教育上升到国家战略层面,未提及成人教育
十四大(1992年)	积极发展职业教育、成人教育和高等教育,鼓励自学成才	成人教育上升到国家战略层面,统领继续教育
十五大(1997年)	积极发展各种形式的职业教育和成人教育	成人教育继续保持在国家战略层面,统领继续教育
十六大(2002年)	加强职业教育和培训,发展继续教育,构建终身教育体系	继续教育上升到国家战略层面,未提及成人教育
十七大(2007年)	发展远程教育和继续教育,建设全民学习、终身学习的学习型社会	继续教育保持在国家战略层面,未提及成人教育
十八大(2012年)	积极发展继续教育,完善终身教育体系,建设学习型社会	继续教育保持在国家战略层面,未提及成人教育

由此可见,我国的继续教育自"十六大"(2002年)以后,已经上升到国家战略层面。国家战略层面的继续教育战略布局,无疑极大地推动了继续教育实践。继续教育的广泛实践,需要对继续教育提供全方位的理论支撑,为继续教育实践提供理论的指导。继续教育的可持续发展,离不开继续教育学科持续的研究支持,因此,国家层面的继续教育战略布局,不仅能够促进继续教育的可持续发展,也能为继续教育学科的持续发展提供保障。

(二)学习型社会建设促进继续教育学科的可持续发展

随着学习型社会的到来,终身学习、终身教育已经深入人心。全民终身学习的社会文化环境已经形成,继续教育作为学习型社会建设的中坚力量和核心构成,其在学习型社会建设中扮演着不可或缺的角色,发挥着无比重要的作用。

学习型社会建设不仅需要继续教育的广泛实践,更需要继续教育学科的理论指导。继续教育作为面向社会成员的教育活动,是一种比学校教育更为复杂的教育现象和研究领域。其服务的时间更长,因为需要为社会成员的终身学习服务;其服务的对象更复杂,因为需要服务于各级各类的社会成员;其服务的内容更广泛,因为需要满足全体社会成员的个性化学习需求。由此可见,继续教育是一个更为复杂、更需要研究的领域,继续教育学科的建立也更为必要。继续教育学科的可持续发展,能够为继续教育的发展保驾护航,也就能够促进学习型社会建设的可持续推进。

五、建立继续教育学科的意义

继续教育学科的建立,对于继续教育理论研究和继续教育实践探索均具有重要的意义。

(一)对于继续教育理论研究的意义

1.提升继续教育的研究地位

继续教育学科的建立,能够极大提升继续教育的研究地位,激发广大继续教育从业人员的研究兴趣,吸引优秀的教育领域研究者加盟继续教育研究,加强继续教育的研究队伍,提升继续教育的研究水平。

2.促进继续教育研究的体系化

继续教育学科的建立,能够促进继续教育研究的体系化、专门化、纵深化,使得继续教育的研究有章法、有导引,继续教育研究者也更能有的放矢地开展研究。通过推进继续教育学科体系的建设,还能够促进继续教育的分层、分类研究。

3.促进对继续教育研究成果的全面梳理

继续教育学科的建立,还有助于促进对继续教育已有研究成果的全面梳理。虽然继续教育已经拥有很丰富的研究成果,但是总结、提炼到理论层面的研究不够多,能够上升到客观规律的研究成果更少。如果建立继续教育学科,则能够基于学科体系的分类,对继续教育研究成果进行全面梳理,分层、分类地提炼出继续教育的客观规律,如继续教育的教学规律、管理规律、市场规律、服务规律等。

4.进一步丰富和完善教育学的理论体系

继续教育学作为教育学的分支学科,不仅能够吸收母体学科的理论研究成果,而且也能够利用自身的研究成果,进一步丰富和完善教育学的理论体系,为教育学的研究提供更为丰富的研究素材。

(二)对于继续教育实践探索的意义

继续教育相对于学校教育,是一种较为新型的教育类型,在继续教育的实践探索过程中,会不断遇到新问题、新挑战。对于宏观层面、方向层面、系统层面等问题,离不开继续教育学科的理论指导。比如,继续教育学的历史发展研究,可以为继续教育实践提供方向指引;继续教育学的比较研究,能够为继续教育实践提供国内外的案例参考;继续教育学的教学研究,可以为继续教育的教学实践提供方法指引;继续教育学的系统研究,能够为继续教育的顶层设计提供体系建构模型等。总的来说,继续教育学科的建立,能够促进继续教育实践的开展,提升继续教育的效率和效果。

通过本研究,我们可以看到,建立继续教育学科的条件已经具备。继续教育学科的建立,对于继续教育的理论研究和实践探索均有重要的意义。但是,继续教育学科的真正建立尚待时日,需要广大继续教育研究者们的深入研究和共同呼吁。

参考文献:

[1]中国社会科学院语言研究所词典编辑室.现代汉语词典(第7版)[Z].北京:商务印书馆,2016:1489.

[2]龚怡祖.学科的内在建构路径与知识运行机制[J].教育研究,2013(9):12-24.

[3]欢喜隆司,钟言.学科的历史与本质[J].全球教育展望,1990(4):16-23.

[4]孙绵涛.学科论[J],教育研究,2004(6):50-56.

[5]马君,周志刚.论职业教育学学科体系的构建[J].天津大学学报(社会科学版),2013,15(5):444-448.

[6]侯怀银,吕慧.20世纪我国成人教育学学科建设的本土探索[J].教育理论与实践,2013(7):13-16.

[7]丁兴富.远程教育学[M].北京:北京师范大学出版社,2001.

[8]崔士民.职业教育学概论[M].成都:电子科技大学出版社,2008.

[9]何克抗.教育技术学[M].北京:北京师范大学出版社,2002.

[10]王道俊,郭文安.教育学[M].北京:人民教育出版社,2009.

继续教育学逻辑起点论

中山大学　曾祥跃

摘要：继续教育学的逻辑起点是继续教育学的原点，也是构建继续教育学的基础和出发点，弄清继续教育学的逻辑起点对于继续教育学科建设具有非常重要的意义。本研究首先基于逻辑起点的基本要素，评述了教育学的逻辑起点，并认为继续教育学的逻辑起点起始于教育学的逻辑起点。其次从继续教育学的基本特征入手，结合逻辑起点的要素分析，提出社会化是继续教育的本质属性，"社会化的教与学的活动"是继续教育学的逻辑起点。

关键词：继续教育学；逻辑起点；社会化

一、逻辑起点的基本要素

逻辑起点是学科的原点，也是学科研究的起点。逻辑起点研究，是学科研究的关键和重点。何克抗认为逻辑起点对于一门学科的研究对象、范畴和理论体系的形成有直接的影响，并起制约作用，对逻辑起点的确定必须慎之又慎。

每一门学科都有自己特定的理论体系。每一种理论体系都有各自的逻辑结构，因而必有一个逻辑起点。丁兴富认为逻辑起点是学科理论体系中最简单、最基本、最抽象、最普遍（碰到过亿万次）的范畴。它是一个内涵和规定性最少、外延和包容性极大的反映研究对象最本质属性的范畴。黑格尔在其《逻辑学》一书中曾为逻辑起点提出三条质的规定性:第一,逻辑起点应是一门学科中最简单、最抽象的范畴;第二,逻辑起点应揭示对象的最本质规定,以此作为整个学科体系赖以建立的基础,而理论体系的全部发展都包含在这个胚芽中;第三,逻辑起点应与它所反映的研究对象在历史上的起点相符合(即逻辑起点应与历史起点相同)。黑格尔认为必须同时满足这三条规定性的范畴才能作为逻辑起点。黑格尔的这三条质的规定性也是逻辑起点的基本要素,只有具备了这三个要素,其才能真正成为该学科的逻辑起点。

二、教育学逻辑起点述评

继续教育学作为教育学的一个分支学科,继续教育学的逻辑起点,从属于教育学的逻辑起点,是教育学逻辑起点的延伸和发展。为此,首先需要明确什么是教育学的逻辑起点。

关于教育学的逻辑起点,现有研究很多,瞿葆奎教授曾将教育学逻辑起点论划分为两大类:一类是单一起点论,另一类是多重起点论(认为教育学逻辑起点不止一个而是多个,"基本概念—公理起点"论即属此类)。在单一起点论中又可分为四个小群:①活动起点(把某种与教育有关的活动作为起点,如教学起点、学习起点、传播起点等);②关系起点(把某种与教育有关的矛盾或关系作为起点);③要素起点(把教育活动中的某一要素或组成部分作为起点,如受教育者起点、知识起点等);④属性起点(把教育的某种属性作为起点,如目的起点或培养目标起点等)。

(一)单一起点论与多重起点论

从单一起点论和多重起点论看,单一起点论应该更合理一点。逻辑起点作为学科发展的最初起始点,其是学科发展的原点,原点只能有一个,如果认为学科的逻辑起点有多个的话,这些起点应该是由某个尚未发现的更早的起始点发展、延伸、分化而来。

(二)活动起点、关系起点、要素起点与属性起点论

在单一起点论中,活动起点论更合理一些。逻辑起点作为教育学科最本质的属性,其需要体现教育的本质。教育的本质是一种活动,没有教育的活动,教育就无从发生。基于教育活动的延展、延伸,可以覆盖到教育的各个领域,可以延伸到对教育要素的研究,如教育对象、教育内容等;可以延伸到对教育属性的研究,如教育的目

的、目标、任务等;可以延伸到各种教育关系的研究,如教育学中的各种矛盾研究、教育要素之间关系的研究等。也就是说,关系起点、要素起点和属性点的逻辑起点论,其实都是活动起点论的延伸和分化。

(三)学习起点、传播起点与教学起点论

在活动起点论中,学习起点论有不合适之处,因为对于学习者来说,即使没有"教"的行为和活动,也会有"学"的行为和活动,这是人与生俱来的本领。但是自发的、没有教的活动的学习行为,不能说是一种教育行为。

传播起点论也有不合适之处,教育是一种知识的传播,但其不仅仅是传播活动,教育的目的和宗旨不是为了传播,其不能体现教育的本质。

教学起点论则相对合适一点。教学包含了教师的教与学生的学,教学活动是教与学的整体性活动,从教育的历史起点看,教师的教与学生的学最初就是融为一体的。虽然社会的发展、技术的更新,使得教与学在时空上可以分离,但是教与学在本质上仍然是没有分离的,教师在教的过程中,蕴含了对"学"的设计,预设了"学"的存在,而学生在学的过程中,也是基于教师的教学内容而进行的学习。教学起点体现了教育的"教化育人"的本质属性,能够通过教学活动促进教育目的的实现,促进人和社会的发展。

综上所述,教学活动,即"教与学的活动"应该是教育学的逻辑起点,自然也应该是继续教育学逻辑起点中的起点。

三、继续教育学逻辑起点的探讨

继续教育学作为教育学的分支学科,与教育学既有共性,也有其个性。继续教育学以其与教育学的共性,使其从属于教育学,服从教育学的基本规律和逻辑起点。同时又以其个性,具有基于教育学逻辑起点的逻辑起点。继续教育学逻辑起点是基于教育学逻辑起点上的新起点。如果将教育学的逻辑起点比作一个平台,那么继续教育学的逻辑起点则是基于这一平台的新起点。

基于演绎推理法,继续教育学的逻辑起点,应该包含于继续教育的基本特征中。为此,可以首先分析继续教育的基本特征,然后从继续教育的基本特征中,依据黑格尔的逻辑起点的三个条件,探讨继续教育学的逻辑起点。

(一)继续教育的基本特征分析

1.延展性特征

"延展"是对继续教育中"继续"两字内涵的解读,虽然 "继续"也能表达"继续教育"的一些基本特征,如继续教育是学习者学习的"继续",是知识传授的"继续",是人才培养的"继续",但是"继续"二字难以准确表达继续教育的真实内涵,因为学习者从小学到初中、高中、大学,也都是在"继续"学习。用"延展"二字则不仅能体现其基于学校教育的延续,而且也能体现其基于学校教育的拓展与变革。比如非学历的继续教育,不是学校学历教育的简单延续,而是对其进行的拓展和变革。非系统化的继续教育教学方式,也不是学校系统化教学方式的简单延续,而是对其进行的拓展和变革。因此,"延展"比"继续"更能体现继续教育的内涵。

继续教育的延展性表现在以下几个方面:

(1)教育目标的延展性。教育的目标是促进人和社会的发展,这也是学校教育和继续教育的共同目标。从教育阶段来说,学校教育先于继续教育,因此,继续教育的教育目标是学校教育的教育目标的延续,是为了促进人和社会的可持续发展。继续教育与学校教育作为教育的两个构成,两者共同实现教育的目标。

(2)教学内容的延展性。首先,继续教育的教学内容是学校教育的延续,因为任何一门知识、技能的传授都是基于一定的知识基础,继续教育内容的传授也是基于学习者的知识基础,基于其在学校教育中所学到的知识和技能,比如知识更新和知识应用就是对学校教育的延续。其次,继续教育的教学内容又是对学校教育教学内容的拓展和革新,继续教育的学习者在社会实践过程中,基于生存、生活和发展的需要,需要学习很多新的知识和技能,特别是在信息技术高速发展的今天,这些新的知识和技能就是拓展性的教学内容。从终身学习的视角,学校教育与继续教育的教学内容应该是一体的、整合的,两者共同构成终身教育知识体系;从学习者视角,只有当两者的教学内容是延续的、衔接的,才能保障学习者个体构建自己完整的知识体系,这也是终身教育、完人教育的一个前提和条件。

(3)教学方式的延展性。继续教育一方面需要继承学校教育中适合继续教育的教学方式,比如各种传统的教学方法、各种信息化的教学手段等。另一方面又需要对学校教育的教学方式进行拓展和变革,因为继续教育的教育对象已经走向社会、不再受到校园的束缚,需要有更合适的教学方式为其服务,比如远程教学方式,对于学校教育,最多只能算是一种辅助,而对于在职人员的继续教育,则是解决其工学矛盾的最佳教学方式。又比如学校教育系统化的教学方式,其系统、严谨的教学过程组织适合学校教育,但是并不一定适合继续教育。所以说,继续教育的教学方式是对学校教育的延展。

(4)学习方法的延展性。继续教育学习方法的延展,包含了继续教育对学校教育学习方法的延续,如基于教师授课内容的学习、基于教材的学习等。同时也包含了基于成人的学习方法的拓展,如远程学习法、工余时间学习法等。同时继续教育学习也是一种拓展性的学习,一种更深阶段的学习,是对学校所传授知识的内化与应用。

(5)教学空间的延展性。继续教育的教学空间从学校教育相对封闭的校园空间延展到开放的社会空间。继续教育的校园就是整个社会,其教学空间远大于学校教育相对封闭的校园空间。教学空间的延展,也会带来教学模式、教学方式、学习方法的改变。

由此可见,继续教育的延展性是基于学校教育的延续和拓展。可以说,继续教育的教育目标、教学内容、教学方式、学习方法以及教学空间都是基于学校教育的延展。延展性是继续教育最基本的关键词,自然也是继续教育的一项基本特征。

2.应用性特征

应用性是对继续教育领域"培训"两字的解读,是对继续教育的培养目标、教学内容和学习需求的解读。继续教育的应用性主要表现在以下几方面:

(1)应用性的人才培养。从继续教育的培养目标看,应用型人才是其培养目标。所谓应用型人才,一般是指利用已有的科学原理为社会谋取直接利益而工作的人才,他们的主要任务是将科学原理或新发现的知识直接用于社会生产活动的实践中去,来实现科学原理较为直接的社会价值。从应用型人才的定义看,继续教育的应用型人才培养与学校教育的学术型、研究型人才培养目标有较大差异。继续教育的目的在于促进学习者利用所学知识和技能,提高其社会化生存、生活能力,提升其解决实际问题的能力,因此,继续教育重在应用能力的培养,也就是应用型人才的培养。叶忠海等也认为,注重培养应用型人才,是高等继续教育的时代使命和内在规定性。

(2)应用性的学习需求。继续教育应用型人才培养目标的确定,源于学习者应用性的学习需求。继续教育的教育对象是处于社会化过程中的成人(以下简称社会成人),其身处复杂的社会环境中,参加继续教育的动力源于社会化生存、生活和发展的需求,是希望学有所用,能够通过学习解决实际问题、完成各种任务。因此,其学习需求是应用性的,其学习就是为了应用。这也就是为什么,继续教育的学习者不太在乎学历文凭,而在乎所获得的知识和技能。

(3)应用性的教学内容。基于社会成人应用性的学习需求,继续教育的教学内容也应该是应用性的,教学内容需要为学习者的实际需要服务,为此,继续教育的教学内容不太强调教学的系统性、理论的高深性、内容的全面性,而更注重内容的实用性、解决问题的速效性,也因为这样,继续教育的教学具有短、平、快的特点。

(4)应用性的教学方式。培训作为非学历教育的总称,几乎可以成为继续教育的代名词。培训即培养、训练,既体现了对人才的培养,也包含了对人才的训练,而且更重视对人才的训练。人才的训练过程,就是一种应用知识和技能提升的过程,其教学方式应该是应用性的。从知识传授的视角,继续教育具有知识更新和知识应用两大功能。知识更新是基于已有知识的补充、完善和拓展,是基于知识的理论型学习,知识更新的目的在于知识应用。知识应用是应用知识解决实际问题的学习,是基于知识的应用型学习、实践型学习,知识应用是继续教育的落脚点,因此,继续教育的教学是一种基于知识应用的教学,是应用理论知识解决实际问题的教学,是一种应用性的教学方式。

由此可见,应用性规定了继续教育的培养目标、学习需求、教学内容和教学方式,应用性是继续教育的一个基本特征。

3.社会化特征

社会化是对继续教育的教育对象的深层解读,"成人"是基于教育对象生理学特征的解读,但"成人"特征并不能体现继续教育与学校教育的本质差异,比如高等学校的学生,从生理学特征来说,大部分是成人。

关于社会化的内涵,我国著名社会学家费孝通认为:"社会化就是指个人学习知识、技能和规范,取得社会生活的资格,发展自己的社会性的过程。"章志光教授认为:"社会化通常指个体在社会影响下,通过社会知识的学习和社会经验的获得,形成一定社会所认可的心理—行为模式,成为合格社会成员的过程。"由此可以看出,社会化是个体通过学习,适应并融入社会的过程。

社会化是继续教育区别于学校教育的一个显著特征,学校教育作为面向尚未走向社会人员的教育活动,其主要是为尚未走向社会的学习者提供教育服务,为他们走向社会做知识和能力的准备,但是,学校教育不是真正的社会化的教育。只有继续教育才是社会化的教育,继续教育的社会化主要体现在以下几个方面:

(1)社会化的教育目标。继续教育的教育目标是促进人和社会的可持续发展,解读其深层意义,继续教育的教育目标中的"人"是社会成人,促进其可持续发展也就是促进其适应社会,满足其社会化生存、生活和发展的需求,因此,促进人的可持续发展,就是促进人的社会化。继续教育的教育目标中的"促进社会的可持续发展",本身就是社会化的目标和过程。因此,继续教育的教育目标其实就是促进人和社会的社会化。

(2)社会化的教育对象。继续教育的教育对象是走向社会的成人,是处于社会化过程中的社会成人,其行为表现具有适应其自身社会化的生存、生活和发展的需要,具有社会化的特征。因此,继续教育的教育对象也是社会化的教育对象。

(3)社会化的教学内容。继续教育的教育需求来源于教育对象。作为社会成人,其对继续教育的需求源于适应社会化过程的需要,因此,继续教育的教学内容应源于社会,应是对社会中知识的凝练和升华。同时,继续教育的教学内容又需要适应社会,满足社会成人的社会化生存、生活和发展的需要。为此,继续教育的教学内容也应该是社会化的教学内容。

(4)社会化的教学方式。继续教育教学方式的选择,需要充分考虑教育对象作为社会成人的特征,采取适合社会成人的教学方式,比如,为了解决社会成人分散学习、工学矛盾等问题,可以选择远程教育这种社会化的教学方式。又比如为了促进社会成人的相互交流,在常规的学习交互之外,需要采取社会化交互的手段,满足社会成人的人际交流和职业交流,为社会成人搭建交流互动的平台。

(5)社会化的教学空间。继续教育的教学空间与社会空间融为一体,社会空间也是继续教育的教学空间。这在社会成人的学习上表现得比较明显,社会成人的学习场所不局限于教室,工作场所、家甚至路途中都是其学习的场所。因此,继续教育的教学空间具有社会性,能够融学习者的学习、工作、生活于一体,能够实现社会成人一边工作、一边生活、一边学习的需要。

由此可见,社会化是继续教育的一项基本特征,其可以作为继续教育的根,延展到继续教育的教育目标、教育对象、教学内容、教学方式、教学空间等中。

(二)继续教育的历史起点探讨

逻辑起点应该与历史起点一致。"历史从哪里开始,思想进程也应当从哪里开始","从最简单上升到复杂这个抽象思维的进程符合现实历史的进程"。

1.延展性与继续教育的历史起点

从继续教育的历史起点看,"继续教育"最早起源于英国,英国通常被称为"世界继续教育之乡"。1944年,巴特勒在《1944年教育法》中首次提到继续教育,并将教育重新划分为初等教育、中等教育和继续教育,其中继续教育专指为离校青少年所创办的教育。可见,继续教育出现之初,即被定位为"离校"教育,其既与学校教育相分离,也与学校教育相衔接。同时,继续教育是与初等教育、中等教育相并列的,说明它们是融为一体的,也体现了继续教育的延展性的特征。因此,延展性是继续教育一开始就有的特征,其与继续教育的历史起点是重合的。

2.应用性与继续教育的历史起点

虽然《1944年教育法》没有在法案中明确提出继续教育是应用性的教育,继续教育最初的实践却体现了应用性的特点。继续教育最初的实践起始于继续工程教育,最早兴起于美国。当时美国感到本国的工程师数量和水平不能满足战时生产的需要,于是采用举办短期培训班来解决这个问题,并达到促进美国高速发展的实际效果。由此可见,应用型的人才培养和价值取向,继续教育一开始就已经具有了这一特征。因此,从继续教育的历史起点看,应用性与继续教育的历史起点也是重合的。

3.社会化与继续教育的历史起点

在《1994年教育法》中,继续教育被定位为面向"离校"青少年的教育,虽然其范畴没有现在的继续教育广泛。但是,该教育法体现了继续教育是为离开学校、走向社会的青少年所提供的教育,是为了帮助离校青少年适应社会的教育,因此,继续教育在一开始也具有了社会化的特征,可以说,社会化与继续教育的历史起点是重合的。

综上所述,继续教育的延展性、应用性和社会化这些基本特征都与继续教育的历史起点重合。

(三)继续教育的本质属性探讨

通过前面的分析,我们知道延展性、应用性、社会化都是继续教育的基本特征,也与继续教育的历史起点重合。那么三者中哪一个是继续教育最简单、最抽象的范畴,是继续教育最本质的属性呢?

1.延展性

基于延展性的基本特征分析,延展性体现了继续教育与学校教育之间的延展关系,继续教育的各个领域确实可以从"延展性"扩展出来,但是,延展性并不是继续教育最简单、最抽象的范畴。

延展性作为时序性的名词,自身并没有真实的教育内涵,无法体现继续教育的真正含义,其内涵依赖于所依托的概念,如继续教育作为学校教育的延展,延展性的内涵依赖于学校教育,学校教育是延展性的"根"。没有学校教育的"根",延展性会失去所有意义。而如果将学校教育作为继续教育的"根",则所有的继续教育活动都需要以学校教育为基础和依据。这样不仅抹杀了继续教育与学校教育的本质区别,也使得继续教育不能从学校教育中独立出来,成为一门专门的学科。可以说,延展性只是对继续教育表象的描述,是时序性视角下的描述,延展性并不是继续教育最简单、最抽象的范畴,也不是继续教育最本质的属性。

2.应用性

继续教育的应用性体现在其培养目标、学习需求、教学内容、教学方式等方面,其不仅是继续教育的一项基本特征,也是继续教育的核心和重点,其也是继续教育中很简单、很抽象的范畴,但是应用性仍然不是继续教育的本质属性,其原因在于应用性并不是继续教育的专利,比如学校教育中的职业教育,应用性也很强,应用型人才培养也是其培养目标。如于明华认为职业教育的核心任务是培养应用型人才,普林林则认为职业教育是培养应用型人才的完整体系。由此可见,应用性虽然是继续教育的基本特征,但它不是继续教育的专利。因此,应用性不是继续教育的最本质属性。

3.社会化

首先,社会化是继续教育最简单、最抽象的范畴。社会化范畴不能再进行细分,是最简单的范畴。社会化虽然只有三个字,但是内涵非常丰富,是对继续教育各个领域的高度概括和总结,基于社会化,可以延伸、延展到继续教育的各个领域。因此,社会化也是继续教育最抽象的范畴。

其次,社会化是继续教育的最本质规定。社会化体现了继续教育与学校教育之间的本质区别,学校教育是为教育对象未来的社会化做准备,其不是真正的社会化。继续教育则是为身在社会化进程中的成人提供社会化的教育内容、教育方式,促使其社会化的一种教育活动,继续教育是一种真正的社会化的活动。

最后,社会化是继续教育学科体系的研究起点。继续教育学科体系研究包括三大领域:本体研究、方法研究和对象研究,三者以社会化为核心(图1)。本体研究是关于继续教育学科"是什么"的研究,以社会化为中心的本体研究才能触及继续教育学的本质规律;方法研究,是关于继续教育学科"如何做"的研究,继续教育学科的研究方法,是面向具有社会化特征的继续教育,因此,其研究方法也应该是社会化的;对象研究是关于继续教育学科"做什么"的研究,是对继续教育学的研究对象的研究,也就是继续教育的研究。

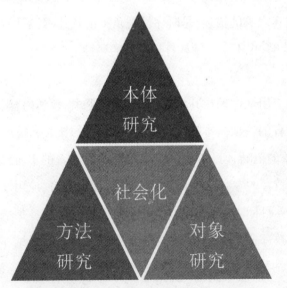

图1　以社会化为核心的继续教育学科体系研究模型

通过前面的论述,我们知道,继续教育的教育目标、教育对象、教学内容、教学方式、教学空间等,都具有社会化的特性,都可以基于社会化特性而展开。

从对象研究看,为了促进教育对象的学习,需要研究教育对象的社会化特性,如工学矛盾等。从教育目标看,继续教育需要时刻围绕教育对象的社会化而展开;从教育内容看,继续教育的教学内容需要适应教育对象社会化的需要,需要建构社会化的教学内容。为此,以社会化为核心的继续教育学的对象研究可用图2表示。

图2 以社会化为核心的继续教育学的对象研究

由此可见,社会化是继续教育学的本质属性和逻辑起点,由于教育学的逻辑起点是"教与学的活动"。因此,继续教育学逻辑起点的完整表述是"社会化的教与学的活动"。

四、结语

继续教育学的逻辑起点研究对于继续教育学科的建构非常重要。但是逻辑起点的研究也是最难研究的课题、最难弄清楚的领域。迄今为止,教育学的逻辑起点研究也一直处于"百家争鸣、百花齐放"阶段。本研究算是抛砖引玉之作,旨在激发继续教育研究者的兴趣,共同关注继续教育学的逻辑起点话题,通过深入研究,促进继续教育学科的建立和成长。

参考文献:

[1]何克抗.关于教育技术学逻辑起点的论证与思考[J].电化教育研究,2005(11):3-19.

[2]丁兴富.论远程教育的逻辑起点和主要矛盾——兼论远程教育的若干基本问题[J].开放教育研究,2005(4):9-18.

[3]郭元祥.教育学逻辑起点研究的若干问题思考——兼与有关同志商榷[J].教育研究,1995(9):30-34.

[4]瞿葆奎,郑金洲.教育学逻辑起点:昨天的观点与今天的认识(一)[J].上海教育科研,1998(3):2-9.

[5]瞿保奎,郑金洲.教育学逻辑起点:昨天的观点与今天的认识(二)[J].上海教育科研,1998(4),15-20.

[6]马敬峰,马启鹏.服务型定位与应用型人才培养:高校继续教育的出路[J].教育发展研究,2013(13):109-113.

[7]叶忠海.应用型人才培养和高等继续教育改革[J].职教论坛,2015(24):41-43.

[8]费孝通.社会学概论[M].天津:天津人民出版社,1984.

[9]章志光.社会心理学[M].北京:人民教育出版社,2008.

[10]中共中央马克思恩格斯列宁斯大林著作编译局.马克思恩格斯选集(第二卷)[M].北京:人民出版社,1995.

[11]郝克明.跨进学习社会的重要支柱——中国继续教育的发展.[M].北京:高等教育出版社,2011.

[12]于明华.应用型人才培养导向下传统职业教育改革的创新[J].继续教育研究,2016(7):60-62.

[13]普林林.完善我国应用型人才培养的职业教育体系的思考[J].教育与职业,2011(18):11-13.

普通高校成人教育向内涵建设转型的思考

暨南大学 廖仕湖

摘要：内涵建设是普通高校成人教育的内在实力。普通高校成人教育在迅速发展的形势下，必须明确办学方向，积极地为社会经济发展服务，走内涵发展的道路，内涵建设包括：确立有特色的成人教育理念、培养特色专业和优势专业、加强师资队伍建设、加强质量管理与监控、注重成人教育研究等方面。

关键词：普通高校；成人教育；内涵建设

当前，普通高校成人教育必须从贯彻科学发展观的战略高度，落实科教兴国战略和人才强国战略，以服务社会经济建设为宗旨，进一步深化改革，不断创新人才培养模式，提高人才培养质量，办出自己的特色。要获取更多的优质生源，扩大办学规模，就必须走内涵发展的道路，沉下心来老老实实地提高教育教学质量，使普通高校成人教育在促进广东从人口大省到人力资源大省的过程中发挥更大的作用。

一、普通高校成人教育加强内涵建设的重要性

从根本上说，内涵建设是普通高校成人教育的内在实力，是核心竞争力的关键因素。而要加强普通高校成人教育的内涵建设，首先必须明确什么是普通高校成人教育的内涵。内涵是指一个概念所反映的事物的本质属性的总和，也就是概念的内

容,内涵反映了一事物所特有的本质属性。而一般意义上的内涵,普通高校成人教育和普通高等教育一样,也包括人才培养、科学研究、服务社会经济发展。普通高校成人教育要把内涵建设作为一项系统工程,关键在于由规模扩张的外延式发展转向以培养特色专业、优势专业,提高教育质量,增强自身吸引力的内涵建设重心上来。

党的十八大报告强调要坚持教育优先发展、着力提高教育质量,引导我们在人才培养过程中要深入思考从"量"到"质"的转变,进一步解决教学改革中的一系列深层次问题。普通高校成人教育是高等教育体系的重要组成部分,是高等教育发展中的一个类型。经济社会的快速发展和高等教育从精英教育向大众化教育进程的加快,为普通高校成人教育注入了活力,也提供了历史的发展机遇。扩招政策对广东来说带来的是积极影响,让更多迫切需要提高学历层次的在职青年实现了受教育的愿望,缩小了与国外受教育水平的差距,也满足了各行各业对专门人才的紧迫需求。现在世界500强企业到珠三角投资办厂,招人时报名人员大多数具备本、专科学历,这样的人力资源是广东与东南亚国家竞争的优势。作为经济大省的广东需要大量高素质人才,如果没有十来年的大学扩招包括成人教育扩招,劳动力素质就不可能快速提高。

但是,近年来,高等教育的普及和普通高校成人教育迅速发展,招生数量不断增长,许多高校走的主要是规模扩张的粗放式发展路线,普通高校成人教育的竞争,主要集中在拼规模,很少有办学质量的比较,违背教育发展规律,最后导致生源危机,过去"大而全"的粗放式发展模式已经不再适用,应当尽快加强内涵建设,从大众化发展转向特色发展,形成自己的特色和核心竞争力,从目前显现出的一些问题来分析,其核心竞争力的内涵发展普遍较慢,办学理念、培养目标仍不明确,注重规模的因素多,考虑发展的因素少;尚未形成与地方经济发展相适应的具有成人教育特色的人才培养模式;开设专业与用人单位的需求存在差距;办学硬件与软件建设不配套,管理工作跟不上,课程建设、教材建设、师资队伍建设等问题在普通高校成人教育中表现更为突出,因此面临的压力更重。这些问题不可避免地伤害了普通高校成人教育的质量和水平,不仅影响到普通高校成人教育对地方经济的服务和支持的力度,而且还直接影响到普通高校成人教育的可持续发展。

美国斯坦福大学一位校长曾说,如果大学的招生规模扩大一倍,则需要20年的时间才能恢复当初的教学质量。在大干快上的学校里,教育资源被稀释,人才培养注水现象屡见不鲜,这样培养出来的学生质量下降也就不足为奇了。

因此,普通高校成人教育要想得到持续的发展,应立足成人教育本位,适应市场对人才多样化的需求,尽快由规模扩张向内涵建设转型,形成自己的特色与核心竞争力,实现差异化竞争,这是教育发展的一个必经过程。只有尽快转型,才能在激烈的市场竞争中立于不败之地。这种转型慢了,受损害的不仅仅是来自底层的学生,更是整个成人教育事业。

二、如何进行普通高校成人教育的内涵建设

普通高校成人教育由于自身条件的限制,要想在日趋激烈的市场竞争中取胜,必须依托普通高校的优质资源,深化特色的成人教育理念、培养特色专业和优势专业、加强师资队伍建设、加强质量管理与监控、注重成人教育研究。

(一)确立特色鲜明的成人教育理念

所谓特色的成人教育理念是指普通高校成人教育在长期的办学过程中所表现出来的,有别于普通大学的、独到的培养人才观念和风格特色。没有独特个性和办学理念的普通高校成人教育,是缺乏生命力的,更没有竞争力。具有特色的成人教育理念对外是形成大学品牌的重要象征,对内是催人上进的、无形而有效的一种精神力量。具有特色的成人教育理念对普通高校成人教育内涵建设起着更为重要的作用,引领成人教育发展的方向。由于成人教育独特的办学定位,深受社会经济发展影响。中国需要不同层次的高等教育,广东要做制造业强省,培养一些应用型人才是必需的,广东高级技能人才每年缺口200多万人,普通高校成人教育办学的方向和模式要与应用型人才培养相适应,不能沿用高等院校重理论轻技能的办学模式。在融入发展的同时,突显成人教育的办学特色,随着社会的发展和变革,适时地进行自我改造,与时俱进,形成自己的特色和品牌。

(二)培育特色专业、优势专业

应用型人才的培养,需要以结构合理的专业作为支撑,各所普通高校培养特色专业、优势专业尤为重要,目前可谓高校林立,竞争十分激烈,只有错位竞争、错位发展,才能办出自己的特色,才能有自己的作为,一定要避免趋同现象发生。学校办学

特色就是学校的竞争力,所谓办学特色,是指人无我有,人有我优。普通高校成人教育必须认真分析本校的优势与劣势,集中优势兵力,在某些具有鲜明特色、与社会经济发展密切结合、有悠久学术积淀的学科上取得突破和发展,培育本校的特色专业、优势专业。根据自身的办学条件和资源优势,进一步培育为广东产业发展方向服务和适应新的经济增长点的新专业。对暨南大学来说,继续把经济管理类专业建设成为广东高校的"半壁江山",逐步建设一批符合应用型人才培养目标要求、适应新的人才培养模式、辐射广东社会经济的专业,如近年来陆续开发建设的人力资源管理、物流管理、会展管理、应急管理、商务策划管理等富有自身特色的重点专业和品牌专业,增强自身吸引力。同时,以专业培养方案改革为切入点,在专业课程设置方面,强调宽口径、重应用的思路,以突出岗位应用性为重心,以优质、实用为原则,进行改革和实践。

针对在职学生的特点,重新修订培养方案,调整部分已经老化的课程内容,并根据本校学科的发展和特点,适时改革课程的内容和教学方法。在此基础上,建立以学科的核心课程为主体,公共必修课、专业选修课、讲座为配套的课程体系,为学生具备宽广基础知识和技能打下良好的基础,以促进其创新能力的提高。同时,加强课程配套教材建设,选编结合,积极引导各学科参考外文原版教材进行教学,以便及时跟踪学科前沿,开拓学生的视野。进行教学方法创新,加强学生自主学习能力,一是进行网络化教学,从公共课和专业基础课入手,开发课程软件;二是实行讨论式教学,从解决问题入手,相互讨论,真正做到教学相长,启发学生的创新思维。

(三)加强师资队伍建设

师资队伍是普通高校成人教育教学、科研活动的主体,教师的工作直接关系到教育目标的实现,也直接关系到教育任务的落实,甚至影响学校各项事业的发展。教师的知识传播是学生智育能力形成的主要渠道,它的作用远远超过其他任何形式的教育。

从国外看,早在第二次世界大战后,美国、英国、法国等许多发达国家就顺应国际成人教育大发展的潮流,并立足本国成人教育实际需求,在成人高等教育师资队伍建设与管理方面做出了大量的尝试,在实践中积累了可借鉴的宝贵经验,主要体现在成人高等教育师资队伍逐渐趋于稳定,专职和兼职教师数量逐年增加。

目前,随着普通高校成人教育办学规模的扩大,师资队伍建设存在一些不足之处,主要表现在师资队伍不稳定,还未制定成人教育教师资格认证制度,等等。由于普通高校成人教育的教学任务由学校全日制教师兼职完成,这就导致成人教育兼职教师更换频繁,师资队伍处于不稳定状态。同时,普通高校成人教育的师资队伍管理采用成人教育学院和校内院系共同管理,并以院系管理为主的模式,导致许多教师忽视普通教育与成人教育的区别,两者定位趋同,很难对成人教育的教学工作投入太多的时间和精力,照搬全日制学生的教学模式和教学方法,有些教师把成人教育教学工作当作硬性的工作量去机械地完成,甚至只将成人教育当作是创造额外收入的一个渠道,没有意识到成人教育学生的特殊性,不能因地制宜地落实教学任务,从而没办法满足学生的需求,影响了教学质量,这就直接对成人教育的教学质量产生负面影响,不利于成人教育的可持续发展。

在成人教育规模扩大的情况下,探索建立有效的师资队伍管理机制,建立一支专兼职结合的相对稳定的成人教育师资队伍,发挥和利用有限的师资资源,建立稳定发展的教师资源人才库,还要建立"双师型"教师队伍,优化教师结构,提高教学质量。探讨进一步完善成人教育教师的工作量计算、评奖评优、晋升晋级等机制,制订青年教师培养计划、理论与实践环节考核办法,以便调动广大教师参与成人教育教学工作的积极性和创造性,改善成人教育教学工作,促进普通高校成人教育健康有序地发展。

(四)加强质量管理与监控

普通高校成人教育办学规模大,必须加大投入,建立健全成教教务软件管理系统,加强计算机在学籍管理中的应用,暨南大学成人教育学院在学校信息技术研究所的支持下,将不断完善成教教务软件管理系统,提高管理工作质量和工作效率,更好地为广大师生服务。

成人教育不同于普通教育,针对成人教育面授时间短,教育对象原有的知识基础、知识结构、接受能力参差不齐的特点,聘请督导组的专家和有关成人教育的领导直接进课堂听课,检查教师的教学态度、教学进度及教学计划的执行情况,及时听取学生的意见和要求,并向任课教师及时反馈,使其有针对性地调整教学的内容和方法。强化教育教学过程的质量控制,加强课堂教学环节的检查与督导对成人教育教学服务过程的质量控制,不仅可以提高过程质量,而且可以不断改善教育教学管理体系,切实提高人才培养质量。

(五)注重成人教育研究

由于成人教育科研基础较为薄弱,加强内涵建设,就必须狠抓科学研究工作,只有具备较强的科研实力,管理人员和教师队伍的素质才会不断提高,才能真正使成人教育办学能力发生质的飞跃。

为了提高成人教育管理人员的理论水平和管理水平,必须鼓励他们关注成人教育改革与发展,积累工作经验,做到理论联系实际,积极参与有关课题的研究工作,撰写有关成人教育的论文。暨南大学教育学院近两年来科研工作有了明显的起色,承担了广东继续教育改革和发展战略与政策研究重大课题,广东省成人教育协会和广东省普通高校成人教育研究会多项科研课题,科研成果中获得2011年12月第八届全国成人教育优秀科研成果(研究报告)一等奖一项;获得中南地区普通高校成人教育研究会2009—2011年度优秀论文三等奖三项;获得2011年广东省成人教育优秀科研成果一等奖一项。

同时,要发挥教师开展科学研究的积极性,组建教师学术团队,要注意老教师与年轻教师的搭配,促进教师队伍优势互补。就成人教育课程建设而言,可以组建专门的项目研究团队,集思广益,有针对性地挖掘出适合成人教育课程建设的特点和要求,从而形成以研带建的效果,促进成人教育课程建设的快速发展。另外,要形成不同学科教师的交叉组合。有研究证明,从学科交叉领域进行科学研究活动最容易出成果,不同学科教师交叉配合的学术团队,可弥补教师资源短缺、层次差距、学科分化等方面的不足,也将促进教师队伍结构的优化。普通高校成人教育应创造良好的科研环境,制定良好的科研奖惩机制,提高教师参与科研的积极性和科研能力,使教师由"经验型"向"研究型"转变,促进普通高校成人教育科研工作迈上一个新台阶。

总之,在普通高校成人教育注重扩大办学规模的形势下,外延建设已经有了很大的发展,当前应该把内涵建设作为发展重点,应该在适应社会经济发展的基础上,通过加强内涵建设,使规模、结构、质量、效益相协调,增强核心竞争力,实现普通高校成人教育的可持续发展。

参考文献:

[1]张婕.关于地方大学内涵建设的思考[J].中国成人教育,2010(10):80-81.

[2]林坚.大学文化建设的基点和重点[J].中国人民大学学报,2007,21(5):9-12.

[3]王婉芳.高职教育要适应地方经济发展[J].中国职业技术教育,2005(14):52-53.

试论雷蒙·威廉斯对英国成人教育事业的贡献

广东外语外贸大学　孙亚玲　何勇斌

摘要:本文探讨雷蒙·威廉斯从事成人教育和大众启蒙的实践,研究威廉斯对英国成人教育理论与实践的贡献,回顾英国成人教育的创获与发展,为时下我国成人教育走出传统的藩篱,创新我国成人教育的理论与实践提供有益的借鉴。

关键词:雷蒙·威廉斯;成人教育;英国

一、英国成人教育的历史回溯

英国是最早发展成人教育的国家,其成人教育历史悠久。可以说,英国工业革命及其随后的社会改革直接推动了成人教育的发展进程。早在1798年,在诺丁汉成立了第一所成人学校,以训练纺织女工熟练操作为主要内容,同时进行简单的读、写、算训练和宗教教育。1924年,英国制定了《成人教育规程》,这是西方关于成人教育的最早的专门法律,而其他国家此时大多只是在一般法律中涉及成人教育问题。英国成人教育的发展历史也伴随着英国大学的扩展运动。该运动的发起人于1903年创立了英国"工人教育协会"(简称WEA)。该组织的目标在于加强与大学的合作,促进成人教育的发展,为工人和一切失去教育机会的人提供教育和培训。在英国工人教育协会的努力和协调下,英国各级政府对成人教育的投入不断增加,各地大力创设成人教育班,剑桥大学、牛津大学、伦敦大学也利用自身的教育设施和优秀师资为工人举办各种课程班,学习期限一般为2~3年,每学期授课不少于24次,1913年仅参加大学学位课程班的成人学员就达3200人,参加文化补习的成人学员则超过万人。

英国"工人教育协会"的成立对本国成人教育的发展具有里程碑意义,后来有的大学为了开展成人教育又建立了"大学扩展教育委员会"。到19世纪末20世纪初,英国已经建成了多间面向成人以开展文化知识教育和扫盲为主的成人学校,包括对成人劳动者职业技术培训为主的职业技术学院,还形成了利用大学教育设施开展校外教育的一整套成人教育体系。英国政府还授意各地成立教育管理机构,对当地的成人教育进行有效管理,从地方收入和税收中拨出专项经费,资助当地的成人教育。到1902年,英国参加各级成人教育机构学习的人数达到了528000人。1924年《成人教育章程》的颁布,对20世纪20年代以后英国成人教育的发展产生了极其重大的影响,英国政府开始把发展成人教育纳入到建设福利国家的轨道上去,各地成人教育发展的速度明显加快,成人教育机构,主要是大学校外教育部和工人教育协会举办的各级学校的数量和在校学生人数都有了较多的增加。1937年至1938年仅在工人教育协会举办的学校里学习的学生人数就达640000人,在伦敦大学、诺丁汉大学等大学校外教育部接受成人教育的学生数量也有了明显的增加。由此,英国成人教育制度和成人教育体系已基本形成。

二、威廉斯的成人教育思想和实践

早期英国的成人教育为一大批大学教师和学者提供了施展才华的舞台,雷蒙·威廉斯就是最早从事成人教育的教师和研究者。回顾当年,1945年至1946年,威廉斯在英国剑桥郡结识了"工人教育协会"的地区干事弗兰·亚克斯(Frank Jacques),并且被分派负责一个成人教学点的教学。1946年他又被"牛津大学辅导班委员会"聘请为辅导教员,负责与工人教育协会的联系工作以及在成人班教授文学课程,这是威廉斯第一次接触成人教育。如上所述,英国是成人教育最发达的国家,当时,牛津大学的成人教育已覆盖了英格兰的许多地区,包括肯特(Kent)、林肯(Lincoln)、斯塔福德(Staffordshire)和苏塞克斯(Sussex)等郡。威廉斯曾被委派到东苏塞克斯(East Sussex)的教学区从事教学工作,威廉斯当时的工作主要是依靠工人教育协会的帮助组织成人教学班，并且为学员授课。另外，他还要向大学辅导委员会和由大学代表、工人教育协会、地方教育机构组成的联合委员会做工作报告。这期间，威廉斯所教授的学生主要来自工厂、矿山以及社区家庭。

作为一名教师，威廉斯将他职业生涯的前15年奉献给了英国的成人教育事业，期间他所取得的成就是巨大的。威廉斯充分利用成人教育相对宽松自由的环境，充分利用成人教育提供的资源，在教学过程中讲授文化和文学的知识，他把对文化、历史、社会和政治的思考也带进了课堂，同时从学生那里得到反馈。经过多年的实践，威廉斯逐步形成了一套文化理论和教育思想，成为成人教育的引路人和后来的文化研究的主要奠基者。不能说没有成人教育就没有文化研究的奠基者，但可以肯定地说，成人教育滋养了这位文化研究的奠基人。在从事成人教育的十多年里，威廉斯出版了其划时代著作《漫长的革命》(The Long Revolution，1961年)。这期间他还发表了大量的文学评论和文化理论著述，如威廉斯根据自己成人教育的经历和反思写成的著作《文化与社会1780—1950》(Culture and Society 1780—1950，1958年)，著作出版后，深受欢迎。本书反映了成人教育的社会民主与道德观念，也记录了工人教育协会文学班的教学情况，并且证明了他所倡导的大学成人教育的启蒙对整个社会所产生的持久影响力。有人认为此书具有划时代意义，其影响是极其深远的。再如，他的第一本小说《边界之国》(Border Country，1960年)也在其从事成人教育阶段问世。有评论家指出，威廉斯早年从事的成人教育对他的学术研究至关重要。威廉斯自己也认为，他首先开始关注的不仅是成人教育而且还包括工人教育，他也论及对二战后英国社会正在发生的事件的理解和反应，以及和成人教育学生们一起探讨的观点。在评介他的著作时，他常常提到那些基于其本人在成人教育时所使用过的方法和素材。威廉斯主要的学术理论建树大多都与成人教育有着密切的关系。需要指出的是，威廉斯从成人教育到大学教师的经历，使他能专心地投入写作和组织教学的工作中，当时，英国极具影响力的著作如霍加特(Hoggart)所著的《读写的应用》，汤普森(Thompson)所著的《英国工人阶级的形成》等都是在从事成人教育的实践中得益的。应该说，成人教育为这批学者提供了一个安身立命之地，一个施展才华的舞台。由于成人教育本身就是一个充满争议的阵地，是各种政治观点交锋的前沿之一，这些学者充分发挥了自己的优势，对当时的各种社会问题展开激烈的论争，并形成了各自不同的政治观点和主张。

随着威廉斯从事成人教育经历的结束,转为在剑桥大学的学术生活,他的工作仍然充满了对成人教育经验的反思和启发,这对他的教学与研究是尤为重要的,他倡导逐步建立共同文化,他还认为"工人教育协会"的运作最为理想,是作为学习型社会和未来民主参与和大众教育的一个典范。需要指出的是,在20世纪50年代,威廉斯文化研究的学术观点和主张,起先在一些关于成人教育的杂志上发表并引发争论。在他后来的学术生涯中,他仍继续思考成人教育。威廉斯从事成人教育的初衷是为工人阶层提供较正规的、以社会科学为主的教育,所以他的成人教育思想是充满社会化和民主化关怀的。他认为,在以乐观的信念建立学科内容基础上的成人教育和公共教育可以推动渐进的社会变革,而变革的参与者就应是受到一定教育启蒙和具有思考能力的全体民众。

威廉斯作为一名教师见证了英国成人教育事业的规范化和进步。在20世纪40年代和50年代,担任成人教育的辅导教师不享有被提升为编制教师的机会,因此,有人认为成人教育不属于大学教育,校外讲师团的许多教员在离校很远的地方任教,并且很少与大学里的编制教师联系,事实上是没有被承认与大学编制教师拥有同等地位。由于威廉斯等人在成人教育中的出色工作,这一状况得以改变,1960年威廉斯等获得了提升为编制教师的机会。作为一个成人教育工作者,威廉斯付出了比一般教师更多的努力。威廉斯平时尽量减少与人交往,全身心地投入成人教育的事业中。这期间,他所在的牛津讲师团的文学课程教学也实现了质的飞跃。威廉斯刚来讲师团任教时,文学课在牛津讲师团所授课程和科目中排第七位,到1949年,文学课程科目排名已升到了第一位,并且在接下来的10年里都居于领先位置。

威廉斯刚开始教授成人教育文学课时,在教学互动上遇到了困难,他感觉师生在教与学的过程中,文学被要求像讲授历史和社会学一门分支那样进行教学。当时的教学,虽然有课堂讨论,但课堂教学的目的是教师向学生提供作家生平和写作年代等信息,而不是培养学生对文学作品的理解和鉴赏能力。这种以教师为中心、学生被动接受信息的教学方法不受学生欢迎。因此,威廉斯尝试改变这种状况,他教学生如何接触文学,还尝试运用理查兹(Richards)、利维斯(Leavis)和汤普森在剑桥提倡的实用批评等方法来启发学生学习文学,欣赏作家作品。这种改良的方法提高了学生对所听和所读作品的理解和鉴别能力,并加强了他们的文化批判意识。在教学中,威廉斯强调的是文学的价值以及教学自主权,他反对文学研究是轻松而又自在逍遥的观点,也不赞同文学成了社会学的附庸学科。威廉斯作为利维斯的追随者,继承和批判了后者的文学观,强调文学作为人们的经历和情感的记载形式,自身的生成与发展不需要外部的条件。他强调文学的本体性,在成人教育中,文学永远是一门非常有价值的学科。威廉斯作为教师其教学经验时常启发他人,他的教学理念和方法也对同事产生了直接的影响,因而深受师生欢迎。威廉斯对成人教学方法也有创新,他经常参加成人教育思想和方法交流会,威廉斯强调学生和教师之间要平等地交流。虽然威廉斯承担的教学任务很繁重,但他还是愿意为他所教授的班级增加一些额外的辅导,引导那些有领悟力和社会经验的学生,让具有各种各样的职业背景的学生热爱文学的学习,他对学生的关心和爱难能可贵。威廉斯同时还担任工会的教工代表,他在维护成人教育教师的权益上所做的努力也是无人能及的。

威廉斯能够成为成人教育的先驱和杰出代表,归因于他对成人教育有着深刻的理解,他认为,成人教育的主体是学生,成人教育是为学生办的,而不是为了成人教育者办的。在教学内容和方法上,他遵从教学内容的严谨性,反对分离或僵化的教学模式。威廉斯认为成人教育可以帮助那些难有途径获得成功的人。战后参加成人教育的学生大多是工人,他希望工人们可以通过学习和自身努力,走上通往成功的道路。但是,如果考虑到当时的社会环境,仅凭个人的努力,是解决不了教育不平等、教学规模化、教育私有化等根植于社会和阶级的问题,但是社会需要威廉斯的思想观点和理论主张。威廉斯认为,大学教育以选拔的形式拒绝了大多数人,即只有少数人有机会攀登教育的金字塔。他认为,成人教育是开放教育,应取消僵化的申请标准和霸王条款,去除给成人教育安装的不必要的"过滤网"。威廉斯在其著作中写道:"我不能接受教育成为一种以工作为导向的训练(纵使这是符合体制的),我呼吁建立能够为社会提供凝聚力的公共教育,防止它分裂成为分属于各种不同的部门,要防止国家成为公司。"谈到理想的成人教育时,他认为,"成人教育的社会目的应设定为创造有文化的、民主参与的教育,工人教育协会所倡导的成人教育不同凡响。成人教育应成为英国最好的、最深厚的传统之一"。威廉斯对成人教育的不懈努力,以及在教学方法和课程设置与教学理念上的贡献,如他的一些独创性的教学方法和实践,多媒体辅助教学,在随后的英国成人教育的教学中得到了普及和发扬。他对英国成人教育事业所产生的巨大影响是空前的。

三、威廉斯成人教育思想的体认与借鉴

英国成人教育的发展，得益于像威廉斯这样的先行者和理论家。威廉斯强调成人教育是探索学习型社会和建设公共场域的有效手段。从教育本体而言，成人教育应该有其应有的地位，不应该成为扩大了的大学正规教育的一部分，工人阶级和劳动群众应该享有更多受教育的途径。威廉斯成人教育的思想遗产对英国成人教育和社会进步起到了助推的作用，他的思想遗产在随后的几十年里激励和鼓舞了许多后来者。我们也从中看到了英国成人继续教育事业所取得的巨大发展，以及学习型社会的建设和共同文化发展的萌芽。因此，继承和发展威廉斯的思想遗产，把成人教育转向大众群体，把威廉斯的教育理念和教学方法应用于各类成人教育和辅导课程的教学实践很有必要。唯有如此，成人教育事业才能继续向前发展。

当今，英国成人教育主要由继续教育学院和各级教育培训中心承担，成人教育发展迅速，目前英国已成为世界上成人教育最发达的国家。具体而言，英国成人教育的最大的特点是全民参与，成人教育学院和培训中心设立免费的公开课，让人们有机会事先了解授课的内容，可以根据个人需要选择学习的科目。除了免费派发入户的成人教育宣传手册，人们还可以在市、区以及社团的图书馆和粘贴栏、宣传架等地方免费得到培训项目手册和继续教育学院的招生信息。英国成人培训的内容丰富多彩，设有制陶、绘画、室内设计、烹饪、园艺，也设有诗歌、戏剧、音乐，还设有电脑、数学、物理等课程。在英国接受成人教育和培训也是方便的，因为接受教育的机会和教育资源对每个普通公民都是开放的。可以说，任何学员需要学习的领域，在成人教育体系中都能很容易找到相应的课程，学员只要申请，无须筛选式的考核，所有成人学员不论资格、年龄，皆可入学。

近年来，我国成人教育，特别是在制度建设和改革创新方面取得了一定的发展，譬如，在2011年5月，教育部启动了"高等学校继续教育示范基地建设"项目，有多所高校参加，希望通过项目的实施在全国成人继续教育中发挥示范、引领、辐射和骨干作用。该项目要求与相关政府主管部门合作，根据政府主管部门的人才培养计划，制订培训项目，培养行业需求人才。在学习模式上采用网络、移动、面授相结合的方式，解决学员工学矛盾，适应在职学习者的教育需求。

　　研究威廉斯的成人教育理论与实践的意义在于，这一成人教育的遗产可以帮助我国成人教育的从业者和管理者，认清成人教育的本质和作用，改善成人教育的课程内容和教学方法，突出对成人学生的思想与认知的启蒙与升华，排除当今成人教育发展过程中所遇到的困难，继而为我国成人教育走出传统的藩篱、创新成人教育的理论与实践提供有益的借鉴。

参考文献：

[1]安双宏，白彦茹.比较教育学[M].哈尔滨：哈尔滨工业大学出版社，1997.

[2]周简叔.世界高等函授教育概观[M].北京：中国人民大学出版社，1988.

[3]中央教育科学研究所比较教育研究室.世界成人教育概述[M].贵阳：贵州人民出版社，1989.

[4]〔英〕雷蒙德·威廉斯.政治与文学[M].樊柯，王卫芬，译.开封：河南大学出版社，2010.

[5]〔英〕雷蒙德·威廉斯.漫长的革命[M].倪伟，译.上海：上海人民出版社，2013.

[6]吴文侃，杨汉清.比较教育学（第2版）[M].北京：人民教育出版社，1999.

现代远程教育人才培养模式创新①

华南理工大学　施旭英

摘要:面向企业开展现代远程教育逐渐成为我国加强人力资源建设的重要途径,校企合作促进网络环境中远程教育新型人才培养的模式应运而生。从目标价值取向转向、教育管理运行机制、人才培养方法三个方面对现代远程教育进行分析,得出校企合作开展远程教育对于人才培养模式改革创新的重要作用,为促进我国终身学习体系的建设探索出一条新的途径。

关键词:校企合作;人才培养模式;远程教育

自1999年我国远程教育领域开展试点工作以来,基于网络的远程教育各项事业走上了飞速发展的快车道。校企合作开展现代远程教育,既可以促进人才培养模式的创新,提高人才培养的质量,又可以满足企业的人才需求,使得教育与经济社会的发展相协调,还将积极促进我国终身学习体系的建设,是我国人才培养的又一条重要途径。

一、社会需求催生了人才培养的新模式

人才是我国经济社会发展的第一资源,人才强国战略已成为我国经济社会发展

---

① 课题来源:2013年中央高校基本科研业务费社会科学类研究项目"网络教学活动的设计与应用研究"(D213400w)研究成果。

的一项基本战略。我国正处于社会、经济、文化、科技迅速发展的新时期,由此带来生产的不断变革和社会的深刻变化,要求高等教育不断培养和开发各类专门人才为社会主义现代化建设服务。现代远程教育作为高等教育大众化的重要途径,主要面向在职人员实施学历教育,是我国经济社会和企业人力资源二次开发的有力保证,是加强人力资源能力建设的重要组成部分。

传统的面授教学方式适合于普通全日制高等教育,但很难满足企业在职人员继续学习的实际需要。高等学校只有紧跟时代步伐,充分应用现代科技取得的成果尤其是现代远程教育手段,不断改革和创新人才培养模式,才能满足企业的实际需要。因此,面向企业开展现代远程教育,探索和创新人才培养模式,开展校企合作办学是"双赢之举",将成为高等学校主动适应经济社会发展的重要途径和方向。

二、校企合作促进现代远程教育人才培养模式的创新

(一)网络环境下人才培养价值取向的转变

过去由于现代远程教育发展水平的不足,各网络教育学院在办学过程中过分强调招生和办学的规范性,往往优先考虑办学的硬件环境和条件,如教学平台建设、资源建设、教学管理的规范性等方面;在教学管理上,又偏重对招生环节、考核环节、毕业环节的管理,不同程度地忽视了对教学过程和学生学习过程的关心。而面向企业开展现代远程教育,由于企业有提高员工知识水平和能力素质的客观需求,往往有特定的或成批的生源,这就要求高校不得不将重心放在努力提高教学质量和提高教学效果上,其培养的人才将直接获得企业的检验和评价。这在一定程度上促进了现代远程教育目标价值取向的转变:从追求办学规模转向了追求办学质量的提高;从追求办学的规范转向了追求教学质量和效益。

(二)人才培养的管理运行机制创新

长期以来,现代远程教育开设的专业、课程设置、教学实施等教学管理运行机制,形成了一种由学校单方说了算的权威的、封闭的局面。然而,这种权威的、封闭的教学管理运行机制所培养的人与社会、企业需要相脱节。校企合作开展现代远程教育,根据企业的实际需求开办专业,要求培养的毕业生的知识、能力和素质是适应企业发展需求的,这就要求学校教学管理运行机制是合作的、开放的。

(三)推动人才培养方式的创新

企业要求培养的人才既要有丰富的知识,又要有较强的创新能力和较高的综合素质。信息化教学平台网罗了丰富的学习资源,提供了许多导学、督学、促学的工具和功能,通过这些工具和功能的操作和应用,能增强学生的自我管理能力,进而提高学习和工作效能。更重要的是,它还促进了培养方法的个别化,个别化方法可以激发学生的学习兴趣,使学生主动学习、积极思考,培养个性和创新精神。

三、校企合作方式下开展基于远程教育的人才培养

(一)转变思路,注重理论学习和技能培养相统一

校企合作的现代远程教育人才培养标准主要有两方面:首先,要符合我国现代远程教育人才培养质量的要求;其次,应该紧贴企业对人才培养规格的要求,与企业生产实际相结合,培养与企业发展相适应的专门人才。这种市场化运作使它冲破了传统高等教育封闭的教育模式,将学校教育与社会需求紧密地结合在一起。

(二)教学与生产劳动相结合的人才培养教学计划

学习过程本质上是一个复杂的认识过程,学习过程必须遵循发展的客观规律,其中"教育与生产劳动相结合""理论与实践相结合"是促进学习和人的全面发展的有效途径。对于来自企业的在职人员来说,他们都有着丰富的工作和生活经验,感性认识丰富,因此在教学活动设计时要坚持"教育与生产劳动相结合"的原则,注重引导学生既要认真学习专业技能,也要通过理论学习来进一步丰富和发展自己,把增长知识和发展能力紧密结合起来,去有效开展工作和实践。

(三)结合学生学习的特点,提供多样化的课程选择

企业员工参加远程教育学习的动机主要有两种:一是出于自我提高的内在需要,希望能完善和充实个人知识文化水平和素质;二是出于应对职业和岗位需要的考虑,将继续学习作为加强专业技能和提高个人业务能力的途径。虽然他们具备一些共同的学习心理特征,但由于年龄层次、知识结构和生活经历的不同,导致其兴趣、经验和学习风格差异较大,远程教育应该照顾到这种差异,为学生提供更多的选择。

四、校企合作开展现代远程教育的实践

华南理工大学自现代远程教育试点工作开展以来,陆续与省内多家企业行业开展了校企合作,如在深圳富士康、捷普(广州)电子有限公司等企业,分别开设了电子科学与技术、土木工程、计算机等专业,帮助相关的企业培养了一大批合格的管理和技术人才,受到了社会的广泛认可。

(一)结合企业实际"量身定做"人才培养方案

紧密结合企业的人才需求和学生对岗位技能的实际需求,精心规划课程设置,面向具体企业"量身定做"人才培养方案。针对一些基础性不是很强的课程,企业可以根据需要灵活选择;而具体到课程结构和教学内容层面上,加大了实践教学的比重,注重与企业需求相结合,与员工工作实践相结合,体现了理论学习与技能培养相统一。此外,为体现全面发展的需要,学校还开设了名师讲座、形势报告、员工心理健康辅导等一系列课程,进一步开阔学生视野,提高学生思维能力。

(二)开展"送教上门"等多样化的人才培养方式

华南理工大学现代远程教育结合企业实际,调整教学手段和方式,实现了教学方式多样化,将企业需求引入学生的科研训练之中。注意区别不同课程的教学特点,采取不同的教学组织形式。例如,对于"计算机应用基础"和"政治理论课"等公共基础课程或文科类课程,充分发挥现代远程教育手段资源丰富、交互便捷的优势,主要采取网上学习的方式,学生需要完成查看视频、完成练习和作业等一系列学习活动来获得对基本知识的掌握;对于理工科等逻辑性较强的课程,如"高等数学""大学物理"等课程,则采取网络教学和面授教学相结合的方式"送教上门"。发挥企业的优势开展实践教学,利用企业处于生产和服务第一线的优势,邀请或聘请企业的一些实战经验较强的工程师参与到"课程设计""专业实习"和"毕业实践"等实践课程的教学中。同时,注重组织建立班集体和班委,有效促进学生之间的沟通和交流,通过多向互动达到相互学习、协作学习的目的,有利于学习型社会的形成。

(三)充分发挥多媒体技术和网络交互的优势

个别化教学旨在实现按照每一个学生的要求和才能来进行教学,包括学习内容的个别化、学习时间(进度)的个别化和学习方式的个别化。采用数字化和多媒体技术,将教学资源设计成可以分成若干个教学单元的教学内容,各单元之间是有机组

合的,可以互相调换,这样学生可以按照不同的知识水平选择适宜自己的学习单元和途径。考虑成人学生"边工作边学习"的特点,给学生留有自主学习的空间,允许按照个人进度进行学习。充分运用网络教学平台交互功能,设计FAQ、随堂问答、主题讨论等功能,实现教师和学生之间的有效互动。

(四)完善人才培养管理机制,促进学分互认和学习成果共享

针对企业在职业技能方面的特殊要求,利用合作企业的培训优势,实践学分互认机制,对于一些取得专业技术资格证书或者企业开展的培训课程进行学分互认,促进学习成果共享。将一些企业重点要求的培训内容作为专业选修课纳入培养计划中;建立学分互认审定工作小组,小组成员由学校远程教育教学指导委员会专家组成;建立一套相对科学合理的评估体系,该评估体系包括教学目标要求度、师资、教学内容等诸因素及教学实施、考核等环节的执行情况。这一做法融通了学历教育与非学历教育,既促进了校企联合培养机制的完善,又推进了我国终身教育中学习成果转换制度的形成。

参考文献:

[1]张秉钊.校企合作"订单式"人才培养模式的实践探索[J].高教探索,2005(4):72-74.

[2]陈解放.工学结合教育模式可持续发展的理性期待[J].中国高教研究,2006(8):22-24.

协同发展，服务地方
地方高校继续教育发展的路径选择研究
——以韶关学院为例

韶关学院　黄华明　周思海　陈庆礼

摘要：当前地方高校传统成人学历教育面临生源萎缩、管理规范化有待提高和边缘化等困境。为此要从立足地方，树立主动服务地方理念入手，积极开展校地协同创新，探索继续教育工作新思路。

关键词：服务地方；地方高校；继续教育

"以地方为中心""服务地方"的继续教育发展理念最早发轫于美国"相互作用大学"（Interactive University）。"相互作用大学"的基本特征是"使学校与它所在社区的企业界、公众及政界的领导建立一种积极的、双向作用的伙伴关系，为实现社区经济繁荣和社会公正的共同目标而努力。

近年来，随着我国高等教育大众化，传统的成人高等学历教育发展模式遇到前所未有的挑战，许多地方高校主动面对，积极探索适应自身发展的新途径。作为典型的在欠发达地区办学的地方性本科院校——韶关学院，在面对成人高等学历教育新问题、新情况下，坚持改革创新，牢固树立"以地方为中心""服务地方"的发展理念，主动融入地方，对接当地经济社会发展需求，积极开展校地联动、校校联合的协同发展新模式，走出了一条适合学校继续教育发展的新路径。

一、当前地方高校继续教育发展面临的困境

(一)继续教育工作边缘化趋势在加快

在高等教育内部,继续教育作为高校服务社会的重要载体,与普通本科教育和研究生教育具有同等重要的地位和作用,并且继续教育应该成为高校服务社会的窗口,成为学校向社会展现办学实力的平台。历来不少高校仅仅把继续教育看成是普通教育的附属品和创收的工具。但随着高等教育大众化,国家对高等教育的投入日趋提高,对地方高校支持力度不断加大,普通在校生的生均拨款不断增加,加之高校经费来源多源化,使得继续教育工作很难列入学校重大发展规划中。在很多地方高校中,继续教育的办学设施、师资队伍基本依靠普通教育维系,因而继续教育的"钱袋子""菜篮子"的地位也难以维持,使得继续教育工作更加边缘化。

(二)学历教育生源萎缩化加速

近几年,随着成人学历补偿任务的基本完成,在职人员对学历需求下降明显,加上大众对学校品牌的挑剔,地方高校成人高等学历教育招生工作难度不断增加。而普通高校连续几年扩大招生,为应往届高中毕业生提供了更多接受正规高等教育的机会,从而加剧了地方院校成人高等学历教育生源的萎缩。学历教育社会需求的下降是社会发展的必然趋势,高校教学教育如何根据社会需求的变化及时转型发展,是我们继续教育工作者必须面对和正视的问题。

(三)继续教育普教化现象突出

继续教育与普通教育本应相互补充,相得益彰。但是在地方高校中,继续教育普教化现象严重。在很多地方高校中,从事成人学历高等教育的继续教育学院没有独立的办学设施和师资队伍。成人教育与普通教育使用同一套人才培养方案,任课教师亦不会根据成人教育学员的特性采取相应的教学模式,往往是生搬硬套普通教育的教学内容和教学方法。继续教育普教化使继续教育的设计与实施都严重脱离了学员的实际,无法实现继续教育的内在价值,很难满足学员内在学习需求。

二、原因分析

(一)地方高校继续教育理念落后

教育理念是教学活动所依据的教学思想,是教育活动的灵魂。而许多高校对成

人高等教育的理念是比较模糊的,对成人教育的定位出现偏差。普通高等教育和成人高等教育的教育理念之区别在于指导思想的不同:前者主要体现在如何通过教师的知识讲授,让学生掌握学科知识,成为具有一定学科理论水平的知识型人才;后者则主要表现为如何培养学生自主学习与协作学习的能力,以满足学生的求知欲望,使学生成为适应工作实践需求的应用型人才,重点在学习者能力的提升。成人高等教育的教育理念要求我们,一定要为普通高校中的成人高等教育正确定位,要紧扣成人学生的学习习惯和学习个性,走出普教模式的误区,建立多样化的课程体系,使成人高等教育按照自身的规律发展。

(二)大众终身学习动力不足

地方高校一般坐落于偏离中心城市的二三线城市,学习型社会的构建和培育起步较晚。与中心城市居民相比,二三线城市居民终身学习意识淡薄,学习内在驱动力不足,自我学习能力不强,学习资源匮乏,对继续教育的理解有待提升,将学习的目的仅仅定位于提升学历,从而追求更高工资和社会地位。政府部门对终身学习理念和工作的宣传引导不到位,也是造成二三线城市居民终身学习意识淡薄的重要原因。

三、韶关学院继续教育工作的探索与实践

面对继续教育困境,韶关学院的继续教育人积极面对,按照成人教育发展规律,在坚持稳步发展成人学历教育的基础上,更加积极主动服务地方,按照市场化的思路,不断开发培训课程,不断提高培训课程针对性和有效性,强化品牌意识、突显学校优势,实施精细管理,不断开拓创新,努力走出一条适合自身发展的新路径。

(一)规范办学行为,稳步发展成人学历教育

近年来,韶关学院面对成人学历教育逐渐萎缩的情况,认真贯彻党和国家关于成人高等教育的方针、政策和法规,端正办学指导思想,利用"两个逐渐退出"的有利时机,抢抓机遇,紧紧围绕社会需求,积极开拓办学思路,主动调整专业结构,将生源组织工作常态化。同时十分重视办学质量和水平,严格教学过程管理,加强对教学各个环节的监控和评估。

(二)顺应继续教育发展规律,大力拓展非学历教育

在高等教育大众化背景下,成人学历教育生源萎缩已经成为必然,地方高校大力发展非学历继续教育成为必然趋势。《国家中长期教育改革和发展规划纲要(2010—2020年)》明确指出要到2020年"基本形成学习型社会",党的十八大报告提出要"完善终身教育体系,建设学习型社会",进一步强调发展继续教育,完善终身教育体系,建设学习型社会。这不仅是适应当代科学技术高速发展、知识更新速度加快、经济和社会不断发展与变革的需要,而且是新形势下广大社会成员不断提高自身素质与能力的迫切愿望,也是体现以人为本、办好人民满意教育的重要标志。我们认为,作为地方高校,在构建终身学习体系中,大有作为,大有可为。特别是在面对成人高等学历教育生源萎缩的困境下,遵循学习型社会体系建设和继续教育发展规律,大力发展非学历教育,主动参与社会职业培训工作是实现传统的继续教育华丽转身的重要途径。为此我们以观念更新为先导,大力营造地方高校非学历继续教育的良好氛围环境。一是建立了一套完整的适合非学历继续教育发展的教学运行体系;二是本着"不为所有,但为所用"的理念,建立起一支专兼职相结合的师资队伍;三是制订了一套科学的适合非学历继续教育实际的教学评价体系和监控体系。

(三)注重创新与特色,树立品牌意识,构建"三位一体"的校地联动协同机制

韶关学院作为粤北唯一的本科普通高校,在开展非学历教育过程中,充分发挥自身特质,主动对接地方经济社会发展需要,利用自己的专业、人才优势,积极与地方政府、教育行政部门和中小学校开展协同育人工作。比如作为具有56年师范教育历史的高校,同时又是省级教师培训基地,学校与韶关市教育局签订了战略合作框架协议,通过开展"顶岗置换培训"和韶关市基础教育系统"百千万人才工程"项目等工作,为提升粤北山区基础教育师资水平和创强工作提供了智力支撑。

与组织部门签订协同培养协议,在农村实施"把大学生培养成村干部,把村干部培养成大学生"双向培养工程。一是由组织部门组织具有高中、中专和中技学历的村两委干部参加韶关学院继续教育的学习,韶关学院围绕市委对农业农村农民工作的总体部署,按照"按需培训,注重实效"的原则,有针对性地制订和实施村干部学历培养方案;二是组织部门托韶关学院建立村干部培训基地,定期对村干部和村级后备干部开展政策理论、农业科技实用技术、农业管理知识、法律法规及相关实用知识的培训,全面提高村干部工作能力。

通过开展协同育人,韶关学院继续教育工作形成了校地联动、协同创新、合作共赢的体制机制。作为地方本科高校,我们始终坚持立足粤北、面向全省、辐射周边,为当地经济社会和基础教育服务的方针,适应学习型社会的发展需要,根据继续教育多样性、灵活性、实效性的特点,更新理念,准确定位,进一步提高了继续教育的办学水平。

参考文献:

[1]王晓华.大学服务职能拓展的世界性努力——美国和中国个案研究[J].比较教育研究,2002,23(1):43-47.

[2]王英全,高荣发,任倩.地方高校非学历继续教育发展初探[J].商洛学院学报,2014(5):88-91.

"一带一路"背景下面向港澳及海外发展成人教育的探索

暨南大学　张靖磊　廖仕湖

摘要：高等教育要为"一带一路"建设提供人才培养和智力支持，具体实施过程中要"招进来"和"走出去"协同推进，暨南大学属于较早"走出去"的高校之一。本文回顾了30多年来，暨南大学面向港澳及海外发展成人教育的实践，介绍了目前香港、澳门成人教育和海外华文教育现状，提出了"一带一路"背景下的发展新思路：加大政策扶持力度，提升管理服务水平；基于大数据分析，优化人才培养模式；开发短期人才培训项目，推进在线教育；树立品牌意识、健全教学质量监控机制。

关键词：一带一路；香港成人教育；澳门成人教育；海外华文教育

2013年，习近平主席在出访中亚和东南亚国家期间，提出共建"一带一路"的重大倡议构想。2015年3月，国家发展改革委、外交部和商务部联合发布了《推动共建丝绸之路经济带和21世纪海上丝绸之路的愿景与行动》，系统地勾勒出"一带一路"路线图，明确指出以共同利益推动沿线各国经济繁荣与区域经济合作，加强不同文明交流互鉴，广泛开展文化交流、学术往来，深化沿线国家间人才交流合作。教育是文化交流的重要平台，是培养服务于"一带一路"建设人才的主要途径，尤其是高等教育更加需要努力提供人才培养和智力支持。具体在实施过程中，不仅要扩大来华留学生规模，培养适需的境外人才等"招进来"，同时也要鼓励和支持各类高校"走出去",通过开展合作办学或开办教学基地等方式送教上门,扩大我国高等教育的国际影响力,"招进来"和"走出去"一定要协同推进。

暨南大学是直属于国务院侨办领导的一所华侨学府和重点综合性大学,学校全面贯彻"面向海外、面向港澳台"的办学方针,以招收华侨、港澳台、外籍华人学生和留学生为主,建校至今,共培养来自世界五大洲160多个国家和港澳台地区的各类人才近30万人。暨南大学自1985年起在港澳开办成人高等教育,并于2002年开始陆续在印度尼西亚、泰国、菲律宾、英国等海外开设华文教育、对外汉语等专业,属于较早"走出去"的高校之一。在服务于"一带一路"建设中,暨南大学不仅有着为港澳台地区和海外华侨华人培养人才的光荣使命,而且有着地处广州,在深圳和珠海都设有校区的地缘优势。所以,探讨在"一带一路"背景下,面向港澳及海外发展成人教育具有现实意义。

一、面向港澳及海外开办成人教育的实践

在面向港澳及海外开办成人教育的过程中,暨南大学在实践中探索,在探索中寻找规律,借助于综合性大学雄厚的师资力量,出色地履行了为港澳及海外培养优秀人才的艰巨使命,取得了可喜可贺的办学成绩,对弘扬中华文化和促进港澳地区稳定发展起到了重要作用。同时,不断总结办学经验,规范管理制度,严把教学质量关,摸索出了一条特色鲜明、行之有效的办学路子。

(一)显著的办学成绩

20世纪80年代初,在使用"一国两制"伟大构想顺利商定香港回归问题后,澳门回归祖国也前景可期,内地与港澳经济合作和文化交流更为密切。为了满足过渡时期和过渡后港人治港、澳人治澳的人才需求,暨南大学自1985年开始在港澳地区开办成人教育,相继开设了中国特区经济学、会计学、工商管理、中医学、护理学、社会学等20多个专业。其中,为新华社香港分社、澳门护士学会、中国银行澳门分行等部门和机构委托培养了大批专业人才,特别是从1994年起连续四年招生的澳门护理学专科班,填补了澳门护理行业专科学历层次的空白。截至目前,暨南大学共计在港澳地区招生5423人,毕业学生4235人,在校学生790人,部分毕业生在港澳地区担任立法会议员、工商会主席等重要社会职务和社团职务。2002年以来,在中国

华文教育基金会的大力支持下,暨南大学在印度尼西亚、泰国、菲律宾、英国等海外多地开设对外汉语、汉语言和华文教育专业,旨在培养当地的华文教师及有志于从事华文教育和管理工作的各界人士,截至2016年12月末共招收海外学生2847人,培养毕业生804人,在校学生1110人。

(二)特色的办学思路

在港澳及海外办学与内地有着很大差别,有关工作既要符合国家的相关规定,又要符合港澳及海外的实际要求,所以,寻找当地实力雄厚、口碑较好的合作办学机构尤为重要。暨南大学和合作办学机构之间分工明确,双方精诚合作,走出了一条特色的办学之路。暨南大学负责任课教师选派、教务管理和教学质量监控等,合作办学机构则负责组织招生、提供教学场地和设施、学生管理和安排任课教师食宿等方面的工作。此外,根据港澳及海外实际人才培养需要,在严格保证培养方案、主干课程设置基本不变的前提下,适当调整部分专业课程设置,同时,任课教师在教授课程的过程中,兼顾列举当地的实际教学案例,让课程更加接地气,学生听起来更加容易理解和接受,培养满足当地经济社会发展的优秀人才。当然,好的办学举措要有好的制度保障才行,为此,暨南大学制定了一系列规章制度,包括学分制学籍管理、校外教学点管理、任课教师资格审查、教学质量检查、班主任管理、学士学位授予暂行规定、学生违纪处理和学生评优工作等,有关学生的管理规定,会在新生入学时印制成《学生手册》统一发放,学生还可以通过网站首页和微信公众号,及时查阅相关规定和接收推送的最新通知。

二、港澳及海外成人教育的发展现状

如何融入国家"一带一路"伟大倡议中去,已引起香港、澳门特区政府的高度重视,就两地而言,充分发挥独特的自身优势和扮演好"超级联系人"的角色,把握历史机遇和挑战,积极参与国家"一带一路"建设,将会为港澳的社会发展以及经济持续发展注入新动力。深入了解港澳地区成人教育以及海外华文教育发展现状,有助于暨南大学成人教育精准定位,发挥侨校优势,积极探索服务于"一带一路"建设的人才培养模式。

(一)香港成人教育发展现状

由政府主导的香港成人教育的发展,是以1954年香港教育署增设成人教育组为开端,其负责计划和管理全港的成人教育。随后,香港大学、香港中文大学、香港理工大学、香港浸会大学及香港城市大学等相继成立校外进修部,开办成人教育,设置课程种类繁多,为香港经济发展培养了大批专业技术人才。特别是1989年成立的香港公开进修学院,不仅是香港首家基于终身教育理念的开放大学,而且采取学分制和遥距教学的创新教学模式,打开了香港成人教育蓬勃发展的新局面,使香港成为成人教育发展较为成熟的地区。归结原因,一方面是依法办教管教和注重经费投入,开办成人教育的机构不仅有香港教育局和高校等公立组织,还有志愿团体、专业学会及文化机构,以及独立私人机构,同时香港政府设立了持续进修基金,为有志进修的成年人提供持续教育和培训资助;另外一方面是一切按社会需求出发的课程计划和灵活高效的办学模式,香港成人教育开设的课程包括短期课程和有学历的证书、文凭、副学士、学士以及其他高等学位课程,形成了多学科、多层次的办学体系;办学模式灵活高效,在学习方式上不仅提供日校、日暨夜校和夜校等兼读制,还可以选择远程教育学习,据2015年香港统计年刊显示:选择日暨夜校兼读制的学生占据70%。

(二)澳门成人教育发展现状

澳门由于长期处于殖民统治,经济发展相对落后和澳葡政府对教育的不重视,导致澳门教育事业发展非常缓慢,澳门现代意义上的成人高等教育,是从20世纪80年代澳门第一所正式大学——私立东亚大学成立的校外进修学院开始的。此后,私立东亚大学经过改制和重组为公立澳门大学、澳门理工学院和私立澳门东亚公开学院,均开设有成人教育课程,带动了澳门业余进修中心、澳门教育司成人教育处、澳门成人教育学会等机构的成立和发展。截至2016年12月末,澳门10所高等学校都开设有持续教育课程,在教育暨青年局备案的私立教育机构有372家。虽然澳门成人高等教育起步较晚,但是起点较高,发展非常迅速,为澳门经济社会发展培养了大批高素质人才。首先,以终身教育理念为指导,创建了完善的成人教育制度,1991年开始相继颁布了《澳门教育制度》《成人教育法令》《非高等教育制度纲要法》《持续进修发展计划》等法规,全面阐述了成人教育发展目标和内涵;其次,多元化的办学团体形成了多层次的课程体系,办学团体不仅有澳门当地高校、教育暨青年局成人教育中心和私立教育机构,而且还有中山大学、暨南大学、华南师范大学、香港大学等外地高等教育机构获准在澳门开办不同专业不同层次的成人教育课程,从而形成了从扫盲教育、补偿教育、在职培训、闲暇教育到高等学历教育,从专业技术培训到正规文凭教育的多层次的课程体系;此外,澳门政府提供多项资助计划鼓励终身学习,比如:大专助学金计划、持续进修发展计划、终身学习奖励计划、青年善用余暇计划2016等,促进了个人与社会的整体进步和可持续发展。

(三)海外华文教育发展现状

海外华文教育是指在海外对华侨华人、华裔和少量非中国血统的外国人进行的中华民族语言文化教育,是中华民族语言和中华优秀传统文化在海外的弘扬与延伸,至今在海外拓展已有300多年的历史,遍布亚洲、美洲、大洋洲、欧洲、非洲等各大洲,其中,东南亚诸国的华文教育发展尤为突出。据报道,截至2016年12月末海外华侨华人约有6000万人,分布在世界200多个国家和地区,创办有近2万所华文学校,在职华文教师有10万人,在校学生达数百万人。并且,随着中国综合国力的增强和国际交流的不断发展,中华优秀传统文化日益受到众多国家的关注,海外兴起了学习中文的热潮,海外华文教育发展迎来了新的春天。一方面,国务院侨办、国家汉办和各地市政府不断加大对海外华文教育的支持力度,于2004年9月成立了专门服务于海外华文教育事业的中国华文教育基金会,自2009年至2016年12月末已评定了207所海外"华文教育示范学校"并给予重点扶持,加强了对海外华文教师的培训和扩大了外派教师规模,举办了多期中国寻根之旅、华人少年作文比赛、中华文化大乐园等文化教育活动;另一方面,华文教育逐渐得到华侨华人住在国政府和教育部门的包容和支持,部分国家把华文课程纳入国民教育体系,华文教育的办学类型呈现出多样化:培养模式有学历教育、短期培训、非学历长期教育和冬令营、夏令营,教学途径有全日制课程教学、业余课堂教学、实践教学和远程教育。

三、"一带一路"背景下发展港澳及海外成人教育的探索

30多年来,暨南大学面向港澳及海外开办的成人教育,已对当地经济社会发展发挥了重要作用,但是由于地域、风俗以及当地政治、经济、宗教、文化等多种因素的影响,面向港澳及海外发展成人教育极具特殊性和复杂性,这更加要求我们在"一带一路"背景下,紧抓历史机遇,积极探索面向港澳及海外发展成人教育的新思路。

(一)加大政策扶持力度,提升管理服务水平

暨南大学在港澳及海外招收成人教育学生,采取的是单独考试、择优录取的方式,每年分春、秋两季招生,招生数据于当年秋季招生结束后线下统一报送给广东省招办,然后和内招生数据汇总一起由广东省招办上报教育部,由于内招生(暨南大学面向中国大陆招收的学生)是当年秋季参加成人高考,次年春季报到注册入学,和港澳及海外单招生当年考试录取当年注册入学情况不一样,在教育部学信平台注册学籍时,会受到数据规则所限制无法正常上报,后经报告广东省教育厅联系教育部得以解决。诸如此类问题还比较多,比如部分海外学生身份证件号码长度超过了学信平台设置的18位,香港高级文凭、副学士毕业生不具备报考成人教育专升本层次的资格,海外华文教育机构师资短缺、教材针对性不强,港澳及海外学生应试英语能力差,大多数无法通过广东省学位外语统考等。希望上级主管部门加大对港澳及海外成人教育的政策扶持力度,实地调研和解决办学过程中出现的问题,加强业务指导,提升港澳及海外成人教育的管理服务水平。

(二)基于大数据分析,优化人才培养模式

真正实现教育现代化和信息化,离不开学生数据的收集、挖掘和分析,数据收集可以通过招生教务管理系统、调查问卷、实地走访、网络信息采集等方式,收集数据包括当地人才培养专业需求、招生学籍数据、课程考核数据、上课出勤率等,通过大数据挖掘与分析,为优化课程、专业设置和人才培养模式提供决策。目前,港澳地区成人教育办学竞争异常激烈,当地教育主管部门又对非本地高校开办的专业有着严格的审批流程和年审制度,对于不适合当地经济社会发展和年审不合格的成人教育办学单位采取退出机制。这就要求我们做好市场调研和调查分析,加强和当地教育主管部门的沟通和合作,提前研判港澳地区当今发展所需人才,不断优化课程、专业设置,特别是开设一些服务于"一带一路"建设的专业,比如暨南大学近年来在香港开设有旅游管理、食品质量与安全专业,在澳门开设有物流管理、翻译、知识产权专业。在分析近10年来暨南大学海外华文教育学生数据时发现,学生平均年龄从2006年的49岁下降到2016年的33岁,呈现出年轻化的态势,也契合了当今华侨华

人从"落叶归根"到"落地生根"思想观念的转变,侨二代、侨三代正逐渐成为华文教育的主要对象。在面对侨二代、侨三代学习对象时,不仅要"请进来"感受中华灿烂文化的魅力,而且要"走出去"送教上门,建立境外分校和教育基地,开设满足"一带一路"建设需要的品牌课程和专业,提供优质高等教育资源和服务的同时推广华文教育。

(三)开发短期人才培训项目,推进在线教育

"一带一路"建设以政策互通、设施联通、贸易畅通、资金融通、民心相通为主要内容,其中,民心相通是根本和关键所在,其核心在于培养大批具有较强的专业知识、较高的企业管理水平和通晓当地语言的国际化复合型人才,迫切需要加强沿线国家和地区的人才互通。人才培养不仅要为国内企业走出去提供人才支撑,而且要为"一带一路"沿线国家和地区经济社会发展培养所需人才。"一带一路"背景下,暨南大学面向港澳及海外发展成人教育时,必须明确自身优势和定位,根据战略规划和企业发展要求,注重急用先培、长短结合,开发优质短期人才培训项目,构建一个短期培训和长期学历教育相结合的完整人才培养体系。暨南大学一方面要充分发挥经济学类、工商管理类、工程力学、新闻学、电子信息工程、生物技术、临床医学等国家级特色专业优势,另一方面,利用已同世界50个国家和港澳台地区的271家高等院校和文化、科研机构签订的学术交流合作协议,助力"一带一路"国际化人才培养。此外,暨南大学不是教育部批准的现代远程教育试点高校,在面向港澳及海外发展成人教育时,还主要采取传统的面授教育方式,对于现代成人教育特别是对于海外华文教育不合时宜。暨南大学为此专门成立了海外与网络教学部,购置了网络教学平台和多媒体课件制作系统,近期已组织和开发了"大学英语Ⅰ""计算机应用""基础会计""财务管理学"等近10门成人教育在线课程,全面推进"面授+在线教育"的混合型教学模式。

(四)树立品牌意识,健全教学质量监控机制

质量是成人高等教育的生命线,也是为"一带一路"提供人才培养和智力支持的前提保障。在面向港澳及海外开办成人教育时,必须严格确保教学质量、树立品牌意识、注重口碑效应和塑造核心竞争力,健全教学质量监控和评估机制。在树立品牌意识方面,暨南大学重视外派师资队伍建设,主要选派以教授、副教授为主,熟悉

港澳及海外学生特点和教学经验丰富的教师;定期邀请港澳及海外学生回校座谈,参观校园环境和感受校园文化,为每届毕业生举行隆重的毕业典礼和学位授予仪式。目前,面向港澳及海外发展成人教育采用的是内部监控和外部评估相结合的教学质量监控机制。内部监控包括学生生源质量监控、教师教学质量考评、学生学习质量评价和毕业生质量跟踪反馈。学生生源质量监控发生在招生环节,根据学生入学成绩和综合素质建立个人学习档案;每学期组织学生开展课堂教学质量问卷调查,由学生按照优秀、良好、合格、不合格对任课教师进行考评,并将考评结果及时反馈给任课教师;教学质量监控的重心还在于对学生学习过程的监控,表现在学生的自主学习性、上课出勤率、作业完成情况、期末考试成绩和毕业论文的撰写水平等;对毕业生质量的跟踪反馈,可以从用人单位得到反馈,科学地分析用人单位对毕业生的评价和要求,充分了解社会对人才的需求状况,促进成人教育专业的开办立足于市场。此外,外部监控机制不仅需要进一步完善成人教育评估机制,而且需要尽快引入第三方质量认证机制,建立一套完善的教学质量监控体系。

参考文献:

[1]瞿振元."一带一路"建设与国家教育新使命[N].光明日报,2015-08-13.

[2]廖仕湖.面向港澳发展成人高等教育——暨南大学成教办学的实践与思路[J].中国成人教育,1999(4):43-44.

[3]李默迪,周远强.香港地区继续教育调研及其启示[J]中国成人教育,2011(7):109-113.

[4]林达蓉.澳门成人教育发展特征及未来走向探析[J].比较教育研究,2011(12):74-77.

[5]唐燕儿.论海外华文教育的发展及其趋向[J].高等教育研究,2009(6):104-109.

[6]张靖磊,廖仕湖.普通高校成人高等教育质量监控机制的探索[J].继续教育研究,2012(3):33-35.

以需求为导向的高校继续教育培训机制研究①
——以广东省中专毕业生的学习需求为例

华南师范大学　魏小瑜　曾素娥

摘要：由于大学不断扩招，每年的毕业生数量不断增多，在众多的求职者中，中专毕业生因其学历层次比本科生低、专业技能比高职生差，在求职过程中常常遇到比本科、高职毕业生更多的障碍，因此，接受继续教育，不断提升自己的学历层次和专业技能以适应社会的需求就成了中专毕业生的首选之一。各高校因其独特的优势而成为中专毕业生接受继续教育的主要阵地。本文基于对广东省中专毕业生的学习需求进行调查的分析结果，设计出相应的继续教育培训机制，旨在提高其个人素质及专业知识技能，以更好地适应社会发展的需要。

关键词：中专毕业生；继续教育；培训机制

一、引言

中等专业学校，简称"中专"，是我国培养有社会主义觉悟的有文化科学技术的中等专业人员的一个重要阵地。其毕业生具有两个特点，一是他们已获得了中专文凭，具备了进入劳动力市场的条件；二是他们年龄偏小，知识、技能需要进一步提高。随着当前我国高等教育机构的不断扩招，中专毕业生的就业率虽然不低，但是

---

① 基金项目：广东省普通高校成人教育研究会2014年度成人教育研究专项课题粤普高成教研〔2014〕11号"广东省中专毕业生继续教育现状与对策研究"，Pgy14114）。

受其学历层次较低、专业知识面较窄的局限,就业形势仍日趋严峻,如果不提升自己的技能和素质,将很难达到社会对人才的需求。

广义的继续教育是指采取多种教学形式,通过教育者对那些离开了常规的学校教育、进入社会且从事工作的成年人,不断地进行有目的、有计划、有组织的旨在增新知识、提高技能、开发智力、完善知识结构、提高业务能力的一种再教育,以使他们适应本职岗位的要求和科技进步以及社会发展的需要。研究表明,继续教育是中专毕业生入职的敲门砖;是其升职、涨工资的必要条件;是其入职后的定位提高。因此,中专毕业生只有不断接受继续教育,不断提升自己的专业技能,才能为自己日后的发展做好铺垫。而高校具有品牌信誉度高、师资力量稳定雄厚、教学方法先进、硬件设置完善等得天独厚的优势,使其必然成为组织外培员工的首选。基于此,本文对广东省中专毕业生的学习需求进行调查分析,设计出相应的继续教育培训制度,旨在提高其个人素质及专业知识技能,以更好地适应社会发展的需要。

二、中专毕业生的学习需求调查与分析

本研究围绕学习意愿、学习内容、学习形式、授课教师等方面,基于文献综述、专家评审以及现状分析编制问卷,同时在广东民政职业技术学校进行小规模(40人)的测试检验,基于其反馈结果进行修改、完善。

本研究采取问卷调查的方式,随机调查了广东省9所中等专业学校(韶关市中等职业技术学校、北江中等职业学校、始兴县中等职业学校、南雄市中等职业学校、仁化县中等职业学校、乳源县中等职业技术学校、广东省民政职业技术学校、东莞市电子商贸学校、茂名职业技术学院)的毕业生,共发放问卷2500份,回收问卷2307份。其中,有效问卷2187份,有效回收率94.8%。

(一)学习意愿

学习意愿是个体想要获取文化科学知识或技能的一种意向活动。如果学习者有学习意愿,那么他就会积极地参与学习活动,自觉地思考及探索。如图1所示,26.45%、53.60%的中专毕业生认为非常需要、需要在毕业后进行继续教育;12.45%的中专毕业生认为不知道毕业后是否会进行继续教育;仅有5.02%、2.48%的中专毕业生认为不需要、非常不需要在毕业后进行继续教育。这说明了绝大多数的中专毕

业生都能充分认识到继续教育的重要性,认为毕业后需要继续参加学习来提升自己。这可能是由于目前的就业形势越来越严峻,在终身教育的大环境下,中专毕业生意识到更新知识,提高学历和技能对其日后工作的重要性,因此,几乎都有继续学习的意愿。

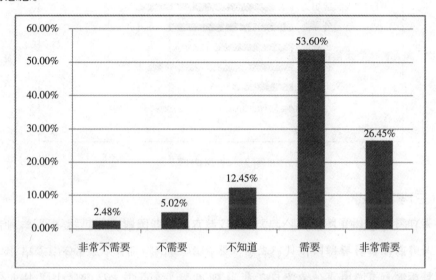

图1 学习意愿

(二)学习内容

继续教育培训的目的是为了帮助中专生提升个人能力,从而使其达到岗位要求,适应社会需求,因此应对其学习内容进行调查分析,了解培训内容应涵盖的知识和技能。如图2所示,中专毕业生参加继续教育培训想要学习的内容由高到低依次为:专业技术提高类(27.75%);计算机及其应用类(25.10%);管理类(23.55%);外语类(19.98%);技能操作培训类(17.24%);金融类(12.57%);证照类(12.07%);文史哲类(9.65%);其他(2.01%)。由此可见,大部分中专毕业生对继续教育的内容偏向于实践性、实用性的知识,对于理论性的知识较不热衷。这可能是因为实践性的技能知识能对其日后就业、升职有一定的帮助,而文学、历史、哲学类的知识相对比较枯燥,且实用性较差,因此,学生学习的兴趣远远没有实践类的知识高。

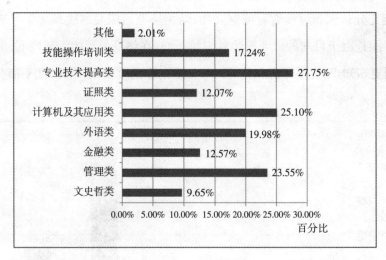

图2　学习内容

(三)学习形式

学习形式是影响中专毕业生参加继续教育的重要因素,高校需要根据学习者喜欢的学习形式来改善授课形式,解决工学矛盾。如图3所示,大部分中专毕业生喜欢自学和集中面授相结合的学习形式,达到调查总数的60.73%;部分中专毕业生喜欢全日制的学习形式,达到调查总数的27.25%;少数中专毕业生喜欢自学的学习形式,仅占调查总数的8.34%;还有3.68%的中专毕业生喜欢其他的学习形式。这些数据表明了自学和集中面授相结合仍然是学习者最喜欢的学习形式,这可能一方面是由于中专生自学能力相对比较差,需要教师为其解答学习中所遇到的困惑;另一方面是由于其毕业后参加工作,没有太多的时间、精力长期参加面授教学,因此希望自己先学习,遇到不懂的问题再在面授教学时向教师请教。

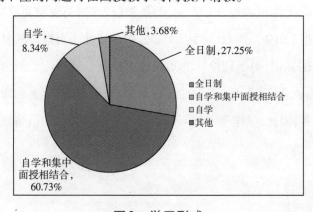

图3　学习形式

(四)授课教师

授课教师的水平以及专业程度对中专毕业生选择继续教育有重大影响。如图4所示,50.27%的中专毕业生认为授课教师应该是专门培训机构的培训师;23.33%的中专毕业生认为授课教师应该来自于高校教师;21.81%的中专毕业生认为授课教师应该是相关工作岗位的任职人员;还有4.59%的中专毕业生认为其他来源的教师也可以进行授课。这些数据表明了大部分中专毕业生倾向于继续教育培训的师资队伍应包含培训师,这可能是因为他们觉得培训师的培训知识相对丰富,比较了解其真正所需要的知识;而高校教师虽然理论知识强,但是技能知识有所欠缺;相关工作岗位的任职人员尽管经验很丰富,但授课技能未必好。

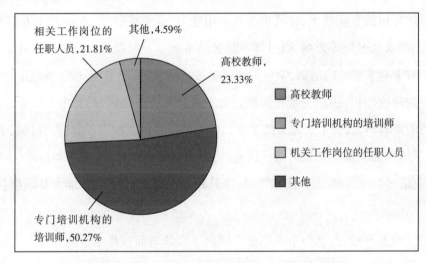

图4 授课教师

三、高校继续教育的培训机制建设

高校作为中专毕业生培训的主要阵地,其培训机制的建设和完善是促使中专毕业生提升个人素质、符合社会需求的关键所在。而培训机制的建设是以需求为导向,以质量为主线的。因此,在对中专毕业生的需求进行调查分析后,高校应对培训内容、培训形式、师资队伍、考核评价等方面进行建设和完善。

(一)培训内容

培训内容是整个培训活动的核心,培训内容是否满足学员的需求关系到培训后续发展的潜力。在教学内容方面，我国著名的医学教育家黄家驷教授所提的"三基"教学，即在学习上掌握基本理论、基础知识和基本技能，给我们对中专毕业生的培训带来了启发，其主要原因在于任何专业均由基本理论、基础知识和基本技能为主要构成，而在学习程度上，"三基"应该成为主要的教学内容，如同中国人所说"师傅领进门，修行在个人"。因此，应在"三基"教学的基础上，结合学员的需求设计培训内容。

通过调查得知，大部分中专毕业生偏向于学习实践性、实用性的知识，小部分中专毕业生对理论知识感兴趣。因此高校对其培训内容可着重于工作技能的培训，涉及理论知识内容，同时培训人文素质以提高其个人素质。对于工作技能的培训，其内容具体可包括专业技术，计算机及其应用能力、管理技能、外语知识、技能操作培训、证照类及金融类等方面，通过学习相关的基础知识以及操作知识来提升其实践能力。对于基本理论的培训，学生可通过学习社会学、管理学、心理学等理论知识提升自身的理论知识，用理论指导实践。对于人文素质的培训，尽管中专毕业生对文史哲类的需求不大，但了解此类的基本知识有助于其扩宽视野，因此可开设文学、历史、哲学等方面的基本知识的培训讲座；同时可开展艺术欣赏、演讲与口才、人际关系、职业道德等专题培训，以陶冶情操，提升其语言表达能力、协调能力及职业素养。

(二)培训形式

通过调查得知，大部分中专毕业生倾向于自学与面授相结合的学习方式，部分中专毕业生倾向于全日制的学习方式。基于此，高校可以自学为主面授为辅的培训形式进行培训。人本主义学习理论认为学习是为了每一位学习者个人的发展，满足其健康成长、个性整合和自由解放的需要，因此学习应该是以人为中心、以过程为导向的。因此，不管是在利用平台帮助学员自学还是在面授教学过程中，都应以学员为主，创建自主、互动、和谐的学习环境，设计具有挑战性的内容，突出学员的自主概念。

首先，借助网络协助其以自学为主。通过建立专门的中专毕业生学习平台，在平台中放置相关的学习资料、学习软件等供学员自主下载学习，使其有针对性地学习；上传优秀教师的课程视频，供学员随时随地观看学习；建立互动讨论区，如BBS论坛、QQ群等，方便师生及生生之间的交流讨论；建立作业提交系统，实现异地提交作业的功能;设置网络测评平台,供学员进行技能基本知识及理论知识的检测,及时查漏补缺等。中专毕业生大部分为青年学员,对游戏有着天生的爱好心理以及争强好胜之心,因此,培训教师可抓住这一特点,在平台中设置各种过关式游戏,以此发挥学员学习的主动性。学员通过在学习平台中的学习与交流,学习感兴趣的、对自己有用的知识,既可节省时间又能促进其有效地学习。

其次,以面授为辅。集中一段时间进行面授上课,面授通常安排在晚上或者周末进行或者以短训班的形式开展,以主题讲座的形式开展为主,现场解决学员所遇到的学习困惑;辅以现场观摩实践过程后学员们自己动手操作的形式。通过采取讲解与操作相结合的方式,使学员学以致用。

(三)师资队伍

由于继续教育培训主要是为中专毕业生提供一种职业教育,来提升其就业竞争力,比较核心的培训内容应该是实践环节,次之是关于基础知识的掌握以及基础理论的更新、补充,而高校本身的师资一般以科研学术为主,普遍理论性较强,但是实践不足。因此,对中专毕业生的继续教育培训的高校应该具备双师型的教师队伍,即既有深厚的理论基础又有丰富的实践经验的教师对其进行培训,具体可由三部分组成:第一部分是专职教师,聘任培训专业知识与实战技能丰富的培训师,负责培训工作技能方面的知识;第二部分是聘任高校专业相关的知名教授为兼职教师,负责讲解理论性的知识以及人文知识;第三部分是聘请相关工作岗位的任职人员为学员授课,讲解具体工作的相关经验以及注意事项等。

除了要注意师资队伍的选聘以外,还需要对聘任的教师实行严格的考评,设立督导小组,对培训教师进行监督评价,实施相应的淘汰制。教师的考评主要来自督导组的评价以及学员评价。在面授课程中,督导组安排督导成员听课,并对授课教师的授课内容、仪表仪态、课堂效果、授课形式等方面进行打分;授课结束后,让学员填写不记名的问卷调查,调查内容包括兴趣指数、实用指数、授课水平、受启发指数等。最后根据督导组评价分数占70%,学员评价分数占30%的评分比例计算出总评结果,85分以上即为合格师资,75~85分为待考察师资,75分以下即为不合格师资,直接给予淘汰。待考察师资则有一次机会进行授课,接受重新评价,如果评价结果仍为待考察师资或者不合格师资,则给予淘汰。

(四)考核评价

陶行知认为"行是知之始,知是行之成,教的法子根据学的法子,学的法子根据做的法子"。事怎样做便怎样学,怎样学便怎样教,教与学都以"做"为中心。因此,对中专生的考核评价也应以学员是否学以致用为评价核心。培训的考核评价方式有两种:一种是过程性评价,一种是终结性评价。过程性评价的"过程"是相对于"结果"而言的,具有导向性,注重培训过程中受训者智能发展的过程性结果,如解决现实问题的能力等,及时对受训者的培训质量水平做出判断,肯定成绩,找出问题。过程性评价应该是学员自我评价与教师评价相结合的方式。学员的自我评价主要以写自我反思日志的形式提交到中专毕业生学习平台,可采取每周提交一篇的形式,内容不限,可限定多少字以上;而教师对学员的评价则主要以学员作业提交情况、出勤率、课堂表现以及实操掌握程度等为主,尤其是每次的实操课程,促使学员把理论知识转化为实践操作。终结性评价是指对受训者阶段性培训的质量做出结论性评论,其评价的目的在于给受训者评分及决定是否合格。终结性评价的方式可以灵活多样,基本理论以及基础知识的考核可以开卷考试为主,在面授课程结束后进行,检测其对理论知识的掌握;实践性知识的考核以研究报告或论文的形式提交到中专毕业生学习平台,同时对其进行某项技能实操,检验其是否能学以致用。最终考核评价,优秀者授予优秀毕业生的荣誉称号,并给予结业或肄业证书;合格者仅给予结业或肄业证书;不合格者给予重修。

高校继续教育培训是终身学习的重要组成部分,是中专毕业生不断提升自我、完善自我的重要途径。只有了解中专毕业生的学习需求,不断完善高校继续教育培训机制,开展富有实效性的中专毕业生培训,才能更好地提高中专毕业生的能力和素质,为其发展提供更为广阔的空间。

参考文献:

[1]辞海编辑委员会.辞海(教育、心理分册)[M].上海:上海辞书出版社,1980:14.

[2]王志瑶,王少六.中专毕业生继续学历教育调查研究[J].卫生职业教育,2004,22(19):151-152.

[3]齐高岱,赵世平.成人教育大辞典[M].东营:石油大学出版社,2000:290.

[4]于红梅.中职毕业生继续教育必要性和有效途径探究[J].科技风,2013(23):214.

[5]胡世玮.基于需求导向的高校继续教育培训教学体系构建——以大连理工大学为例[D].大连:大连海事大学,2013.

[6]赵玉沛.从"三基"、"三严"谈青年外科医生的培养[J].中华肝胆外科杂志,2003(9):556-557.

[7]顾小清.面向信息化的教师专业发展——行动学习的实践视角[M].北京:教育科学出版社,2006:142.

[8]华中师范学院教育科学研究所.陶行知全集(第2卷)[M].长沙:湖南教育出版社,1985:289.

[9]孙雪峰.保定市普通高校体育教师继续教育培训的研究[D].河北:河北师范大学,2013.

自考命题导向性作用简析
——以中英合作金融和商务管理专业"经济学"课程为例

广东外语外贸大学　王善信

摘要：考试对学习者有一定的导向功能，作为我国一种特殊教育形式，高等教育自学考试因其"个人自学、社会助学、国家考试"的性质和"考教分离"的原则而具有更加突出的导向性。文章以中英合作金融管理和商务管理专业（专科）"经济学"课程为例，分析了考试命题对考生及社会助学机构的导向性作用。

关键词：自学考试；试卷；导向

高等教育自学考试（以下简称自学考试）既是一项考试制度，也是一种教育形式。经过30多年的发展，已经成为我国高等教育事业不可或缺的一部分，与普通高等教育和成人高等教育共同构成了我国独具特色的高等教育体系。基于自学考试教育与考试并重的性质，其考试环节有着与其他教育形式不同的特点，即具有更明显的导向性作用，换句话说，考试怎么考，学生就怎么学，考试考什么，学生就学什么。考试的导向功能可以是正向的，也可以是反向的。如果它发挥正导向性，就可以获得"以考促学"的效果；反之，便会导致"为考而学"的后果。本文仅以中英合作专业"经济学"课程为例，对考试命题的导向作用进行简要的分析和探讨。

一、中英合作"经济学"试卷结构解读

中英合作金融管理和商务管理专业由教育部考试中心与英国剑桥大学考试委员会(UCLES)合作开办,其课程内容界定、考纲设计以及命题等主要由英方专家提出初步方案,经中方审核后最终由双方共同确定。课程命题充分吸收、借鉴了英国现代考试与命题理念与技术。

"经济学"试卷从总体结构上可分为必答题和选答题两部分,分别占卷面分数的60%和40%。从题型上可分为选择题、案例题和问答题三部分,其卷面分数的分配比例是20%、40%和40%。从能力层次要求上也可分为三个层次,卷面分数在这三个层次中的比例分别是:识记部分,即对名词、概念以及相关基础知识的正确认识和掌握,占33%;领会部分,即在识记的基础上,能够全面把握基本概念、事实、方法的区别与联系,占33%;应用部分,即在领会的基础上,能够运用基本概念、基本方法和有关理论分析和解决现实问题,占34%。

二、"经济学"命题特点及导向性分析

对于"经济学"这样一门理论性较强的基础课程,以下案例就明显地体现出命题的积极导向性作用。

(一)注重考生对基本概念的理解,避免考生"死记硬背"

例1:如果一个消费者放弃购买套装,而决定购买电视机,它说明以下哪一种经济学原理(　　)?(选自2005年选择题)

A.比较成本　　　　　　　　B.机会成本

C.边际成本　　　　　　　　D.沉没成本

例2:所有社会都面临的基本经济问题是(　　)。(选自2007年选择题)

A.维持充分就业　　　　　　B.确保价格稳定

C.维持国际收支平衡　　　　D.合理配置稀缺资源以实现人们的满足最大化

例3:最有可能引起手机供给增加的因素是(　　)。(选自2012年选择题)

A.对手机征收购置税　　　　　　B.手机行业增加广告投入

C.手机厂商间更加激烈的价格竞争　　D.给予手机生产行业补贴

尽管以上3个例题均选自客观题,考查考生对基本知识、基本概念的掌握情况,但选材都源于现实生活,并非指定教材中现成的材料。命题者通过灵活的选材和巧妙的选项设计,培养考生的学习兴趣和理论联系实际的意识,考生只有理解相关概念才能做出正确的选择。例1考查考生对成本概念的掌握情况以及考生能否将机会成本这一至关重要的经济学概念同日常生活中的消费者行为联系起来;例2考查考生对经济学作为一门科学最基本的含义是否有明确的认识。选项A、B、C都是政府的政策目标,也是任何一个政府所面临的重要问题,但从经济学的角度来讲,所有社会都面临的基本经济问题是资源的稀缺性问题;例3则考查考生是否理解供需变化与影响其变化的因素之间的关系。从以上分析可以看出,命题导向的突出特征是引导考生学会"举一反三、推而广之"。尽管是作为识记部分的考核内容,但是如果考生死记硬背、被动学习,也不可能获得好的成绩。

(二)以纲为纲,不拘泥于指定教材,引导考生"广泛涉猎"

一般情况下,我国自学考试各专业实行的是"一纲一本"制,每门课程都有一本指定教材,而中英合作专业实行的是"一纲多本"制。就"经济学"而言,考纲推荐的自学用书就达6本之多,但基于现实的需要,这门课程也被指定了一套自学用书,即全国高等教育自学考试指导委员会组编、刘凤良主编的《经济学》,但从以往的命题情况看,试题的取材并不局限于该指定教材。

例4:产业私有化对产权和市场竞争会产生什么影响?(选自2006年选答题)

例5:什么是贸易条件? 利用所给资料计算2008年的贸易条件。(选自2009年案例分析题)

例6:解释价格歧视的含义,说明厂商能够采取价格歧视的必要市场条件。(选自2009年选答题)

例4至例6中所涉及的概念或理论如产业私有化、产权、贸易条件、价格歧视等在指定教材中从未出现过,但这些又是经济学中重要而基本的内容,并未超纲。如此命题设计有助于引导考生以考纲为指导,系统掌握经济学的基本知识和理论,博观而约取,厚积而薄发,避免出现考生和辅导教师走进"紧扣教材考试大纲,在知识考核点上多下功夫,对于那些知识点以外的细节问题,可略讲或不讲"的误区。

(三)体现以人为本,尊重考生兴趣,引导考生"活学活考"

"经济学"从试卷结构上分为必答题和选答题两部分。必答题部分要求考生全做,选答题部分共有四道大题,考生可从中任选两道,这种设计更富于人性化。必答题部分通常是针对基础知识、基本概念等考生必须掌握的内容,而对于那些需要深入探讨的相关理论或知识则是作为选答题的命题依据。这种试卷既能尊重考生兴趣,发挥其最大潜能,又可以达到考查目的,体现考试的真正意义。另外,选答题所设问题的回答更具有开放性,只要考生言之有理、符合题意,就可以得分,并不要求与参考答案完全一致。在这一点上,试卷的参考答案有这样的评分说明:考生总是做出意料之外的正确答案,有时这些答案显示他们的知识和理解力超出了我们的想象。考生的答案与给出的标准答案不同,阅卷教师应利用自己的专业知识进行评判,如果考生的答案是正确的,并符合标准答案的精神,应给分。

(四)以生动、鲜活的案例,引导考生"活学活用"

"经济学"案例命题以广泛的生产、生活背景作为取材对象,虽为模拟,但几近真实。避免陈旧的知识出现在命题中,其目的在于考查考生是否具有运用所学知识创造性地分析和解决实际经济问题的能力。

例7:伦大利亚(选自2011年案例题)

	2010年	2011年	2012年估值
GDP增长率	4.5%	2.5%	1.2%
部分GDP增长率 第一产业 第二产业 第三产业	4.5% 2.2% 1.1%	2.9% 1.3% 0.2%	1.8% 0.7% −1.9%
失业率	3.5%	4.5%	7.2%
通货膨胀率	2.3%	3.6%	4.5%
贸易盈余 (单位:百万卢比)	85	17	−7.5

伦大利亚是环太平洋贸易区的一个新兴国家。近年来,由于发达国家对初级产品的需求,该国出口量巨大,因而呈现出繁荣的局面。这些资本的流入导致了温和

的通货膨胀,但伦大利亚政府进行了有效的控制,实际的经济增长率所受影响不大。与此同时,经济中的失业率处于可接受的较低水平,贸易出现持续的盈余。从出口得到的收入带来了经济结构的轻微调整,第二和第三产业也开始呈现繁荣的局面。

然而,最近的一份由政府智库发表的报告称经济中存在潜在问题。该报告特别指出,由于伦大利亚的要价太高和世界范围内的经济衰退导致对初级产品需求的减少,出口收入可能出现大幅度下降。智库关注的另外一些问题是,在一些行业,特别是第一产业中,可能出现规模不经济的问题,并且经济的下滑会导致第二和第三产业增长率不断下降。

财政部研究了智库的报告,并形成了他们认为能够缓和经济可能面临问题的建议。该建议认为,应当让该国现在执行固定汇率制度的货币卢比贬值12.5%。目前卢比对美元和日元的汇率是固定的。现在的汇率是:1卢比 = 2.4美元,1卢比 = 200日元。

目前1吨初级产品的出口销售价格是1000卢比,由美国和日本购买的数量分别为60000吨和40000吨。财政部长宣布初级产品的出口价格弹性值预测为1.2。

财政部长宣称,货币贬值带来的主要影响是刺激初级产品的出口,随后,这种影响会传导到经济中的其他部门。反对党的领导人对这份建议能否取得成功持十分怀疑的态度,他指示其政党成员对货币贬值的建议投反对票。

问题摘录:

(1)解释世界范围经济衰退的含义,及其对伦大利亚经济造成如此严重影响的原因。

(2)如果政府智库的预测被证明是正确的,请利用案例中的数据,对伦大利亚的经济状况进行评价。

(3)如果贬值建议被采纳,利用案例中的数据计算卢比对美元和日元的汇率。

(4)从案例中找出并解释可能限制货币贬值发挥作用的一种因素。

该案例的取材刚好符合当时金融危机下的世界经济形势,所涉及的问题也正是一些新兴国家所面临的困境,因而选材具有明显的现实意义。试题内容不仅包括GDP、失业率、通货膨胀、经济衰退、汇率等相关概念,而且还涵盖宏观经济学和国际经济学中的相关理论,但命题者通过一个国家的经济现状将这些考核点巧妙地融合到一起,给考生身临其境的感觉。这样的案例在教材中无法找到,也不可能通过猜题押宝的方式来获得,所以考生必须利用掌握的理论和方法对案例进行分析,对提出的问题发表自己的见解。对于这类题型,考生要获得理想的考试成绩,就必须做到:一方面要超越死记硬背,不断提升自己举一反三和知识迁移的能力;另一方面要更多地关注社会,学会学以致用,提高自己分析问题和解决问题的能力。

三、结束语

中英合作专业命题可以正确引导考生明确学习目的,端正学习态度,能够较好地发挥考试指挥棒的积极导向作用。但令人遗憾的是,我国目前的自学考试并没有把这根指挥棒用好,"死抠课本、拼命做题"成为一大法宝,很多考生或助学机构都试图通过强化练习或猜题押宝的方式以提高通过率,甚至"裸考"也能侥幸过关,因此出现了如果模拟题的命中率达到50%,绝大多数考生的考试就能基本过关,多做模拟试卷和历年真题就可以提高通过率等具有代表性的观点。考生也把通过考试取得文凭作为终极目标,而不是把它作为实现自我教育的一种途径和方法。如何改变这种现状,提升自学考试的育人功能,笔者认为,需要着力于以下几个方面的改进:第一,改进命题模式,转变命题理念,变"考知识"为"考能力",从根本上解决"考前临时抱佛脚,死背教材能过关"问题;第二,加快指定教材的更新步伐,及时吸收新知识、新理论和新技术,改变目前自学考试教材"过时"的状况,确保学生学以致用;第三,改变"一纲一本"局面,最终实现自学考试从"考试"向"教育"的真正转变。

参考文献:

[1]陈明伟,袁瑾洋.考试指挥棒,指向何处——如何有效发挥高校考试的导向作用[J].科技信息,2008(34):445-446.

[2]冯加根.高等教育自学考试中英合作课程2008年北京奥运会素材案例题评介及其启示[J].中国考试,2009(2):47-52.

[3]全国高等教育自学考试指导委员会.经济学课程考试大纲[M].北京:高等教育出版社,2000.

[4]叶康涛.中英合作开考专业的特点与借鉴[J].中国考试,2002(3):13-15.

[5]夏宗琅.浅谈如何提高自学考试通过率[J].江西蓝天学院学报,2007(3):54-55.

[6]东晓华.中英合作专业试题特点及启示[J].中国考试,2006(7):29-32.

[7]傅金平,邹新美.提高《基础会计》自考通过率的捷径[J].网络财富,2009(19):117-118.

实践探索篇

成人高等教育网络课程满意度调查分析

广东外语外贸大学　何勇斌　白丽云

摘要:本文采用问卷调查的研究方法,对我校成人高等教育网络课程的实施情况进行了满意度调查分析。研究发现,大部分学生对目前网络课程持满意和认可的态度,但也有小部分学生的满意度较低,建议通过明确成人高等教育网络课程建设定位、重点考虑专业与课程的适应度问题、优化网络课程教学评价机制、培养专业的网络课程建设教学团队、加强网络课程教学支持性服务等措施来提高网络课程建设的满意度水平。

关键词:成人教育;网络课程;满意度

一、问题的提出

近年来,成人高等教育外部环境急剧变化,市场竞争日益激烈,普通高等教育不断扩招,高职高专、开放教育、远程教育等办学形式快速发展,致使成人高等教育生源数量逐步减少。成人高等教育质量目前亦备受质疑,根据我校成人高等教育学生学习经验的问卷调查数据分析,时间和精力是制约成人学生学习的重要影响因素,工学矛盾成为成人高等教育质量提升的最大障碍。

为进一步探索可持续发展的创新之路,我校在部分专业试行网络课程与面授课程相结合的教育模式。本文试图以我校网络课程满意度调查分析为基础,思考成人高等教育借助信息技术发展和网络环境,如何整合教学资源,进一步推进教育创新和提高教育教学质量。

二、调查方案

(一)调查对象

本次问卷调查采用分层抽样与整群抽样的方法对广东外语外贸大学继续教育学院成人高等教育学生施测,以校本部、东风东、东莞、佛山、番禺、深圳、晓港、珠海八个教学点2012级和2013级的学生为被试对象,涉及三门已推行的"管理学""大学语文""英语语法"网络课程。共发放问卷1072份,共回收有效问卷888份,回收率达82.84%。

(二)调查工具

本文调查数据采用SPSS17.0软件进行分析统计,并结合教学检查、巡考、日常教学管理等手段对获取的信息进行综合分析。

(三)信效度分析

为保证本问卷的调查效果,对本调查问卷进行了信效度分析。采用Cronbach´s Alpha系数检验问卷的信度,结果显示,问卷的Alpha系数为0.858,说明问卷信度较好。采用因子分析对问卷的结构效度进行了论证,结果显示,巴特利特球形检验KMO值为0.828,较适合因素分析。本问卷通过网络课程合作公司的远程教育专家、信息资源建设主管、网络课程管理人员、网络课程分管院领导的论证和修订,保障了问卷较好的内容效度。

三、调查数据的统计与分析

(一)人口学变量对网络课程实施效果影响的分析

为检验人口学变量是否对网络课程满意度产生影响,本问卷人口学变量设置了教学点、性别、年龄、婚姻状况、职业性质、工作年限以及平均月工资项目等。经描述性统计分析发现我校成人学生女性居多,年龄趋向年轻化。所调查的样本中有75.7%是女性,男性只有24.3%,男女比例相差悬殊。成人教育学生的年龄集中在30

岁以下,其中25岁以下的占54.3%,26～30岁之间的占29.5%,学生呈现年轻化的趋势。绝大部分学生未婚,65.2%的学生是公司职员,工作年限2~5年的占49.4%,48.5%的学生平均月工资水平在1500~3000元之间。以人口学变量为自变量,网络课程满意度项目为因变量进行方差分析,结果如表1所示,学生年龄对网络课程实施效果有显著影响($P < 0.05$);以教学点为因子进行方差分析,得出相似结果($P < 0.05$);性别、婚姻状况、职业性质、工作年限以及平均月工资水平这些因素对网络课程实施效果没有显著影响($P > 0.05$)。

表1 学生年龄与网络课程满意度的方差分析

		Sum of Squares	df	Mean Square	F	Sig.
您对我校网络远程教育课程的教学质量满意吗	Between Groups	11.751	4	2.938	3.695	0.005
	Within Groups	681.289	857	0.795		
	Total	693.040	861			
您对课程安排的学习进度是否满意	Between Groups	16.699	4	4.175	5.497	0.000
	Within Groups	667.600	879	0.759		
	Total	684.299	883			
您对教师授课学时数是否满意	Between Groups	18.904	4	4.726	6.704	0.000
	Within Groups	611.902	868	0.705		
	Total	630.806	872			
您对章节练习题量是否满意	Between Groups	9.227	4	2.307	3.070	0.016
	Within Groups	652.134	868	0.751		
	Total	661.361	872			

续表

		Sum of Squares	df	Mean Square	F	Sig.
您会推荐您的亲朋好友来我校就读成人高等教育吗	Between Groups	14.511	4	3.628	4.624	0.001
	Within Groups	676.237	862	0.784		
	Total	690.748	866			

(二)网络课程总体满意度情况分析

本问卷针对目前运行的三门网络课程"管理学""大学语文""英语语法"设计了5道总体满意度的题目,对其进行描述性统计分析、相关分析,结果如下。

1.描述性统计分析

如表2所示,学生对目前课程安排的学习进度、教师授课学时数、网络课程章节练习题量等方面频率分析结果均符合正态分布。在忠诚度方面,当问及是否会推荐亲朋好友来我校就读时,11.6%的学生表示一定会推荐;40.4%的学生表示会推荐;36.7%的学生表示有人问,才推荐;9.1%的学生表示不会推荐;2.2%的学生表示一定不会推荐。

表2　总体满意度频率分析结果

	学习进度	授课时数	练习题量	教学质量
非常满意	8.90%	9.20%	8.20%	8.40%
满意	34.20%	39.90%	37.20%	23.30%
一般	45.10%	41.00%	42.50%	49.30%
不满意	8.60%	7.70%	9.20%	16.40%
非常不满意	3.20%	2.20%	2.90%	2.60%

如表3所示,总体满意度各题项均值都处于中上或中等水平,标准差小于1,表明学生普遍对目前实施的三门网络课程比较满意,态度差异较小。比较而言,学生对我校网络课程的教学质量是比较肯定的,得分较高($M \approx 2.8$)。

表3 网络课程总体满意度描述性统计分析

		您会推荐您的亲朋好友来我校就读成人高等教育吗	您对我校网络远程教育课程的教学质量满意吗	您对课程安排的学习进度是否满意	您对教师授课学时数是否满意	您对章节练习题量是否满意
N	Valid	867	862	884	873	873
	Missing	21	26	4	15	15
Mean		2.4983	2.8167	2.6290	2.5407	2.6117
Std. Deviation		0.89310	0.89718	0.88032	0.85053	0.87089

2.相关分析

为进一步探索哪些因素影响了学生的满意度,将学生学习自觉性与网络课程教学质量满意度项目进行相关分析,如表4所示,Pearson Correlation 系数为0.355,为正相关关系,双侧检验 Sig.(2-tailed)<0.01,说明相关系数具有统计学意义,说明学生的自律行为与满意度情况显著相关。以此类推,用自律性项目与满意度其他4个项目做相关分析,均得出显著相关的结论。

表4 学生学习自觉性与网络课程满意度的相关分析

		如果没有点击率的要求您会经常看网络课程吗	您对我校网络远程教育课程的教学质量满意吗
如果没有点击率的要求您会经常看网络课程吗	Pearson Correlation	1	0.355**
	Sig.(2-tailed)		0.000
	N	854	852
您对我校网络远程教育课程的教学质量满意吗	Pearson Correlation	0.355**	1
	Sig.(2-tailed)	0.000	
	N	852	862

(三)学习需求与学习经验评测情况分析

为探索未来网络课程建设的方向,本次调查同时设置了在线学习需求和在线学习经验评测项目。这些项目的统计分析,对我们以后如何开设网络课程和加强教学支持性服务都有非常重要的意义。

1.学习需求的描述性统计分析

(1)课程开设方式。50.3%的学生更愿意选择远程教育和面授课程相结合的教学方式,17%的学生赞成只开设远程教育,32.7%的学生愿意选择面授课程。

(2)课程类别。74%的学生认为文科类课程更加适合远程教育,26%的学生认为理工科类的课程适合远程教育。

(3)课程资源呈现形式。48.9%的学生认为课程学习资源以互动式实时直播是最适合的,20.9%的学生认为接受式实时直播最适合,14.2%的学生认为录播最适合,16.0%的学生认为PPT展示最适合。

(4)网络课程时长。10.4%的学生认为网络课程视频时长在5分钟以内最合理,33.2%的学生认为应在5~10分钟,29.5%的学生认为应在10~20分钟,17.3%的学生认为在20~30分钟,9.6%的学生认为应在30分钟以上。

(5)网络课程教师资质。对网络课程教师的需求上,21%的学生认为网络课程授课教师知识渊博、逻辑严密是最重要的;52.3%的学生认为网络课程授课教师讲解生动、幽默风趣是最重要的;20.1%的学生认为教师应教学得法、组织有方;6.6%的学生认为教师应激情饱满、热爱教育。

(6)成绩评价方式。57.9%的学生认为更合理的网络课程评价方式是平时学习表现+平时作业+期末考试这种多渠道评价方式,22.5%的学生认为单纯期末考试形式较合适,18.3%的学生认为期末考试+平时作业的形式较合理。1.3%的学生选择了其他形式。

2.学习经验的描述性统计分析

(1)学习资源。在资源量方面,8%的学生认为目前学习平台提供的学习资源已经非常满足学习需求,31.5%的学生认为满足,46%的学生认为一般,12%的学生认为不满足,2.5%的学生认为非常不满足。在资源环节上,25.6%的学生认为课程材料或课件帮助最大,21.4%的学生认为模拟测试资源帮助最大,19.7%的学生选择了在线学习,16.6%的学生选择了讲座直播,14.1%的学生选择了课程导学,还有2.6%的学生选择了其他。

(2)学习方式。在网络课程的学习中,36.0%的学生认为通过参与同学之间的讨论取得的学习效果最佳;21.2%的学生认为采取自主独立学习效果更佳;39.6%的学生认为请教课程教师效果更佳;3.2%的学生选择其他途径。

(3)交流方式。35.2%的学生认为在学习过程中师生之间通过QQ群的方式交流最佳;39.7%的学生认为师生之间通过学习平台的讨论小组交流最佳;11.3%的学生认为通过邮件最佳;10.2%的学生认为通过学习平台中的帖子交流最佳;3.6%的学生选择了其他方式。

(4)学习障碍。在学习过程中61.6%的学生认为自己的计算机操作能力水平较低影响到自己的学习效率;38.4%的学生认为计算机操作能力水平影响到自己学习效率这一陈述是不符合情况的。学生在学习过程中经常碰到的困难中排在前面三位的是网速太慢(20.4%)、视频播放不顺畅(18.7%)、没有足够的时间学习(13.9%);和教师同学没有充分有效的交流(13.6%)、作业提交不上(12.9%)、对平台操作不熟悉(11.0%)、作业提交得不到教师的及时反馈(9.5%)这几方面也是学生在学习过程中经常碰到的问题。

(5)学习平台功能。学生认为学习过程中,最需要的三大功能是辅导资料查询(20.7%)、课程资源浏览(19.6%)和学生论坛(13.6%)。课程导学(11.5%)和个人学习进度报告(10.4%)这两个功能也比较需要。个人电子笔记(9.9%)、自动作业考试通知(9.9%)、数字收发箱(2.3%)选择的学生较少,2.1%的学生希望平台具备其他辅助功能。29.9%的学生认为平台中学习竞争栏目(如积分排行榜)有必要设置,31.3%的学生认为没有必要,38.8%的学生认为无所谓。

(6)经验综合评估。在网络课程学习经验中,6.8%的学生认为自己通过网络课程平台的学习效果非常好,25.6%的学生认为学习效果比较好,49.9%的学生认为学习效果一般,13.8%的学生认为比较不好,3.9%的学生认为非常不好。综合评估中,33.0%的学生认为网络课程学习中课程学习资源是最重要的,25.6%的学生认为教师资质最重要,24.9%的学生认为课程设置最重要,14.1%的学生认为在线辅导答疑最重要,2.4%的学生认为网络平台最重要。

四、结果分析与讨论

(一)成人高等教育网络课程实施效果总体评测

根据以上分析,目前实施的三门网络课程的满意度达到中上水平,大部分学生持满意和认可的态度,这表明我校借助网络教育推进成人高等教育人才培养模式的改革方向是正确的,网络课程作为一种教学手段在信息化的今天已逐渐被社会所接受。网络课程如达到规模效益不仅可以节省各教学单位的办学成本,还可以充分发挥成人学生学习的积极性,在实施的过程中对提高人才培养质量和教学服务水平都将起到积极的作用。

但目前也有少部分学生对现行网络课程的满意度较低。根据上文分析可知导致满意度较低的因素有人口学上教学点因素、年龄因素和学生学习自律性因素,这三者与满意度都显著相关。首先,我校成人教育学生的日常教学由各教学点管理,因此我校各项管理制度和教学措施的实施效果与各教学点的执行力直接相关。由于远程公司是根据线上学习的学生人数进行收费,为节省经费,个别教学点在网络课程推进的过程中没有积极宣传或人为设置阻力,给学生选课制造困难,直接影响学生对网络课程的满意度水平。其次,网络课程的学习依赖熟练的计算机操作能力,对一些年纪大一些的成人学生来说,接受网络课程这种新型的学习模式显得还是有点难度,因此也会对网络课程的满意度造成影响。再次,网络课程的学习对学生的学习自律性有更高的要求,如果没有点击率的要求,学生是否仍能够主动学习直接影响到学习效果,也同时影响着网络课程的满意度水平。

(二)成人高等教育网络课程建设未来方向

1.明确成人高等教育网络课程建设定位

根据以上分析可知,绝大部分学生更愿意选择远程教育和面授课程相结合的教学方式,只有少部分学生赞成只开设远程教育,这证明成人学生仍然比较认可或需要面授的教学方式,面授教学所具备的教育功能,是网络教育暂时无法实现的。因此,我校在建设成人教育网络课程的时候,应明确网络课程在整个课程体系中甚至是成人教育发展中的定位。建议目前阶段,网络课程作为一种新的教学模式,需结合面授课程,在教学中共同发挥互补的作用,可以采取以网络课程为主,面授课程为辅的形式,面试课程主要是答疑和讲解知识的重难点问题。

2.重点考虑专业与课程的适应度问题

从教学检查和日常教学管理中学生反馈的意见来看,少部分学生不赞同课程以远程教育的方式开课,其中一个重要的因素就是开设课程的性质问题。学生普遍认为专业课程和统考课程较重要,更适宜采取面授的形式。同时,根据问卷分析可知,绝大部分学生认为文科类的课程更适宜开设网络课程,理工科类课程不太适合。因此,未来在开设网络课程的时候,应侧重考虑专业与课程对开展网络教育的适应度问题。建议目前阶段,网络课程建设时在专业的选择上应尽量选择文科类专业;在课程的选择上,考虑到接受对象人数以及课程性质问题,建议优先考虑公共课程和各专业共同的专业基础课程。

3.优化网络课程教学评价机制

教学评价在网络课程教学中具有引导、诊断和激励的作用,是保证教学质量的重要手段。目前我校网络课程成绩考核采取在线考核+线下考试的评价方式,学生在网上学习及测试的成绩占课程期末考试成绩的40%,期末卷面考试占60%。学生完成网络课程每单元学习需进行单元测试,方能进入下一章节的学习,全部章节学习完毕需进行在线模拟复习和在线考核,在线考核结束后仍需参加各教学点组织的卷面考试,其中统考课程需参加我校统一命题的考试。整个评价过程比传统面授课程的教学评价更完善,但略显复杂。根据问卷分析可知,大部分学生认为平时学习表现+平时作业+期末考试这种教学评价方式比较合理,但希望期末考试采取在线考核的方式并取消单元测试的环节。综合分析,建议优化网络课程的教学评价机制,同时兼顾形成性评价、发展性评价与终结性评价,总体采取平时学习表现+平时作业+期末考试的形式,学习表现占考试成绩10%,平时作业占考试成绩30%,期末考试占考试成绩60%。平时学习表现以点击率和课程完成时间为评价基础,平时作业以模考练习成绩为评价基础,考虑到综合考核的需要和考试纪律的问题,期末考试仍采取线下考核的方式,取消单元测试环节。

4.培养专业的网络课程建设教学团队

网络课程对教师提出了更高的要求,与传统面授教育不同,教师面对的是单调的镜头而不是可以给予及时反馈的学生。根据以上分析可知,在网络课程学习中什么方面是最重要的问题上,选择课程学习资源的学生比选择教师资质的学生更多。

因此,教师必须及时转换角色,教学过程中及时调整教师的功能,以学生为主体设计教学方案,为学生自主完成学习提供更多的教学服务与资源。在教师资质方面,绝大部分的学生认为网络课程授课教师讲解生动、幽默风趣是最重要的,知识渊博、教学得法、热爱教育等方面的要求相比较而言被放在了次要的位置。网络课程这些不同的需求都要求我们必须培养一批专业的教学团队,在课程设计、课程录制、课程资源等方面进行针对性的研究。

5.加强网络课程教学支持性服务

网络课程教与学时空分离的特性要求整个教学过程中必须有全面的教学支持性服务来保障教学质量。根据调查可知,绝大部分学生认为自己的计算机操作能力水平较低,影响到自己的学习效率,学习过程中经常碰到的困难如作业提交不上和对平台操作不熟悉的学生约占五分之一。在网络课程的学习中,约五分之二的学生认为通过参与同学之间的讨论取得的学习效果最佳,约二十分之七的学生喜欢通过QQ群或讨论小组的在线交流方式。因此,建议加强网络课程的教学支持性服务,帮助学生克服学习障碍。全方位的教学支持性服务应包含网络平台培训、计算机操作能力培训、课程辅导、在线答疑和咨询等方面。针对成人学习者工学矛盾的特点,建立在线学习交流区或讨论小组,由班主任或者辅导教师担任交流组的组长,在学生业余时间主动发起主题讨论或者在线学习资源的上传工作,负责教学监督和教学质量的监控。

参考文献:

[1]梁林梅,焦建利.我国网络课程现状的调查分析与反思[J].开放教育研究,2002(6):13-16.

[2]孙宝芝.远程学习者满意度调查研究[J].开放教育研究,2003(3):48-51.

[3]邹晔.网络课程学生满意度测评[J].开放教育研究,2004(4):40-42.

[4]禹丽锋,赵俞凌.网络继续教育培训课程满意度影响因素调查与分析[J].金华职业技术学院学报,2013,13(1):39-43.

[5]陈巍.成人高等教育机构开展网络教育的实证研究[J].开放教育研究,2010,16(5):27-34.

MOOC背景下我国高等教育自学考试的发展思路[①]

暨南大学 肖春红

摘要: 自学考试目前的发展遭遇了阻碍,急需制度上的创新。本文基于对自学考试面临的挑战的认识,对自学考试在MOOC背景下的改革提出了创新的发展思路。

关键词: MOOC;自学考试;发展思路

一、引言

2012年以来,MOOC在全球迅速兴起,仿佛一场海啸,给传统高等教育带来巨大的震动。MOOC凭借其易于使用、费用低廉、覆盖面广、自主掌握学习节奏、学习资源丰富等优点,迅速席卷全球,目前学习者高达600多万人,遍布220个国家。

MOOC全称"Massive Open Online Courses",意为"大规模开放性在线课程",对于教育改革是一个巨大的机遇,以MOOC推广为契机,借助大数据和学习分析等前沿技术和理论,结合翻转课堂等形式,MOOC可实现教师角色转变,课程模式、管理方式及组织机构的再造,提升教育质量、实现教育公平乃至使整个教育流程的改革有了可能性。国内外众多知名高校如哈佛大学、清华大学等,纷纷做出回应,开始了课程的MOOC化之路,抢占了先机,彰显了实力,引起了广泛反响。从MOOC的特征看,MOOC与自学考试有很高的契合性,但作为高等教育重要组成部分的自学考试

① 课题来源:广东省成人教育协会2014—2015年度成人教育科研规划重点课题——"MOOC的机遇与挑战:高等教育自学考试面临的新问题与新思考"。

助学机构,似乎对 MOOC 的反应远不如普通高校积极。是自考学习者不需要 MOOC,还是自学考试有关机构无力顾及?笔者拟通过对 MOOC 的典型特征及其对现有教育体系所产生的革命性影响进行分析,通过对自学考试存在问题的呈现,论述 MOOC 在自学考试改革过程中的独特魅力。

二、MOOC 的特点

MOOC 拥有一些共同的特点。一是开放性。MOOC 致力于将优质的教育资源传播到世界的每个角落,学习者可以免费或以极低廉的费用获得优质的学习资源。MOOC 不设入学门槛,学习者通过电子邮件即可注册,参与课程活动,通过努力获取证书。二是信息化。MOOC,是计算机信息技术在高等教育中充分应用,是在教育资源的开放和共享初具雏形的时代背景下应运而生的。MOOC 完全基于互联网,其核心是平台、课程和管理机制。信息化、数字化、多媒体是其核心特征。三是交互性。MOOC 强调学习过程和学习交互,这是它区别于传统开放教育资源的魅力所在。学生免费获取的不仅仅是课件资源,而是整个学习过程。在 MOOC 的课程中,教师通常会布置一系列学习任务,并要求学生参与讨论,甚至互评。四是微视频。微课程是 MOOC 受欢迎的重要原因之一。MOOC 课程资源的主要部分仍是教师的授课视频,但与传统的网络课程有所不同。MOOC 的制作者根据人们普遍利用零散时间进行学习的现状,将 MOOC 教学视频的长度限定为20分钟以内。这些短小、生动的视频片段,能充分满足学习者灵活学习的需求。五是完整性。与视频公开课不同,MOOC 课程具备完整的课程形态和结构。注册学习的学生将会获得一系列的学习任务。学习者除观看授课视频外,还需要阅读学习材料、参与主题讨论、完成作业、同伴互评、在线测试等。对于期望获取高校学分认证的学生还要参加相关高校组织的考试。

三、高等教育自学考试存在的问题

高等教育自学考试制度自1981年成立以来,已经走过了30多个年头,截至2011年,全国累计在籍考生5000万人,累计毕业生980万人。高等教育自学考试作为我国教育体系的一个重要组成部分,为提高国民的教育程度及素质,特别是在职专业教育和大学后继续教育方面,做出了巨大的贡献。

但我们要清醒地认识到,近年来,由于高校扩招及远程教育和网络教育等多种教育形式的出现,自学考试报考人数及报考科次均逐年减少,自学考试开考30多年来,第一次站在了生死存亡的十字路口。依笔者愚见,在新形势下,自学考试存在的问题主要有三:

第一,自学考试的学科型教育体系与社会发展不相适应。1980年,作为高等学历教育的重要补充,自学考试应运而生。当时的自学考试为不能进入普通大学学习的考生,通过自学考试接受高等教育提供了一个有效的学习途径,所以,自学考试的专业计划严格参照普通高等学校相同专业、相同层次、相同规格、相同标准而制订。进入新世纪以来,特别是普通高校扩招后,我国本科高等教育走向大众化层次,甚至向普通化的方向发展。据统计,参加高考的应届高中毕业生中近七成有机会进入普通大学学习,因此,应届高中毕业生参加自学考试的群体人数日益减少。如果自学考试仍抱着学科型教育体系一成不变的话,就不能适应社会发展的需要。

第二,自学考试的重"考"轻"教",加大了考生的学习难度。自学考试既是一种考试制度,又是一种教育形式,一直以来对考试比较重视,从机构设置到各项工作的开展都是以考试为中心。但是作为一种高等教育形式,虽然有社会助学,但是对于教育过程的关注,对于构建自学考试学习支持服务体系,为学生学习提供服务方面所做的工作,力度则远远不够。

第三,自学考试的考试形式过于单一,评价机制不健全。一直以来,自学考试主要以笔试闭卷考试为主要的评价方法。而对于具有不同教育背景、不同工作经历、不同年龄的成人来说显然是不合理的。同样是书面考试,对于不同专业的成人学习者来说,可能也是存在差异性的,如在一些实践性、技术性较强的专业中卷面考试根本不能反映学生的实际能力和水平。另外,从教育的角度及培养人才的角度看,考试方式应该多样化。现在的教育理念主要是育人,应侧重体现个人整体素质的提升,而不是简单地学一门知识、两门课程,所以育人是教育的核心。根据这一教育理念,自学考试的考核方式应该多样化,适度增加实践考核的比重,甚至是撰写一份社会调查报告,制订一份企业经营策划书,或者做一个案例分析,都可以考虑作为自学考试的一种考试方式。

在高等教育自学考试遭遇困境时,改革创新变得尤为重要。墨守成规、不思改变将让高教自考走入僵局。只有改革创新,做出顺应时代潮流的改变,才能给高教自考注入新的生命力。

四、MOOC背景下高等教育自学考试发展思路

MOOC的出现既给自学考试带来了挑战,也给自学考试带来了新的发展机遇。根据目前高等教育自学考试的现状及MOOC的发展趋势,作者提出以下几个创新思路。

(一)优化专业及课程设置,充分体现自考的特点

当今世界是知识快速更新的时代,知识更新的周期越来越短,随着社会环境的变化和经济发展的需求,必须及时调整或更新专业设置和开考计划才能适应当前社会的需要。专业设置的调整要坚持面向实际、面向未来。自学考试具有开放性、社会性、灵活性和导向性的特点。因此,在调整专业设置或开考新专业时,应首先考虑我国当前社会发展的实际需要,以及未来一段时期内科学技术的发展方向,要积极开设反映时代前沿的新兴学科和边缘学科专业。目前高等教育自学考试的专业设置种类繁多,囊括经济管理、信息科学、社会科学等多个方面,以广东省为例,本专科专业共134个。这一百多个专业中,很多专业其实已经严重与市场脱节,报考的人数寥寥无几。目前从全国高等教育自学考试开考专业来看,文科、经管类专业较多,而理工科专业较少,而报读的文经类的学生也比报读理工科的学生要多。但这样的专业设置已经难以适应社会的需求。主考院校由于着眼于经济效益,盲目开设此类所谓"热门"课程,而不是真正深入了解考生以及社会的需要。另外有些考生本身学习的时间就少,为了混文凭,往往倾向于选择相对简单的专业,扎堆地报读。可见,热门的专业并不一定是社会需求量大的。

通过MOOC,对高等教育自学考试的专业及课程设置进行改革,是弱化课程设置普教化倾向,突出自学考试教育特点的有效手段。MOOC不受地域、时间、选课人数、师资等客观条件的制约,自学考试可按社会需求设置专业,并按专业要求和教学计划筛选或重组MOOC课程,丰富课程门类,扩大选修课程范围,适应自考学生对知识需求的差异性和多样性。受教育者选择继续教育不仅仅是为一纸文凭,更是希望增强自身的职业技能及再就业能力,期望理论知识能迅速、有效地转化为实践技能。MOOC的引入,一方面可以让自考生利用碎片化的时间,随时随地进行学习。

另一方面虚拟实践平台使理论学习与实践同时进行成为可能,避免学习与实践脱节。在虚拟实践平台上,理工科学生可以进行仿真实验,如手动拧螺丝、桥梁搭建等,管理类学生也能在虚拟的公司上班。

(二)重视网络课程建设,丰富课程资源,加强课程内容弹性及时效性,建设优质在线课程资源库

在网络课程建设方面,自学考试可以考虑三个方面的探索:一是依托专业委员会和高校专家力量重点建设一批示范性的自学考试网络课程,比如将数量不多但每个考生都要学的公共课(高等数学、大学语文、政治、英语、计算机基础等),建设成网络课程供广大自考生免费使用。这样的示范性课程将会对自学考试其他课程起到样板作用。二是制定系列政策,发动和引导1600多家社会助学机构共同开发网络课程,全国高等教育自学考试指导委员会办公室进行统筹、指导、择优并组织基于互联网的自学考试"课程超市",方便考生自主选用。三是充分利用和整合网上国内外不断推出的MOOC课程,为广大自考生提供学习参考,使得他们也能从中受益。另外,还可以通过研制具有实用性、职业性的网络课程来满足一部分学习者群体的需求。

(三)创新自学考试的教学形式

培养以学生为中心,利用网络环境扩展授课的新型教学形式。以学生为中心,以社会需求为导向,借鉴MOOC的引导型授课机制,而不是以考试为中心的教学模式。通过网络为学员提供课程辅导,开设网络实验室、图书馆供学员做实验、查资料,以实现师生之间的充分互动。自学考试管理机构也应利用好现代网络技术开展自学考试助学,不仅开办高水平的网络课程辅导,甚至开办网上实习、实验、考试。这既可以满足自考生自主学习及随时随地接受高水平教育的需求,还可克服自考生无法进行实践操作、基本技能训练不足的问题。

(四)发展多元评价,强化过程性考核的评价功能,推进大数据在自学考试中的应用

目前自学考试的考试模式仍是以笔试为主的传统的结课考试模式,考生通过一次考试来决定是否通过某门课程的学习。这种形式的弊病是缺乏对学习过程的监控,缺乏对实践性环节的考查,不能全面地对考生进行考核,也容易助长代考的风

气。MOOC的到来为自学考试课程评价的多元化发展提供了可能。首先,MOOC实行过程性与终结性相结合的评价模式,每门课程的最终成绩是由若干个家庭作业、若干个实验作业、期中考试和期末考试综合决定的。这样的评价方式避免了单一终结性考试的突击性和过强的目的性,减少分数对成人学生的评价误差。考核的多样性也符合成人学习的要求,随堂练习与笔试可帮助学生及时巩固所学知识;小组合作任务促进学生之间交流,提高学习参与度;相关实验、实践项目促使学生将理论与实际相联系,有效完成知识的转化及迁移。MOOC还可以实时记录学生的整个学习生涯,形成珍贵的一手数据,通过分析学生生源分布、学习兴趣、学习需求等,从而为自学考试专业设置及开展个性化教学提供参考。

(五)发挥优势,积极承担或参与MOOC课程评价和学分认证工作

随着MOOC的发展,各种形式的MOOC课程的学分认证成为难点,面对MOOC浪潮,自学考试机构应积极发挥学习成果认定制度和考试专业机构优势,主动与开展MOOC建设的大学建立合作关系,参与高校MOOC课程的校外考试和学分认证工作,解决单所高校所不易解决的跨地区的大规模考试与认证问题。如果能够在MOOC评价与认证方面找到结合点,那么无疑会拓宽自学考试的服务领域和职能,为自学考试机构带来大量新增的课程考试项目。自学考试机构可主动与MOOC高校和公司合作,在自学考试系统中率先认可MOOC课程证书和学分。自学考试一直以来都有认可普通高校课程学分的传统,而MOOC课程基本上都是知名高校提供的优质课程,如果学生学习并通过这些课程考核,自学考试可尝试率先认可这些高校课程的学分,这对我国构建高等教育"立交桥"及"学分银行"的建设都具有重要的意义。

五、结语

高等教育自学考试制度是具有中国特色、符合中国国情的伟大创新,尽管目前遭遇一些发展的阻碍,但仍具有强大的生命力。要保证自考制度的持续与健康发展,关键在于创新。MOOC作为一种新型的在线学习方式,与自学考试有很高的契合性,其开放性契合了自学考试的本质要求,其学习的自由性有助于缓解自学考试的工学矛盾,海量精品课程弥补了自学考试优质资源的匮乏,相信席卷世界的MOOC浪潮,一定会给自学考试带来无限生机。

参考文献：

[1]黄恩育,王志武.对自学考试与网络教育相结合的思考[J].高等教育研究,2001(2):91-93.

[2]刘忠勇.对高教自学考试教考分离的再认识[J].中国成人教育,1996(10):19-20.

[3]王新民.自学考试面临的挑战和发展前景[J].辽宁教育研究,2004(2):56-57.

[4]田志艳.MOOCS背景下成人教育的困境与生机[J].成人教育,2015,35(1):12-14.

[5]高凯利,陈明昆.MOOCS语境下成人高等教育课程改革路径分析[J].高等继续教育学报,2015(1):17-21.

[6]武丽志,王海东.MOOCS评价认证机制与自学考试的应对策略[J].中国考试,2014(4):36-43.

成教学院"国际贸易"课程教学研究初探

暨南大学　闫腾

摘要：本文针对成教学生的特点，通过分析当前"国际贸易"课程教学中存在的问题，提出创新教学方法的建议和思考。

关键词：成教学生；国际贸易；创新；课程；教学方法

成人教育是有别于普通全日制教学的教育形式，能够为社会成员中被视为成年人的群体增长能力、丰富知识、提高技术和专业资格，以便提高工作技能。近些年，成人高等教育呈现出低龄化的趋势，培养一批熟知国际惯例和规则的国际贸易行业高技能人才成为摆在成教教师面前的重要课题之一，而"国际贸易"课程是成教院校经贸类专业的核心课程，兼具理论性和实用性。其课程中，有涉及贸易条款、交易流程、合同履行违约等内容，这些内容受国际法律和惯例的约束，烦琐枯燥，且无规律可循，而这却恰恰是学生在投入社会相关行业工作中所必需的知识。因此，如何提高学生对学习课程的积极性，从而使其对国际贸易的相关知识形成系统的认识，增强其就业竞争力，是任课教师的努力方向。本人认为，对"国际贸易"课程的授课方式进行创新及基于学生特点进行优化是很有必要的。

一、"国际贸易"课程在成教学生中的定位和作用

"国际贸易"是经贸类专业的一门专业核心技能课程,重在理论与实践相结合,也是一门实践性很强的综合性应用学科。该课程涉及国际贸易的方方面面,既包括国际贸易理论基础知识,又涵盖国际贸易实务,旨在培养既能熟练掌握并运用国际贸易专业知识及操作技能,又有较强语言综合应用能力和国际视野的国际商贸人才。与其他经济专业课程相比,"国际贸易"是以培养高技术应用型人才为根本任务的,具有专业性强、涵盖面广的特点。"国际贸易"课程是报关报检实务、单证实务等专业课程的先修课程,同时课程考核也应该突出学生能力的评价。"国际贸易"课程在整个现代物流专业、国际货运代理专业的课程体系中分别发挥着重要的基础性作用。从对成教学生进行系统实操训练的角度考查,学好了实务课程,就为继续学习其他专业课程打好了知识基础,创造了充分的准备条件。

二、当前形势下成教学院"国际贸易"课程授课方式存在的问题

(一)以教师为中心的教学观念亟待更新

观念是教学创新的先导。要进行教学的创新,首先是教学观念的更新。要改变传统的以教师为中心的教学思想,就应在教学活动中,重新定位教师的角色。课堂教学中的师生关系不应是演员与观众的关系,而应是导游与游客的关系。教师主要是引导,大好的风光还得由学生自己去看,自己去欣赏。这就要求教师不仅要充分认识到学生的主体地位,更要不断创造一种具有激励性的教学环境,去诱导学生的主体意识,充分调动学生的主动性、积极性和创造性,从根本上改变学生在教学活动中被动、消极的地位。

(二)教材编写具有局限性和滞后性

由于教材编写的局限性,"国际贸易"课程教材的内容大多为理论知识,且年份较远,教师如果照本宣科,将会乏味无趣。教师讲授教材内容的同时,尽力补充最新的国际贸易发展数据和事例。

(三)被动、单向的简单教学模式需要改进

国际贸易行业对人才能力的要求主要体现在四个方面:专业基础、业务常识、动态把握和综合素质。要使学生形成这些能力,仅靠理论教学是远远不够的,必须强

调岗位能力的需求,加强社会实践,加强实际业务操作技能的培养并从中探索规律。这要求我们在改革与创新实践教学环节上下功夫。然而,有很多开设相关专业相关课程的成教学院,由于建立专业实训场地或组织学生到对口企业实习困难比较大,干脆以纯理论课程代替理实一体化课程,减少甚至取消学生的校外实习机会,缺乏实战训练,严重地影响了学生对于日后就业岗位技能的掌握,制约了学生创新能力的培养和提高。

随着就业形势的变化和发展,授课内容也必须及时做出相应的调整才能适应学生能力培养的要求。在课堂上,教师应给学生提供自由发展的机会,师生共同营造一种积极、主动、活泼、民主的课堂氛围,从而达到教学中的师生互动,学生可以畅所欲言,教师主导作用与学生主体作用相互交叉,相互渗透,改变过去学生被动消极的听课局面,形成高效教学。

三、立足成人教育和成教学生特点改进课程教学方法

(一)做好课前准备

教师在课前须认真研读教材,查阅相关资料,准备教案,明确教学目的、教学方法以及教学重点和难点,必要时,还可以给学生布置预习内容。

(二)注重课堂教学

在实际的教学中,应尽量从直观的现实生活出发,从学生最容易理解的地方入手,由浅入深,由感性到理性,步步深入,以求达到预期的教学效果。此外,还应采用多种方式促进学生的参与,包括:

1.强化市场调研,鼓励实地参观考察

通过市场调研可以全面了解行业性的政策、经济、技术及文化特点所带来的机遇和挑战,了解本行业的市场容量、潜力及未来的发展趋势,提高学生对“国际贸易”课程的学习兴趣。

实地参观考察具有直观生动、印象深刻等特点,在讲授海洋运输时,可鼓励学生到当地的港口或码头,让学生看到真正的集装箱、堆场、海关监管地等实物、实地;至于运费和报价可以直接找船运公司和保险公司询价;有关报关、报检、检疫等问题,可以直接到海关和检验检疫局参观咨询。

2.明确教学目标,突出教学重点,更新教学内容

"国际贸易"课程的教学应把培养学生实践能力的目标放在首要位置,重点培养学生的实践能力,把教学内容与环环相扣的案例、场景、教学情境、典型工作等紧密结合起来,进行有计划、有目的的安排,让学生在学中做、在做中学。在教学内容的选择上,一是要结合学生的情况,坚持从易到难的原则。二是要理论联系实际,多从学生熟悉的内容导入,坚持从生活中来,到生活中去的原则,培养学生的国际视野,使商务教育成为一种国际化的教育。三是教师应密切关注国际经贸动态,及时把这些动态充实到课堂教学中,并引导学生用所学理论解释、分析所发生的经贸现象。比如,在讲解国际贸易基本概念时,教师要注意用最近几年的世界贸易和本国对外贸易的统计数据进行介绍,对比后得出其发展规律及趋势。

四、运用多种方法,创新教学手段

(一)运用案例教学法,加强案例教学,紧密联系工作

传统教学法采用绝大多数时间由教师对课堂内容进行讲授、学生只能被动接受的教学模式,虽然可以在短时间内传授给学生很多课本上的知识,并通过考试考查的方法迫使学生死记硬背课本从而达到掌握知识点的目的,却使学生缺乏运用所学知识分析和解决实际问题的能力,一旦在实际工作中遇到与课本上不相符合的事例,往往手足无措,一筹莫展。不少成教学院相关专业均开设物流、贸易等案例分析的课程,但相关课程间不能有效地融合。因此,在讲授理论知识前,教师精选案例分析参考书或现实国际贸易工作情境中的典型案例,给学生一个感性认识,提高学生的学习积极性,激发学生的学习兴趣。学生通过搜集各方面的资料和信息,并对资料做多方面的分析,既锻炼了学生搜集处理信息的能力,又促使学生的思维不断深化,提高了学生分析问题和解决问题的能力。

(二)运用模拟教学法,加深学生理解"国际贸易"课程中抽象的理论表述

通过模拟真实情境,有针对性地将学生分为若干组进行角色扮演,例如在讲授信用证流程的内容时,可将学生分为进口商、出口商、进口商所在地银行、出口商所在地银行四个部分,让学生进入角色,从而明晰各个部分的职责和工作要领。把学生置于国际贸易的实际工作岗位之中,学生可以清楚地认识到这些原理、概念在实

际工作中的用处、表现,增进其对自身岗位的认识和了解,同时也能恰当地掌握书本知识所具有的特定内涵,学懂学会后,将比来自讲授和阅读得到的知识更为扎实和牢固。

(三)运用情境教学法,加强学生依托实际业务操作进行情境模拟

教师有目的地引入或创设生动具体的场景,学生根据情节设计在仿真场景中扮演相应角色,身临其境地按设定岗位的职责、任务、工作程序、人际交流等设定自己的方案并进行模拟操作。这种方法不但能巩固学生对书本理论知识的记忆,加深对理论知识的理解,还能使成教学生结合自身实际就业岗位中的操作流程进行体验,为日后遇到复杂问题提供帮助。

(四)运用讨论和辩论教学法,培养学生独立思考问题的能力

讨论式教学法在国内外都相当盛行,在教学法体系中占有重要的地位。利用该法组织教学,教师对学生的思维加以引导和启发,学生则是在教师指导下进行有意识的思维探索活动。辩论教学法是学生在充分准备的基础上,在教师的指导下,可以分成若干组围绕某一中心问题展开交流,发表意见,相互启发以获取知识的一种教学方法,有利于提升思辨能力、创新意识、团队意识、组织能力和语言表达能力。讨论和辩论这两种形式为成教学生们提供了很好的表现机会,教师选择的讨论问题一般都具有实用性和挑战性,同学们都非常感兴趣,这样就提高了学习的积极性。在整个讨论和辩论过程中教师让学生当主角,学生能够主动思考,提出新问题,积极主动发言,这样学生能最大限度地调动自己的思维能力,激发最大潜能,从而有所创新。

综上所述,"国际贸易"实践教学要适应国际贸易方面对人才需求的发展趋势,应在新课程观的理念指导下进行创新,从培养目标、课程定位、课程结构及课程实施等方面着眼于学生素质的全面提高,让学生在实践中学习。课程的内容和教学要全方位导入社会材料、实际案例,并融入相应的岗位技能需求,重视学生实践能力,这样才能切实培养成教学生解决实际问题的能力,培养出贸易相关企业真正需要的实用型专业人才。

参考文献:

[1]王兆华,赖勤,傅智园.国际贸易案例教学设计与应用[J].高等工程教育研究,2010(S1):152-154.

[2]黄晶晶."案例教学法"运用中存在的问题及对策[J].职教通讯,2005(1):32-33.

[3]刘选民,王海欧.高职院校国际贸易课程考试改革的实践[J].考试周刊,2007(37):6-7.

[4]李响.浅析案例教学法在高职教学实践中的运用[J].吉林省经济管理干部学院学报,2007,21(1):94-96.

[5]李敏.高职《国际贸易实务》实践教学模式设计[J].职业教育研究,2009(3):106-107.

成人高等学历教育之网络教学改革探讨①
——基于华南农业大学成人高等学历教育网络教学改革的实践②

华南农业大学　高建军　尹北晖

摘要:为实现传统成人高等学历教育与网络教育的有效结合,实现传统面授辅导向网络教学过渡,根据华南农业大学成人高等学历教育之网络教学改革的经验,应开展如下工作:高校重视,加强组织领导;拟定管理办法,提供制度保障;加强专业人才队伍和教师队伍建设;重视软硬件资源和网络教学课件资源基础建设;开展必要的交流学习和科研活动。

关键词:成人高等学历教育;网络教学;改革

一、传统成人高等学历教育与网络教育发展的趋势

目前,普通高等学校举办继续教育主要包括四大类。(1)传统成人高等学历教育,办学形式主要有函授、业余(夜大)、脱产班。(2)高等教育自学考试,办学形式主要有业余辅导助学和全日制脱产助学(开放学院)。(3)继续教育培训,可分为知识普及型培训、服务型培训、专业技能型培训和高层次继续教育培训。(4)现代远程教育,即网络教育,主要指广播电视大学举办的电大教育和试点高校举办的网络高等学历教育。

①　基金项目:2010年度广东省高等教育教学改革资助项目"网络教育开放资源建设的理论与实践",项目编号:BKWT2011005。

②　2011年广东省高等学校继续教育体系建设示范项目"继续教育网络教学平台搭建与资源建设的研究",项目编号:粤教高函〔2012〕9号。

结合统计数据我们对传统成人高等学历教育各办学形式和网络教育的办学情况，以及各自办学的优势和不足进行了分析，并对各办学形式的发展趋势进行了论证。

（一）走向"暮年"的成人高等学历教育全日制脱产班

教发〔2007〕23号文，《教育部关于加强成人高等教育招生和办学秩序管理的通知》，明确"从2008年起，普通高等学校停止招收成人脱产班，成人高等学校招收成人脱产班的规模要根据行业需求从严、合理确定"。成人高等学历教育脱产办学规模迅速萎缩，正逐步退出成人教育办学的舞台。成人高等学历教育脱产办学还有非常大的社会需求，只是因为与普通本专科生竞争有限的高校教育资源，国家不得不割舍，出台停办的政策。这是国情的需要，也是教育发展的需要。当然社会有需求，一种教育形式退出了，其他教育形式就会顶上来。因此，函授、业余、网教迎来了发展机遇。

（二）正值"壮年"的函授和业余教育

从规模数据来看，2010年成人教育本专科（主要是函授生、业余生，少量的脱产生）招生数2084259人，在校生数5360388人，毕业生数1972873人，规模还是很庞大的，与往年数据比较稳中有升。从数据来看，函授和业余教育凭借其稳定的社会需求，相对灵活的办学形式，不占用过多高校教育资源的优势，会继续发展下去，在建立学习型社会和构建终身教育体系中继续发挥作用。但是随着不断地发展，其面临的问题也日益突出，变革也成为其继续发展的需要。

函授和业余办学优势主要有两点：（1）自学为主、集中面授为辅的教学形式。学生可以自主学习，并且面授辅导可以增加学生与教师面对面的互动交流，可以有效保证教学的效果；（2）教学点或函授站对学生集中统一的组织管理，在教学质量保障方面具有优势。面临的问题：（1）随着普通高校师资的紧张，聘请有经验、高水平面授教师的压力越来越大，师资良莠不齐，甚至教学环节"缩水"的情况时有发生，无法保障整体的教学质量；（2）相对灵活的办学形式，一定程度上缓解了"工学矛盾"，但是真正解决，特别是解决学习与家庭、学习与生活的矛盾，还受到集中面授辅导的制约。

（三）"朝气蓬勃"的网络教育

1999年至2002年，教育部先后批准了67所普通高校和中央电大开展网络教育试点工作。截至2010年,网络教育招生数1663655人,在校生数4531443人,毕业生数1105529人。而且这个规模还在继续扩大,赶超传统成人高等学历教育办学规模指日可待。目前网络教育仍在探索中发展,成绩和问题都有,机遇和挑战并存,但是网络教育已成为继续教育(包括学历的和非学历的)的重要办学形式,其优势和发展气势不可阻挡。

网络教育的优势:(1)不受时空限制,完全实现自主灵活的学习是网络教育受到学员青睐的最大优势。而且对建立"人人皆学、处处可学、时时能学"的学习型社会意义重大;(2)网络教育较少占用高校教育资源,而且能最大化发挥已有优质教学资源优势;(3)可以有效实现优质教学资源共享,对学历教育整体质量的保障和提高作用明显;(4)网络教育对推动继续教育管理的信息化、规范化也具有重要意义。面临的问题:(1)师生完全分离的教学方式,在师生交流沟通效果上要逊于面授辅导的教学方式;(2)对学生学习过程的监控难度较大,要求学生有较高的学习自觉性和积极性;(3)实践过程中面临的一些问题,如网络及计算机设备的覆盖率、学员及辅导教师相关IT技能的掌握、优质课件资源如何实现真正意义上的共享等。

总之,函授教育、业余教育和网络教育作为成人高等学历教育的主要形式,在较长的一段时期内会并行存在,均是建立学习型社会和构建终身教育体系不可或缺的一部分。但是网络教学作为一种有效的教学手段,与传统面授辅导相比,已表现出了不可替代的优势。实现二者的有效结合,取长补短,不断通过技术进步完善网络教学,在继续教育领域逐步实现传统面授辅导向网络教学过渡,是继续教育改革发展的一种趋势。

二、华南农业大学成人高等学历教育网络教学改革试点的实践

华南农业大学非常重视现代远程信息技术在教育教学中的运用,积极开展网络教育建设工作,并在继续教育领域开展网络教学改革实践。经过几年的筹备,2012年5月,华南农业大学四个校外教学点正式试点实施成人高等学历教育网络教学,实现了成人高等学历教育部分课程的在线学习、在线作业、章节测试、讨论答疑、学习指导等学习支持服务和所有在校学生的教务教学管理。具体实践工作如下。

（一）成立校级网络教育建设领导小组

华南农业大学成立由主管副校长任组长,继续教育学院、现代教育技术中心、教务处、财务处、设备处等部门负责人组成的网络教育建设工作领导小组和数字化学习资源建设领导小组。领导小组负责各项工作的领导、组织和协调,学校现有资源的调配,制订目标、方案和各项管理办法,联络社会有关部门、机构和学校教学院系等力量参与网络教育建设。学校各部门通力合作,积极开展相关工作。

（二）总结经验、交流学习,为网络教学改革提供指导

华南农业大学早在2002年下半年以及2006年至2007年,前后两次在校外教学点开展非系统的成人高等学历教育课程的远程教学试点。通过试点总结了经验。(1)网络教学课件制作方面:第一,三分屏课件能够同时提供教师授课视频、授课提纲以及PPT内容,对学生的学习更具有吸引力,教学效果也比较好;第二,适合于网络教学的课件,对授课教师(神态、发音、着装等)、PPT的制作(文字多少、动画、模版等)、录制的视音频文件(文件大小、格式、特码率等)等均具有具体的要求;第三,网络教学课件单节授课时长以25至30分钟为宜。(2)网络教学过程管理方面:第一,需要对学生学习进度及学习过程进行有效监控,学生自觉参与网络学习的积极性是无法保证的;第二,网络教学的随堂作业、章节练习和实时辅导答疑可以有效提高学生网络学习的学习效果。(3)实践证明了成人高等学历教育中开展网络教学的可行性。经过考核发现,通过网络教学学习的学生和传统面授学习的学生在学习的效果、学习的成绩方面并没有明显的差异,而且,网络教学在学习的灵活性、自主性方面还具有明显的优势。

多次到省内外兄弟院校考察学习,特别是向已经开展网络教育试点并取得成功的兄弟院校请教学习,获取成功经验。通过考察学习,学校已经总结的经验得到进一步的印证,并且学习到了许多未遇到问题的处理经验,对网络教育建设从整体把握到细节工作开展均有了明确的认识,对学校网络教学改革实践少走弯路提供了帮助。

（三）拟定管理办法,为网络教学改革提供制度支撑

在前期经验总结、交流学习的基础上,结合华南农业大学成人高等学历教育管理实际,先后拟定并出台了《成人高等学历教育网络教学与管理实施方案》《成人高等学历教育网络课件主讲教师工作职责及待遇》《成人高等学历教育网络课程辅导

教师工作职责及待遇》等管理办法,分别对学校成人高等学历教育领域开展网络教学改革实践工作的组织机构、相关部门职责、教学系统平台建设、课件制作标准及要求、网络环境建设标准、经费预算及来源、课件主讲教师职责和待遇、辅导教师职责和待遇进行了明确的说明。随着网络教学改革实践工作的不断推进,以上管理办法也将不断地完善,最终形成制度,为学校网络教育建设提供支撑。

(四)成人高等学历教育网络教学改革实践的具体内容

1.成立网络教育工作小组,组建网络教育专业人员队伍

继续教育学院成立网络教育工作小组和网络教育管理办公室,开展与网络教育建设有关的调研学习、设备采购与维护、平台设计与开发、教师聘请、课件制作、商务洽谈等相关工作。专门管理人员和技术人员工作队伍,是保障网络教育建设工作顺利进行的必要条件。另外,通过公开招聘或直接聘请具有丰富成人教育教学经验的专业教师,组建教师队伍,为网络教学课件的录制和网络教学辅导提供师资保障。

2.大力投入,加强网络教育软硬件环境资源建设

第一,学校在信息化建设方面已经具备了非常优越的条件,对外网络带宽方面,包括科教网、中国电信、中国联通、长城宽带,总带宽达6000兆。硬件配置方面,学校拥有核心机房6个,服务器175台(其中托管46台),万兆核心路由交换机6台,万兆汇聚交换机21台,千兆汇聚交换机51台,各类型网管交换机1800多台。凭借学校优越的信息化硬件条件,为保障成人高等学历教育网络教学改革实践的开展,继续教育学院投入近20万元,采购了两台专用服务器,一台用于web和数据库服务器,一台用于流媒体服务器。另外,为满足网络课件开发制作的需要,遵循操作简易、录制灵活、功能完备、成本低廉的原则,继续教育学院又购置了2套三分屏课件录制系统以及专用笔记本电脑等。

第二,软件建设方面,通过公开招投标,与北京网梯科技发展有限公司合作,设计开发成人高等学历教育网络教学与管理综合平台。在选择开发公司方面也是综合考虑了公司实力、技术先进性、网络教育平台研发经验、业界评价等多方面因素。经过两次需求调研,以及设计开发过程中不断地沟通探讨,网梯公司为我校定制开发了华南农业大学成人高等学历教育教学与管理综合平台。目前,该平台已基本开发完成,并投入使用,实现了基础数据管理、招生管理、学籍管理、教学管理、考务管

理、成绩管理、财务管理、教材管理、学生工作室、教师工作室、管理员工作室等功能。系统平台除了满足成人高等学历教育日常管理信息化、规范化的需要，更加注重教学过程监控和教学辅导环节，以保证网络教学的质量。第一，重视教学过程监控和学习统计功能，实现教学点管理员和辅导教师对学生学习进度的监控与统计，继续教育学院教学管理人员对辅导教师辅导过程和学生学习进度的监控与统计。第二，实现课程通知、在线练习、在线实时或非实时答疑、随堂作业及批改、自学指导、在线测试等功能。

3.多种模式，开展网络教学课件资源建设

目前，华南农业大学成人高等学历教育网络教学课件主要是以自制开发为主。通过立项校级继续教育类教改课题的方式，开展课件录制工作。主讲教师主要是通过自主聘请有丰富成人教育教学经验的教师和公开招聘择优聘用两种途径来确定。在课件表现形式上，全部采用适合于网络教育教学的三分屏课件，并有严格的格式要求，可以通过节点设置，跟踪学生学习的进度，便于教学过程的监督与控制。课件内容，除主讲教师授课视频、PPT等素材外，还包括教学大纲、学习指导、导学资料、章节练习题库、思考题、讨论题、期末考试模拟题库等。

另外，学校将积极尝试购买已有优质课件和校企合作开发特色精品课件的模式。通过多种模式，不断丰富网络教学课件，并不断提高课件质量。

三、成人高等学历教育开展网络教学改革的几点经验

(一)学校要高度重视，加强组织领导

学校成立校级工作领导小组为网络教学改革实践提供体制保障。虽然是成人学历教育领域开展网络教学改革，但是为避免资源的重复投入和浪费，整合学校已有的教育资源，仅仅依靠学校继续教育学院或继续教育处(部)是很难实现的，成立一个由主管校级领导做组长、各相关部门负责人共同组成的领导小组非常有必要。

(二)拟定管理办法，提供制度保障

制度是约定俗成的，需要一个较长时间的积累和沉淀。但是在改革试点之前，结合学习交流的经验和学校自身办学的实际，拟定相关的管理办法，为网络教学改革提供制度保障和指导非常有必要。

（三）围绕三大资源建设开展具体工作

1.人力资源队伍是保障

网络教学改革不论成功与否，组建一支由专业管理人员、网络技术人员、教学经验丰富的专业教师组成的人才队伍，具体负责推动和开展该项工作是非常必要的。

2.软硬件环境资源建设是基础

整合学校已有硬件资源，根据学校涉及网络教学的学生规模，适当投入，配置必需的服务器、带宽、课件录播设备等硬件设备。网络教学平台设计开发方面，建议寻求与实力较强、技术先进、有丰富网络教学平台开发经验的公司合作，以合作设计开发为主，有条件的学校自主开发为辅的模式。网络教学平台并不是现有管理模式、管理流程的简单信息化、程序化，其设计开发需要投入大量的精力和时间，并且在教学过程监控方面应重点完善相关功能，以有效保障网络教学的学习效果。

3.多模式开展网络教学课件资源的开发制作

网络教学课件是网络教学改革的核心，优质的网络教学课件资源是保障网络教学质量的关键。可以通过自制、购制、合作开发的模式开展网络教学课件开发工作。自制过程，建议采取课题申报立项的方式，通过公开招聘择优立项，或者直接聘请具有丰富教学经验教师录制并给予立项的方式，调动教师参与课件制作的积极性。

（四）开展交流学习和相关科研工作

学校负责部门要多组织开展交流学习活动，取经兄弟院校的成功经验，对网络教学改革从整体认识到细节工作开展确立明确的思路，为网络教学改革实践做前期准备。取经他校成功经验，将会对学校网络教学改革实践少走弯路提供有益帮助。

开展科研工作，对前期工作实践进行必要的总结，并进行理论的升华，进一步指导网络教学改革的继续开展。另外，积极加入相关学术团体或组织，开展学习交流，时刻关注网络教学改革的发展动态和趋势。

四、继续教育领域开展网络教学改革的思考

（一）针对网络教学特点，建立网络教学质量保障体系

质量就是生命力，与传统面授辅导的教学方式比较，如何有效保障网络教学的效果，提高网络教学的学习质量，仍然是网络教学改革面临的挑战。努力实行网络

教学的全面质量管理,保证教学质量。通过规划科学的网络教学课程体系,整合优质的网络教学课程资源,建立互动式智能化网络教学系统,完善网络教学监控体系等保障体系。

(二)在各类继续教育形式中全面实施网络教学改革的可行性

网络教学作为一项有效的教学手段和方式,在成人高等学历教育领域能够成功施行,在自学考试助学辅导和继续教育培训领域能否有效复制? 在各类继续教育办学形式中全面实施网络教学改革的可行性,还需要我们去进一步的实践和论证。我校作为国家级专业技术人员与继续教育培训基地,正在积极开展专业技术人员继续教育的远程网络培训工作。网络教学方式是可以借鉴利用的,但是效果如何还需要时间的检验。

参考文献:

[1]高建军,黄大乾.广东省普通高校继续教育管理体制研究[J].继续教育研究,2010(1):4-7.

[2]曾海军,冯国刚.网络教育那些事儿[M].北京:高等教育出版社,2009.

[3]黄正明.应用网络手段　发展高等函授教育[J].中国成人教育,2007(1):84-85.

[4]纪望平.成人函授教育与现代远程教育整合的研究与探析[J].现代远距离教育,2006(3):16-18.

[5]孙龙存.我国传统成人高等教育办学形式的现代教育技术改造之思考[J].湖北大学成人教育学院学报,2009,27(5):13-17.

成人教育本科毕业论文选题与撰写结构研究
——以管理类专业为例

华南理工大学 文玉燕 李国妍

摘要:本文以管理类专业为例,提出撰写应用研究型毕业论文时,应选择选题规模适当,选题密切联系工作实际,能独立完成的课题。毕业论文撰写结构,应根据研究对象的情况,深入分析研究对象存在的问题及其原因,为解决问题提出相应的对策。

关键词:成人教育;管理类专业;毕业论文;选题;撰写结构

华南理工大学继续教育学院现设置有工商管理、工商企业管理、人力资源管理、市场营销、项目管理、工程管理等管理类专业。

华南理工大学继续教育学院在2014年4月修订与发布的《本科毕业设计(论文)工作条例》中指出:毕业设计(论文)是本科专业人才培养计划中最后一个综合性实践教学环节,是培养学生专业实践应用能力、理论研究能力和创新意识的重要途径,是学生毕业及学位资格认定的重要依据之一。毕业设计(论文)的目的是培养学生综合应用所学知识,独立分析、解决实际问题和初步进行科学研究的能力,培养学生的创新意识和实践能力。然而在对本科毕业设计(论文)过程管理的调查中,我们对管理类专业本科毕业论文选题与撰写结构有以下的看法。

一、论文选题存在"过空过大"现象

对于人文、管理、经济类专业本科毕业论文的选题,继续教育学院在本科毕业论文撰写规范中提出以下的遵循原则:要依据本专业的特点,尽量从经济、管理、社会发展的实际出发进行选题。选题要有明确的针对性,避免"过空过大"。

然而在调查中我们发现毕业论文选题的确存在"过空过大"的现象。有些学生对论文选题把握不当,选定的论文题目范围太宽太大,难以收集第一手资料,难以开展撰写。论文内容不充实,不符合培养要求和目标。有些学生什么资料好找就选什么题目,选题理论性太强,与学生实际水平不相符,不知如何下笔,不知如何分析、论证,难以完成。有些学生则利用互联网提供的"搜索""剪切""粘贴"等功能,摘抄、堆积而拼凑毕业论文,甚至抄袭。

对于管理类专业学生选择"中小企业人力资源危机与预警研究""薪酬调整机制的探讨""企业目标市场的选择与产品定位""房地产营销战略研究""论企业品牌战略""工程建设成本控制研究""工程项目管理信息化建设研究""论建筑工程的监督管理"等作为毕业论文选题,我们认为就成人教育的学生而言,以上本科毕业论文的选题都是很大的研究题目。

二、选择撰写应用研究型的毕业论文

我们认为成人教育管理类专业本科应选择撰写应用研究型毕业论文,从而确定毕业论文选题。选择应用研究型毕业论文的原因分析如下。

(一)应用研究型毕业论文更符合成人教育特点

成人教育的对象,主要是高中或中专毕业后走上生产、工作岗位的从业人员。而选择修读管理类专业的学生很多已在单位从事管理岗位的工作,因此成人教育管理类专业本科生一般具有以下的特点:

1.已具有较丰富的社会经验与工作经验

华南理工大学继续教育学院管理类专业采取成人高考(业余、函授)、网络教育、高等教育自学考试等学习的形式。很多学生在本科学习前已在管理等岗位工作了多年,积累有较丰富的社会经验与工作经验,这些经验增强了他们的认知能力。经验是他们学习的一个重要的资源。

2.期望把理论学习应用于实践

由于很多学生是一边工作,一边学习。在工作实践中遇到过不少的困难与问题。在学习管理学基础理论和专业知识的本科阶段,不少学生已尝试结合所学习的管理学基础理论和专业知识应用于工作实践,分析问题存在的原因,寻找解决问题的对策。在毕业论文阶段,他们期望借助指导教师的帮助,解决一些工作实践的问题。因此与全日制类型的本科生相比,他们的学习目的更明确,学习动力更大,更期望把理论学习和工作实践相结合,学以致用。

3.理论知识积累尚不足

成人教育采用传统的教学模式是目前的主流,很多学生工作相当忙,又有家庭负担,工学矛盾使学生很难有时间保证系统专心研究管理学基础理论。由于成人教育的学生理论知识水平普遍较低,有些学校在教学与考试上降低对学生的培养标准,学生学习与接受的知识面较窄。与普通高等学校学生相比,成人教育的学生理论学习的系统性和理论知识积累上有欠缺,理论分析能力显得不足。

(二)管理学科的特点有利于撰写应用研究型毕业论文

管理学科是直接指导实践的方法论,管理学科的知识体系具有专业性、广泛性和社会性。对于成人教育的学生,在管理类课程教学过程中,教师更重视以管理类课程理论为基础,联系社会实际分析较典型的案例,培养学生特有的管理思维,鼓励学生运用所学理论进行分析和实践。

管理学科研究论文按论文的功能可分为:基础理论型论文、应用研究型论文和学术论争型论文。基础理论型论文是运用科学抽象、实证分析等研究方法,对管理领域的理论进行研究的论文。应用研究型论文是运用管理学的基本理论对实际问题进行分析,指出问题产生的原因,提出相应建议的论文。学术论争型论文是就管理问题的不同观点开展争论的论文。根据成人教育学生的特点,我们认为撰写应用研究型毕业论文更有利于成人教育学生发挥其长处,能将理论学习与实际密切结合,更有利于他们丰富的社会经验与工作经验的优势得到充分发挥。而且在应用研究型论文的撰写过程中,能进一步提升学生的理论水平,提高学生分析问题与解决问题的能力,进一步培养学生的创新意识。

(三)定制式应用型人才培养模式的探索与实践

华南理工大学继续教育学院目前已构建了"以企业需求为导向,以学科知识为基础,以实践能力为核心"的定制式应用型人才培养模式。学院整合教学资源,实现送教上门,打造"学科知识+实践技能"相结合的创新性课程体系。现工商管理、人力资源管理等管理类专业已探索与实践出定制式应用型人才培养模式。由于是联合行业、企业创办直属班,学生群体都在同一企业工作,具有共同的职业生涯,具有较强的归属感和凝聚力。他们有较为丰富的实践经验,丰富的感性认识。他们关心企业的发展,有共同的企业研讨问题。因此选择撰写应用研究型毕业论文,更有利于定制式应用型人才培养,解决企业的实际问题,企业更欢迎。

三、本科毕业论文的选题

毕业论文的选题是毕业论文的起点,是决定论文基本框架、主要研究内容和论文质量的关键因素之一。毕业论文的选题既要保证专业培养目标的基本要求,更要注意与他们的工作实际和专业有机结合,选题宜小而具体。应用研究型毕业论文选题规模应适当,应选择密切联系学生具体的工作实际,能够独立完成的课题。

在对本科毕业论文选题调查中,我们认为管理类专业的一些学生在指导教师的引导下,选择"广州欧康公司员工培训的误区与对策研究""广州海洋公司员工激励机制研究""南建公司提高客户装机满意度的研究""ST零售企业经营的市场定位研究""广东省空调行业销售管理策略研究""通信代维企业通信工程成本管理研究""中铁十六局工程档案信息化管理研究""广州萝岗区经济适用房工程质量监理研究"等研究课题,是属于管理类专业应用研究型毕业论文的选题。

四、本科毕业论文的撰写结构

在华南理工大学继续教育学院毕业设计(论文)撰写规范中提出:一份完整的毕业设计(论文)一般包括以下几部分内容,题目、摘要和关键词、目录、正文、参考文献、附录、致谢。在撰写规范中示例了某一管理类专业本科学生毕业论文的目录。从《允升公司知识型员工激励机制研究》一文的目录中,我们可以看到该生毕业论文的撰写结构,了解该生撰写论文的思路。该生结合允升公司知识型员工的激励机制的实际情况,在实地调查与问卷调查研究的基础上,广泛收集第一手资料,运用管理学理论与研究方法,分析允升公司知识型员工的激励机制存在的问题及其原因所在,为允升公司知识型员工的激励机制的改进提出相应对策。本论文层次分明,具有逻辑性,论据充分,论证有力,研究结果很有实际意义与借鉴作用。研究结果也表明:该生能较好运用管理学的理论知识,在深入调查研究的基础上,为允升公司知识型员工激励机制的完善做出一份贡献,也展示了该生本科阶段学习的成果。

《允升公司知识型员工激励机制研究》的正文结构如下,第1章绪论,包括本课题的研究背景、理论意义与实际意义,国内外文献综述,主要研究内容,解决问题的基本方法。其中国内外文献综述是在查阅相关文献的基础上,针对本论文主要内容和研究方法进行文献综述。文献综述包括了国内外研究理论、研究方法、进展情况、存在问题、参考文献等。第2章允升公司概况与公司知识型员工的激励机制现状分析。通过对公司员工的结构与公司知识型员工激励现状的描述,分析公司知识型员工激励机制存在的问题。第3章允升公司员工满意度调查。采用问卷调查方式,在调查结果统计的基础上,深入分析公司知识型员工激励机制中存在问题的原因。第4章允升公司知识型员工激励机制改进对策与实施建议。运用管理学理论知识,提出允升公司知识型员工激励机制改进的思路和原则,提出相应的改进对策,以及实施的建议。第5章是结论。结论是对整篇毕业论文主要研究成果的总结,指出本研究内容的创新性,应用前景以及对社会经济的影响,指出本研究中尚存在的问题及需进一步研究的问题。

我们认为《允升公司知识型员工激励机制研究》毕业论文,符合管理应用研究型论文的撰写结构。管理应用研究型论文是运用管理学的基本理论,对现实生活中的实际问题进行分析,分析问题的原因,提出具体解决问题的对策。因此《允升公司知识型员工激励机制研究》毕业论文的撰写结构可供参考。

参考文献:

[1]安维.关于转变经济管理类本科毕业论文写作类型及选题方向的思考[J].成人高教学刊,2008(5):49-51.

[2]李荣新.论成人教育本科毕业论文的选题[J].继续教育研究,2012(3):164-165.

[3]刘华.对提高成人高等教育毕业设计(论文)质量的思考[J].高等继续教育学报,2013,26(4):67-70.

成人教育财会专业"统计学"课程优化设计研究①

东莞理工学院　杨惠平

摘要:统计学是一门应用性极强的学科,对于财会专业学生来说,学好统计学对学好其他会计专业课程起到很积极的作用。成教学生基础薄弱,学时较短,学习的功利性强,学校按照传统的方式来设置"统计学"教学显得不甚合理。因此,应考虑到成教财会专业学生的特点、专业的特点,结合实践需要,对"统计学"课程从授课内容、授课方法及考核形式等多方面进行优化设计。

关键词:成人教育;财会专业;统计学;优化

一、统计学的性质及现有的问题

统计学是收集、分析、表述和解释数据的科学,它阐述了统计调查、统计整理与统计分析的理论和方法。作为数据分析的一种有效工具,统计方法已广泛应用于社会科学和自然科学的各个领域,是各学科领域研究者和实际工作者的必备知识。教育部明确规定统计学应作为财经类专业的核心课程之一,财会专业的学生掌握一定的统计方法和统计技能,对自己的工作也是有很大帮助的。但该课程主要与数据打交道,烦琐而复杂,涉及的公式符号也蛮多。财会专业学生在学习过程中普遍感到枯燥抽象、学习兴趣不高,出现"学生难学,教师难教"的局面,学生的应用能力并没有得到提高,统计教学也没有发挥其该有的作用。

① 课题来源:东莞理工学院继续教育学院教改项目"成人教育教学内容与教学模式的改革与实践研究——以统计学为例"(课题编号:12DLCJ008)的阶段性成果。"第十届全国成人教育优秀科研论文三等奖"(中国成人教育协会)。

在对本校成人教育学生学习统计学的调查中发现,98%的同学认为统计学过难,学习兴趣不高。经过分析,目前统计学课程教学中主要存在以下问题:

(一)课程内容没有专业针对性

在现有统计学教学中,内容设置没有考虑各专业的不同,普遍按照统计的概念、产生与发展,统计调查,统计整理,统计分析的线索组织教学,理论偏重,注重数学计算。在内容上没有很好地让学生知道为什么要学,学了以后有什么意义。与其他课程的关系没有很好地介绍,与之有关的先行课程也没有很好地衔接起来。另外,很多学校往往是一本教材多个专业用,没有考虑到各专业对统计学知识的侧重,而且多数教材过多地强调理论和公式推导,显得尤为抽象和枯燥,难以激发学生学习统计学的兴趣。统计学教材专业理论太强,没有专业针对性,与现实联系不紧密,大部分学生感到难学,枯燥厌烦。

(二)重理论轻实践

统计学中统计理论过多,涉及大量的公式,学生接受起来有很大的难度。而教师过多侧重理论方法的讲解,没有很好地引入案例,让学生参与以加深理解,认识到在具体工作中的应用。在教学中,没能很好地与计算软件结合起来,还局限于传统的数据处理,使学生陷入烦琐的数据整理和计算,使学生产生厌烦心理,更谈不上学习的兴趣。

(三)教学方法单一,互动不足

一方面,学生过于依赖教师传授知识,被动地学习;另一方面,教师也习惯按照教学计划中规中矩地按教材讲授,没有考虑到学生的基础水平、接受能力,对学生的关注度不够往往导致学生越来越跟不上教师的节奏,从而失去学习的热情。教师在授课过程中,往往采取纯数学推导计算的模式,没有很好地结合经济案例,没有利用先进的计算软件,使得教学内容生涩难懂。

(四)教材过于陈旧

调查发现,统计学教材很多是以社会经济统计知识体系为主要内容的陈旧教材,里面涉及的数据陈旧过时,不符合现在的情况,学生难以理解。有些教材又过多地涉及数理统计,数学味太浓,偏重数理推导和数学证明。没有合适的教材,会使学生在学习中产生厌学情绪。

以上原因的出现,导致学生在学习统计学课程的过程中,一没很好地培养学习兴趣,二也导致学习统计学的热情度不高。

二、成人教育财会专业统计学课程改革的必要性

通过对本校成人教育财会专业历届学生学习统计学的调查发现,九成以上学生反映统计学太难,听不明白,也不清楚学了有什么用,对实际工作能力没有提升。成教学生学习特点以及环境的变化都决定了统计学课程按照现有模式存在各种弊端,没有达到期待的效果,所以统计学课程教学改革势在必行。

(一)成教学生学习的功利性强

成教学生很多都是半工半读的,本身就是在从事专业相关工作或者打算以后从事该专业工作的,所以他们学习的目的性、功利性很强,就是为了"学有所用",讲究"实用性",能够对自己的工作提供实质性的帮助。这就决定了在统计学教学中,过分注重理论学习而轻视实践能力提升是不行的。

(二)成教学生学习时间短

成教学生学习形式主要有夜大和函授两种。夜大学生统计学学时安排在45～60学时,函授学生统计学学时一般在24学时左右。学习时间过短,学习内容过多过于抽象肯定会影响学习的效果,不如以"够用"为原则。

(三)学生数学基础相对较差

成教学生普遍数学基础差,经济数学知识都掌握得不够好。要让他们像普教学生那样去学习数理统计知识是具有相当大的难度的。而学不明白,就会让学生失去学习的兴趣,甚至厌恶学习,抵触学习。

(四)财会专业讲究应用技能的培养

财会专业,是一个以培养学生专业技能为主的专业。掌握适当的统计学知识,对财会其他课程的学习都将有很大的帮助。但不注意内容方法的选取,在统计学学习中陷学生于复杂烦琐的手工计算,强化公式的记忆,只会适得其反。因此,应该结合专业的需要,对内容进行适当选取,善于利用先进的计算工具,提高数据处理的效率。

(五)统计环境的变化

在过去,统计主要靠手工数据处理和分析,而现在,计算机的出现,统计软件的开发,使得人们不需要再像以前一样必须了解计算的全过程弄清楚它的来龙去脉,然后才能进行数据计算。运用计算软件进行数据处理,只需要知道分析方法的作用,进行正确的赋值,就能得出结果。通过了解分析结果的含义,利用计算机作图直观反映,一切都变得简单。而且利用计算机存储、传输也很方便和快捷。当然,在统计学学习中,也就没有必要过多地纠缠于理论,追根究底弄清楚公式的证明。

三、成人教育统计学课程优化设计的思路

(一)内容优化

很多同学往往认为统计学是数学的延伸,专业性太强,公式量多,太过于抽象,而先入为主地排斥统计学的学习。统计学作为一门应用型学科,在内容上应强调和突出课程的实用性,与财会专业结合起来,安排设置教学内容。如资金需要量预测中的回归分析法,综合资金成本计算中的加权平均计算,风险报酬率计算中涉及的概率、方差、标准差计算,财务分析中用到的数据分析等。在教学内容上应避免对各种方法公式的证明,应该结合财会专业其他课程,以实际案例作为基础,引入统计原理和方法的介绍,培养学生的学习兴趣和实际操作能力。更多地介绍一些常用的统计软件,比如比较简单和常用的Excel,让学生从烦琐的计算中解放出来,提高数据处理的效率和效果,让学生在实践中获得成就感和满足感,从而激发学生学习统计学的热情。

根据财会专业的需要,设置实用的教学内容,编制一本专门的财会统计学教材。如果有一本合适的教材,会让学生学习起来感到事半功倍。教材内容选取上,以实用为原则,减少理论知识的讲授,避免公式的推导,更多地放在统计工具的应用和统计实践上。教材每章以案例导入,让学生能够很清楚地知道自己学习这一章后有什么收获;再引出统计学知识,让学生掌握解决案例问题应具备的知识技能,并且案例最好用现实中比较新的数据,现有教材在这方面做得都不够好,很多教材里面涉及的数据严重过时,缺乏说服力。最新数据可以体现时代气息,本身就能传递一些经济信息,让学生能够在统计应用方面显得更为敏感。

(二)教学方法优化

1.强调"学生参与"

改变传统的"教—学—练"的教学模式,由学生先提出实践中遇到的统计学案例,然后展开介绍统计软件,数据处理方法,让学生全过程参与,师生合作解决问题。教学方法由传统的"注入式"改变为"启发式",让学生不再是知识的被动接受者,而成为主动获取探寻知识的学习者。

2.重视实践教学

统计学教学的重点不应该在理论与方法的讲解上,而在于学生处理问题的综合能力培养。总之,让学生觉得统计在身边无处不在,很多问题都是需要我们运用统计知识来解决的,帮助学生培养发现问题、提出问题和解决问题的能力。所以,应该结合财会专业实际,更多地介绍一些实用软件,让学生在实践中能高效地处理数据,进行财务预测、财务预算和财务分析,培养学生实际动手能力。在教学计划中,理论与实践结合起来,实践教学与理论教学的比例安排为3∶1较为合理,实践教学的形式可以多样化,可以是上机软件操作,可以是社会调查,可以是案例分析,可以是实践模拟等。

3.做好教学资源保障

硬件方面,配备专门的统计学教学实验室,电脑上安装好常用的统计软件,让学生有一定的上机学时。软件方面,要求教师除了具备统计学知识外,还要有一定的财会知识,运用计算机软件处理数据的操作技能等。

(三)考核形式优化

目前统计学一般都是采用传统的纸质化考试,而且要求闭卷。因涉及的理论知识比较多,计算量也大,数学基础差、不会突击背诵公式的同学往往考不出好的成绩,而有些靠死记硬背考取好成绩的同学往往考完后就全部忘光了,以后其他课程需要用到统计学知识的时候也是想不起来。所以,考核形式优化也应该成为统计学课程优化中的一大内容。统计学作为一种应用型学科,实践操作应该在考核中体现出来并且占据较重的分量。可以借鉴目前会计从业资格证考试科目"初级会计电算化"的考试模式,理论与实操结合起来,各占一定的分量。实践部分结合财会专业领域,抛出一些案例,要求学生利用Excel软件对数据进行整理、分析,提交分析报告。

可以由个人完成,也可以以小组的形式合作完成,以小组合作方式完成的根据个人的贡献评分。

参考文献:

[1]冯金丽.财经类专业统计学课程教学模式改革探讨[J].对外经贸,2013(12):145-146.

[2]席雪红.提高经管类专业统计学课程教学效果的对策研究[J].管理工程师,2011(6):55-57.

[3]廖益.浅谈高职经济管理专业统计学课程教学改革[J].教育教学论坛,2011(27):28.

[4]蔡映珍.浅谈高职院校经济类专业统计学课程教学[J].青年与社会,2013(3):138-139.

[5]胡荣华.财经类非统计专业统计学课程建设探讨[J].统计教育,2002(3):25-27.

[6]申慧敏.案例教学在经管专业统计学课程教学中的应用研究[J].中国管理信息化,2012,15(23):94-96.

成人英语培训语法课教学面临的问题及对策

广东外语外贸大学　牛卫红

摘要：本文研究提高成人英语培训项目语法课教学效果的方法。因为成年人学习英语这门外语时，在心理特点、思维方式和语言环境方面与母语是英语的儿童习得英语是有区别的，所以教学方法不能生搬硬套。文章从分析成年人掌握英语语法的重要性入手，列举成人英语语法教学所面临的问题，指出这些问题需要从教材、教法和学习策略这三个方面进行解决。无论是讲解还是练习，都必须针对成年人学英语的特点和难点进行设计和实施。

关键词：英语语法；成人教育；课程设计；错误分析

参加成人英语培训项目的学生来源复杂，英语水平参差不齐，但都渴望在有限的时间内迅速提高英语应用能力。培训的效果不仅和学生的学习动机、接受能力和用功程度有关，还会受到课程设置、教学内容和教学方法的影响。在英语教学中，教师越来越推崇交际法，传统的语法教学受到了冲击，出现了淡化甚至避免在课堂上进行语法教学的倾向。交际法重视听说能力的培养，强调以学生为中心，在实践中培养学生运用语言的能力。二语习得理论输入假说的支持者们认为，学生在学习英语的过程中会通过语言输入像母语习得那样自然而然地总结出各种语法规则和知识。然而成年人毕竟不是儿童，外语学习也不同于母语习得。有调查发现，在英语教学中忽视语法教学不利于学生语言能力的提高。下面从分析成年人掌握英语语法的重要性入手,探讨成人英语培训语法课教学所面临的问题和对策,以期为办好成人英语培训项目提供参考。

一、英语语法课程设置的必要性

因为成年人学习外语与儿童的母语习得在环境、内容、方式等多个方面存在巨大差异,所以语法自然习得的理论对成人英语学习并不适宜。参加培训的学生学习英语主要靠每天几个小时的课堂授课,这与母语习得的语言环境相差甚远。语法是语言的规则,低龄学生记忆力好,模仿力强,不必强调语法。成年人的理解能力强,逻辑推理能力强。成年人倾向于在理解的基础上记忆和使用英语,而英语语法有助于理解英语单词和句子的构成及用法。

参加培训的学生中有不少是学过语法的,但掌握的语法知识零散,没有形成清晰的语法知识体系。许多学生自学有困难,仍然需要教师讲解、说明和归纳。不能把语法与交际法教学对立起来,学生在交际过程中会不断提高口语能力,但是没有过硬的语言基础,就不可能实现正确、有效地用外语交际的目的。教师对语法知识的讲解、归纳及对比能帮助学生掌握语法并灵活应用,起到事半功倍的效果。因此,成人英语培训项目开设语法课不仅重要而且必要。

二、成人英语语法教学面临的问题

成人英语培训项目开设语法课程是必要的,但也面临一些问题。现择要点列举如下:

(1)面向成人培训的分级英语语法教材建设有待完善;语法课的教学内容与综合英语和听说课的教学内容缺乏设计上的联系。

(2)例句所表达的内容与学生在实际应用中需要表达的内容联系不紧密;有些句子中的难词数量过多。

(3)学生报名时英语水平参差不齐;学习经历和学历背景差异较大。

(4)学生想在课堂上发言,但怕丢面子,怕犯错,又常犯错。

(5)学生普遍低估自己所犯语法错误的广度;表达基本能理解,但错误较多或不地道;用错了,自己还意识不到。

(6)英汉语言文化差异意识不足;母语负迁移影响严重。

(7)许多学生的英语语言能力停滞不前,中介语"暂时性石化"现象亟待解决。

三、解决问题的对策

解决成人英语语法教学面临的问题需要教师和学生的共同努力,从教材、教法和学习策略这三个方面解决。具体对策如下:

第一,在教材方面,最好是编写专用分级教材,如果暂时没有特别合适的教材,就应根据培训项目的时间长度和培训班学生急需掌握的交际功能项目选择讲授内容,精讲多练。以应用为本,以够用为度,不抽象空谈语法规则。

注重常用语法规则的产出特征。结合常用单词和句型,举一反三,活学活用,提高遣词造句的能力。在不影响语法课总体难度顺序的前提下,适当调整教学的先后顺序,尽可能兼顾其他配套课程中的典型表达用语和句型,加强同一培训项目相关课程间语法项目的联系,使语法课为学生提高语言交际能力起到支撑和辅助作用。

根据时代的特点,精选地道、真实的英语句子进行适量补充,满足学生交际的实际需求,提高学生的学习兴趣。

第二,师生互动式语法课的教学效果显然要比灌输式的讲解效果要好。因此,教师的教学方法和学生的学习策略应该是紧密结合的。教师讲课应深入浅出。营造轻松的学习环境,激发学生学习或研究的动力。讨论内容不能太难,要让学生有话可说,鼓励学生大胆发言,使学生有成就感。鼓励基础好的学生抓住机会锻炼,起示范带头作用,创造机会,让基础差的学生也能参与讨论。鼓励学生利用好课后时间,及时复习和预习,解决水平参差不齐的问题。

第三,重视中介语"暂时性石化"现象,帮助学生打破英语语言能力停滞不前的状态。除了讲解语法知识,为学生提供足量的最优化输入,还要加强输出训练,引导学生发现错误并改正错误。其中一个关键环节是收集学生常犯的典型错误,设计探究型练习,供课上分析时使用。练习量不需要很大,但应有针对性和代表性。在课堂上公开讲评或集体分析错误的类型、成因和改正方法。这项工作对教师的要求较高,需要花时间和精力,但特别能调动学生参与讨论的积极性,课堂气氛也会很活跃。下面以成人英语培训初级加强班(A02)学生所犯的三组典型错误为例说明。

例1:他没有和我们一起去长城,因为他已经去过了。

A. He didn't go to the Great Wall with us, because he had been to there.

B. He didn't go to the Great Wall with us, because he has already been to.

C. He didn't with we went to Great Wall, because he had been to.

D. He didn't go to the Great Wall with us, because he had gone to.

E. He didn't go to Great Wall with us, because he has gone there already.

例2:她告诉我们,她大学毕业后要去国外。

A. She told us that after she graduated from university she went abroad.

B. She told us that she would go abroad after graduate.

C. She told us that she would go abroad after graduated.

D. She tells us she would go abroad after she graduated.

E. She told us that she would go abroad after she college graduates.

例3:这位工人必须立刻送医院。

A. The worker must send to hospital at once.

B. The worker must go to hospital, right now.

C. This worker have to go to hospital immediately.

D. This worker must be take hospital.

E. The worker must be immediately sent to hospital.

例1中A~E这5个句子都有错误,但能通过上下文猜出句子的意思。如果在综合英语课、口语交际课、听力课和语法课上教师都不帮助学生分析和改正错误,尽管学生能进行交流,但语言表达不过关,很难有质的提升。从这些错句中可以看出,学生所犯错误是多方面的,涉及冠词的用法(the Great Wall 必须带冠词the),时态一致(had been there before 发生在didn't go to the Great Wall之前,应该用过去完成时),用英语表达"去过某地"与"去了某地"的区别(表达"去过那里"用had been there,表达"去了那里"则要用had gone there)。用英语表达汉语中的"已经去过了",需要用"已经去过那里了"才行;在英语中用副词there表达"在那里;往那里"的意思,不用代词it,there之前也不加介词to。这些错误不是同一个人犯的错误。在课堂上讨论时,能够发现错误并能改正错误的学生会很有成就感;犯了同样或类似错误的学生能弄清楚犯错的原因，但不会丢面子。为了巩固学习效果，还可概括提炼，以填空题的形式突出易错位置，在后续的复习环节把学生的注意力吸引到如何表达 the Great Wall 和 he had been there before 上来：He didn't go to_____with us，because_____.

例 2 中的 A 选项没有语法错误，但表达的内容是她大学毕业后"去了国外"，而不是"要去国外"。B，C，D 三个选项都没有"大学毕业"的意思；after 之后应使用句子或名词，但 B 和 C 项在 after 之后直接使用了动词；D 项还出现了时态不一致的错误。E 项不仅有时态不一致的错误，还用"中式英语"：after she college graduates 表达"她大学毕业后"，而未能用上 after she graduated from（the）college/university。

例 3 和被动语态有关。汉语的含义是"这位工人必须立刻（被）送（到）医院（去）"，其中的"被"常省略，但英语句子必须使用被动结构。这里还涉及动词的用法，表达"送某人去医院"用动词 take（送；搬运），而不是用 send（派遣；打发）。因此，E 项虽没有语法错误，也使用了被动语态，但意思是"这位工人必须（被）立即派往医院"。用 must be taken to hospital 才能正确表达"必须送医院"的意思。B 选项没有语法错误，C 选项中的 have 改为 has 才符合语法要求，但这两句都是"这位工人（自己）必须立刻去医院"而不是要求表达的"这位工人（因病或因伤）必须立刻（被别人）送（到）医院（去）"。

可见，错误不可回避，不能低估，不可放任不管。与直接给出答案相比，分析错误能引导学生大胆表达，主动发现错误，经讨论后修正错误印象深刻。通过分析和比较，帮助学生克服母语负迁移的影响，集体分析和讨论又不使学生望而生畏。在教学中应利用成年人分析理解能力强这一优势，通过对比分析和归纳，找出异同点，尤其是易错点，加深印象，培养学生按英语思维的习惯口头表达或写作，避免生硬地翻译。如果处在中介语暂时石化阶段的学生能够在教师的指导下接触足量而地道的英语语言输入，并有意识地在输出或使用英语时克服造成中介语石化的各种内外因素的影响，就能使自己的英语能力产生质的飞跃。有了质的飞跃，学生的英语语言能力才能得到真正的提升，从而达到培训的目的。

四、结束语

成人英语培训项目开设语法课不是为了学语法而学语法,而是为了更好地掌握和使用英语这门外语。明确语法教学的目的是帮助学生把零散的语法知识衔接起来,把语法当作提高英语交流能力的辅助工具。在语法知识的支持下,扩大词汇量,提高听说和读写能力。应根据参加培训项目学生的学习条件和困难有选择地增加或删减语法讲解的内容和练习。精简内容,不是偷工减料,而是要突出重点。要打破中介语"暂时性石化"状态需要营造英语语言环境,不仅要重视语言输入的质和量,还需加强输出训练。要引导学生正确对待自己在输出过程中所犯的错误,鼓励学生大胆表达,但不能回避错误,教师的指导一定要到位。只有这样,学生才能够在实践中运用英语,在运用中修正错误和提高能力。

参考文献:

[1]安红.成人英语教学中语法教学的误区和方法[J].中国成人教育,2008(13):187–188.

[2]郑翠玲.大学英语语法教学的现状分析及改进策略[J].教育与职业,2007(6):112–113.

[3]赵联斌.被淡化了的英语语法教学中存在的问题及解决办法[J].长治学院学报,2005(4):73–74.

[4]张莲珠,邓惠昭.母语负迁移对成人英语写作中语法错误的影响[J].中国成人教育,2010(22):141–142.

[5]张萌.暂时性石化现象及其外语教学对策[J].北京航空航天大学学报(社会科学版),2004(2):72–75.

传统成人高等教育与现代远程教育的融合发展研究

——基于华南理工大学学历继续教育融合发展的实践探索

华南理工大学 刘芳 刘婷 姜检平

摘要：继续教育是我国高等教育体系的重要组成部分，是践行终身教育理念，推动学习型社会建设的核心力量。作为学历继续教育的主要办学形式，传统成人高等教育与现代远程教育发展迅速、各具特色，在提升国民素质、培养应用型人才方面发挥了重要作用。传统成人高等教育与现代远程教育融合发展，已成为当前继续教育领域的重要研究课题。本文阐述了传统成人高等教育与现代远程教育发展现状、存在的问题，以及融合发展的必要性，基于华南理工大学学历继续教育的融合发展实践，对二者融合发展的方法、途径进行了初步研究和探索。

关键词：成人高等教育；现代远程教育；融合发展

一、传统成人高等教育与现代远程教育的发展现状

目前，我国高等教育发展已进入大众化阶段。1998年，我国全日制普通高等教育招生人数仅为108万人，2013年已增至699.8万人，15年间净增591.8万人，招生规模增加5.48倍。2012年，全国高等教育毛入学率已达30%。与此同时，我国学历继续教育也取得了显著的发展，特别是现代远程教育的发展尤为明显。15年来，我国传统成人高等教育的招生规模虽然没有全日制普通高等教育的发展迅速，但始终发

展平稳,稳中有升,招生规模从1998年的100.1万人,增加到2013年的256万人,增幅达155.7%。

现代远程教育是我国在2000年新设立的一种学历继续教育形式,当年招收学生18万人,而到2013年招生已达233万人,净增215万人,招生规模是2000年的近13倍,已与同期传统成人高等教育招生规模基本持平。按当前发展趋势,我国现代远程教育招生规模超过传统成人高等教育指日可待,在我国学历继续教育中将处于主导地位。特别值得一提的是,到2013年,我国传统成人高等教育和现代远程教育两种学历继续教育的总招生规模已达489万人,达到了同期全日制普通高等教育招生规模的近70%。可见,我国学历继续教育是国家培养人才的一条重要途径,在提升国民素质和国家核心竞争力中发挥着重要的作用。具体情况见图1。

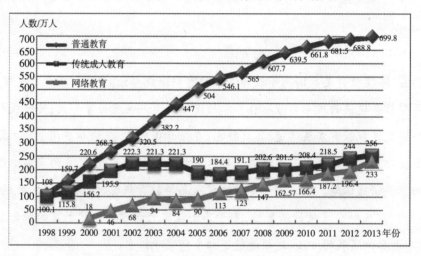

图1　1998-2013年我国普通教育、传统成人教育、网络教育招生情况

与此同时,广东省高等教育也取得了长足发展,1998年,广东省全日制普通高校招生人数为6.4万人;2013年为51.7万人,其招生规模约是1998年的8.1倍。同期,广东省学历继续教育也有不错的表现。1998年,传统成人高等教育招生人数为5.1万人;2013年为21.6万人,约是1998年的4.2倍。现代远程教育试点工程开展以来,广东省共有三所高校参与,2002年,现代远程教育招生人数为0.9万人,2013年为3.8万人,增幅为322%。与此同时,作为我国改革开放前沿地区和经济发达地区,广东省一直以来是高校开展现代远程教育试点的热土,据不完全统计,省外试点高校及公共服务体系竞相设点百余个,注册学生规模相当可观。

二、传统成人高等教育存在的问题及现代远程教育的特点

传统成人高等教育经过几十年的发展,招生规模仍能处于平稳上升势态,而现代远程教育作为学历继续教育的新兵,虽然起步较晚,但招生规模显示出强劲的竞争力。两种学历继续教育作为我国高等教育的重要组成部分,在竞争中能够稳步发展与其各自的办学特色密切相关。

1.传统成人高等教育存在的问题

传统成人高等教育在竞争中能够稳步发展的重要法宝是采取"面授"的教学模式。从学习习惯看,中国学生从幼儿园到高中阶段的学习都是采用面对面知识传授的教学模式,形成了对面授教学强烈的依赖性;从学习能力看,传统成人高等教育的学习主体为在职人员,长期工作在生产一线,实践能力较强,但理论基础相对较弱,而且与全日制普通高等教育的学生相比,现有的知识基础和自学能力也相对较差,若只依靠自学,学生顺利完成学业有一定难度,为了完成学业,学生对面授教学有强烈的需求;从学习过程看,面授教学师生间的情感交流,能增强学习记忆,而且教师的言传身教,人格魅力,有利于塑造学生良好的品行,激发学生的学习兴趣,为了有更好的学习效果,学生也会有面授教学的需求。

基于传统成人高等教育学生的"成人"和"在职"特性,其学习时间和空间是有限的,只能利用业余时间进入课堂,且业余时间还存在较大变数,在学习的同时,需要兼顾工作与家庭,特别是随着社会的不断进步和工作节奏的加快,在职人员的工作压力和工作任务不断加大,在学习过程中的工作、家庭与学习之间的矛盾日益凸显,参加面授学习的时间很难保证,若学生无法保证面授教学的到课率,其所谓的优势则无从谈起。

此外,由于传统成人高等教育学生自身的年龄、学习背景、受教育年限等方面存在较大差异,同时在高等教育大众化的时代,全日制普通高等院校教师的自身工作量已非常繁重,很难投放更多的时间和精力为传统成人高等教育的在职学生进行面授教学,更不要说顾及成人学生特点,对成人教育开展深入研究,探索传统成人高等教育教学特点和规律,这使得其教学内容缺乏针对性、实效性,因此,组建一支稳定的、高水平的教师队伍日益困难,预期的教学效果也很难保证。

2.现代远程教育的办学特点

现代远程教育是随着互联网技术和计算机多媒体技术的快速发展,基于Web的一种新的学历继续教育形式。与传统的面授教学模式相比,其最大的特点是灵活性,在学习的内容、时间、地点、方式等方面彻底打破了传统课堂教学模式的局限,尤其是近年来,随着教育信息化的不断深入发展,现代远程教育教学形式日益丰富,已涌现出了慕课、微课程、翻转课堂、可汗学院等新形式,加之移动终端系统的广泛应用,在职人员可利用碎片化的时间学习系统的知识,有效地克服了学生工学矛盾的问题。

基于网络信息传递的双向性,即网络用户既是信息的接收者,也是信息的发布者的特点,现代远程教育已经实现了学生与教师、学生与学生之间的交流互动。在教学过程中,学生不仅可以依靠网络技术接收教师的教学信息,还可将自己的学习心得反馈给教师,以便教师做进一步的指导,同时学生之间也可以彼此交流学习经验,可以更好地掌握相关学习内容,在这一点上,现代远程教育的人与机器的互动学习过程与面授教学的人与人学习过程有许多共同之处。值得一提的是,现代远程教育制作网上学习资源包括网上学习课件的教师一般都是知名高校的知名教授,因此,所有网上学习的学生均可接受名师的指导,享受到知名高校的优质教学资源。但是,中国传统的人与人相互交流的学习习惯在人们心中留下的烙印,使得学生对面授学习的欲望仍然强烈,特别是实践环节的学习。

三、传统成人高等教育与现代远程教育融合发展的必要性

根据上文的梳理与分析,大家不难发现,现代远程教育的办学优点较好地解决了当前我国传统成人高等教育存在的显著不足,而传统成人教育重视课堂教学,注重言传身教的办学优点也是现代远程教育所无法比拟的。因此,传统成人高等教育与现代远程教育的融合,已成为"深化教育领域综合改革",推进继续教育改革发展的方向,社会发展的必然趋势。

(一)提升成人高等教育的办学水平

将传统成人高等教育的面授教学模式与现代远程教育通过网上接受知名高校知名教授指导的教学模式相结合,采用混合式教学模式开展成人学历继续教育,有

利于保证成人高等教育教学质量。在现代远程教育中,对实用性强、时效性高、职业性鲜明的课程采取传统的面授教学模式,在传统成人高等教育中,对一些通识课程和理论教学内容采用由名师和专家录制的高水准、适合成人自学的网络课程,两种成人高等学历教育相互取长补短,不仅可满足学生对面授教学模式的需求,而且可让学生享受到名校的优质教学资源。教学内容的丰富与实用,教学环境的改善与开放,有效解决了学生因师资队伍匮乏而引发的人才培养质量下滑的问题,保证了成人高等教育的办学质量。

(二)克服成人高等教育学生的工学矛盾

在传统成人高等教育的教学模式下,学生参加面授的学时数较多,而在职学员往往因工作的繁重、家庭的琐碎不能保证面授阶段的学习时间,一旦缺课,学生很难弥补,加之学生自学能力较差,导致往后的学业难以为继,严重者甚至辍学,即使继续参加学习,因时间有限,很大部分学生也达不到面授要求的课时。若将现代远程教育的优质资源向传统成人高等教育开放,学生既可通过点播课件、BBS交流、网络辅导等方式参与学习,也可以参加传统成人高等教育集中面授学习,从而化工学矛盾于无形中。

(三)提高成人高等教育学生的学习积极性

借助现代远程教育,教师可在网络平台布置随堂练习和阶段测试,学生也可直接在线解答,遇到学习中的困惑与难点时,可直接与教师线上沟通,极大增强了师生的交流与互动,有利于激发学生的学习积极性。同时,可借助网络平台的BBS等在线聊天工具与其他同学交流学习经验,共同探讨学习中遇到的各种问题,这种学生间的交流有利于相互了解,加深友谊,增强归属感。同样,现代远程教育可借鉴成人高等教育面授经验,适当给现代远程教育学生进行面授,可帮助学生克服自学过程中的无序性与盲目性,提高自学效果,变"愁学"为"乐学"。

四、传统成人高等教育与现代远程教育融合发展的实践探索

我国《国家中长期教育改革和发展规划纲要(2010—2020年)》在讨论确立教育改革发展战略目标时指出,到2020年,要基本形成学习型社会,进入人力资源强国行列,党的十八大进一步提出完善终身教育体系,建设学习型社会。在此背景下,华

南理工大学坚持"质量、品牌、规模、效益"协调发展的办学理念,与时俱进,锐意进取,全面推进传统成人高等教育培养模式革新,积极探索传统成人高等教育与现代远程教育的融合发展,努力完善教学管理制度与质量保障体系,致力于促进学校学历继续教育全面协调与可持续发展,对管理机构、教学模式、教学资源、质量保障等方面的融合进行了初步探索。

(一)管理机构的融合

为了进一步提升继续教育的管理与质量,2008年,华南理工大学将原继续教育学院、网络教育学院、公开学院合并成立新继续教育学院,负责全校成人高等教育、现代远程教育、高等教育自学考试、非学历继续教育管理和教学工作,对学校的继续教育实行统一归口管理。作为学校直属单位,新继续教育学院设有学院办公室、招生管理中心、教学管理中心、资源建设中心、高级培训中心、学生管理中心、评估督导办公室等7个部门,其中,招生管理中心负责各类学历继续教育的招生录取工作,教学管理中心承担各类学历继续教育的教学管理任务,资源建设中心负责现代远程教育的资源建设,评估督导办公室履行各类学历继续教育的质量监管职责(其具体组织结构见图2)。至此,华南理工大学学历继续教育已形成大教学、大招生、统一学生管理的办学格局,办学思路由注重规模发展逐步转向注重内涵式发展。

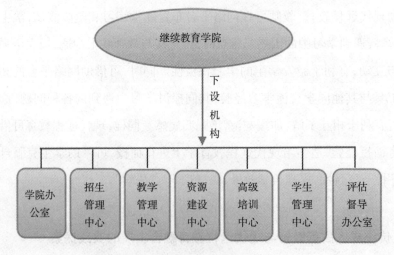

图2 继续教育学院组织结构框架图

(二)教学模式的融合

新继续教育学院成立以后,在遵循继续教育发展规律的基础上,坚持融入发展促发展。近年来,学院结合现代远程教育和传统成人高等教育的各自优势,积极利用现代信息技术手段,不断创新办学模式和发展模式,科学制订和修订培养计划,其教学管理过程已日益凸显成人继续教育的特色。其具体做法为:结合课程特点、教学资源和成人学习特性,优化组合课堂面授教学和网络课件教学,实施"面授+网络"教学模式试验改革,满足不同教学需求,提高教学效果。新型教学模式的开展,既弥补了现代远程教育教学"师生分离"的不足,又充分发挥了现代教育技术在传统成人高等教育中的作用,改进了传统成人高等教育教学手段和教学方法,缓解了成人学生的"工学矛盾",有效解决了传统成人高等教育办学中师资匮乏等问题。目前,我校已培养网络成人直属班(与企业合作)学生16000余人。

(三)教学资源的融合

当前,学院正在打造优质继续教育数字化资源,充分发挥"重点大学师资优势"和"多种教育形式资源共享优势",高投入、高要求、高水准建设教学资源库,并分批分次向传统成人高等教育开放。此外,为适应学历继续教育教学管理工作的新形势、新思路、新变化,提高管理与服务的水平,2011年,学校开发了集教学管理、学籍管理、教学实施、考务组织于一体的教学管理服务平台,促进了教学组织的各个环节的顺畅运行,提高了教学教务、考试考务的工作效率,保证了学籍数据管理的准确性。教学和学习过程的有效跟踪,保证了学生学习的真实性与自主性,也更好地实现了导学、督学和促学等学习支持服务工作的开展。教学管理服务平台不仅有效支持了众多现代远程教育学生的在线学习需求,且已推广到传统成人高等教育工作中,用于支持成人教育教学管理,成效显著。

(四)质量评估体系(机制)的融合

为保证各类学历继续教育的教学质量,学院加强了对继续教育质量保障机制的建设。2008年设立继续教育评估督导办公室,作为独立于教学管理中心、招生管理中心等各个部门之外的"第三方"机构对合作办学单位开展常规性评估和督导工作。2013年,成立学历继续教育办学质量评估工作领导小组,负责研究制订各类学历继续教育办学形式的评估指标体系及细则,不断完善督导评估体系,形成规范性与发展性相结合、日常督导与终结性评估相结合的评估机制,全面实施常态化评估工作,同时对校外学习中心、教学站(点)的设立和日常教学管理进行监督和考核,从招生入学、专业开设审批、教学过程监控、教学分成比例划拨等环节层层把控,对不合格办学单位进行撤销、对存在问题的单位要求其停办整改、对优秀办学单位进行奖励,为实现规范化、优质化、高效化办学起到了良好的制度保障与监管作用,各类学历继续教育形式的教育教学质量得到了稳步提升。

五、结语

传统成人教育与现代远程教育的融合发展,有利于缓解工学矛盾,提高学生的学习积极性,最终提升成人高等教育的办学水平。

今后,华南理工大学将加快推进继续教育教学改革步伐,优化人才培养方案和课程设置,创新教学方式和手段,整合师资、网络课程、教材和教学设施等教学资源,深入推进现代远程教育与传统成人高等教育的深度融合与沟通,实现资源共享,优势互补,探索建立各类继续教育形式互通和衔接的顺畅机制,打造优质教育品牌,构建灵活开放的终身教育体系。

参考文献:

[1]中华人民共和国教育部.教育统计数据[EB/OL].http://www.moe.edu.cn/public-files/business/htmlfiles/moe/s7567/list.html.

[2]严继昌.在线教育与高校继续教育的综合改革[R].中国高等教育学会继续教育分会2014年学术交流年会,2014-9-15.

[3]广东省教育厅.教育统计[EB/OL].http://www.gdhed.edu.cn/business/htmlfiles/gdjyt/xzzfa/index.html.

[4]中华人民共和国教育部.国家中长期教育改革和发展规划纲要(2010—2020年)》[EB/OL].http://www.moe.edu.cn/publicfiles/business/htmlfiles/moe/s4668/201407/171904.html.

[5]胡锦涛.坚定不移沿着中国特色社会主义道路前进　为全面建成小康社会而奋斗[R].中国共产党第十八次全国代表大会,2012-11-8.

督导评估在继续教育质量建设中的实践与思考①

华南理工大学　刘婷

摘要：督导评估是保障教育质量的一种手段，在构建教育质量保障体系中具有重要作用。针对继续教育督导评估工作中的问题，以华南理工大学继续教育督导评估工作为例，在对相关经验做法研究分析的基础上，提出研究型大学继续教育督导评估的发展要树立质量意识、协调好各种关系、注重队伍的内涵建设、强化服务的工作理念。

关键词：研究型大学；继续教育；督导评估；教育质量

督导评估是教育评价系统中的一个重要组成部分，在构建教育质量保障体系中发挥着极其重要的作用。自1985年《中共中央关于教育体制改革的决定》提出"对高等学校的办学水平进行评估"以来，我国政府就开始对高校办学水平评价的问题开展了一系列卓有成效的工作，并取得了一些成果。2003年，教育部正式确立了周期性的教学评估制度，并成立了具有独立法人资格的高等教育评估中心，这标志着我国高等教育教学评估工作开始走上制度化发展的道路。2012年10月1日，《教育督导条例》正式施行，教育督导上升为国家意志，教育督导与评估制度也成为我国教育领域的一项基本制度而得以实施。

---

① 课题来源：2013年度华南理工大学高等教育研究基金资助项目"督导评估在研究型大学成人教育质量保障体系建设中的定位与作用研究"（立项编号：gj2013014）阶段性成果。

本文以华南理工大学继续教育为例，在梳理其督导评估工作的基础上，对研究型大学继续教育督导评估理念、需要正确处理的关系、队伍建设、工作方式等问题进行深入探讨。

一、研究型大学继续教育督导评估的作用与问题梳理

研究型大学是以创新性的知识传播、生产和应用为中心，以产出高水平的科研成果和培养高层次的精英人才为目标，在社会发展、经济建设、科技进步、文化繁荣和国家安全中发挥着重要作用的大学。出于研究型大学的定位和自身综合竞争力的考虑，研究型大学普遍把精力投入科研以及本科生、研究生的培养中，对成人教育的关注度正在逐渐下降。研究型大学继续教育如何求得生存、寻求发展，更好地发挥社会服务作用，其核心问题就是要提高质量，保证与研究型大学相匹配的高水平继续教育品牌。如何提高质量、维护研究型大学品牌，需要继续教育自律，做好保证自身质量的督导与评估工作。

(一)督导评估在保障教育质量中的"双重"作用

1.督导与评估密不可分

督导从广义上来说，包括督、评、导。日常教学督导，是在过程上保障教育教学质量，评估是阶段性地对教育教学工作进行监督和评价，日常督导工作是给予正确的阶段性评估的重要基础。

2.督导与评估是保障教育质量的两种手段

督导与评估是强化教育教学质量，构建质量保障长效机制的两种方式，它们有着密切的联系。督导与评估目的相同，重点各异；一个目标，两种手段。督导重在过程监督与指导，评估重在阶段评价和终结评价。督导与评估一体化立足于评估标准与质量目标、过程督导的一致性，将评估的目标要求转化为日常教育教学工作实践，将过程督导与目标督导相结合，将督导与评估相结合，促进教育教学工作的改进。

(二)研究型大学继续教育督导评估工作中的"四类"问题

1.对督导评估作用的认识不够

督导评估机构是相对独立于其他教育行政管理部门的专家咨询性组织，是教育管理系统中的一个非行政权力的监督机构。督导评估工作的作用取决于学校党政

领导的重视程度和督导员的奉献精神及其工作态度。督导评估作为保障教育质量的一种手段，其效果不是立竿见影的。由于督导评估机构的非行政性，督导评估效果的滞后性，以及继续教育管理本身的繁杂性，督导评估在继续教育管理中的作用往往得不到重视。

继续教育各校外教学点对督导评估工作的认识也存在偏差。在笔者调研的38个教学点中，有近88.7%的教学点所重视的仅仅是招生工作，较多关注办学规模的扩张，而对于如何指导学生学习、提高教学服务水平、提升学生学习效果从而保障办学质量等问题明显重视不够。同时，对继续教育主办高校为保证教育质量而开展的督导评估工作不够配合，甚至有抵触情绪。

2.督导评估中的角色定位混乱

从理论上而言，督导评估过程中反映出来的问题需要依托其他教学管理部门解决，而其他教学管理部门的工作目标需要在督导评估中贯彻执行。督导评估机构与继续教育其他教学管理部门在工作目标上是一致的，但在工作内容上构成了一种事实上的监督与被监督关系。但实际工作中，其他教学管理部门往往倾向于通过督导评估贯彻其工作目标，而不愿意被督导评估机构所监督。

督导评估主体和客体的关系有待进一步协调。督导评估主体和客体之间往往被孤立地看成一种监督与被监督的关系，由此产生监督者高高在上，而被监督者心存抗拒的现象。这种状况显然不利于督导评估工作的有效开展。

3.督导评估的工作方式片面

研究型大学继续教育督导评估往往是借鉴普通本科教学督导评估方式，偏重于"督"，即检查、监督，而缺乏结合继续教育特点的指导与评价。较普通高等教育而言，继续教育管理更加复杂。例如，在办学形式上，继续教育有函授、夜大学教育、网络教育、高等教育自学考试等多种类型，且每种类型的继续教育都有其各自不同的特点。

当前，高校继续教育评估工作主要以听取自检汇报、实地察看办学场所和设备设施、查阅文档资料、召开座谈会、专家组集中评议的方式进行。这种评估方式有其自身的优点，但也存在诸多不足。这主要是因为：(1)办学是一个动态过程，在一个较短的时间内全面综合考察教学点近几年的办学情况，难度很大，工作量较大；(2)一所研究型大学其继续教育往往有几十个教学点甚至更多，要组织专家逐个开展实地考察、查阅资料、召开座谈会、听取汇报,要花费很大的人力物力;(3)对教学点而言,要在短时间内集中组织迎评工作,接受评估的压力陡然增大,其督导的效果往往适得其反。

4.督导评估队伍的建设薄弱

目前,研究型大学一般都有成人教育、网络教育等多种继续教育形式,这些继续教育形式的融合发展、优势互补带来了继续教育教学模式的变革。继续教育发展趋势和发展过程中的变革对督导评估队伍提出了更高的要求。督导评估队伍要胜任对改革中的继续教育进行指导、引导的工作,就需要不断加强自身的内涵建设。

在对继续教育的认识方面,由于研究型大学继续教育督导员一般都是由普通本科退休教师组成,他们对普通本科教育有着较深刻的认识,对继续教育督导评估难免会受到普通本科教育教学要求的影响而存在一些偏见;在年龄方面,督导员平均年龄偏大,再加上研究型大学继续教育教学点的分布一般较为分散,且办学情况各异,这无疑会给督导员的工作带来一定的挑战。表1是笔者所调研的H大学继续教育督导评估队伍的构成情况,大体可以反映出当前我国高校继续教育督导队伍建设的现实状况。

表1　H大学继续教育督导评估队伍构成情况表

年龄分布	所占比例(%)	工作内容	是否为退休本科教师
21~30	14.3	评估督导管理	否
31~40	7.1	评估督导管理	否
41~50	7.1	评估督导管理	否
61~70	50.1	督导员	是
71~80	21.4	督导员	是

二、研究型大学继续教育督导评估的实践探索

(一)思想重视,逐步确立督导评估在保障教学质量中的重要地位

1.成立督导组,开展以保障成人教育质量为目标的督导工作

在笔者所调研的17所研究型大学继续教育学院中,有95%以上的学院都有自

己独立的督导评估队伍。2000年,华南理工大学成人教育学院(2001年后更名为继续教育学院)制定了《华南理工大学成人高等学历教育教学督导工作暂行条例》;2002年,继续教育学院相继成立"英语""高等数学"两个教学研究指导组和督导组,此后,在此基础上升格为华南理工大学继续教育学院教学督导组。

2.初步探索校内自评

2005年10月,广东省教育厅对普通高等学校成人高等教育办学水平进行了评估,华南理工大学成人教育成绩优秀。在整个迎评过程中,督导组在自评、督导、材料收集、报告撰写等方面发挥了重要作用。借着广东省评估的东风,华南理工大学继续教育进行了有关成人教育规范办学与质量保障长效机制的有益探索。2006年起,华南理工大学成人教育校内外各教学点陆续开展了办学水平自评工作,督导组成员作为评估专家参加了一系列评估活动。至此,华南理工大学成人教育开启了以督导评估为重要手段的质量保障体系建设初步探索。

(二)理顺关系,督导评估专门化、规范化

1.成立专门的评估督导管理机构

2008年1月,华南理工大学继续教育学院、网络教育学院和公开学院合署组成新的继续教育学院,新继续教育学院涵盖了成人高等教育、现代远程教育、高等教育自学考试等多种类型。与此同时,教学督导评估工作也逐步拓展到成人高等教育、现代远程教育、高等教育自学考试。继续教育学院成立了评估督导办公室,直接对教学督导评估工作进行管理。

2.规范督导评估,督导评估工作一体化

2011年8月,华南理工大学继续教育学院重新修订《华南理工大学成人高等学历教育教学督导工作暂行条例》,对督导组的组织机构、督导员的任职条件、工作职责等都做了明文规定。教学督导评估工作日渐规范:(1)听课、教学检查等日常督导工作;(2)定期召开督导工作例会,汇报月度督导情况、研讨督导过程中的问题;(3)组织督导员参加学院有关会议,了解情况,改进工作;(4)编印《评估与督导工作导刊》,总结经验、提供建议、扩大宣传。督导评估工作,主要由继续教育学院评估督导办公室组织进行,督导员、各相关管理部门共同参与。

(三)完善方式,探索"第三方"督导评估

华南理工大学继续教育学院强调规范管理、提高质量,倡导"第三方"督导、以评促管等一系列举措来规范办学。评估督导办公室独立于学院教学管理中心、招生管理中心等其他部门之外,作为保证成人教育办学质量的"第三方"常设机构。"第三方"督导评估从各个环节保证继续教育办学质量。

在组织架构上,成立办学质量评估工作领导小组,定期对各类形式的继续教育进行评估。评估工作领导小组的主要职责是:讨论、制订评估方案;组织、实施评估工作;为各类办学形式的规范化、科学化发展提供建议。

在办学源头上,对继续教育各类型教学点的设立进行监督与评估。2013年以来,华南理工大学继续教育学院规定各类型教学点的设立都必须通过评估督导办公室的审核。为了实施这一计划,学院针对不同类型的教学点制订了详细的评估指标体系,在教学点设立时参照指标体系进行严格的评估与考核。

在办学过程中,加强日常教学督导,注重教学管理过程监控。督导工作方式上,由传统的随堂听课、教学检查、巡考,发展到问卷调查、电话访问、突击检查、平台课程资源检查等多种方式并举,督导员逐步参与到从教学计划制订到学生毕业论文答辩的各个环节;在阶段性评估工作方面,华南理工大学继续教育学院设立的办学质量评估工作领导小组将安排专人负责各个教学点的评估与考核工作,并将传统的按受评单位考核结果排队的简单处理方式调整为视评估结果中存在的具体问题而采取不同措施:整改复评、降低经费分成、停止招生以及取消合作办学等。如2013年上半年,学院就先后暂停了4所合作办学单位的招生,取消了2个教学点的合作办学资格,较好地发挥了督导评估在规范继续教育合作办学中的重要作用,保证了教学质量和办学的规范性。

(四)强调服务,拓展督导评估内涵

纵观世界各国教育督导的演变历程,从监督行为方式及效能角度进行考察,大致可分为三个阶段:第一阶段,以督导为目的,视察为主要手段的行政监督阶段。第二阶段,以监督为目的,评价为主要手段的管理控制阶段。第三阶段,以指导为目的,咨询为主要手段的行政指导阶段。华南理工大学继续教育督导评估工作,在对督导评估固有职能——监督、评价的基础上,强调对督导评估客体的指导、咨询和服务工作。

在督导过程中,强调督导的目的是了解情况、发现问题、解决问题、促进发展。在解决问题方式方面,创新性地提出了发现问题—现场反馈—每月工作例会集中处理—网上通报—跟进—再反馈的问题解决模式。这一问题解决模式的实施,进一步提升了督导工作的质量与水平,使得"解决问题是为了更好地促进督导客体发展"的指导思想真正落到实处。

树立服务意识,强调对督导评估客体的服务。教育督导评估的目的不仅在于对督导评估对象工作的成效做出优劣的简单判定,而且还在于让督导评估对象了解自身发展变化的轨迹,树立发展的信心,明确发展的重点,优化发展的策略,为督导评估对象的发展提供建议和服务。通过这种"服务导向"的督导评估工作,引导教学点不断提升办学水平和人才培养质量,实现继续教育合作办学的良性发展。

(五)把握方向,对继续教育发展做出正确引导

《国家中长期教育改革和发展规划纲要(2010—2020年)》提出,充分利用现代化管理手段加强继续教育管理,并采用远程教育手段开展继续教育活动,创建各类成人教育的优质资源共享机制,实现各类成人优质资源共享,转变传统的教育教学模式,确立起开放的学习观念,培养利用现代化手段继续学习的能力。自2008年华南理工大学成人教育、网络教育、高等教育自学考试合署办公以来,华南理工大学继续教育学院积极探索各类型继续教育资源的融通。如有机整合现代远程教育和成人教育各自优势,结合课程特点、教学资源和成人学习特性,优化组合课堂面授教学和网络课件教学,实施"面授+网络"教学模式试验改革,满足不同教学需要,提高教学效果;将现代远程教育技术应用于自学考试助学辅导,探索建设集学员在线学习、教师网上辅导以及学校教务学籍管理等"三位一体"的自学考试远程教育及管理平台等。

继续教育发展的趋势,呼唤督导评估要正确把握继续教育发展的新方向,不断探索其发展规律,用先进的发展理论指导工作实践。(1)加强对网络教育平台运用、课程资源建设等的学习。华南理工大学继续教育学院定期组织督导评估人员开展对网络平台运用、课程资源建设的学习,强化他们对现代化教学手段的认识,提升教学评价能力。(2)组织开展督导评估专题调研,学习借鉴成熟经验。华南理工大学继续教育学院定期组织督导评估人员到继续教育工作开展较好的兄弟院校学习和交流,了解继续教育发展的新动向,学习有效的督导评估经验。

三、研究型大学继续教育督导评估发展的对策建议

（一）质量意识，充分重视督导评估在保障教学质量中的重要作用

督导评估是保障教学质量的生命线，要在不断强化日常督导的基础上，定期对办学质量进行诊断性评估，逐步建立起保证办学质量的督导评估长效机制。

1.要进一步强化继续教育质量意识

继续教育是国家普通高等教育的补充形式，是国家高等教育系统的有机组成部分，其也有着严格的质量要求。研究型大学的继续教育更应该把人才培养质量放在首位，借助督导评估的诊断与监测作用，打造继续教育的示范化工程。

2.从制度上保障继续教育督导评估工作的开展

要逐步建立一套相对科学、规范的督导与评估体系，把日常的督导和阶段性的评估结合起来，力求使督导评估工作常规化、长期化、长效化。这套督导评估体系的核心是建立专门的督导评估机构，该机构可以独立于继续教育其他部门开展工作，负责做好校外教学点质量评估的日常规划、组织、协调和指导，并定期组织开展督导评估工作。

（二）协调关系，正确处理督导评估与教学管理部门、教学点之间的关系

1.教学督导评估部门与其他教学管理部门要分工合作

其他教学管理部门负有组织、安排、管理整个教学工作的职责，以保持教学过程的正常运转和通畅，它具有决策和执行的行政职能。督导评估部门则是通过检查、指导，配合其他教学管理职能部门对教学过程和教学质量进行专家权威监督。两种部门的工作既有区别，又有联系；既有分工，又有合作；职能虽有不同，但目标一致，行动应该互相支持、协调，形成合力。

2.教学督导评估对教学点要严格监督、科学评价、指导有方、诚恳帮助

教学督导评估的权威不应该来自于领导的授权，它更应该建基于督导评估人员的素质、学识水平、治学态度、个性品德以及评价体系的科学性。督导评估要真正帮助教学点查找问题、总结经验、促进发展、提升质量。

（三）注重内涵，合理建设适合继续教育特点的督导评估队伍

督导评估队伍应该是动态的，要注重督导评估人员的吐故纳新，不断充实新鲜血液，这样才会提升队伍的生机和活力，保持高效的工作状态。督导评估队伍建设应考虑到学科背景、年龄、身体、家庭和工作等因素，要把队伍建设的重点由单纯的

扩大督导员数量转向加强队伍的内涵建设,注重督导员的专业结构、年龄结构和工作能力。(1)调整督导评估队伍的选聘方式,要专、兼职结合,吸收有继续教育教学经验、管理经验的中青年在职人员(有一定职称);(2)对督导评估队伍定期进行岗前、职中培训,使他们充分掌握各类型继续教育的特点、要求和标准等;(3)组织督导评估工作交流、调研,采用"走出去""引进来"等方式,使督导员及时了解继续教育发展动态,把握最新发展趋势。

(四)加强服务,围绕继续教育办学理念开展督导评估工作

1.树立服务态度,以人为本

督导评估是教育管理活动中的一种,在现代社会,管理的服务功能随着管理活动的发展越来越得到凸显。督导评估应超越监督、指导、评价等固有的职能,重视对督导评估客体的服务功能,强化诊断式评价、形成性评价等新型评价方式的应用,促进督导评估客体的更好发展。

2.围绕继续教育办学理念开展督导评估工作

教育质的控制是继续教育督导与评估的核心。通过对教学过程及其管理的检查、监督,及时发现问题,采取措施,纠正偏差,从而使人才培养过程处于良性状态。对于研究型大学而言,由于继续教育质量控制的总目标是学校人才培养目标的组成部分,因而,继续教育督导评估作用的发挥,最根本的还是要坚持研究型大学继续教育的培养目标和培养规格,服务于学校继续教育办学的理念。

参考文献:

[1]邱立民,钟宇红,田地.研究型大学成人教育发展策略的思考[J],高教研究与实践,2011(4):75-78.

[2]黄振菊,范春风.高校督导与评估一体化工作体系初探[J],职业技术教育,2010(11):71-73.

[3]李德龙.主体性教育督导研究[D].济南:山东师范大学,2009.

[4]国家中长期教育改革和发展规划纲要工作小组办公室.国家中长期教育改革和发展规划纲要(2010-2020年)[EB/OL].[2010-7-29].http://www.moe.edu.cn/srcsite/A01/s7048/201007/t20100729_171904.html.

对成人教育实施混合式教学与管理的探讨①

广东工业大学　谢光汉　杜秋虹　陈舒怀

摘要:本文从成人学生的工学矛盾出发,分析了成人学生的认知规律,认为传统教学模式与数字网络的教学模式的混合有助于成人提高学习时间的利用率,对提高成人学习质量有正面积极的作用。本文论证了适合混合式教学的网络课程建设的内涵,以及管理模式的改革要点。这种成人教育混合式教学教育模式是维持现有成人教育生存与发展的必然趋势。

关键词:成人教育;混合式教学;传统教学

一、成人教育混合式教学提出的依据

随着高等教育信息化的迅速发展,信息技术正在改变着当代大学生的学习方式,同时也悄然地改变着成人高等教育的教学模式。在一场网络教育能否取代传统教学的争论中,混合式教学模式在成人教育中应运而生。

所谓混合式教学,就是要把传统的学习方式和数字或网络学习的优势结合起来,既发挥教师引导、启发、监控教学过程的主导作用,又要充分体现学生作为学习主体的主动性、积极性与创造性。混合式教学是课堂教学与在线教学两种模式的结合,也是教师主导作用与学生主体参与的结合,是多种教学方式与教育技术的混

---

① 课题来源:2011年广东省高等学校继续教育体系建设示范项目"广东工业大学成人学历教育网络教学的研究与应用"的研究内容。

合。其目标是教学质量的保障与提高。旨在充分照顾学习主体的个性化需求，全面利用学生学习时间，使学生在恰当的时段使用恰当的学习方式，达到最好的学习效果。

混合式教学模式的诞生是基于传统的成人高等教育确实存在一些难以解决的问题，主要表现在成人学生多是社会的从业人员，工资收入不高，他们渴望通过学历教育改变自身的价值，希望在学习的过程中掌握知识的应用。但是，成人学生的实际处境与学习的愿望存在诸多的矛盾。成人学生的黄金时间不能用于学习，只能服从职业的需要，甚至没有完整的业余时间可用于学习，因此在参加课堂学习的过程中，成人学生的到课率偏低，考试的通过率不高。对于高校或者办学机构来说，由于成人学费二十年没变，办学机构为了保本运行，只能开大班上课，尽可能压缩面授学时；同时因为没有合适的网上教学资源，必需的课外辅导如同虚设。加上成人学生年龄差异和文化基础差别，工作地点分散，交流不方便等因素，如果仅依靠传统的授课方式，长此以往，成人教育的质量将不为社会所接受。

混合式教学模式主要举措就是在传统课堂教学的同时，建设网上学习资源，以便在不增加成人学生学习成本、时间成本的情况下，保证成人教育的质量，因为网上辅导学习资源可以满足成人进行补缺的学习、补充的学习和拓展的学习。这种混合式的教育模式，能较好地缓解成人学生普遍存在的工学矛盾。

二、成人教育混合式教学模式的构建

当成人教育的课堂到课率只有60%~70%，办学者就应该反思教学过程存在的主要问题，是教师讲课的原因还是教学管理制度的缺陷，或者是管理制度未被执行导致教学管理不到位；当课堂到课率不到50%，意味着约一半的学生没有来参加学习，办学者应该有所作为来改变现状了；当到课率不到30%，办学者就应该考虑这项事业是否具有持续发展的可能性。我们认为，当课堂到课率不及50%的时候，表明学生很大程度上无法按照学校规定的时间到课。基于现行成人教育普遍采用形成性考试模式来评价成人学生的学习结果，长期出勤率较低的课程，学生的不及格率也一定较高。因此，有必要采用混合式的教学模式，否则，要么考试及格率受影响，要么就得无限度降低考试及格门槛。

混合式教学模式的网络资源建设是传统课堂教学的有益补充和有效延伸。传统的教学方式实现教学目标的主要途径是课堂教学、讨论和课后作业。但前文所讲到的成人学生的具体问题,导致教学目标无法完全实现。成人教育的办学机构如果通过建设网络资源,建立网络课堂,将课堂的内容、课堂的补充材料、课堂的拓展材料放在网络课堂里,供校内外教学点的师生共享,引导学生自己在网上学习,并建立师生的互动环节,将有效地补充成人课堂教学的不足。

(一)网络课程设置"课件下载"板块,使课堂教学与网络教学无缝相接

"课件下载"是成人学生使用频度非常高的板块。教师每周在课前将课件上传,既可供学生课前预习,亦可供缺课的学生补缺学习和补充学习。在课堂上应教会学生在打印的课件的空白处做记号、标注等学习方法,可作为学生课后复习、巩固之用。在课堂上,教师仍要告知学生做笔记。如果该板块已建设好,则要求上课教师备课时,要兼顾网上的学习资源。让学生有效利用网上学习资源,进行补充学习。如果没有上课,则可进行补缺学习。

(二)网络课程设置"课程录像"板块,拓展教学时空

"课程录像"可上传教师的教学录像,方便缺课的学生补课,不受时间、地点的限制,上课听不明白的学生也可反复收听与观看。另外,教学录像还可由教师根据教学需要而不受课堂的时间限制节选课外的录像资料,从而拓展学生的知识视野。

(三)网络课程设置"习题测试"板块,提高教学效率

"习题测试"板块是为加强学生对课程基本概念、基本理论、基本方法的练习与掌握而设置的。学生自主安排时间在网上完成每次课程的练习与测试,并通过提交答案了解测试结果;如果有学习方面的疑问,还可以与教师互动,直到明白为止。学生通过网上测试,可迅速知道自己对知识掌握的情况,节省时间,提高学习效率。

(四)网络课程设置"资源链接"板块,培养应用能力

建设课程网络资源需要结合课程教学目标设置"资源链接"板块,辅助培养成人学生对知识的应用能力。如《宏观经济学》的资源链接,可提供美国经济分析局、美国劳工部、联合国等的统计数据的网址链接,对拓展学生视野很有帮助。

（五）网络课程设置"互动讨论"板块，培养学生积极参与的协作精神

网络资源中最能体现师生、生生互动的且学生使用频度最高的就是"互动讨论"板块。教师在该板块设置不同的讨论主题，让学生以跟帖的方式发表各自的想法。教师则可根据学生的想法，在课堂上更有针对性地进行讲解，还可以回帖的形式肯定学生的观点、引导他们思考，提高学生分析和解决问题的能力。更重要的是有利于培养学生主动参与、协作学习的精神。

三、混合式教学的管理模式的转变

（一）混合式教学管理模式必须树立以人为本的管理理念

办学者必须主动承认学生多种课内外的学习成果，尤其是网上学习资源的学习成果。由于混合式教学不是单纯网络教学课堂，需要把成人学生在网上的学习量与学习成果进行累计或兑换，这无疑会增加管理者和教师的工作负担。如一门课可以是完全的网上课外学习成果，也可以是完全的课内学习成果，还可以是课内学习成果与课外学习成果的混合。需要通过一个学生申请、教师审定的程序，以便于认定学生的学习方式及其学习成果。如果学生出差在外，通过申请，可以采用网上学习的方式来完成某门课的学习；如果学生因故不能出勤，可申请完成某个内容的网上学习作为出勤的标志。但无论何种情况，都必须参加现场的考核。因此必须建立相应的规章制度和办事程序，开发相应的信息管理系统，还要加强对主讲教师的培训，让他们在信息管理系统的端口可统计到学生的学习量，以确认学生最终完成学习的情况。

（二）专业培养方案的改革

成人教育不同专业培养方案的制订，应本着与时俱进的精神加以改革，对高难度理论课程课时进行适当的压缩，增加前沿性、实用性、技术性的课程和学时，对各专业课程进行梳理和整合，设置适合成人学习的课程。对3年制设置18~20门课程，强化知识的应用与实践能力的培养，课程设置符合混合式教学的要求。对于有网上学习资源支撑的课程，可适当增加一些课外的学时，减少课内面授学时。

（三）作业与考试方式的改革

教师应根据成人的认知水平、课程特点及专业培养目标，采用多样化的考试方

式。学生的学习成绩应注重课堂的出勤、网上互动的表现、课堂作业、网上作业,加上期终的开卷考核或闭卷考核的结果,由教师综合给出合理的评价,评价的重点不是学生对知识的记忆力,而是对知识的学习能力与应用能力。为公平起见,应在课程授课的开始给学生正确的学习与评价的提醒和指导。

(四)教学管理部门对教师的评价

混合式教学模式的教学评价体系的建立是以建构主义思想为指导,它注重的是教师的发展评价。这种评价关注教师的背景和基础,重视教师课堂的水平和表现,但更着眼于课后的辅导与互动。从课程准备、教学的积极性、教学实践、教学结构的设计、答疑、活动参与、讨论、反馈、资源的提供、学习方法的指导、能力培养等方面进行评价。当然,在课程结束之后,也可以尝试学生对教师教学进行评价,并将结果直接纳入教师的绩效奖。

四、结论

在成人教育中运用混合式教学模式有助我们在正视成人学生学习基础的差异的前提下提升教学效果,并且能较好地解决成人学习中的工学矛盾等,对提高成人的学习质量,提高成人学历文凭的含金量是一个不二的选择。混合式教学模式的核心环节是网络课程的建设与运用,旨在使学生在合适的时间运用合适的学习方法,提高时间的使用效率,提高学业的完成质量。但对办学者来说,开头会增加管理者和教师的工作负担,随着信息管理系统建设的成熟和管理的优化,它将给成人教育带来诸多便利。

对高校或办学机构来说,运用混合式教学模式就意味着在建设网络课程中需要加大经费等各项投入,单靠学费的收入是不足以支撑的。高校可依托全日制本科教学资源共享的支持,但政府也应对成人高等教育有适当的项目支持。毕竟成人高等教育不能以学费保本运行,也得不到上级的拨款,政府以项目的形式支持一些教学改革,其意义相当重大。实际上,成人教育是为社会提高生产力水平做最直接的贡献。

随着网络教育乃至淘宝教育的出现,网络课堂与传统课堂教育的混合是成人教育在现阶段的改革热点,我们应好好研究与总结。

参考文献:

[1]郑春芳.混合式教学中网络资源与课堂教学有效结合的途径探析[J].教育理论与实践,2012(33):52-54.

[2]孟彦莉.基于混合式教学的大学英语写作自我效能感培养研究[J].电化教育研究,2011(5):96-101.

[3]刘桂凤,李新红.对成人教育课程混合式教学模式的探讨[J].科教文汇,2011(9):44-68.

[4]裴丽鹊.混合教学模式下的教师教学评价[J].农业网络信息,2007(10):172.

高校层面成人高等教育实施"学分银行"积累式培养探析①

广东工业大学 陈舒怀 杜秋虹 王 蔚

摘要: 成人高等教育必须研究成人学生的自主性、开放性、多样性、便利式的特征,在高校的层面创建"学分银行"的培养模式,以学分积累为基础,创建"学分银行"的机制,承认学生与专业有关的多种学习成果,开放教学资源方法,设置功能强大的管理平台及建设适合"学分银行"管理的质量保障体系。

关键词: 学分银行;成人高等教育;学分制

随着国内教育资源的相对丰富及结构性的剩余,加上国外教育营销的渗透,对我国教育市场乃至人才市场都有强大的冲击力。成人高等教育已从过去弥补高等教育不足的角色转变为在职人员继续教育的渠道。笔者认为,这是成人高等教育角色的真正回归。所以,成人高等教育在构建终身教育体系中,应该着重提高从职人员继续教育的学历以及专业知识的能力与素质,尤其要关注这个群体的特殊性。

一、成人高等教育对象的特征研究

成人高等教育从广义上是表现为终身学习的一种形式,终身学习是社会个体在

---

① 课题来源:广东省教育科研"十一五"规划研究项目"以'学分银行'为载体构建高校优质学科资源社会服务平台的研究";2010年度广东省普通高校成人教育研究专项课题"适应珠三角区域经济增长方式,构建成人高等教育'学分银行'的研究与实践"。

其一生中通过持续不断的学习,求得意识和行为的改善。但成人高等教育有别于普通高等教育,成人的学习要求有高度的自主性、多样性。同时要求教育机构能够提供开放式、便利式的教育资源及管理模式。

(一)自主性

成年人的自主意识和自主能力均趋成熟。成人学生要求学习过程中能够自我组合知识模块。学习者能根据自身的特点和工作的需要确定学习目标、制订学习计划、选择学习方法,以充分发挥自身的优势获得最大的学习效果。学习者还能自觉地管理自己的学习活动,对学习质量有一定的要求,能够监控学习过程,评价学习结果。

(二)多样性

成年人的学习基础与社会阅历各有不同,差异度大。学习是为了满足个人适应社会急剧变化和科学技术不断革新的新需要,但具体的学习目标又与其年龄、受教育程度、职业水平以及社会环境等诸多因素有关,因此,终身学习的层次、方式等注定是多样的。即使同层次、同方式的终身学习,由于个体的能力、经验、社会环境等差异,其学习目的、学习内容和学习方法也多种多样。多样化的教育方式、培养方式就是更多样化地满足成人学生个性化的学习需求。

(三)开放式

成年人有丰富的社会经历和阅历,但成年人又承担一定的社会责任,必须同时兼顾学习和工作。这就要求终身学习的课程设置、学习方式、教学管理等实行开放式,让学习者积极参与教学过程,实现教与学的互动互长、理论与实践的紧密结合、学校与社会的沟通融洽。

(四)便利式

成人高等教育主要服务于从职人员对学历提升的需要,由于现在从职人员工作岗位流动性强,从职人员往往需要经常性更换服务地点,工作时间也经常有变化,加上生活各方面的繁杂事务使从职人员参加学习的时间得不到保障。所以成人高等教育的办学机构要设法让学习变得随时随地可以进行。各种学习方式的成果能够得到承认和积累。

综上所述,成年人的学习需求呈自主性、多样性、开放式、便利式。因此,成人高等教育不能囿于目前普通高等教育的教学模式,应以"以人为本"的教育理念,探索适合成人高等教育"学分银行"人才培养模式,创建一种机制使成人的多种学习成果得到承认、积累,兑换合理的学分。

二、在高校层面实施"学分银行"的构想

成人高等教育通过"学分银行"的构建,成人学生可随时随地进行学习,按学分付费,还可自己搭建知识结构,应用前景非常广阔。但在地方政府没有全面启动"学分银行"的情况下,高校可以作为实践的先驱者,探寻一种"学分银行"的操作规程。

(一)开放课程是实施"学分银行"的基础

开放课程学习,但必须为学生制订弹性结构的教学计划。弹性结构的多样化专业培养计划围绕两个核心问题:(1)建立多样化的专业培养目标,以基本保持学科体系且又能灵活选择的课程体系满足受教育者的需求。从而发挥受教育者的主观能动性,激励其潜能。接纳受教育者的非正规学习成果。(2)社会个体以自身的能力服务于社会,知识是构成能力的基础,素质是提升能力的动力。为此,应以能力(认知能力、实践能力、适应能力、交流协作能力)为主线构建课程体系。

课程体系的基本构架:"基础平台+能力模块"。基础平台包括:专业宽广的基础知识、基本理论、基本技能和通识教育课程。课程按培养学生能力构建,分必修和选修。其中部分课程还分A、B级,A级为基本要求,B级为拓宽加深的内容,学生可根据自身的学习目标和基础水平选读。能力模块包括:胜任本专业工作的能力和技能。根据学科特点和社会需求,模块中课程分若干组,每组分基础和专业方向两层,学生可选择其中的一组、多组或跨组选课自己拼成模块。培养计划还可安排10%~15%的任选课,学生可在基础平台、能力模块中选课,也可选读本专业菜单中没有提供的课程。基础平台的课程允许学生的专业证书代替课程的学习,如获大学英语四级证书可代替英语课程的学习,一些与专业有关的文章或专业课程的证书可作为基础平台B级的成绩。能力模块可接纳的范围更宽一些,如技能证书、社会培训课程、其他高校的学习成果、自学考试的成绩甚至单位技能劳动能手的光荣称号都可纳入学分的承认范围。但本校培养方案至少有60%体现在成人学生的学习成果上。

(二)开放教学管理的资源

"学分银行"的实施,为使学员的学习过程得到证实,要求学习过程所占用的学

习资源必须完全开放。高等学校必须实行完全学分制的管理模式,有选课制、学分积点制、弹性学制作为支撑,有师资、课室、机房、实验室、图书馆的开放使用作为基础。它为学生营造了良好的教学环境,实现了学生自主学习、按需学习、学以致用,保证了多样化、个性化人才培养模式的顺利实施,使学生在教学过程中高效率地达到既定的学习目标。这是"学分银行"的基础。

学生参照专业弹性结构的培养计划自主选课。允许跨专业、跨学科选课,对已掌握的知识和技能,经办理一定的认证手续,可免听或免修,对学得不满意的课程可重修。每学期按学生选读的学分收费,从学分绩点反映学生的学习状况。学制适当放宽,规定毕业最低学分,学生可根据自己的情况安排学业,某学期多修、少修甚至不修。学生可自由转换专业,转专业后,之前修读与本专业相关的课程可被承认学分。基础平台部分主干课程实行教师挂牌上课,并有意把教师上课时间叉开,学生可根据时间安排和兴趣选择任课教师。

高校也可开放一些珍贵的学习资源,适当收取合理的学习费用,如按学分收费。使学生在学期间,取得相关的技能证书,如电工师、建造师、会计师、程序员证书等。使高等学历的成人教育与职业教育、技能教育结合起来,提高成人学历教育的含金量,也使丰富多彩的优质培训教育得到学历教育的承认。同样,自学考试的课程学习,甚至单位的优质培训课程都应该以学习时间为单位折成学分,纳入学生毕业总学分要求。

开放教学资源同时也意味为其他高校或本校全日制的学生提供课程学习的机会、提供学习成果的官方认证资料。这可以通过高校间的协议,建立校际间学分互认的办法来实现。

(三)适应"学分银行"运作的认证体系的建立

"学分银行"的管理模式,由于学生的培养计划中有大量的认证学分,所以,教学管理过程第一步要建立学分认同的条例,根据现行的各级各类的教育课程、各种技能证书进行学分的核算;第二步通过学生的入学教育,教会学生注意学分的积累与兑换;第三步教学管理部门要认真核实、鉴定所申请学分的真实性,有无学习过程的辅助材料等;最后在网上公示学分兑换的结果。其中操作难点是学分认证的量化标准的确定,成人学生付出的学习时间可作为量化的参考值,这方面韩国有较成熟的量化体系,如珠算的认证,可折成8学分。

在"学分银行"的培养模式中,每一个学生都有较大的自主权。要让不同能力、不同经验的成人学生适应并掌握这种自主权,准确选择学习方向,充分发挥潜能,达到预期的学习目标,随时提供个性化的指导是必需的。为成人高等学历教育配备专业导师是一种合理的制度选择。专业导师可由学校聘请一批经验丰富、有一定学术造诣的退休教师和党政干部担任。专业导师的职责:(1)引导学生了解专业和学科的发展,帮助学生正确认识自己,合理定位,制订学习目标和学习计划。(2)作为学校与学生的纽带,贯彻学校的教学意图,及时反映并帮助学生解决学习中的困难。(3)检查教学运行情况,及时反馈信息并协助解决存在的问题。实施"学分银行"的完全学分制,教学班级的组织形式已淡化。专业导师的咨询让成人学生觉得心中有底。

(四)为"学分银行"建设功能强大的教学管理平台

开放式的教学管理使管理工作量骤增,加上成人学生居住地域分散、学习时间不同、学习的途径多种多样等因素,如果没有先进的管理手段,多样化、个性化人才培养难以实现。开发教学管理平台,首要的是工作理念的确立。为适应多样化的成人高等教育的管理,其工作理念就必须以人为本,以服务成人学生为宗旨,开发集教学管理、网上教学和交流于一体的平台。

教学管理平台至少应包括两大模块,一是高等学校教学管理信息系统,主要是内部管理的模块,学校可从方便管理的角度去进行设计。如学籍管理、认证系统、排课管理、考务管理、选课管理、成绩管理、毕业审核等都是教学管理的内容。二是学生网上个人的服务系统,以人为本一般在这个模块可得到实现。如学生成绩查询、认证学分申请、课程表查询、调课通知、办证情况查询、统考通知、补考通知、网上选课、师生交流等。使学生足不出户,就能在网上实现个人的各类信息查询和各种交流。

管理平台还建立学习网站,使学校丰富的教学资源不受时间、地点的制约而得到充分利用,教师可把答疑、辅导挂在学习网站上,便于与学生交流。管理平台还可开通"院长信箱",处理各类咨询、投诉,并提供思想交流平台,将学生、教师、专业导师、学校行政无形地连接起来,使大学的校园扩展到社会。

(五)建立多目标的质量保障体系

"学分银行"促进成人学生人才培养多样化,在培养方案中,宜设置一门"学业规划指导"课程,教会成人学生使用其自主权,教会学生享受这种多样化的教育,自主安排学习量、学习进程、学习结构;教会学生利用以人为本的培养机制和个性化服务条件,充分满足自己的个性化需求,为自己定制个性化的成人高等教育;教会学生认真规划自己的成人高等学历教育的学习生涯,根据培养方案,形成自己的学习规划,甚至可以做出自己的职业规划,使自己的成人教育学生生涯为自己的职业添砖加瓦,而不是混学历。

"学分银行"为学生实现多样化的学习目标提供方便,如灵活柔性的课程体系、以人为本的学分认证机制。其质量标准也应是多样化、人性化的。在"学分银行"培养方面,应有完善的成人教育制度体系。该制度体系包括学生学籍的管理细则、学分制与"学分银行"的管理办法、考试的管理办法、毕业设计的管理办法等。管理条款都是结合成人教育多样化培养的措施来设置。其中的难点应是成人教育学分互认折算办法,要建立按专业结算与按课程结算相结合的经费分配机制,制订与多样化培养相适应的收费方案,实现按学分按课程学科门类收费,必须反复计算不同专业、不同类型的课程的成本,既要努力减轻学生的经济负担,又要能维持正常的教学运作,还要符合当地物价部门的有关规定,依法收费,合理收费。

"一站式"处理学生个案。尽管当前成人教育的管理仍存在多级管理,但笔者更倾向于成人高等教育的"学分银行"实行一级管理,柜台式服务,面对学生个体"一站式"受理学生的各种个性化要求,逐一解决。前台由管理人员解答学生问题,重大问题通过领导班子研究,共同商议解决,及时向学生反馈处理意见。

三、高校层面"学分银行"的价值分析

通过对"学分银行"的构建分析,其主要价值和功能如下:

通过"学分银行"的构建,使不同渠道的教育形式能够对接。如毕业学分的构成可以有高校的学习经历,也可以有各种学习证书兑换的学分,也可以是培训课程,甚至一些个人的小科研、小制作都可以适当作为学分构成的一部分。以高校为主体实施"学分银行",高校须有一定的胸怀去接纳学生非正式渠道的学习成果,又要以极

负责的工作态度和严肃的工作规范去鉴定学生的学习成果的真实度,避免弄虚作假,管理人员更不能徇私。其实只要教学管理过程公开透明,这些作假的问题都可以解决的。

通过"学分银行"的构建,促进社会公平,为底层的从业人员争取学习机会,使成人学生有更多的自主权、有更多的学习渠道,其学习成果都能得到承认,这种学历教育既为从业人员参加学习带来方便,由于公开透明的教学管理,又使教育过程有质量的保证。客观上使成人学生提高学习的附加值,对改善从业人员的境遇是很有帮助的。

通过"学分银行"的构建,成人学生可进行积累式的学习。成人学生由于经常受到各种条件的限制,即使同时入学,也可按自己的情况进行规划,安排毕业的时间。"学分银行"有较宽松的学习年限的要求,学习完全是学生个人的事,高校只需提供优质的教育服务管理,对及格率、毕业率可以较宽容的心态待之。

通过"学分银行"的构建,成人高等教育的质量可接受社会的全面监督,按照保本运行来核算学分的单价。只有这样,才能使成人高等教育走上一条健康发展、可持续性强的道路。

参考文献:

[1]彭诗茸.高等教育立交桥之学分认证机制初探[J].文教资料,2012(15):86-87.

[2]邢立新,陈业宁,张坤.开放教育"学分银行"制度初探[J].教育教学论坛,2012(23):77-78.

[3]杨晨.我国"学分银行"建设的三大问题[J].中国远程教育,2012(11):41-46.

高校成人教师自我导向专业发展探析

广州大学　张洪

摘要：自我导向学习是教师主动参与学习进程，促进自身专业发展的有效形式。高校的快速发展和成人教育的职业特性要求成人教师强化自我导向的专业发展意识，主动寻找学习资源，积极参加各种教学科研实践活动，将所学知识放在具体的问题情境中分析、比较、检验和批判，加深理解，把握本质。成人教师要对自身的专业发展状况保持清醒的认识，客观公正地评价自身的专业行为，坚持自我反思，保持专业精神。

关键词：教师教育；成人教师；自我导向学习；专业发展

一、自我导向学习的内涵及其建构主义哲学基础

自我导向学习是由成人教育专家塔夫提出，并于20世纪60年代在世界教育领域迅速发展的一种学习理念。自我导向学习内涵丰富，理解各异，学者们根据各自心中自我导向学习的印象，从不同的研究维度对自我导向学习进行了比较深入的研究。1994年台湾学者邓运林对前人的研究成果进行归类，从历程、能力、学习标志、学习形态等四个不同的维度总结了自我导向学习的内涵。"历程说"代表人物诺尔斯认为自我导向学习是一种由个体自己在别人帮助下或独自发动完成的活动过程，在这个过程中，他们各自诊断学习需求、拟订学习目标，确定学习可利用的人力物质资源，选择并实施适当的学习策略，并自我评价学习成果。以加格利尔米诺等人为代

表的"能力说",认为,自我导向学习是一种能力,学习者对事物能独立思考,适当变通;能感知并合理运用消息;具备引导及组织活动的能力;对知识具有探索精神;能够理解并接受学习的责任;能够客观恰当地对自我进行评价等。而莫尔等"学习标志说"代表则认为自我导向学习是一种标记,标志着学习者能下定学习决心并自主开展学习。"学习形态说"认为自我导向学习是在学习情境中行动和思考的方式,通过这种学习方式,学习者能感到舒适愉快。

自我导向学习的主张具有浓厚的建构主义哲学理论基础。建构主义认为学习不是学生被动简单地接收信息,而是一个主动的过程,学习者主动地参加到学习中去,获取新经验,感知其与原有知识、经验的相互作用,认识、理解新知识并通过对新知识进行分析、检验和批判来充实、丰富和改造自己的知识与经验;学习尤其重要的是发展一种探索新情境应具备的假设,推测并应用自己的能力以解决新问题或发现新事物的态度,学习者对知识真正的理解只能基于其自身的经验背景而构建,这种构建取决于学习者特定情境下的学习活动过程,他人无法替代;学习者在学习过程中形成的对概念的理解是丰富的、有着经验背景的,在面临新的情境时,能够灵活地建构起具有各自特性的、用于指导活动的个性图式。建构主义的这种知识观和学习观与自我导向学习的主张息息相通,两者都强调主动学习与结合所处具体情境思考、理解,创造性地运用所学知识解决问题。

二、高校成人教师自我导向专业发展的必要性

(一)高校发展决定成人教师必须具备自我导向发展意识

成人教育与普通高等教育一样,履行着培养人才和服务社会的重要职能,在支持地区社会经济发展、促进国民素质提高等方面,发挥着重要的作用。但在目前各高校跨越式发展的大形势下,各高校更加注重科学研究以提高学校的办学层次与水平,在教师专业发展的政策引导上,更倾向于支持普通高等教育的师资建设。成人教育因其对学科发展及办学层次的提升意义不明显,常常被高校置于发展的边缘化位置,成人教师的专业发展难以得到重视。高校的这种教师专业发展策略,决定了成人教师必须要有自我导向的专业发展意识,只有成人教师自身的专业水平不断提升,才能跟上高校教师整体专业提升的速度,不致于与高校教师专业发展的主流渐

行渐远。而且,受到办学师资与办学条件的限制,高校教师的专业发展完全依赖组织安排的正规教育和培训也不太现实,正规教育与培训需要安排相对完整且较长时间的周期,需要教师脱岗学习,这就会使教师产生工学矛盾,影响到学校整体的教学工作安排。成人教师如果采取自我导向的学习方式,则不受时间、空间的限制,完全可以教、学兼顾,化解工学矛盾。两相权衡,自我导向学习是高校成人教师促进自身专业发展较好的选择。

(二)成人教师的职业特性要求其掌握自我导向学习的方法

成人教师的教育对象为成年学生,学者们认为成人教育本质上是经验学习、问题学习、参与学习、自我导向学习的过程。成人学习的本质,决定了成人学生会基于自己的经验背景对知识进行分析、检验和批判性吸收,进而对知识进行自主的构建。现在的成人学生大多具有一定的实践经验和自我管理能力,是成熟的学习者,他们具备丰富的学习资源,学习目的明确,更关注知识的即时应用而非知识的预先储备,学习更多地以问题而非学科为中心。成人教师传统意义的"传道、授业、解惑"等角色形象已退居次要位置,而更多扮演着引导者和服务者的角色,为学生充分合理地利用学校及自身的学习资源提供帮助,倾听学生对知识的认识和看法,洞察这些想法的来源,并以此来引导学生丰富或调整自己对知识的理解。成人教师给学生的指导,更多的是体现在学习方法上的指导,尤其是自我导向学习方法上的指导,教学的需要要求成人教师掌握自我导向学习的方法,在与学生的相互沟通和交流过程中,了解彼此的想法,并各自进行相应的调整,形成学习共同体,实现教学相长。因此,成人教师无论作为成人学习者,从促进自身的专业知识提升出发,还是作为学生的引导者,从对学生的引导出发,自主导向的专业学习在理论与实践两个层面都会为之提供相应的支持。

(三)自我导向学习有利于增强成人教师专业知识的实效与个性

教师培训是促进教师专业成长的常用形式。传统的教师培训在培训规模、知识普及上有着极大优势,其对教师专业发展的影响具有规模化、标准化与统一化的外在特征。具体到每一位教师个体,却存在着专业发展目标单一、针对性不强等问题。自我导向学习是学习者基于自己的经验背景自主学习的过程,学习需求、学习目标明确,能够灵活地选择并实施适当的学习策略。成人教师可以针对自己的实际状况,选择对自己教学最有帮助、最能解决实际问题的知识领域作为专业发展的方向,活学活用,将所学知识与技能在实践中进行检验,增强运用专业知识解决实际问题的能力。此外,教师的专业发展是一个不断变化的过程,不同时间处于不同的发展阶段,不同的教师因其个性特征、工作经历以及关注、研究的方向不同,在专业知识的选取与专业发展的方向上,表现出各自的差异,这种差异无关对错优劣,而是教师专业发展多样性与教师个性魅力的表现。自我导向学习能最大限度地满足和适应成人教师这种个体需要,使成人教师的专业发展更具个性,体现专业魅力。

三、成人教师自我导向专业发展模式

自我导向专业发展模式大致可以分为制定专业发展规划、参与专业发展实践以及自我反思与评价三个部分。成人教师在完成专业发展规划的制定后,可以主动参加各类专业活动,在学习实践中磨砺、反思,增强专业认识,保持专业精神,实现专业发展目标,促进自身专业成长。

(一)制定专业发展规划

专业发展规划是教师为自己专业发展设计的蓝图,它可以为教师的专业发展提供引导和监控。教师作为专业发展的主体,必须具备自我发展的意识和动力,对专业发展进行自我设计、自我监控。成人教师制定专业发展规划需要综合考虑环境与自身需求、能力等多方面的因素,制订出切合实际的实施方案。教师对自己专业发展的需求分析务求详尽,以了解自身真实的专业结构以及所具备的专业发展准备程度和自我发展能力,从而选择合适的发展领域与学习内容,确定发展目标。需要注意的是,成人教师专业发展规划必须与成人教育的职业相适应,与成人教师的工作相关,要能明确成人教师的角色形象,能对成人教师内在的专业知识、能力结构和专业素养的提高提供方向性的指引,而不是以职务的攀升或职称的晋升替代专业发展。另外,尽管教师专业发展规划是个人化的,但在专业发展方向的选择上并不意味着成人教师可以任意地设计自己的发展方向。成人教师的专业发展规划必须坚持教师专业发展的大方向,符合国家政策、法律的规定和社会、学校与成人学生对教师的需求,成人教师要在自身需求、学校需求与学生需求三者之间找到适当的平衡,这样才能把握机遇,保持自身在专业领域持久的发展。

虽然不同教师的专业发展规划有不同的内容和组织方式,但依然具有一定的框架或模式。如从规划的范畴来看,通常分为总体性规划和阶段性规划。教师专业发展的总体性规划通常包括了自我认识、环境分析、专业发展目标、专业发展路径、行动方案、相关人员的建议、评价和自我反思等内容。成人教师通过对自我内在的专业知识结构、自我专业发展意识和所处的环境进行分析,确定发展目标和路径,并根据目标合理利用资源和时间,实施具体的专业发展步骤、策略或措施,最后通过建议与反思进行自我评价与自我激励,修正专业发展规划目标、步骤及实现方法。阶段性规划通常具体到专业发展的详细目标、行动方案,并且在时间安排上也会进一步明确、细化,部分甚至可以量化。成人教师可以通过逐步实现阶段性的专业发展目标,积跬步至千里,最终达到专业发展总体目标的实现。

(二)积极参与专业发展的探索与实践

1.主动参加学习实践活动

在自我导向的学习理念与建构主义的学习观中,学习不是被动的信息接收,而是学习者主动建构自己知识经验的过程,学习者通过新经验与原有知识、经验的相互作用,来充实、丰富和改造自己的知识与经验。首先,成人教师应该积极主动地参与自身专业或学科的各类教学科研活动实践,在实践中感知专业魅力,检验自己对专业的理解。成人教师可在教研活动中交流各自工作的进展,畅谈专业发展中的情感、体验和感悟,也可以集体备课,相互之间开展说课、评课,相互合作,相互分享,在这种相对轻松的环境中,教师之间彼此交换经验,不断实践、反思、对话,促进共同的专业成长。其次,成人教师需要自主地参与教师培训。培训是教师参与学习实践活动的重要形式,也是促进教师专业发展的有效手段,成人教师不能因为培训存在弊端因噎废食,放弃培训。自我导向的发展模式提倡学习者在参与培训时坚持为我所用的原则,自主选择,掌握培训内容的选择权。自主选择培训课程与内容能有效提高成人教师参与培训的积极性,既可以保证成人教师完成年度的继续教育学分要求,又能使学习者学有所获,以这种外在的激励促进教师不断学习。此外,成人教师的自主学习应保持学习形式的多元化,除了学习专业文献,还可以通过访问、问卷调查、户外教学等方式进行情境学习,通过学习形式的不断变化,保持学习实践的丰富性和实用性。

2.在具体的问题情境中深化对知识的理解

教师的专业发展实践具有情境性、复杂性、不确定性、不稳定性以及价值冲突等特点,学习者不可能仅仅依靠或者直接应用现成理论或书本知识就解决实际问题。建构主义的知识观认为,知识只不过是人们对客观世界的一种解释、假设或假说,它不是问题的最终答案,它将随着人们认知程度的深入而不断地变革、升华和改写,出现新的解释和假设。在实际应用时,知识并不是一用就准,一用就灵,而是需要针对具体问题的情境对原有知识进行再加工和再创造。真正的理解取决于特定情境下的学习活动过程,只能由学习者自身基于自己的经验背景而建构起来,任何知识在被个体接收之前,对个体来说是没有什么意义的,也无权威性可言。因此,成人教师在参与自我导向的专业发展实践中,需要运用批判教育学的思想、观念和方法,将所学习、接触的新知识与理论放在具体的问题情境中,激活自己原有的经验,理解分析当前的具体问题情境,进行比较、分析、检验和批判,剔除偏见和蔽障,把握本质,加深理解,并从成人教育这一特定的角度对知识进行拓展和创新,使学习活动真正切入到自身的经验世界中,建构出自身对知识的独到见解,实现对原有知识的再加工和再创造,从而有效地解决问题。

3.更加有效地利用学习资源

虽然自我导向学习赋予学习者自我决策、自我导引的权利,但并不意味着要将学习与社会脉络或社会资源隔绝,反而是倡导学习者在社会的具体情境中,借助所有可资利用的资源,促进自我的学习与成长。"如果没有一种支持的政策环境,使所有的教师参与到持续的发展过程中,我们就不可能期望有什么系统的、整体的变化发生。"因而,寻求适当的人力与物质资源并充分地发挥其作用仍是自我导向学习者提高学习效果的一项十分重要的工作。成人教师应保持开放的心态,更新教育信念和专业智能,寻找并充分利用可用的学习资源,在学习活动中主动寻求朋友、同事、同学、师长或专家学者等的帮助,加强同事之间的合作与互动,提高学习效率,促进自身在认知、情感、态度和观念等方面的和谐发展。在学习媒介和学习方法上,成人教师也需要突破传统的读写约束,生活中处处留心皆学问,除了专业的文献书籍,还可向科普图书、杂志、报纸、影视作品和网络信息等系统媒介寻求知识与参照,不仅要学会查阅,更要学会分析、归纳和整理,去伪存真,吸收可用信息,为我所用。

(三)专业发展的自我反思与评价

自我反思是教师专业发展中自觉意识的体现,是成人教师摒弃个人本位,对自身专业发展实践方式和情境进行的多视角、多层次的思考。自我反思贯穿于专业发展的整个过程,成人教师通过"实践—反思—再实践"这样一个循环往复的过程,不断反思和调节,保持和促进专业精神,提升专业知识与技能,推动自身专业成长。成人教师在落实专业发展规划的过程中,需要对专业活动的评价、目标的修订、策略的调整和补充等进行自我反思,如反思规划是否切合实际,目标是否清晰,是否体现了自己、学生和学校的需求,评估的方法是否能真实地体现自我专业发展的情况等。这有利于成人教师把握正确的专业发展方向,及时调整专业发展目标与路途,减少走弯路、走错路等情况的发生。在专业发展实践中,成人教师受文化多元化、思想观念以及客观条件改变的影响,可能会动摇原定的专业发展方向,使发展偏离预设目标的轨道。此时,及时的自我反思有利于成人教师对自己的专业行为再认识、再思考、自我监控和调适,成人教师在自我反思的过程中,新、旧的专业思想及理念不断产生矛盾和认知冲突,成人教师不断地怀疑、批判自己,逐步深化自身对新的专业发展理念、新的教育教学思想等的理解、吸收,从而提高自身科学研究的意识和能力,延伸知识视野,提高专业素质。

客观、公正地对自身的教学科研活动进行评价是成人教师自我导向专业发展的重要组成部分,可为成人教师的专业发展提供源源不断的动力支持,有利于成人教师克服专业发展的自卑心理,增强自信心。成人教师要学会自我接受并能对自己形成内化的评价,要能在以往的专业学习经验基础上建立起关于自我的积极主动的认识,对自身的工作与学习做出恰当客观的估计:正确估计自身可利用的学习资源;恰当地评价自己的知识基础和知识结构;正确评价自己的学习特点与学习能力;及时审视自身专业学习的进度以及总结专业发展的成果等,从而对自身的专业行为有较为全面的了解。在肯定自我的同时,及时修正专业发展目标,调整学习状况,有的放矢,采取更有效的方法向目标努力,确保专业发展目标的实现。

参考文献:

[1]邓运林.成人教学与自我导向学习[M].台湾:五南图书出版公司,1994.

[2]Knowles M.(1975).Self directed learning:A guide for learners and teachers[M]. New York:Association press.

[3]姚远峰.自我导向学习及其与成人教育发展述评[J].河北师范大学学报(教育科学版),2008,10(3):103-107.

[4]温彭年,贾国英.建构主义理论与教学改革[J].教育理论与实践,2002(5):17-22.

[5]姚远峰.Andragogy:一种基于成人学习的教育学[J].当代继续教育,2004,22(5):26-28.

[6]王少非.教师专业发展规划:意义　内容　策略[J].中国教育学刊,2006(2):59-62.

[7]段晓明.走出个人的藩篱——英国"整体性校本培训"计划的实施[J].外国中小学教育,2007(10):30-36.

高职专科与自考本科衔接及互认的难题和对策①

华南师范大学　林静新

摘要:本文主要简述高职专科与自考本科衔接及互认的难题,重点提出高职专科与自考本科沟通衔接及互认的对策:(1)制定两类教育制度性衔接政策;(2)建立相对统一的量化标准;(3)建设课程学习资源库;(4)筹建课程学习和学分互认平台;(5)设立扶学教育基金。明确开展高职专科与自考本科衔接及互认,需要政府、高职院校与普通高校共谋共建共同努力。

关键词:高职专科;自考本科;衔接;互认

目前,我国各类教育体系的贯通性和衔接性不足,各级各类教育,包括远程教育、自学考试在内的成人高等教育,职业技术教育以及普通高等教育之间缺乏顺畅转换衔接的通道。因此,研究高职专科与自考本科衔接及互认具有积极意义。实现高职专科与自考本科沟通衔接及学分互认,对拓宽学习通道,满足学习者多样化需求,促进终身学习和学习型社会建设,助力经济发展具有重要作用。

一、高职专科与自考本科衔接及互认是教育改革目标之一

近年来,推进教育领域综合改革,建立以学习者为中心的终身学习体系,已成为

---

① 课题来源:2014年度广东省高等职业教育教学改革立项项目(粤教高函〔2014〕205号)"高职院校与普通高校学分积累互认的制度与政策研究"。

我国教育改革发展的重要目标。《国家中长期教育改革和发展规划纲要(2010—2020年)》明确提出:要搭建终身学习"立交桥"。促进各级各类教育纵向衔接、横向沟通,提供多次选择机会,满足个人多样化的学习和发展需要。建立继续教育学分积累与转换制度,实现不同类型学习成果的互认和衔接。2013年十八届三中全会通过的《中共中央关于全面深化改革若干重大问题的决定》提出,深化教育领域综合改革。试行普通高校、高职院校、成人高校之间学分转换,拓宽终身学习通道。2014年发布的《国务院关于深化考试招生制度改革的实施意见》更进一步提出,拓宽社会成员终身学习通道。探索建立多种形式学习成果的认定转换制度,试行普通高校、高职院校、成人高校之间学分转换,实现多种学习渠道、学习方式、学习过程的相互衔接,构建人才成长"立交桥"。

高职专科与自考本科沟通衔接可为高职院校学生,甚至是所有公民提供相对平等的高等教育机会,促使不同类型、层次、性质的高教机构能按各自的功能和使命有所侧重地发展,更好促进教育资源的合理配置和整体优化,为公民修读自考本科提供便捷途径,为提高高等教育自学考试专科起点、本科普及率和促进高等教育的繁荣发展做出积极贡献。

二、高职专科与自考本科衔接及互认存在的难题

近十几年来,受到国际学分互认和学分银行建设大趋势的影响,部分地区部分高校开始在学分互认与转换方面开展实践尝试。由于我国学分银行和学分互认转换的研究尚处于起步阶段,各项保障制度和组织结构不完善,学分转换的机制不健全,缺乏统一的学分互认和转换的标准,导致实际的效果不理想。高职专科与自考本科衔接及互认分属于不同的教育层次、不同的教育类型,两者之间的衔接及互认更是一次新的尝试和挑战,存在诸多的难题。

(一)缺乏具体明确的实施办法

关于不同类型教育衔接及学分互认,虽然《国家中长期教育改革和发展规划纲要(2010—2020年)》《中共中央关于全面深化改革若干重大问题的决定》和《国务院关于深化考试招生制度改革的实施意见》的文件都有所涉及,但这些文件基本上停留在指导性意见的层面,至于如何具体实施则缺乏明确的方案。至少在现阶段政策

缺失,尤其是一些细节政策的缺失确是事实,未见省级部门统筹出台较为系统的沟通衔接及学分互认的示范性政策。当决定要开展高职专科与自考本科衔接及互认的实践,省级教育主管、高职院校、普通高校各方的代表和专家需要进行长远的、全面的、前瞻的战略谋划和运筹,决不能意气用事,毕竟细节决定成败。有的高职院校对高职专科与自考本科衔接及互认热情高涨并有强烈意愿,但苦于无章可循,这在一定程度上限制了高职专科与自考本科衔接及互认的顺利推行。

(二)大多数院校没有实行完全学分制管理

高职院校大都是由原来的中专学校升格而来,与现代大学的管理要求还存在一定差距,要开展高职专科与自考本科衔接及互认实践,在管理手段、管理措施方面有待进一步完善和提高。目前,高职院校几乎都尚未实行完全学分制,大部分都是实行学年学分制,学年学分制有明确的学年界限,部分学生因种种原因,在已达到在校最长期限内未能取得规定学分,只能被迫肄业或结业离校。实行完全学分制不限制修学年限,学生可以根据自己的情况灵活安排个人的修学计划,也可工读交替,所修学分可用于高职专科与自考本科衔接及互认,有利于学生完成专业学习和提升学历层次。要实行完全学分制管理,需要重置组织结构和管理模式,这不是一朝一夕就能完成的。此外,标准化学分课程体系和学分互认转换平台等也还没配套建立。

(三)高职院校内部还存在诸多制约因素

高职专科与自考本科衔接及互认是一个需要政府主导并提供相关配套政策的具有综合性和复杂性的系统工程,它将对原有的教学管理制度和教育观念造成冲击。各高职院校现有管理水平差别较大,课程体系、课程标准不统一,教学制度、教学模式存在明显差异,对高职专科与自考本科衔接及互认的开展,必然会增加其管理难度。此外,管理人员配备、资金投入情况,硬件设施的缺乏也制约了高职专科与自考本科衔接及互认的开展。

三、对高职专科与自考本科衔接及互认的对策

(一)制定两类教育制度性衔接政策

纵观国际学分互认沟通衔接的实践经验,学分互认是一种国家层面推行的政策,并有相应的配套机制和操作流程,带有比较大的强制性和约束性,贯彻高等教育

为社会经济发展服务的宗旨,各个高校在实践层面主动开展合作,校内有专门的管理机构和制度,充分考虑到学生的实际需求,为学生发展提供最便捷的途径。实现高职院校专科与高等教育自学考试本科沟通衔接首先需要政府为这两类教育的制度性衔接制定明确具体的规定。

高职院校专科与高等教育自学考试本科的制度性沟通衔接规定包括以下三方面:一是制定法律法规,强力推行高职院校学生继续修读高等教育自学考试专科起点本科教育。这些法律法规集中表现在省级教育主管部门的决议、条例草案和法规中,主要从法律角度为高职院校的专科教育与高等自学考试专科起点本科教育衔接提供总体指导思想和发展方向。二是为高职院校学生继续修读高等教育自学考试专科起点本科教育发布学习指南,引导高职院校学生继续修读高等教育自学考试专科起点本科教育。修读指南集中体现为手册、倡议书、"课程学习和学分互认平台"使用办法等,主要是规定修读本科的具体要求及修读过程中各种疑问的解答等。三是提供资助奖励,激励高职院校学生继续修读高等教育自学考试专科起点本科教育。资助奖励集中体现为提供财政资助、保证学分互认、办理本科毕业证书等,主要是通过提供经费资助和其他物质奖励方式进行激励。

(二)建立相对统一的量化标准

建议由省级高等教育自学考试委员会组织建立相对统一的衡量标准和相对科学的质量保证措施,包括建立统一的质量保证框架、共同的质量评价标准和评价工具、开放的质量评价体制和信息披露机制等,提高教育质量的透明度和承认度,促使高等教育自学考试专科起点本科与高职院校专科教育顺利衔接。

一是对高等教育自学考试专科起点本科教育达到毕业要求的学习量进行界定。参照两年制全日学习的学习量,按每学期20个教学周,每周授课20~25学时,按授课学时1:1配备作业及自学的学习时数,每学期的总学习量为800~1000学时,可假定高等教育自学考试专科起点本科毕业的总学习量为3200~4000学时,假定每学期开课4~6门,开设课程总门数为16~24门,假定每40个学时(其中授课20学时,作业和自学20学时)的学习量设置为1学分,毕业总学分为80~100学分,高等教育自学考试专科起点本科各专业课程体系大致划分为普通教育课程、专业主修课程和自由选修课程(自由选修课程可用其他自己喜欢的课程代替)三类,各类课程分别约占 1/3,由省级教育主管部门对各专业开设的全部课程进行统一分类和编码。

二是各高职院校要全面推行完全学分制。各高职院校要按照本校专科专业的基本学制三年所开设的课程,组织专家选出本专业最基本和最具有代表性的课程作为专业核心课程,专业核心课程门数 6~8 门,按学习量不低于 40 个学时设置 1 个学分,总学习量为 1080~1320 学时,专业核心课程总学分为 27~33 学分。学生在本校修读专业核心课程所得的学分可向省级教育主管部门申报,纳入高职院校专科与高等教育自学考试本科沟通衔接课程学习和学分互认平台统一管理,作为申报本科毕业学分的依据。

三是全面修订高等教育自学考试专科起点本科各专业的考试方案。各主考学校必须按省级教育主管部门统一的量化要求和规范,全面修订高等教育自学考试专科起点本科各专业的考试方案,详细规定各专业全部课程的具体学分数和课程类别,并按省级教育主管部门的要求对全部课程进行分类和编码。修订专业考试方案要参照高职院校相关专业的核心课程,把高职院校相关专业的核心课程全部纳入高等教育自学考试专科起点本科各专业的考试方案,作为高职院校专科与高等教育自学考试专科起点本科课程沟通衔接及学分互认依据,高职院校专科课程沟通衔接互认学分控制在高等教育自学考试专科起点本科专业总学分的 1/3 以内。

(三)建设课程学习资源库

建设高等教育自学考试专科起点本科课程学习资源库,由省自学考试委员会牵头组织各高等教育自学考试专科起点本科主考学校和各高职院校,共筹共建高职院校专科与高等教育自学考试专科起点本科沟通衔接课程学习和学分互认资源库,省自考委组织制定专业课程学习课件的制作规范和要求,各主考学校负责组织力量制作每门课程的学习课件。在统一制作规范和要求下,各高校要对课程的知识点进行严格梳理和划分,制订出标准划分的课程类型、教学目标、授课方式、各章节权重、学习重点和要点、疑难问题解答、练习题及答案,并命 5 套以上的自测试题(含参考答案)。其中,各高职院校选出的专业核心课程由高职院校按省自考委统一规定的制作规范和要求制作学习课件,并送各主考学校审核。

(四)筹建课程学习和学分互认平台

建议省级教育主管部门负责筹建高职院校专科与高等教育自学考试本科沟通

衔接课程学习和学分互认平台,高等教育自学考试专科起点本科各专业学习课件制作完成后,统一送省级教育主管部门审核,由省级教育主管部门组织成立学习课件质量审核和认定的专门机构,对各专业的学习课件进行全面审核,在课程设置、师资力量、教学情境等软件和硬件上层层把关,形成严格的学习课件准入制度。经审核合格的学习课件,纳入课程学习和学分互认平台统一管理。学分互认的目标是为社会成员提供终身学习和获取文凭的机会,提倡"人人学习""时时学习"和"处处学习",实现学习者个体学习时空自由。课程学习和学分互认平台除了向高职院校学生开放外,也可面向所有公民开放,任何人在课程学习和学分互认平台注册后,可以利用电脑、电视、手机等终端设备,便捷点播课程,自主安排学习。在课程学习和学分互认平台学习,并通过省级教育主管部门统一组织考试或由平台考试系统测试合格者可获得相应学分,所得学分获得国家承认。各高职院校和普通高校在校学生在课程学习和学分互认平台获得学分后,可向所就读院校申请相应课程免修免考,并获得本校相应课程的学分。所有公民在课程学习和学分互认平台学习并通过考核获得相应学分,学分累积达到高等教育自学考试专科起点本科毕业要求者,可申请颁发毕业证书,经审核合格后即可颁发国家承认学历的高等教育自学考试专科起点本科毕业证书。

(五)设立扶学教育基金

建议省级财政筹集资金,设立高职院校专科与高等教育自学考试本科沟通衔接扶学教育基金,扶学教育基金可用于支付高等教育自学考试专科起点本科课程学习资源库、课程学习和学分互认平台的建设费用。充分发挥课程学习和学分互认平台教育资源;使更多的公民不必负担沉重经济压力就可以接受本科教育,获得新技能、提升职业素质有地方;使任何想学习、想发展的人为自己和家人寻求光明未来有途径。扶学教育基金在优先资助高职院校在读学生前提下,也可扩大到向接受义务教育后所有公民每年发放一定金额的学习券,公民在高职院校专科与高等教育自学考试本科沟通衔接课程学习和学分互认平台学习所需费用可用学习券的金额支付,让教育基金精准扶助公民学习和发展。

综上所述,要开展高职专科与自学考试本科沟通衔接及学分互认实践,至少需要政府、高职院校与普通高校共同努力。就政府层面而言,政府的功能是设计、建设和管理学分互认系统,包含法治法规和政策的制定,也包括技术、服务及资金的支持,以及建立管理机构、制定运行规则。就学校层面而言,高职院校和普通高校要积极探索和实施学分互认系统建设,制作高质量的学习课件,建立互认课程体系,实现互联网管理,探索共谋、共建、分享的学分互认实施模式。高职院校侧重于筛选确定专科专业的核心课程和制作相应的学习课件,指引学生修读相应的高校自考本科课程;普通高校侧重于对自考本科各门课程学习课件的质量把关和对修读自考本科过程的管理和服务。

参考文献:

[1]米红,李国仓.美国大学与社区学院学分互认机制研究——以北卡罗来纳州为例[J].比较教育研究,2007,28(10):46-49.

[2]郭萍,姜月飞.欧洲学分转换系统的运行机制对我国区域学分制研究的借鉴[J].中国商界,2008(8):227.

[3]杨晨,顾凤佳.国外学分互认与转移的探索及启示[J].现代远距离教育,2011(4):9-14.

[4]袁松鹤.欧洲学分体系中ECTS和ECVET的分析与启示[J].中国远程教育,2011(5):58.

[5]姚加惠.美国应用型本科与其他类高等教育的沟通与衔接[J].中国高等教育,2012(23):61-63.

[6]鞠国帅,刘杰秀.英国继续教育学分互认机制对我国的启示研究[J].长春理工大学学报,2013(3):98-99.

[7]彭丽茹.学分互认制度的国外实践探析[J].广州广播电视大学学报,2013(6):45-48.

[8]张伟远,段承贵.建构终身学习立交桥的先驱:新西兰的经验和教训[J].中国远程教育,2013(23):14-19.

[9]刘艳舞.意大利高等技术教育与培训和大学之间的学分互认[J].高等工程教育研究,2014(5):163-167.

[10]陈静,王瑜.美国高校学分互认的实施途径与发展特征[J].现代教育科学,2014(1):138-141.

[11]王国川.高职教育与网络教育专业(课程)之间学分互认探索[J].中国职业技术教育,2014(26):28-31.

[12]邓毅,龚琳俏.高职院校与普通高校学分转换机制研究[J].中国成人教育,2016(5):53-55.

基于"互联网+"的成人高等教育教学模式应用探讨

广州大学　刘潇

摘要：互联网技术的迅猛发展，深刻影响着社会经济和结构的改变。同时，新技术也渗透到教育领域，基于"互联网+"的教学模式正在蓬勃发展。本研究结合网络教学模式发展趋势，分析了成人高等教育发展面临的困境，阐述了基于"互联网+"成人高等教育教学模式的现状，提出了基于"互联网+"的成人高等教育教学模式变革策略。

关键词：互联网+；成人高等教育；教学模式

习近平同志在致国际教育信息化大会的贺信中指出："当今世界，科技进步日新月异，互联网、云计算、大数据等现代信息技术深刻改变着人类的思维、生产、生活、学习方式，深刻展示了世界发展的前景。因应信息技术的发展，推动教育变革和创新，构建网络化、数字化、个性化、终身化的教育体系，建设'人人皆学、处处能学、时时可学'的学习型社会，培养大批创新人才，是人类共同面临的重大课题。"这一重要表述，深刻诠释了教育信息化的作用和价值。

随着我国进入经济结构转型的重要时期和智能手机的普及，以互联网为基础的全新经济模式正在蓬勃发展，深入生活的各个领域，正在改变着我们传统的生活模式。同样，在以"互联网+"为背景的大众创新社会氛围中，教育领域也在悄然发生着改变。这场"教育革命"的显著特征是学习方式和和教育方式的"双重革命"。在线教育规模持续增长,传统学校教育中,网络课程、慕课大量涌现。移动、网络学习模式正被人们所接受和认可,学习方式更加便捷,成人高等教育如何在互联网大环境下,寻求自身的发展,是摆在成人高等教育面前的重要问题。

一、成人高等教育发展面临的困境

(一)在线教育规模迅速扩张导致成人高等教育生源下滑

近年来,随着普通教育毛入学率的提升,成人高等教育招生规模处于逐年缩减的态势,相反在线教育规模迅速扩张。数据显示:"2014年在线教育市场规模达到1264亿元,2015年在线教育市场规模达1711亿元,增长率为35.4%;2014年中国移动教育市场用户规模1.71亿人,2015年中国移动教育市场用户规模达2.49亿人,增长率为45.6%"。未来随着经济的发展、知识的更新换代速度加快,人们对在线教育的需求会越来越高,在线教育规模迅速扩张说明越来越多的人更愿意选择"互联网+"的学习形式。

(二)传统学习方式远不能适应当前市场

当今的学生大多数是伴随新技术成长起来的一代。他们的生活被计算机、游戏机、数码相机、智能手机等数字工具所包围,信息技术对他们的认知、态度、行为和习惯影响巨大。他们长期处于信息化的氛围中,善于在互联网环境中处理和完成任务,喜欢影像、声音和图片信息,但也存在注意力不容易集中等多方面问题。面对这些新生代学生的特点,教师与学生共同在课堂中的教学形式已难满足他们的学习需求,特别是成人教育的学生,既工作又参与进修学习,他们更期盼灵活的学习方式,更多的个体学习方式。传统成人教育中的课堂教学模式这种单一学习途径,已远不能适应学习者的需求。

(三)教学成本不断提升,转型缺乏资金支持

近年来,随着社会经济的快速发展,人工成本和物价水平都在大幅上升,成人高等教育教学成本也在不断加大。成人高等教育作为高等教育的一部分,招生规模、专业的设置都与社会经济发展紧密相连,这些集中体现了市场经济形势下自主选择的结果。虽然成人高等教育的规模等是由市场决定的,但成人高等教育的收费还是

由各个地方政府物价部门核定。物价部门长期缺乏市场调研,致使成人高等教育学费停滞在十几年前的物价水平,与社会经济发展水平不相符。成人高等教育的低廉学费,不仅造成教育质量的下滑,还致使成人高等教育转型资金的短缺,转型缓慢。

二、基于"互联网+"的成人高等教育教学模式存在的主要问题

(一)较少课程采用混合教学模式

目前,成人高等教育大多课程采用课堂面授的教学形式。但随着互联网时代的来临,移动技术的广泛应用,网上学习备受推崇,各个学校纷纷进行改革和试验。特别是被批准试点网络办学的学校都建立了自己的网络学院及配套的学习平台,网络学院的学习形式基本为完全线上模式,部分高校借助网络学院的优势改造成人高等教育教学模式,多数为完全线上模式,即整门课程全部采取线上教学活动,而非补充模式,即线上和线下学习相结合。课堂教学模式与网络教学模式分割明显,融合程度低。同一门课程中较少采用线上和线下教学结合。调查数据显示,完全线上模式并不是学生最喜欢的教学模式。

(二)网络教学基础设施建设缓慢

网络教学以其不受时间、地点、人数限制等特点深受广大成人教育学生的喜爱,这一发展趋势也得到业界的认可,各大学成人教育管理机构纷纷开展网络平台建设。由于普通教育和成人教育各自独立,尚未形成资源共享机制,所以成人高等教育网络建设面临着资金短缺、技术力量不足、网络资源零基础等困难。由于网络平台建设资金大,在学校资金有限的情况下,学校不愿意为成人高等教育做更多的投入,建设资金缺口大,建设速度缓慢。

(三)网络教学学习平台维护成本高

在各高等学校中成人教育网络平台与普通教育网络建设往往自成一体,未形成统一的规划建设和管理,分置管理带来了管理成本的增加。成人高等教育除要有专业的技术人员进行平台安全和数据维护之外,还要有专职人员对教师和学习者进行一系列的管理工作,更新网络教学内容,对教师和学生进行综合评价等,日常管理成本大大提高。

(四)网上教学资源重复建设

各个高等学校都在积极加紧网络课程建设,网络课程资源已大大丰富了,这些课程资源基本以普通教育的学科教学目标为基准来建设。但是,适合成人教育的网络课程资源不多,满足学校个性化和学习者个性化的资源更是甚少,为此,各个学校只能根据自身的情况投资网络课程资源建设,形成了各自闭门造车的局面,未能有组织地统一规范网络课程资源建设,造成了资金投入量大,重复建设。同时,聘请技术公司或专业教师协同开展网络课程资源建设方面工作不够,一方面专业教师缺乏网络课程资源建设经验,另一方面技术公司不熟悉成人教育特点,这使得网络课程资源的质量不高。

(五)尚未形成与网络教学模式配套的管理制度

传统教学模式的管理制度已形成比较成熟的运行程序,当网络教学模式不断渗透到传统模式中时,原有的教师管理评价制度、学生考核评价制度已不能适应当前教学模式的变化。网络教学模式是一种新的教学途径和教学手段,如何对教师和学生进行管理和评价,尚未有成熟的经验可遵循。各个学校管理者只能根据自身的特点,逐步建立与之相适应的各项规章制度,使得教学管理评价手段和方法能符合网络教学的特点,形成综合评价体系。

(六)网络教学模式形式单一

根据现有的网络教学现状,互联网教学平台的支持模式主要分为讲课型模式和自学型模式。讲课型模式主要以教师讲课为主,学生被动学习;自学型模式是学生从教师确定的教学任务中选定自学内容,自主安排学习进度,在教师指导下完成学习。这两种学习模式都是在传统学科教学理念下,为实现教学目标而设计开发的学习系统。按照传统教学中“教师讲、学生听”的讲课型模式相对于网络教学来说显得单一,灵活性不足,一定程度上限制了网络教学模式。

(七)教师网络教学水平低,师资力量不足

许多教师受传统教学观念和模式的影响,不可避免地将传统教学组织、教学设计、教学方法、质量控制等带到网络教学中。开展网络教学的教师是否了解网络教学理论,是否具备网络课程开发、设计和更新的能力,以及运用网络课程开展教学的能力等都将影响网络教学的效果。由于现代网络技术更新速度快,很多教师未能及时进行相应的技术学习和训练,造成网络运用水平不高,严重阻碍了网络教学的开展和发展。

与传统教学相比,网络教学中教师备课、准备网上课程资料的工作量比较大,并且网络辅导的工作量也不容忽视,由于网络教学不是面对面的教学,学生不能及时得到教师的指导,加大了网络辅导的工作量。目前,缺乏网络辅导的专职教师,尚不能形成专业的辅导团队,只能靠任课教师一人进行辅导,很难满足大量学生网上辅导的需求。

三、基于"互联网+"的成人高等教育教学模式变革的应对策略

(一)政府简政放权,市场化运作

成人教育虽属于高等教育的组成部分,但多年来一直被边缘化,政策指引和监管相对缺失,几乎完全处于市场化行为过程中。但是,物价部门对学费的监管一直是高压态势,未对成人教育市场进行调研,教育成本的不断提升和十几年未做调整的学费形成了矛盾,许多办学机构通过压缩课程门数及学时等做法尽可能压低教学成本,致使教学质量下滑,已对成人教育的健康良性发展起到了阻碍作用。政府部门应重视对成人高等教育的宏观规划与管理,向服务型政府转变,以开放的姿态管理成人高等教育,全面开放成人高等教育,通过市场化运行作用实现成人高等教育的自身发展,让学校有更多的办学自主权,为各个学校探索教育教学模式改革提供空间。

(二)全方位理解"互联网+"教育概念并将其引入成人高等教育

我国经济已进入产业结构转型的重要时期,在互联网移动技术、云技术、大数据等深入影响社会产业的今天,互联网技术已渗透到社会的各个行业,互联网改变了人们传统的思维模式,包括企业经营模式、商业模式发生了颠覆性的变化。互联网技术的影响已渗透到教育领域,网络课程、慕课正呈现蓬勃的发展态势。成人教育管理者和工作者也要积极适应互联网带来的变革,从办学理念、思路、目标、举措上进行突破,才能破解发展带来的结构性阻碍,实现成人教育的重大变革。

(三)基于"互联网+"教育的教学模式变革

面对处于数字化成长的一代,教师与学生共同在教室进行教学活动不再是唯一途径。学生期盼更灵活的学习进度、更多的个体学习机会、更高频率地使用数字化

资源,甚至更多地利用移动终端和实体性学习资源。面对学习形式多样化的需求,成人高等教育要根据学生的特点,开创适合自身发展的教学模式,抓住互联网发展机遇,采用信息化教学方式以适应"数字一代"学生诉求。

对本校在校成人高等教育学生的3000份问卷调查结果显示,对网络教学感兴趣的达到五成以上,不感兴趣只占到12%左右。从这个调查的结果看出,网络教学已被广泛接受,是教学模式变革的趋势,"互联网+"与教学改革密切相关。

(四)基于"互联网+"教育的教学管理流程的再造

传统教学管理是以事务推动的,业务流程主要面向的是管理部门各个环节的需求,分工精细,每个管理人员只负责本岗位的业务,对整个教务管理流程并不熟谙,整个教学管理流程缺乏统筹和协调。在互联网技术高度发展的今天,利用现代信息技术整合、集成各类教学管理信息,拓展管理的深度和广度,更好全面、及时、准确掌握教学信息,是教学管理必然要求。改造传统教学管理流程,使之适应基于互联网技术模式下教学管理的特点,从根本上改变传统教务工作方式,提高教学管理效率。

(五)多种教学模式并举

在开展的本校成人教育学生问卷调查中,发放问卷5000份,回收问卷3108份,有效问卷2704份。统计数据显示,有52%的学生认为网络教学模式有必要应用于现有的课堂教学中。单一的课堂教学模式也是成人高等教育规模下滑的原因之一,近年来,在线教育规模逐年扩大,也说明了这一点。课堂教学模式与网络教学相结合的模式是最受学生喜爱的学习形式,有57%的学生做了这样的选择,单纯的网络教学模式只被12%的学生认可,这给我们教学模式的改革提供了参考和依据:100%的网络教学模式并不被大多数学生接受。而且,有40%的学生认为在每门课程教学中50%的内容采用网络教学形式比较适合,如果达到75%的比例,则只有13%的学生认可。所以,采用恰当的网络教学比例尤为重要。

当前成人高等教育多采用课堂教学模式和网络教学模式,两种形式分割明显,表现为课程不是采用课堂教学模式,即为网络教学模式,采用两者模式融合的课程很少。由此可见,教学模式的选择要根据课程的特点,灵活选择教学模式,并注重学生的需求和感受,切记盲目扩大全网络教学课程,多种教学模式并存是当前成人高等教育教学模式改革的首选。

(六)全面提升教师运用信息技术的能力

教育信息化在全球范围内取得了长足的发展,对教育的"革命型影响"正日益显现。这场"教育革命"的显著特征是学习方式和教学方式的"双重变革",在此过程中起关键作用的是教师。在云技术、大数据、慕课等一系列新技术、新理念、新模式的冲击下,迫切要求广大教师熟悉数字化的教学环境,采用信息化教学方式,必须利用"互联网+"战略对教师教育方式进行改造,建设"时时可学、处处能学"的研修环境,提升教师整合技术的学科内容知识、整合技术的教学法知识的能力,使在岗教师向"数字教师"转变,熟练运用信息化技术,根据成人学生特点,将自身所教学科的知识内容,有效整合为适合成人学习的课程资源。

(七)建立适应新教学模式的综合评价体系

一方面,当今教师与学生共同在教室进行教学活动不再是唯一途径,传统的在教室环境近距离对学生进行观察和评估的方式,已无法深入了解学生的学习状况。面对学习形式的多样化和个性化,教师对学生的观察和了解仅凭在课堂中的接触是较难全面、深入评价学生的。另一方面,教师通过学习平台、学习资源实施教学活动,教学效果如何,教学资源的质量如何等,这些都表明要建立综合配套的完整评价体系,包括网络课程教学效果的评价、学生的评价、教师的评价、课程资源质量评价等。

在互联网学习过程中,约六成的学生担忧学习形式过于自由、缺乏监督,因此,建立基于互联网学习的综合评价体系是保证学习效果的有效手段,不仅要通过技术手段实现监督和过程管理,还要建立教师辅导制度,及时解决学生遇到的问题、增强网络互动交流,使得网络教学也不再是隔空生冷的,使其具有感情,吸引学生参与,提高网络教学效率和效果。

网络教学质量评价的目的不在于划分等级或实施奖惩,而是通过评价形成科学合理的激励机制,充分调动师生参与网络教学,改革教学模式的自觉性和积极性。利用多元化的评价主体对教学进行全方位的多角度考察和评估,教师、学生、管理人员、社会成员等参与到网络教学的评价活动中,形成对网络教学的多角度审视,以保证教学质量评价的综合性、客观性。

(八)建立多学科组成的网络课程开发团队

促进网络教学,达到真正意义上的自主学习的目的,必须建立资源丰富的资源库。没有丰富的教学资源,再先进的教学设备也只能成为摆设,网络教学不能发挥其应有的作用。逐步开发、完善和积累网上资源,使资源库更具有共享性、动态性、再创性、多样性等特点,特别是开发适合成人高等教育的教学资源更为重要。

加大教学信息资源建设力度,提高网络教育质量,建立成人高等教育自己的网络教学资源建设团队是加快成人高等教育网络化发展的重要途径之一。成人高等教育网络教学资源可通过购买现有资源等手段加以丰富,但是购买的教学资源较难适合成人学习的特点,因版权等原因不能进行修改,所以,建立属于成人高等教育的网络教学资源开发团队是必要的,可聘请专业技术人员、管理人员和学科专业教师共同组成网络教学资源开发团队,建立网络教学建设规划方案和时间表,开发更多高质量的成人教育网络教学资源。

参考文献:

[1]应永祥.试论基于混合学习原理的成人教育教学模式[J].全球教育展望,2009,38(1):75-77.

[2]高立恒.应用混合学习原理改革成人高等教育教学运行模式研究[J].继续教育研究,2010(11):19-20.

[3]杨成.基于混合学习的《远程教育》课程教学改革研究[J].远程教育,2007(5):45-47,32.

基于SWOT分析的高校教师专业发展新路径研究

——以MOOC发展为背景

暨南大学 周乐平

摘要：大规模在线课程（MOOC）是近几年兴起的网络教育热潮，随着MOOC的发展，专家学者从MOOC对教育界的冲击、挑战、发展趋势等方面做了大量的研究，而事实上，作为MOOC承载主体的教师而言，MOOC的出现让他们面临更大的挑战。本文基于SWOT对MOOC出现后，教师专业发展的优势、劣势、机遇和挑战进行了分析，指出高校教师在MOOC时代专业发展的可能途径。

关键词：MOOC；高校教师；SWOT；教师专业发展

大规模在线课程MOOC（Massive Open Online Courses）推动了高等教育的信息化进程，开启了新的教育革命。MOOC的本质是一种在线课程，它是基于网络技术和智能技术发布课程资源，将学习管理系统与更多的开放网络资源综合起来的课程模式。与传统课堂相比MOOC具有规模大、在线性、开放性等特点，有专家指出MOOC是高等教育信息化在大学课程教学这一细胞层面的质变，每个教师面对教育现实和远景不得不适当转变角色，不断适应信息化时代新的要求。

关于教师专业发展，学术界有许多不同的理解，本文认为教师既能借助于外力将知识、技能、策略等教授给学生，同时又能主动运用教育智慧实现自身的提升，是智慧的启蒙者和实践者。教师的专业发展包含了教师专业态度和动机、教师专业知识技能、教师自我发展愿景等方面。

本文梳理了MOOC的内涵和要求,重点关注MOOC引发的教师在课堂教学、教师专业知识结构、教师专业发展中的变化,利用SWOT法分析了MOOC出现后教师专业发展的内部优势劣势、外部机会和威胁,并试图提出拓宽教师专业发展的新途径。

一、MOOC下教师专业发展的SWOT分析

(一)MOOC的出现对教师专业发展的优势(S)

2012年号称是世界的MOOC元年,而在我国2013年是MOOC蓬勃发展的开创性时期。MOOC的发展可以促进教师的专业态度和动机,提升自我专业发展需要和意识。

MOOC的教学方式能促使教师对教育教学实践理论进行探索,发现问题,并提升自己解决教学问题的能力。不是每位教师对所教的课程理解都是全面和深入的,教师们所精通的往往局限在自己的研究方向,不过教师有很强的学习能力,阅历丰富,能够触类旁通,边学边讲。

目前我国承担MOOC教学的很多都是年轻的教师,他们往往处在教学经验不足、科研实力单薄的阶段,而相比资深的教授们,他们在MOOC上面可能得到更快的发展,迅速成长为MOOC的明星教师,甚至可以给资深教授做榜样。这些无疑可以给青年教师提供动力和动机,也带动教师们重新认识职业理想,对专业赋予更多的热爱,从而能带动更大的工作积极性。

(二)MOOC的出现对教师专业发展的劣势(W)

MOOC依托信息技术的发展,教师在聚焦自己的专业领域的同时还要关注并掌握适当的信息技术知识,同时需要对周围社会的信息化进程提高敏感性。作为高校教师不能只低头干活,更多的是需要抬头看路。

MOOC的课程特点在于短小精悍,这就需要专业授课教师花更多时间和精力明确具体教学内容,重新把握知识结构和教学结构。把握知识结构,需要教师对所讲授的这段内容进行基于学科逻辑的分析和重组,以呈现给学生一个合乎学科思维逻辑的内容体系;把握教学结构,则是整个教学流程对教师提出的要求。对授课教师而言,需要花更多的时间和精力在课程准备上。

"传统教学"中教师们能够组织好课堂语言，能够和学生在课堂上做简单交流，会备课、会板书即可以进入课室，在面对面教学中教师可以一边思考一边根据学生的反应来调整。制作MOOC课件需要教师像一个演员一样去展示自己的讲课过程，要把MOOC课程讲得生动，教师们的授课技能尤为重要。

在传统课堂中，教学过程由教师引导，学生被动接受，翻转课堂使得授课的主导地位发生了转变，翻转课堂是学生占主导地位，教师在课堂上的专注力不再是局限于知识点的传播，这就需要教师们扩大专业知识的深度，以便应付学生们随时可能提及的延伸的知识点。

(三)MOOC的出现对教师专业发展的机会(O)

MOOC的出现是在终身学习的理论下提出来的，学习是随着人生的成长不断进阶的一个过程，MOOC促使教育工作者做更深层次的思考，如何提升对教育的重视，如何促进职业发展，进一步坚定教师职业的观念和理念，这些是教师其专业发展的心理支点和精神内核。

MOOC下应运而生的翻转课堂让教师们从课堂上走向信息终端，渗透到学生的日常中去。翻转课堂是指借助信息化环境的支持，提供学生视频等在线学习资源，协助学生在课外完成对制订学习资源的观看和学习，而在课堂上围绕学习资源开展课内讨论、实践探究等活动的教学模式。MOOC作为新时代的教育技术手段给教育界注入了新的活力，使得课堂教学变得不受时间、空间、地点的约束。

MOOC的出现能增强教师创新教学思想、教学内容和教学模式的能力，高校教师的基本职能除了教学还有基础性学术的研究工作。在课堂上，学生更多专注在对新掌握知识的反思上，作为学生不受原本专业圈的桎梏，他们的意见反馈可能更具有开拓性的思考，从而带动授课教师激发更多的探索能力，促进教学科研相长。

教师教学能力是教师综合素质最突出的外在表现，是评价教师的核心因素，以往高校系统评价教学质量，一直使用"专家制"，没有明确的考量机制。对教师而言，之前教学方面的考量很多时候都被忽略。而MOOC把课程的每一个细节都公布在网上，质量的好坏可以由对课程有过深入了解的学生来评价。事实上课程受学生欢迎的程度和职称是不成正比的，甚至有时是反比。而MOOC能把课程的整个过程，以及后续跟踪做到位，也是评价的有力根据。目前有一个很有意思的现象，MOOC

负责人的平均年龄和职称要比精品课程负责人的平均年龄和职称低很多。中国大学MOOC的首批课程,学习人数排名前十的课程,只有三门是教授开的,而且最前面两位的主讲连副教授都不是。虽然学习人数不能完全说明课程质量,但这种极端反差还是值得思考的,也能引发制度层面的变革,尤其是在教师职称评价中注入新的因子。

(四)MOOC的出现对教师专业发展的威胁(T)

随着MOOC的推广,社会上甚至提出对高校是否应该存在,教师职业是否还有需要等预言,现实情况虽然不至于这么严重,但是传统教师的角色将会消解,教师更多的是担任"学习的促进者",这些转变需要教师把关注点从单一知识传授者转变到注重交流和个性化培养上面。

MOOC课程的教学效果因为信息化的优势,会得到更多的反馈信息。MOOC课程学生人数众多,面对上万个学生的评价反馈,意见总体是趋于实际情况的,MOOC课程选修受欢迎的程度可以根据支持平台上例如修课率等统计数据进行反馈,通过诸如这些大数据的分析,可以评价教师课程的质量,教师们除了重视课程的制作本身,还需要跟进后续相关的工作,对于教师协调多样性的任务的能力要求更高。

在传统教室授课的时候往往是存在一些讲错讲偏的小的失误,不容易被发现和纠正,而MOOC课程对这方面的要求很高,不仅仅是随堂学生看到,它是大量的,全开放的,除了面对学生的压力,教师本人有可能受到同行的压力。很多教师可能会面临被淘汰的命运。

二、MOOC背景下教师专业发展的途径

根据SWOT分析我们可以看出,作为高校教师,应该正视MOOC带来的挑战和机遇,在信息化背景下,高校的教师可以从以下途径去实现高校教师的专业发展:

(一)以自我发展为内核

教师们可以在保留原有教学习惯的基础上不断实现自我更新,自我更新是教师发展基本推动力量,教师在跟进MOOC课程时可以通过对教学环境的适应行动来实现自我更新过程。

教师们可以在继承经验的前提下自我强化。MOOC带来的外部环境变化对教师会形成一定的预期,能对教师产生一定的表征提升作用,既能够优化教师知识结构和教学素养,又能够促使教师们以自身本来具备个性特征的才能、判断力在应对不同的教学情境和教学问题时做出理性判断,并且有助于重新塑造教学活动的个性和灵动性,从而实现教师的自我强化。

教师们可以在积极的反思中不断自我激励。教学是教师们在教育情境中以知识传授、品质培养为媒介和学生进行的交流互动、意义构建的实践活动,MOOC这种新型的教学活动的实践性要求教师从技术熟练者走向实践反思者,对日常教学实践活动予以关切和思考。教师反思能激发教师的生命活力和专业热情,将教师发展推向更高的层次。

通过自我更新、自我强化和自我激励,高校教师在MOOC知识共享的过程也是其进行自我反思、自我进步的过程,高校教师可以通过自我的发展对自身的知识加以修饰、凝练和提升,进而重构自身的知识体系。

(二)以同行交流为关键

与自我发展相比,同行的交流互助也是教师发展的一个重要途径,而且显得更为关键。MOOC能带动同行之间的交流,同行之间往往是在共同的处境之中,基于共同目的来开展交流的。大家对于专业领域或学科的目标有着基本一致的认识,这为同行之间的相互的建议意见奠定了基础。而且由于共同的背景知识,交流更加顺畅,更能够促进教师在教学实践活动中提出建设性意见,相互促进,在教学实践的同时也能不断促进专业知识的丰富,进一步提升教师自身的教学技能。同时,同行交流指导具有很大的弹性,在时间和空间上受到的限制比较少。而且容易与比较具体的实践相关联。

同行交流可以利用论坛、微博、QQ等平台自发组织而形成网络互助共同体,它符合组织演化的规律,在凝聚学习者兴趣与参与度上有独特优势。网络互助共同体对教师专业发展有积极作用,可以在短时间内更新教师学习理念,提高教师的专业技能。高校教师可以从中吸取其他人的专业知识、经验和技能,进而丰富和完善自己的知识结构。在与他人的知识互动中,高校教师还能进一步发现自己的不足和差距,进而激发其终身学习的需求亦会促进其专业的持续成长。

(三)以专门组织为依托

教师的发展需要特定组织机构支持,特定的制度为保障,只有经特定程序所规训的专业发展过程,才能真正保障教师专业的可持续发展。

目前高校都有自己的教师发展中心,这些专门化的组织机构并不仅仅是传统师资工作的延续或转移,而是全面系统地为教师的专业发展提供支持和服务,是推动大学教师发展从经验模式到专业模式转型的决定性力量。MOOC促使高校的教师发展中心的培训中心围绕信息化时代对教师的要求去开展,通过有针对性地制订培训内容,促使教师个体感知到自身专业知识、经验和技能的成长,提升自身教学、科研方面知识、经验和技能。

(四)以生态培育系统为保障

从经验总结、跃迁到理性的组织化专业培育阶段。大学教师的专业发展应该和学生发展、外部环境变化构成一个完整的生态圈,教师在环境的变化下不断地调整,从传统教学中的以自我为中心引导学生到翻转课堂上以学生发展为中心来考虑各项事务,学生就能真切感觉到教师的关爱和期待,构建新型师生关系。

通过教师、学生、外部环境三者之间的相互制约、相互促进,教师专业发展逐步走向全面化、终身化,涉及大学教师职业生涯各阶段与各方面的专业提升,形成一套全面系统的专业育成机制。将教师的专业需求、专业生活和教师的效能感、价值感、幸福感联系起来。

综上所知,MOOC的出现更像一种催化剂,是一种可以促进教师专业发展的重要因子。广大的高校教师只有保持危机意识才能突破现有的机制体制,将挑战转化为机遇,通过形成自我提升为内核、同行交流为关键、专门组织为依托的生态培育系统,逐步实现信息化时代下教师的专业发展。

参考文献:

[1]戴丽丽.美国高校在线教学专业化发展框架的建构及其启示[J].现代远距离教育,2015(4):76-82.

[2]韩锡斌,等.远程、混合与在线学习驱动下的大学教育变革——国际在线教育研究报告《迎接数字大学》深度解度[J].现代远程教育研究,2015(5):3-11,18.

[3]韩丽纮."慕课"背景下高校思想政治教育面临的机遇和挑战[J].继续教育,2015(9):64-65.

[4]莫甲凤.MOOC时代如何提升大学教师教学能力[J].中国地质大学学报(社会科学版),2014,14(3):129-133,140.

[5]朱旭东.论教师专业发展的理论模型建构[J].教育研究,2014,35(6):81-90.

[6]张宏玉.论我国高校教师的专业发展及其途径[J].黑龙江高教研究,2008(6):77-79.

[7]翁朱华.远程教育教师发展途径的成效分析[J].现代远程教育研究,2014(6):79-87.

[8]魏英玲,何高大.欧盟高校"慕课"(MOOCs)的现状与发展及对我国高校"慕课"的启示[J].远程教育杂志,2015(5):30-37.

[9]金辉.个体认知、社会影响与教育博客知识共享——基于社会认知理论[J].远程教育杂志,2015(5):80-87.

[10]邓婷婷,徐晓雄,丁大朋.在高等教育中开展MOOC的SWOT分析[J].教育观察,2015(4):7-9.

[11]王亦旻.我国高等教育中MOOC发展的SWOT分析[J].中国教育信息化,2014(21):17-20.

基于慕课的混合式教学在成人学历继续教育中的运用研究①

——以深圳大学为例

深圳大学　刘萍　熊静

胡蓉　潘洁　凌云明

摘要：本文从混合式教学模式的特点出发，结合实际运用，详细分析了混合式教学模式下的教学系统各要素。实践证明，慕课是传统课堂教学的有益补充和有效延伸，混合式教学模式运用于成人学历教育具有诸多优势，是当前成人学历继续教育生存和发展的必然趋势。

关键词：慕课；混合式教学；成人；运用

近年来，随着互联网技术和新媒体技术的迅猛发展，云计算、物联网和大数据技术的兴起，将教育推向平台开放、内容开放的时代。再加上产业创新升级对技能型和创新型人才的迫切需求，以及国家教育部出台的有关成人学历继续教育改革方案，使越来越多的未取得全日制本专科学历的成人，希望通过继续教育来适应社会需求、促进个人发展。所以，普通高校继续教育如何转型已经成为成人教育领域专家、学者共同关心的话题，其中教学模式的改革是转型发展的核心内容。形势和政策的变化加速了深圳大学继续教育的综合改革，尤其在成人学历教育中积极转变观

---

①　课题来源：深圳大学2017年教学改革研究项目"基于慕课的成人学历教育在线课程质量评估体系建设研究"（MOOC研究专项类）（编号：JG2017075）。

念,紧随慕课潮流,就如何汲取传统教学与在线教育的精华、形成符合成人特点的教学模式、满足不同成人个体差异化学习需求方面下足功夫,于2016年成功引入了线上线下混合式教学。

一、混合式教学模式概述

混合式教学并不是一种全新的教学方法或理论,而是随着教育信息化发展的不断深入,逐渐得到了重视。混合式教学把传统教学的优势和数字化教学的优势结合起来,二者优势互补,从而获得最佳的教学效果。教学过程中要求教师把基于慕课的线上(网络)教学和线下(面授)教学紧密结合,并根据课程性质和学生特点合理安排学时。

我国最先倡导运用混合式教学的是北京师范大学的何克抗教授,他认为混合式教学模式既能发挥教师引导、启发和组织教学的主导作用,又能充分发挥学生的主动性、积极性和创造性。另外,随着混合式教学在实践中的逐步运用,"混合"的含义变得更加丰富,出现线上学习和线下教学的混合,不同教学媒体的混合,个人学习和师生、生生间协作学习的混合等多种模式。本文运用和研究的是基于慕课的线上学习和线下教学的混合,这是以网络技术和信息技术为支撑,充分利用现代信息化教学系统的优势,是创新教育理论指导下的最佳选择。

二、混合式教学模式下的教学系统要素分析

混合式教学模式下的教学系统要素主要包括课程、教师、学生、教学效果评估体系和教学支持服务等,各要素通过教学实践相互联系、相互作用,不断调整和完善各功能和作用,促使混合式教学质量不断提升。因此,在混合式教学模式下教学质量不断提升的过程也就是各要素不断调整、优化和协调发展的过程。

(一)建设高质量的慕课

慕课是一种具有规模大、开放性强、个性化、实时交互等特点的新兴教育课程。建设一门慕课,需要教师与课程制作商、课程运营服务商等的通力合作,仅在慕课制作中,就涉及课程负责人、主讲教师及助教团队、项目经理、摄制团队、技术团队、运营团队等众多专业人员。大家在高度分工协作的基础上,共同为众多学习者提供服

务。通俗地说,慕课与传统课程相比,是从传统的一个人授课,变成了一群人建课。

深圳大学继续教育学院(以下可简称"我院")借助深圳大学于2014年5月牵头成立的"全国地方高校UOOC(优课)联盟",精选其中的8门通识类慕课供2016级和2017级学生选修,并从2016年下半年起学院自筹资金,以每门十几万元的建课经费,建设公共基础类和专业类慕课。开建课程的主讲教师均为深圳大学优秀教师,所有课程制作的技术指标按深圳大学《优课在线慕课拍摄制作技术标准》执行,并邀请专业教师在建课的初期、中期和上线前分别按照《深圳大学继续教育学院慕课评审表》的标准进行阶段性审核,对存在的问题和不足及时予以解决。截至目前,凡是已上线的慕课,视频制作精美,讲解深入浅出、通俗易懂,课程资料齐全,深受师生好评。这种全新的教学模式极大地吸引了学生,2016年第二学期我院通识类慕课选课为11952人次,2017年第一学期选课为17107人次。2017年第一学期公共基础类慕课的学习达11080人次。

(二)功能完善的线上学习平台

有效运用混合式教学模式,必须有功能完善的线上学习平台,我院使用优课联盟建设的"优课在线平台",该平台界面清晰、友好,易于操作、便于管理,可上传和生成丰富的线上教学资源。教学资源主要包括视频、公告、问答、题库、作业、考试、统计等内容。其中,视频的长度按照知识点进行分割,每段视频的观看时间一般是10~15分钟,要求采用闯关模式进行学习。初次观看视频时,只能从前往后逐一学习各章节内容,鼠标不可任意拖拽进度条,也不可随意选择视频进行观看。

(三)混合式教学中的教师

参与混合式教学的线下授课教师既要关注"如何教",还要关注"如何促进学",教学过程中强调学生的主动性,激发学习兴趣。教师的线下面授与传统面授的教学任务不同,不再是对课程进行系统的讲解,而主要是对线上教学的引导、答疑、重难点分析和总结。从教学大纲的梳理到知识点的精选,从宣传片的构思、制作,到教学内容的准备、课程的录制,从课程视频的上传、论坛论题的设计、同伴互评,到论坛的答疑,每一个环节都倾注着教师的大量心血和汗水。建设一门慕课,比在传统课堂筹划、讲授一门新课程挑战更大。

我院的公共基础课和专业课一般安排一学期18学时的线下面授,同一门课程的线上主讲教师和线下面授教师不一定是同一位教师。线上教师从传统的知识传授和灌输的角色转变为课程的开发者、资源的设计者和提供者;线下面授教师除了上述职责外,还负责线上答疑,解决学生线上学习时遇到的困难和问题。因此,线上和线下教师必须密切配合,共同协作完成教学活动。

(四)混合式教学中的学生

混合式教学中的学生是学习活动的主体,他们既要通过线下与教师面对面的交流进行课堂学习,又要通过线上学习获取丰富的学习资源,线上学习活动基本不受时间和空间的限制,在线上不仅可以个人学习,也可以协作互动式学习,形成一个与教师和同学间沟通、交流的新型学习环境。线上学习要求学生改变传统的学习观念和学习方法,从传统的接受教师讲授为主转变为自主学习为主,从传统课堂听课为主的学习活动转变为线上自主学习为主,主动完成视频观看,积极参与讨论、答疑、练习、作业和考试等一系列的学习活动。

(五)建立课程质量评估体系

建设一套科学、易行、可信、高效的基于慕课的成人学历教育在线课程质量评估体系,作为开发建设和检查评估慕课的指南,让慕课真正实现重构教学流程、优化教学内容、提升学生自主学习能力、改进学生学习效率和效果的目标。通过线上线下课程教学的质量评估,进一步提高慕课的建设质量和慕课教师的教学水平,促进基于慕课的线上线下混合式教学持续、健康地发展。

我院学生使用的优课在线平台有"意见反馈",它可以发挥教学过程中的信息反馈和评价功能,通过反馈信息可以掌握教师和学生在混合式教学中的意见及建议,并及时加以改进或提醒。教师和学生只有通过及时反馈,才有可能进行有效调控、优化教学系统,帮助教师和学生了解教与学的过程中出现的问题,通过调整和改善影响因素,改进教学效果,提高教学质量。当然,这只是课程质量评估体系中的一小部分功能。

(六)提供优质的教学支持服务

实践证明,教学支持服务是开展成人学历继续教育混合式教学的重要支柱。优质、全面的教学服务是保障混合式教学活动正常运行的基础,它能有效提高教学过程中所有教学活动的效率。在混合式教学中必须要给教师和学生提供全面的教学支持服务,网络课程管理人员和平台技术支持人员以师生为中心,优质、高效地为师生服务,及时解决教学中遇到的问题,让师生拥有一个良好的教与学的环境,保证学习平台是有序和有助的。我院学生使用的优课在线平台上提供了"QQ在线客服""在线咨询电话"等。另外,学生和线上线下的教师还可以随时通过QQ、微信、电话等与网络课程管理人员联系,以便及时解决问题。

三、混合式教学在成人学历继续教育中的优势

通过运用混合式教学模式,充分认识到线上线下混合式教学在成人学历继续教育中具有诸多优势,主要有以下几点:

(1)慕课的开放共享性和在线学习的特征,使成人的学习变得更加灵活,没有实体课堂的时间限制,只要在规定的平台上进行注册,就可以随时随地想学就学。

(2)慕课没有课堂规模的限制,不限制学生人数,且人数越多越能发挥其互动、互评功能,而传统课堂可容纳的学生是有限的。2016年我院开设的"工作中的心理与行为",选课人数达3200人,这在传统课堂上不可能一次实现,同时也避免了教师的重复劳动。

(3)混合式教学更多以"学生为中心"来构建教和学的环境,要求教师的角色从"传道授业"的讲授者向"解惑"为主的引导者转变,学生通过自主学习、反复学习,与教师和其他同学互动交流而获得知识。从而培养了学生学习的主动性、自觉性和创新性。

(4)所有学生都能享受"名校名师"的优质教育资源,真正体现了教育的公平性。授课过程透明化,质量可监控、可追溯;学习效果透明化,学生的提问、教师的反馈等可统计、可追溯。实现了师生之间、同学之间的高度互动,学生的表达和思辨能力得到锻炼和培养。

(5)碎片化的知识点为成人学生提供了更加灵活的学习方式,慕课中包含的一个个短视频,与人们能够集中注意力的有限时间相匹配。当前,快节奏的生活方式和大城市通勤路线拉长等因素,属于自己的"整块"时间越来越少,而独自一个人吃饭、赶路的时间却越来越多,因此,可以充分利用碎片时间学习碎片化的知识点,自

主安排学习进度,高效利用学习时间,有效解决工学矛盾。实践证明,成人学生更期待随时学习、移动学习的碎片式学习方式。

四、结语

慕课是教育数字化背景下的产物,通过线上学习与线下教学的优势互补,混合式教学的运用对成人学历继续教育教学改革起到了关键作用,并倒逼办学机构加快教育教学改革步伐。因此,对于慕课、混合式教学这样的新生事物,应在实践中不断探索、不断完善,取其所长,避其所短,让基于慕课的线上教学与线下教学相互融合,更好地激发学生自主学习的动力,增强学生自主学习的能力,从而有效提高教学质量。

参考文献:

[1]张其亮,王爱春.基于"翻转课堂"的新型混合式教学模式研究[J].现代教育技术,2014,24(4):27-32.

[2]王娟,刘名卓,祝智庭.高校精品课程应用调查及其对精品资源共享课建设的启示[J].中国电化教育,2013,(12):40-46.

基于网络学习空间的OBE模式继续教育研究与实践[①]

东莞理工学院　吴华斌

摘要：全国教育信息化工作"十二五"的核心目标和标志工程，是推进"三通二平台"信息化工程。作为教育信息化的新应用，基于网络学习空间的OBE模式的继续教育应用实践创新，值得思考。笔者认为：从继续教育学员角度分析，便捷化是网络学习空间最大的特色；从高校管理部门和高校教师角度分析，应重视OBE模式的应用创新，从社会需要和继续教育学员学习效果两方面进行动态课程设计与修订，大批量上线MOOC；从教育产业化投资者角度分析，应该重视从IT到DT技术的提升、透明计算技术的应用、教育资源合理利用的PPP模式应用，进一步满足MOOR设计的需要，才能满足继续教育的多元化、个性化、大众化的教育教学质量提高。

关键字：知识经济；互联网；继续教育；社会治理

知识经济时代，"互联网+"教育，将打破国内地域限制，连接全球优质教育资源，尤其是由联合国教科文组织与国家教育部门共同主办的主题为"信息技术与未来教育变革"的首届国际教育信息化大会在青岛成功举办，使得教育信息化推动教育改革再次引人注目。

---

① 课题来源：2015年度东莞理工学院校级教育教学改革与研究项目立项(教学管理研究项目类别)"基于网络的继续教育教学的研究与实践"。"第十届全国成人教育优秀科研成果(论文)三等奖"(中国成人教育协会)。

一、问题提出及现状

(一)中国制造2025,促进"互联网+"继续教育事业的发展

目前,我国的普通高等教育,已经处于大众化向普及化过渡阶段。学习型社会建设,包括包容性、有针对性的终身学习教育体系建设,已经初具规模,"知识共享"和"知识更新"功能需要,借助互联网工具,为国际教育信息化提供了可能。从经济学的角度分析,一是把大学教育视为人力资本投资,另外是把大学教育视为消费,前者重视教育(支付费用)能在未来获得更大收益的预期,有必要放弃现在的收入机会(就业收入);后者则与未来无关,只是为了提高现在的效用而支出教育费用,例如,某些健康技能培训班、陶冶性情的老年书画培训班等。

《"互联网+"行动指导意见》提出将搭建"互联网+"开放共享平台,加强公共服务,开展政务等公共数据开放利用试点,为传统教育行业凭借被称之为城市第四项公共事业的互联网发展,在聚合和变革城市公共管理和服务方面的发展,提高继续教育事业的效率,实现继续教育跨界合作,提供了基础。

《中国制造2025》指出,各国都在加大科技创新力度,推动三维(3D)打印、移动互联网、云计算、大数据、生物工程、新能源、新材料等领域取得新突破。基于信息物理系统的智能装备、智能工厂等智能制造正在引领制造方式变革;网络众包、协同设计、大规模个性化定制、精准供应链管理、全生命周期管理、电子商务等正在重塑产业价值链体系;可穿戴智能产品、智能家电、智能汽车等智能终端产品不断拓展制造业新领域。我国制造业转型升级、创新发展迎来重大机遇。提出制造业增加值率提高的指标,到2020年比2015年提高2个百分点,到2025年比2015年提高4个百分点。

因此,中国制造的发展,对人力资源的要求更高,知识更新速度更快,对员工的继续教育更为迫切;开放式的继续教育事业的支撑与服务对象,也伴随着中国制造2025规划逐步落实,服务于时代的发展要求;以经济建设为核心,除围绕工业的核心制造业的发展,提供继续教育之外,在政治、外交、文化交流尤其是教育国际化方面,通过国际互联网登录网络学习空间开展教育教学活动,是时代发展的要求;同时应该清醒地认识到,未来第三产业的发展占比不会有较大提高,或者说继续教育服务的价格应该趋于大众化。

(二)便携式学习工具回顾

例如,世界上第一款随身听是由 Sony 公司于 1979 年研发出来的 Walkman 便携磁带播放器,标志着便携式音乐理念的诞生,同时很快就成为继广播电视大学之后,学习者用于外语学习的工具。1991 年开始,Walkman 开始推出 MD 系统;2000 年开始,MP3 逐渐盛行,MP3 从个人电脑渐渐转移到随身听市场;2001 年后,苹果电脑搭配"iTunes"线上音乐商店服务,在 2 年内立即在全球随身听市场造成轰动。MP4 播放器,可以叫作 PMP(Portable Media Player,便携式媒体播放器);2005 年,索尼爱立信公司的音乐手机采用 Walkman 品牌,成为索尼爱立信音乐随身听手机的象征;数字移动电视,顾名思义就是采用了先进的数字电视技术,可以在移动状态中收看的电视。

中国互联网络信息中心(CNNIC)发布的第 35 次《中国互联网络发展状况统计报告》显示,截至 2014 年 12 月,中国网民规模达到 6.49 亿,互联网普及率为 47.9%,其中,手机网民规模达 5.57 亿,网民中使用手机上网人群占比由 2013 年的 81.0% 提升至 85.8%,中国网民中有 23.8% 是学生。因此,学习者通过移动通信设备连接网络学习空间,已经有广泛的大众消费习惯基础。

(三)教育信息化的东莞样本

作为电子信息产业比较发达的地区,既有 2000 年起,得到国家科技部的批准,升格为国家级的电脑资讯博览会;也有 2013 年建设的国内首个拥有自主产权的云计算平台,东莞云计算中心。但是,市教育局从 2012 年启动的作为"智慧东莞"工程的有机组成部分的"教育信息化推进工程",作为政府采购项目,采用的是市镇两级分别进行项目招标。两年时间,为超过 7 万教师、120 万学生、174 万家长开通了学习空间账号,中小学生账号开通率已超过 95%,基本实现"网络学习空间人人通"。师生使用的计算机配备充足,师机比达到 1∶1,生机比达到 6.9∶1。

2014 年 9 月 1 日,东莞教育局推出全国首款免费家校互动"微课掌上通"平台,为师生、家长提供即时信息、学校通知、家庭作业等功能,只需手机下载安装软件即可免费使用。全面推广使用之后,相比使用商业性家校沟通服务,仅此项功能即可为全市家长每年节省约 1 亿元的开支。

东莞市教育局总结从 2012 年开展"教育信息化推进工程"以来的建设成果,提炼典型的教育应用案例,经过省教育厅、教育部的筛选,被推荐作为广东省的代表单位(东莞市同时入选的还有大朗镇巷头小学),于 2015 年 5 月 23 日,以"'互联网+'时代的教学变革——东莞教育信息化新实践"为主题参加全国教育信息化展览活动。东莞作为全国唯一一家地级市参加了在青岛举办的全国教育信息化展览。

二、网络学习空间的发展现状

(一)MOOC 与 MOOR 介绍

MOOC(Massive Open Online Course),是新近涌现出来的一种在线课程开发模式。2014年5月,网易云课堂承接教育部国家精品开放课程任务,与"爱课程网"合作推出的"中国大学 MOOC"项目正式上线。MOOC,被国内教育技术专家称之为"大数据时代的教育革命",线上体验能够使用方兴未艾的云计算技术,通过远程登录服务器终端,在客户端接受视频教育,类似于缴费注册即可接受教育的中华会计网校。

MOOR(Massive Open Online Research,研究性学习专家系统),是一套基于专家系统技术的研究性学习教育辅助软件,以2013年9月加州大学圣地亚哥分校的帕维尔教授和他的研究生团队在 coursera 推出的"生物信息学算法"课程为基础开发的软件。该系统用于解决学校组织学生开展研究性学习或综合实践活动所遇到的资源不足、管理困难、师资缺乏、评价滞后、教法低效等问题,通过虚拟专家的支持,引导学生跟着"专家"学做课题研究,带领学生经历探究、收获体验,从而提高创新精神和实践能力。该课程第一次包含了大量的研究成分,为学生从学习到研究的过渡提供了渠道,可以使得教学重心由知识的复制传播转向问题的提出和解决。

(二)OBE 模式综述

"以结果为基础的教育"(Spady W.D.,1994,Outcomes-Based Education,缩写为OBE),源于改变测量教育效果的方式,从传统的强调输入到强调输出,以结果为基础的教育转变类似于全面质量管理在制造业中的应用。这种方式强调了动态课程设置的重要性和原则。

在 OBE 教育系统中,教育者必须对学生毕业时应达到的能力及其水平有清楚的构想,然后寻求设计适宜的教育机构来保证学生达到这些预期目标。相比内容驱动和重视投入的教育相比,学生产出(而非教科书或教师经验)成为驱动教育系统运作的动力。OBE 教育系统,强调了"学到什么"和"学生是否成功"比"怎么学"和"什么时候学"更重要,内容的学习和能力的提高,综合素质的表现,成为"预期学习产出"的目标,必然使得学习过程质量控制的重要性得到凸显。

(三)网络学习空间的教学质量管理设想

在明确了以学生成长为中心的教学模式下,实现了教育从"内容为本"向"学生为本"的变革,采用网络学习空间(云计算技术)进行远程登录学习,打破时空限制方便学生进行网络化学习,对学校的教学管理带来了相当大的压力,教学管理部门和教师应该通过学生在网络学习空间的相关活动记录来加强管理和开展教学互动活动,此时应通过云课堂专注浏览时间、随堂测试、作业提交、课堂提问等网上记录(计算机进程管理日志等)进行管理,建议采用威廉姆斯绩效诊断分析图的原理进行相关数据分析处理。

图1 威廉姆斯绩效诊断分析图

三、继续教育学习组织构建分析

(一)继续教育教学的理论探讨

英国教育心理学家托尼·斯托克威尔(Tony Stockwell)说:"现在我们知道了,要想迅速而有效地学习任何东西,你必须去看它、听它和感受它。"

高等教育被分为学术型和职业型两大类,继续教育的主题内容侧重于后者,主要培养应用创新型和技能型人才。同样需要强调学习者的自主性态度,创造出适当的精神状态,例如工作之余使用办公室的电脑资讯设备或者请假调休寻找学习场所;教师的授课风格和方式,主要是借助多媒体辅助教学手段,结合学员特点,教学互动信息反馈,对课程讲授的方式方法进行调整;因此,教学双方更为推崇自我激励的终身学习意识,满足学习者的荣誉感和成就感,提倡学习小组共同交流心得体会。在教师组织教学活动时,首先要考虑学习者尽量能调整心态到最佳学习状态,调动所有感官的授课方式,使学习变得既轻松有趣、丰富多彩,又快速而令人激动。

(二)云教育平台建设的薄弱环节

在教师组织教学活动时,应充分考虑到教学互动对学习的促进作用,创造性和批判性的思考、大量的练习机会、经常的练习和复习、案例分析和情境教育等对学习者掌握知识、提高能力、锻炼综合素质具有重要作用,充分利用多媒体技术可以取得较好的效果,当然需要权衡课件制作及辅助教学设备设施投资的成本效益(效果)。例如,一部经典的大投入电影片,值得电影艺术专业学生反复观看,而作为艺术欣赏通识课程的学习者观看则要求不同,作为一般的电影观众也可以获得精神文明教育体验。再如,一般情况下举办新媒体艺术展览的收益,一半来源于门票出售,25%来源于艺术衍生品的销售利润,还有25%则来源于广告赞助等。

国家政策要求"高校学费标准应严格按照不高于生均培养成本的25%核定"。学校为学习者提供基本的公共服务产品,突出了教育的公益性;教育产业化,可以满足不同层次学习者对继续教育多样化的需求。例如,目前各地开通的人人通服务云平台试用申请,一般仅供学校申请,学校、教师、学生全免费使用,学校零投入。2014年初提出上市申请的"中国教育信息服务第一股"全通教育(300359),招股说明书表明,其主营业务收入是商业化的每月收费大约6元的"家校通"短信提醒服务的收费提成,有教育乱收费嫌疑。

因此,从教育云平台建设,到透明计算产业化,提高教育信息化平台的管理和服务能力,满足未来教育更个性化、更多元化需求,充分利用互联网等新技术带给我们的变革,使得政府引导、社会投资、高校继续教育机构协同创建,教育者和学习者满意,尤其是降低学习费用,仍然需要不断研究和实践。

(三)PPP模式的应用思考

国家规划要求到2020年,"非公立医疗机构床位数占比达到25%",是个值得继续教育管理部门借鉴的规划。也就是说,社会资本介入高校的继续教育事业网络化建设,是对继续教育事业的有益补充,80%的可能性是要加大学校信息网络技术的科研力度,调整部分学员的自选课程的收费结构,例如建立虚拟网上继续教育培训机构,联合校外相关培训机构生源申请以及相关企业网上登记继续教育需求,发扬"送教上门"的优良传统,动态配置教育教学资源;10%的资源配置需要争取国家财政扶持,例如,发挥当地成人教育协会的协调自律,对社区分散的学员进行适当集中,协调开班;还有10%的可能性是通过继续教育服务部门加强管理自我消化解决。

从成本性态角度分析,作为教育培训机构自然会选择"规模效应",财政拨款也是以"生均拨款"为主要依据的,"地方特色"和"动态课程"建设方面,满足"小众"和

"大众"不同群体的需求,唯有从市场细分角度加大调查分析研究及数据挖掘,才能突出高等教育教学的功能,有针对性地提高学习者的满意程度。

(四)"弯道超车"的应用前景探讨

网络技术应用的普及,实现"弯道超车",发展创新型经济,主要是以人力资本投资为主,对继续教育适应社会发展提出了更为迫切的知识更新需求。实现教育产品及技术的多样化应用研究开发,形成以适宜参加学习的群体的继续教育需求分析,通过网络化学习来满足学习者时间空间便利,是继续教育事业发展的基础性工作。

结合学科专业发展,依托高校本部的雄厚专业师资,加大学科建设,加大应用技术多样化开发,是继续教育机构发展的核心竞争力。对学习者进行学习引导的数据分析,有针对性地开展教育教学活动,仍然需要更为丰富的学习者个人信息、学习者学习过程反馈信息的跟踪、分析、研究,实现IT技术向DT技术过渡,通过适当的应用软件和数据库挖掘技术,在透明计算技术应用的基础上,才有可能实现。

因此,为学习者提供恰当的继续教育,需要重视DT技术的使用,加大OED模式的应用力度,研发多样化的管理创新方式和满足多样化的学习需求同样重要,重视辅助教学设备设施的投入,适应分布式教育教学现状的教学手段的创新,才是迎接"中国制造2025"挑战的必要措施。

四、结语

被誉为21世纪最具影响力的互联网预言家、《失控》的作者凯文·凯利(被粉丝昵称KK)认为:影响未来20年的四大新趋势就是"分享、互动、流动和认知",而时下大热的"互联网+"将对现在的每一个行业产生颠覆性的作用,"这才是一个大时代最初的最初,刚刚开始"。

从继续教育学员角度分析,便捷化是网络学习空间最大的特色;从高校管理部门和高校教师角度分析,应重视OBE模式的应用创新,从社会需要和继续教育学员学习效果两方面进行动态课程设计与修订,大批量上线MOOC;从教育产业化投资者角度分析,应该重视从IT到DT技术的提升、透明计算技术的应用、教育资源合理利用的PPP模式应用,进一步满足MOOR设计的需要,满足学员的多元化、个性化、大众化的教育教学质量需求。

分析东莞样本,高校或者校际联盟,或者成人教育协会,根据知识经济时代特点,通过科学合理的网络结构顶层设计,提高平台教育管理与服务功能附加值和水平,统筹考虑通过教育信息化建设推动城市现代化建设的需要,兼顾需要和可能,才能使基于网络学习空间的OBE模式继续教育管理制度与服务平台建设取得创新性的进展。

参考文献:

[1]姜波.OBE:以结果为基础的教育[J].外国教育研究,2003,30(3):35-37.

[2]顾佩华,等.基于"学习产出"(OBE)的工程教育模式——汕头大学的实践与探索[J].高等工程教育研究,2014(1):27-37.

[3]〔英〕H.威廉斯.人员管理[M].北京:中信出版社,1997.

[4]网易财经综合.2013中国城市包容度排名:东莞第一 北京第七[EB/OL].http://money.163.com/14/0603/17/9TR6RTA500253G87.html.

[5]〔新西兰〕戈登·德莱顿,〔美〕珍妮特·沃斯.学习的革命——通向21世纪的个人护照[M].顾瑞荣,陈标,许静,译.上海:上海三联书店,1997.

[6]刘薇.互联网预言帝羊城"烧脑",凯文·凯利揭秘未来四大新趋势——20年内,"分享、互动、流动和认知"将颠覆现在一切行业[N].羊城晚报,2015-06-22(6).

普通高校非学历继续教育现状及管理策略探讨

中山大学　蒋海红　梁征宇

摘要:随着近期高校非学历继续教育快速发展,如何在规模增长同时实现办学品质持续提升,降低办学风险,是高校继续教育管理所面临的问题。文章以近年来中山大学内部非学历继续教育办学单位发展情况为分析对象,关注校内各实体办学单位在相同的政策背景及规章制度等管理约束之下,非学历继续教育办学发展所呈现出来的差异,进行了发展动力分析,并就如何持续提升办学管理质量,探讨了高校非学历继续教育办学管理策略。

关键词:普通高校;继续教育;发展;策略

一、背景

普通高校非学历继续教育是高校面对社会在职人员,为其更新知识、提升履职能力等,所开展的不涉及学历或学位的办学活动,是普通高校服务社会,提升学校影响力的重要途径之一。随着终身学习的思想和理念为社会所认同和接受,作为我国终身教育体系的重要组成,普通高校非学历继续教育近年来呈现快速发展,并拥有着广阔的发展前景。各高校都在积极谋划发展非学历继续教育,充分认识到其办学质量关乎其生存与发展,如何保证并持续提升其办学管理质量,也备受各校及各级教育行政主管部门的重视。教育部在2013年全国教育工作会议上提出要"积极发展继续教育。要以创新服务机制为抓手……推动学习型社会建设,全面提高国民素质"。要做好高校非学历继续教育办学质量管理工作,创新管理机制的前提,需要对高校继续教育办学本身有一个客观的认识与理解。

本文关注普通高校内各实体办学单位在相同的政策背景及规章制度等管理约束之下,非学历继续教育办学发展所呈现出来的差异,据此分析其发展动力,以持续提升办学管理质量为目标,开展高校非学历继续教育管理策略的探讨。

二、中山大学非学历继续教育管理与办学现状

(一)中山大学继续教育的管理架构

中山大学自1982年起开始恢复举办继续教育,始终遵循"充分利用办学资源,为社会提供优质服务"的办学理念,致力于为地方经济建设和社会发展提供人才培养服务,为适应继续教育发展趋势,不断开展校内继续教育管理体制的创新实践。2004年1月,中山大学将校内继续教育的管理和办学功能实行分离,由学校归口管理部门对全校继续教育办学实施统一管理;高等继续教育学院(网络教育学院)作为学校的二级实体办学单位,与其他的专业办学院系共同开展继续教育。目前中山大学非学历继续教育由学校教务处负责归口管理,具体包括非学历继续教育的发展规划、办学合同的管理、办学项目的审批、证书颁发以及教学过程的质量监控等管理职能。

根据中山大学继续教育管理规定,只有校内的实体学院、实体系和经学校党委常委会批准的办学或办班的单位,可以以"中山大学"或其所属单位名义在校内外开展继续教育培训,其他单位和个人均不得以"中山大学"或其所属单位名义在校内外从事继续教育培训。各专业实体院、实体系依托各自专业学科背景,根据社会对继续教育的需求,负责制订培养计划、组织招生宣传、报名、收费、教学组织和学生的日常管理工作,开展各类非学历继续教育培训项目。

(二)中山大学非学历继续教育办学管理现状

1.非学历继续教育的管理仍以单纯的行政审批为主

中山大学非学历继续教育采取相对严格的项目审批制度,对办学院系自办班及委托办学项目,严格执行一项目一申报程序,经过审批的项目方可开展有关办学活

动。对与校外单位合作开展非学历继续教育的合作办学项目，还需要经过立项评审程序。学校继续教育工作指导委员会负责对拟合作开设的项目，采取集中评审或通信评审的方式，进行立项评审。指导委员会成员评估所申报项目中校外合作方的资质及申请立项项目的可行性，保证学校的权益并降低合作风险。所申报项目，须获得参加评审成员2/3以上的票数，方可通过立项评审。通过立项评审的项目，进入合作办学协议/合同签署程序，在履行项目审批手续后，开展非学历继续教育合作办学活动。

2.非学历继续教育呈现快速发展的态势

主要表现为近年全校非学历继续教育年度培训量及相应办学学费收入均处于逐年快速攀升状态。

如图1为2009—2013年中山大学各年度非学历继续教育培训情况（不包括各附属医院），2009年培训量为7174人次，到2013年增长至20030人次。四年间培训量的增长了180%，学费收入则由2009年的5337万元增长到2013年16800万元，四年间的学费收入增长了215%。

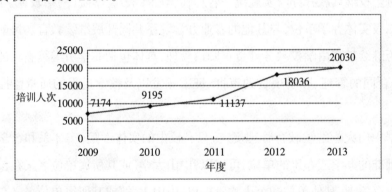

图1　2009—2013年中山大学各年度非学历继续教育培训人次

3.校内各办学单位的非学历继续发展分化明显

目前中山大学校内共有35个实体办学院系，可直接面对社会开展非学历继续教育办学。但各办学院系非学历教育发展不均衡，呈现明显分化，主要表现为少数院系的年度培训量（培训人次）与培训学费收入占据全校培训总量（培训人次）和培训总收入的绝大部分（详细情况见图2、图3）。2009年，仅管理学院、高等继续教育学院、岭南学院、政治与公共事务管理学院4个办学单位的非学历继续教育培训人数占全校培训人数的78.64%,到2013年,该数据为84.39%。

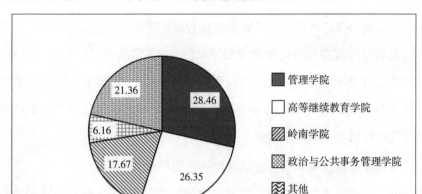

图2　2009年中山大学各办学院系非学历继续教育培训量占全校比例(%)

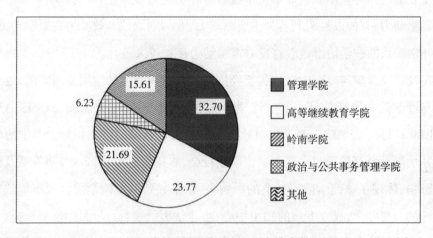

图3　2013年中山大学各办学院系非学历继续教育培训量占全校比例(%)

此外,以上4个办学单位在规模增长上也有明显分化,学校非学历继续教育的办学增长越来越集中于少数办学院系。2009年管理学院、高等继续教育学院及岭南学院3个办学院系的非学历培训量占全校的培训量的72.48%,到2013年该数据为78.16%。尤其值得注意的是,管理学院和岭南学院这两个院系的非学历继续教育培训量的贡献由2009年的46.13%增长到2013年的54.39%。高等继续教育学院的贡献则由2009年的26.35%减为2013年的23.77%。学校近几年非学历教育办学规模总量在增长,同时在其他办学院系也有不同程度的增长的情况下,管理学院、岭南学院的表现令人注目。

三、中山大学内部非学历继续教育发展的特征分析

(一)学科发展是各办学单位非学历继续教育的办学基础

中山大学继续教育项目的审批主要原则之一,是除高等继续教育学院外,凡专业院系所申报的继续教育项目是否与院系的学科背景一致,即专业办学院系原则上不允许开设与本院系学科无关的办学项目。这就决定了各专业办学院系只能依托自身学科优势开展非学历继续教育。

(二)学科发展需求是非学历继续教育的主要驱动力

学校内部各办学单位继续教育发展动力呈现明显差异,学科发展需求是非学历继续教育的主要驱动力。根据各办学院系非学历继续教育发展的实际运作情况,以及其发展上的差异显示我校非学历继续教育办学动力多样化,有的以学科发展需求为主要驱动力,有的以经济利益为主要驱动力,有的则以社会效益为主要驱动力,同时各办学院系的非学历继续教育发展需求动力存在较大差异。

我校管理学院与岭南学院均属于经济管理类专业背景的应用型商学院,近年积极参与商学院的国际认证。其中管理学院是华南唯一通过 AACSB、EQUIS、AMBA 三大国际认证的商学院。商学院对社会的影响力是认证的重要指标。非学历继续教育办学活动令高校通过办学更紧密联系社会,直接展示其对区域经济发展及国际化的影响,体现了该商学院对社会的影响力,结果导致以上两学院重视本单位的非学历继续教育办学,成立专门的 EDP 中心,将非学历继续教育项目的发展规模、教学体系、师资结构、学员构成等方面纳入学院发展的总体规划,并在各年度均有具体明确的发展方向要求,以保证非学历继续教育的具体办学行为始终保持与商学院的发展目标一致,令非学历继续教育办学国际化程度、社会认可度、对企业的支持度与商学院的认证要求保持一致。非学历继续教育的主要办学动力可以理解为出自于这两个商学院本身学科发展的需求。

高等继续教育学院,直接受益于学校给予的特殊办学政策,所开办项目不受专业背景之限制,通过整合校内外教育资源开办非学历继续教育,因学院实行人员工资酬金自筹,开办非学历继续教育,为社会提供教育培训服务同时获取办学资源,关系学院生存与发展,经济效益为其发展的主要驱动力。

(三)非学历继续教育办学成为促进学科发展之必需

2014年福布斯中文版发布的最佳商学院排行榜上,管理学院与岭南学院分别位列第八位和第十位。非学历继续教育发展是管理学院与岭南学院学科发展所必需。管理学院和岭南学院两个学院对学校非学历继续教育培训量总量的贡献由2009年的46.13%增长到2013年的54.39%,可以理解为以学科专业发展为依托并带有专业学科发展需求的非学历继续教育,是学校非学历继续教育发展主力,也是相应专业学科发展所必需。

此外,从2009年至2013年高等继续教育学院年培训量所占的份额由26.35%下降为23.77%,这说明就学校整体而言,专业学科发展需求对高校非学历继续教育发展的驱动力不断强化。

跟踪并分析2009—2013年办学发展数据及各办学院系发展非学历教育的实际运作情况,中山大学非学历继续教育发展以学科发展为主要驱动力的作用非常显著,这与以往对普通高校非学历继续教育发展仅仅为经济利益的认识与理解有很大的差距。

四、普通高校非学历继续教育管理策略的思考

(一)普通高校非学历继续教育的本质与现有的管理策略

世界贸易组织(WTO)章程把教育与服务列为同一类贸易项目,这说明教育本质是一种服务,教育管理则是一种经营活动。教育则是教育从业人员向社会提供教育机会的复杂劳动,接受教育服务的学员,是学校的服务对象。英国标准学会(BSI),学校教育的产品是指每一位学生能力、知识、理解力和个人身心发展的不断提高。办学品质是学校生存与发展之根本,保证教育服务质量是学校教育管理的核心目标。非学历继续教育是高校展示办学实力和综合能力的一个窗口,是高校服务社会的方式之一。由于非学历继续教育是普通高校直接面对教育培训市场提供教育服务,通过市场实现资源重新配置的功能,这使继续教育同时也是普通高校开源创收,提高自主办学能力的重要途径。传统重点高校尤其是重视科研及本科教学的985重点高校,往往在继续教育实际运作中更倚重其开源创收的经济功能,在制定有关的管理政策时,除了严格项目的行政审批管理,更倾向于使用经济手段对其进行约束管理或实现激励。

实际上,就中山大学非学历继续教育的发展动力来看,片面强调行政审批或经济政策,难以实现对非学历继续教育的有效管理。由于缺乏统一的管理质量标准和系统化的管理,校级管理层面对办学过程难以实现有效的监控措施。若办学院系缺乏有效的办学质量风险自控机制,在办学规模不断扩大的情况下,难以有效支持非继续教育的可持续发展;此外非学历继续教育专业化的发展,具体办学管理人员也需要足够清晰的指引规范,令各项工作有章可循。引进国际质量管理的理念,强化教育质量管理和教育服务意识,从根本上改革非学历继续教育管理模式,提高教学办学质量和效益,方可从容面对在发展机遇中的各种挑战。

(二)普通高校非学历继续教育存在的问题

随着办学规模的持续稳定增长,现行管理体制下办学质量与办学管理隐忧潜存。

目前依靠单纯"只管生,不管养"行政审批手段管理模式,办学质量完全依赖于办学院系办学传统实现办学过程的自律或办学过程的经验积累。尽管各办学单位自身对办学过程已形成各具特色的具体管理要求。实际上,各办学院系的发展状况与其具体办学规范的完善程度呈现高度一致。办学规范越完善细致的办学单位,发展规模和办学质量都胜于其他办学院系。如管理学院在项目的立项的可行性论证,市场需求分析与定位,教学过程的具体管理约束,项目的效果评估反馈上形成了一套相对完备的管理规范。

对学校整体管理层面而言,在非学历继续教育办学规模不断扩大的情况下,由于缺乏整体办学质量和运行过程的有效监控,办学风险也将随之增长,这对于以本科教学及科研发展为工作中心的普通高校,尤其是211重点高校而言,为避免因此为学校声誉带来的伤害,对继续教育发展予以不积极、不主动、不重视的态度,这令继续教育将更趋于边缘化,这对高校继续教育的发展极为不利。

为适应充满生机活力的非学历继续教育的发展,我们必须要寻求一种管理规范,可以将本校办学理念融会其中,包容高校内部的办学差异,以形成有效的自我约束制度与激励机制,为办学提供质量保障,提高办学品质,最大限度降低办学风险,树立品牌,成功扩大学校的积极影响,提高学校美誉度,促进学校非学历继续教育的健康发展。

(三)普通高等学校非学历继续教育管理策略

在直接面对市场的工商企业管理中,人们感兴趣的是如何保证生产或服务的质量,最大程度降低风险。ISO系列国际质量标准体系,通过对组织质量管理和运行能力的监控,确保组织内部的科学管理与高效运作,最大限度保证产品或服务的质量高标准,降低经营风险,是世界上普遍认同的国际质量管理体系标准。1999年,国际标准化组织面对教育培训发布了ISO10015,作为开展教育培训组织机构的品质管理标准认证。直接面对教育培训市场,提供教育服务的高校非学历继续教育,引入国际质量管理体系这一科学管理理念,借鉴其标准化管理模式,创新现有的继续教育管理策略,意义深远。

如台湾劳委会职业训练局为确保在职人员的训练流程的可靠性与正确性,在参照ISO10015及英国人力资源投资标准认证等基础上,就培训项目的规划,设计,查核,成果评估等阶段,制订了训练品质质量评核系统,作为台湾地区培训机构培训品质管理的工具,历经数年的应用显示,该系统对培训事业机构与培训单位培训的能力与绩效的提升有显著的贡献与良好的满意度。

引入以上品质管理认证工具或其管理理念,可将高校的办学理念和发展目标密切联系各具体办学项目,建立一套符合高校实际的非学历继续教育管理规范,提高办学品质。

(1)通过更新管理理念,实现管理策略的调整,优化管理职能,提高管理效率,高校非学历继续教育由目前单纯的行政审批管理向引导和激励的专业化方向发展,弥补了目前办学监控与评估环节薄弱的不足,保证并提升了办学品质。

(2)令办学项目密切贴近社会需求,高校在办学中教学相长。现有的教育培训国际化标准及各地区或国家的培训标准认证,均强调办学项目在规划与设计环节中利益相关人的参与。

(3)提供足够的办学管理指引规范,令高校非学历教育办学有章可循。即面对无限大的继续教育培训市场,严格管理程序,强化过程管理,提高办学管理效益,提高办学质量。

(4)促进高校非学历继续教育从业队伍专业化。高水平可持续发展的办学离不开一支具有现代化教学管理理念的团队。清晰的标准化规范管理章程,能帮助新入职的人员很快适应本职工作,在管理上迅速实现与具体岗位要求的匹配,在具体办学活动中践行,迅速成长。

参考文献:

[1]刘建东.普通高校继续教育管理创新思路浅析[J].文教资料,2011(29):178-180.

[2]徐秀燕,黄雅婷,萧德瑛,巫勇贤.TTQS对继续教育的实务探讨[C].第十三届海峡两岸继续教育论坛论文集,2012.

[3]袁贵仁.在2013年全国教育工作会议上的讲话[J].人民教育,2013(4).

普通高校自学考试网络助学的实践与探索[①]
——基于华南理工大学自学考试网络助学实践

华南理工大学 刘芳 刘婷 姜检平 欧春华

摘要:本文从高等教育自学考试(以下简称"自学考试")发展面临的现状入手,通过华南理工大学自学考试网络助学的实践探索,提出要改革自学考试人才培养模式,重视学习过程与综合能力的培养,要重视网络资源建设、整合与共享,要从学生的用户体验出发不断完善网络平台模块与功能,要对自学考试网络助学进行指导与监督。

关键词:高等教育自学考试;网络助学;信息化平台;数字化资源

一、我国自学考试面临的挑战

统计数据显示,截至2014年,全国参加高等教育自学考试累计达到2.49亿人次,其中,1280余万人获得了本专科毕业证,其毕业人数相当于130所万人规模大学27年毕业生人数的总和。此外,还有2000余万人获得了非学历自学考试的各类证书。作为"没有围墙的大学",自学考试在满足全国各族人民接受高等教育需求、全面提升国民综合素质等方面发挥了积极而有效的作用。但是,在取得巨大成就的同时,自学考试也面临严重的挑战。

① 基金项目:广东省教育研究院项目(GDJY-2015-C-b019)、广东省成人教育协会项目(Pgy14109)。

(一)报考规模不断下滑

1983年,共有33.1万人报名参加自学考试。如图1所示,1984年至2000年,自学考试进入快速发展期。尤其是1994年以来,每年新增报考人数百万以上。2000年,报考人数达到峰值,为1369.1万人。然而,进入21世纪,自学考试遭遇重大"寒流",报考人数逐年下滑。2014年,自考报考人数为703.4万人,仅相当于1995年的报考规模。

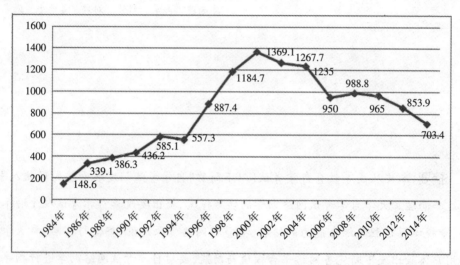

图1 全国1984—2014年学历自学考试报考情况图(单位:万人)

(二)招生形势严峻

与全国自学考试发展趋势不同,广东省自学考试长时期保持一个高位发展态势。1984年,首次开考时只有4个专业,报考人数为9.4万人,随后快速发展。以近7年报考人数为例,2008年至2012年,报考人数均在74万人以上,2014年为最高值,达84.8万人,较2008年净增约10万人。受国家及广东省有关自考考试政策调整的影响,2015年,广东省报考人数出现较大幅度的下滑,下降至56.5万人,具体情况见图2。广东省作为我国外来人口大省,各类低学历人员较多,生源较为充沛,自学考试仍具有一定的生命力,尽管如此,广东省自学考试发展面临的严峻形势仍不容小觑。

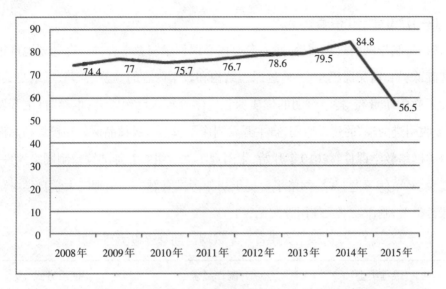

图2　广东省2008—2015年学历自学考试报考情况图（单位：万人）

（三）学历自学考试自身存在诸多问题

在课程模式、教学内容上"普高化"色彩浓厚，实践环节薄弱，专业与课程体系建设、教材内容严重落后于时代需求；助学手段单一、学生学习效率低。课程考试通过难度大，学习周期长、成本高，学生信心不足，导致在读生源大幅流失，新生报读规模急剧下降；应试教育思想严重，考核方式主要以一次性终结性考试为主，缺乏一套完整系统的助学与学业综合评价体系，导致自学考试人才培养目标难以贯彻和保证；师资队伍不稳定，来源复杂、素质参差不齐。

鉴于自学考试面临的严峻挑战以及自身存在的实际问题，华南理工大学积极进行自学考试网络助学模式实践探索，以增强自学考试发展的生命力。

二、普通高校自学考试网络助学的实践探索

普通高校自学考试网络助学是普通高校以现代教育思想和学习理论为指导，充分发挥丰富的网络教育资源优势和网络的各种教育功能，向自考者提供一种网络教和学的环境，传递数字化内容，开展以自考者为中心的非面授教育活动。华南理工大学2008年进行机构调整，将公开学院（自学考试）、网络教育学院、继续教育学院（传统成人教育）三院合并为新的继续教育学院（以下简称"继教院"），有效整合了自学考试与现代远程教育、成人高等教育等学历教育形式的资源与优势。

(一)建设数字化资源

第一,制作网络教学课件,并为专业核心课程录制教学视频。有计划地推进公共基础课程和精品课程建设,通过课程结构和教学内容的调整、合并、重组与更新,建设了教学质量高、特色鲜明的优质课程。学校投入巨额资金,本着"自主开发为主,吸收引进为辅"的建设原则,自主开发制作了包括省级精品课程和校级精品课程在内的网络教学课件。2010年开始,华南理工大学组织教师陆续录制网络课件、教学视频、章节练习题,并在网络平台提供历年考试真题。华南理工大学自学考试网络课程类型、制作要求及使用方式见表1。

表1　华南理工大学自学考试网络助学课程类型一览表

课程类型	制作要求	使用方式
专业核心课程	按照考试大纲开发	观看视频(出勤) 随堂练习(作业) 章节测试(测验)
互认课程差异部分学习	对照考试大纲差异化开发	观看视频(出勤) 随堂练习(作业) 章节测试(测验)
委托开考课程练习及测试	基于考试大纲命题	章节练习(练习) 章节测试(测试)
统考重难点学习	名师授课式开发	观看视频(辅导) 历年真题(下载)

第二,建立在线试题库和专用机考程序。从自学考试制度创立至今,检验学生的学习成果大都是以纸质试卷的形式对学生加以考核。截至2015年,华南理工大学为本校76门自考课程建立了在线试题库,题型灵活多样,涵盖各章节的重点与难点问题,以更加有效地考查学生对所学知识的掌握程度。在专用机考程序的考试过程中,考生不能切换到非考试程序,不能上网和使用即时通信程序,退出考试程序后不能重新进入。考试结束后,系统可自动对客观题阅卷并给出分数,非客观题由阅卷教师在线阅卷,这大幅度提升了教师评卷的准确性和效率,同时也使学生查询成绩更简便快捷。

(二)推进信息化网络平台建设

2010年，华南理工大学提出自学考试网络助学平台基本需求框架，开始与某公司合作进行自考网络平台的开发，为广东省开展自学考试网络助学工作做准备。2013年与该公司合作开发自学考试信息化管理平台，2015年全面启动使用。

第一，实现了网上教学功能。通过网络平台，教师可以充分利用网络资源，进行网上授课、布置作业、批改作业、网上答疑等；学生可以网上学习、讨论、考试等。学生可以随时登录网络平台完成课程学习，委考和实践考核课程可以通过平台进行学业综合评价考核积累成绩与考试。信息化管理平台促进了自学考试合作办学工作的规范化与程序化，实现了远程教学和助学，在一定程度上缓解了师资不足的压力，同时使教师和学生在教学、自学的过程中目标更加明确，有利于提升学生学习能力和效果，成为自考助学的重要辅导资源和途径。

第二，实现了网上教学管理功能。教学管理人员通过网络平台进行教学管理，实行网上选课和排课、学籍管理以及学生网上报考、成绩查询等。自2015秋季起，华南理工大学自学考试全部合作办学单位、新生报名信息都能通过新平台进行管理。目前，办学单位的招生计划和招生资料申报，新生报名与缴费，学生委考、实践考核、互认课程、学业综合评价等各类成绩的上报与审核均可通过平台实现；自学考试委托开考课程、实践考核课程远程在线考试与评卷，以及历年真题学习、资料库下载学习等也都可以通过平台功能实现。华南理工大学自学考试委考与实践课程总评成绩由课程考试卷面成绩和平时成绩两部分组成，其中委托开考课程平时成绩占总评成绩的30%，网络平台学习占20%，期末测试成绩占50%。

第三，实现了网上统计功能。各专业学生只要输入学号与身份证号码，就能查询到本专业的教学计划、大纲、课程设置、教学资源、考试信息等。教学管理人员也可查询、统计相应数据。

(三)探索自学考试与网络教育相融通的办学模式

为整合网络学历教育和自学考试并充分发挥各自优势，搭建学习与资源共享平台，华南理工大学于2012年5月开始筹备"自学考试与网络教育相融通"工作(以下简称"相融通")。"相融通"按纯网络学历教育办学模式，实行学分制和弹性学习年限2.5~5年的业余学习形式。报读"相融通"的学生可享受课程互认、免修免考和学费减免等政策优势。

关于"相融通"模式的教学组织,以网络学历教育的指导性教学计划为基础,参照"高等教育自学考试各类考生课程免考"条件,将网络学历教育教学计划中的课程分为两类。一类为跟自学考试课程互认的课程,简称"可互认课程"。凡自学考试统考成绩或总评成绩在 60 分(含 60 分)以上的课程,学生提交"相融通课程学习成果互认申请",经审核批准后可予互认和免修免考。课程总评成绩由自学考试统考成绩和平时成绩两部分组成,其中平时成绩(含出勤、课堂学习、作业、平时测验等)占总评成绩的 50%。另一类为不能互认、需要通过网络学历教育学习方式继续修读的课程,简称续修课程。续修课程按照网络学历教育的教学计划进行修读。

关于"相融通"模式的课程考核办法,续修课程的考核与成绩评定同网络学历教育课程考核办法一致:对于网络教育要求全国统考的同时又是"相融通"中续修课程的课程,需要参加全国统考;其他课程参加学校组织的统一考试,课程总评成绩由课程期末考试卷面成绩和平时成绩两部分组成,其中平时成绩(含网络课堂学习、随堂练习、作业与答疑等)占总评成绩的 50%。学生完成"相融通"专业教学计划的课程学习与考试,成绩合格达到毕业条件,可获得华南理工大学网络教育毕业证书,达到学位条件者可申请华南理工大学成人高等教育学士学位。

(四)自学考试网络助学探索实践初见成效

自学考试网络助学模式的探索实践,丰富了学生的学习模式,提高了学生学习热情。华南理工大学自学考试在校生规模、学位授予人数、毕业生人数都显著增长。尽管步入 21 世纪以来,全国自学考试遭遇重大"寒流",报考人数逐年下滑,而华南理工大学自学考试由于进行自学考试网络助学模式实践探索,不断增强自学考试发展的生命力,其招生数、在校生数却能逆流而上。自 2008 年到 2015 年间,招生人数从 2036 人增加到 4469 人,在校生人数从 3444 人增加到 8336 人,在 2014 年达到一个小高峰。具体见图 3。

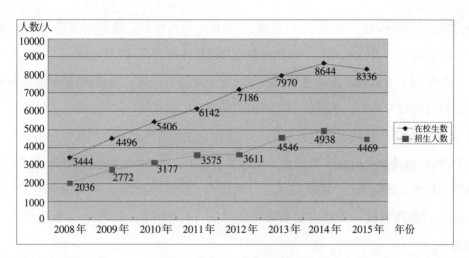

图3 华南理工大学自学考试2008—2015年招生数、在校生增长趋势图(单位:人)

华南理工大学自学考试不仅在办学规模上稳步扩大,在办学质量上也显著提高。2010年至2015年间,学位授予人数由41人增加到463人,增加了约10.3倍,学生毕业人数由342人增加到1805人,增加了近4.3倍。具体见图4。

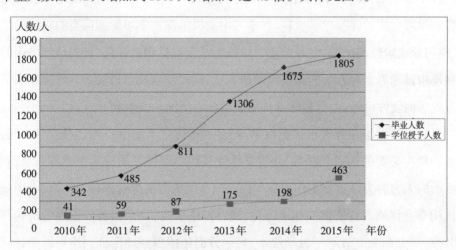

图4 华南理工大学自学考试2010—2015年学位授予人数、
毕业生人数增长趋势图(单位:人)

三、普通高校自学考试网络助学未来发展建议

(一)改革人才培养模式,注重学习过程

在人才培养模式上,克服应试教育思想,注重基础知识、实践环节、专业技能等

综合能力的培养,逐步形成灵活、互通、市场化的育人机制。在课程模式、教学内容上,去"普高化",进行成人教育特色的专业与课程体系建设、教材建设。

我国自学考试现阶段的考核方式实行的主要是一次性终结考试,部分委托开考课程有过程性考核。一次性终结考试虽然简单且容易操作,但它限制了教学相长的环节,而且最终考试结果也存在一定的偶然性。过程性考核更能调动学生平时学习的积极性,也使学生有更多的机会来展示学习效果。从 2008 年起,教育部考试中心陆续在广东、江苏、浙江、湖南、湖北、天津、山西、陕西、江西、山东等省份的考试院校试验了过程性考核。今后应加强过程性考核,提高平时成绩比重,重视学生学习过程。

(二)重视数字化资源的建设、整合与共享

教学资源建设是网络助学的基础,学校和教师要设身处地地站在学生的立场上,为学生提供丰富而合理的教学资源,保证网络助学的有效开展。要根据学生学习过程中不同阶段的需求,提供不同的学习资源,如在学习初期提供用于了解课程内容和学习方法的课程导学材料,在学习中期提供深入学习课程需要的精讲网络课件、练习题或阶段测试题,在考前复习阶段为学生提供串讲课件、针对历年考题的解析和模拟试题等。对教师的聘请要严格考核,同时挑选技术过硬的软件操作人员及配置先进的硬件设施,力求教学课件的质量和网络助学的顺利开展。

自从网络助学在各省市试点以来,很多省市建立了助学机构,但各个地区的助学机构缺少必要的沟通与联系,使得某些优秀教学课件不能得到应有的共享,而耗费巨大的人力财力做重复工作。对于同一门全国统考的专业课程,可以由全国统一的机构整合优质教育资源制作成课件,通过网络渠道,使全国各省市助学机构都得到共享,一方面大大节约了教学成本,另一方面还能更好地保证网络资源质量。普通高校要全面整合自身教学资源优势,特别是充分利用普通高校优秀教师资源设计和开发符合自学考试领域高水平的网络课程,并在网络平台上实现资源共享。

(三)从学生的用户体验出发不断完善网络平台模块与功能

自学考试网络助学平台服务于学生学习的各阶段,因此自考网络助学平台的建设应重点关注学生的学习过程,从学生的用户体验出发不断完善平台的各大模块及功能,从而提高学生自主学习的效果和学习效率。

网络平台提供资源的全面性和针对性是影响网络助学的一个关键因素。要做好专业网站与学科站点的链接,要统一整合全国自考优质网络资源,根据学生需要什么,现在我们已经有什么,需要新建什么,能为学生提供什么,进行一个统一的规划和梳理,避免资源的重复和浪费。网络平台信息要注重时效性。有的助学网站发布信息不及时,没有专人管理网站,长期得不到维护和更新,影响了网络传播的时效性,也使得网络助学得不到很好的发展。

(四)进行自学考试网络助学的指导与监督

网络学习不仅是一种学习方法,也是一种能力。要指导学生如何利用网络资源,在最短的时间内查寻到自己所需要的信息。可通过考点编写、网络课程指南使学生能根据指南中的指导,查找专业网站,了解网络信息的有关情况。要注重安排辅导教师在线解答疑难问题,适当安排练习等,让学生在线模拟训练;对于一些缺乏网络和计算机知识的学生,可以根据其实际情况开设网络课程,让他们学会使用电脑和网络,实现利用网络平台进行学习。

监督和评估是自学考试网络助学工作顺利发展的重要保证。国家自考主管部门应建立一个统一的自考网络助学体系,制订出统一的质量标准体系和评估监督管理方案。自考主管部门要加快对网络自考助学评估管理制度的健全和完善,加大管理力度,规范网络助学,定期开展监督评估工作。要借鉴国外先进评估监督体系和科学技术,加紧培养一批高水平、高素质的监督评估管理队伍,以提高我国自考网络助学监督评估水平。同时,要加大对自考信息网络的监督力度,促进网络自考教育健康发展。

参考文献:

[1]中华人民共和国教育部.(2012年—2014年)全国教育事业发展统计公报[EB/OL].http://www.moe.edu.cn/jyb_sjzl/.

[2]中国教育在线.广东自考20年培养29万毕业生[EB/OL].[2004-12-15]http://kaoyan.eol.cn/article/20041215/3124419.shtml.

[3]广东省教育厅.二零一四年大事记[EB/OL].[2015-07-01].http://www.gdhed.edu.cn/publicfiles/business/htmlfiles/gdjyt/jynj/201507/489438.html.

[4]广东省教育厅.教育统计[EB/OL].http://www.gdhed.edu.cn/business/htmlfiles/gdjyt/xzzfa/index.html.

[5]李中亮,李阿慧.普通高校自学考试网络助学的实施研究[J].中国考试,2013（8）:37-42.

韶关市中小学教师培训需求调查研究

韶关学院　黄华明　黄德群　陈庆礼

摘要:韶关学院省级中小学教师发展中心(以下简称发展中心),成立于2015年5月,是广东省8家省级中小学教师发展中心之一。2015年,发展中心组织课题组围绕培训需求对韶关市中小学教师开展调研。课题组发现,韶关市中小学教师存在较强的培训需求,但是不同学段的教师培训需求差别较大,教师培训需求存在明显的层次感,教师自述培训需求笼统而模糊。大部分中小学教师希望采取多种多样的培训形式;希望在工作日培训;希望考核方式灵活多样。基于此,下一步要系统化培训;多层次、多渠道培训;多形式培训;以点带面,专家引领。

关键词:韶关市;教师专业发展;对策研究;培训需求

一、研究情况概述

(一)研究背景

2014年,广东省教育厅经公开遴选,决定在省内八所条件成熟的师范类普通高校中建立省级中小学教师发展中心,分片分级承担各地中小学教师专业发展的指导和培训工作。韶关学院是这八个项目建设单位之一。作为粤北地区教师、校长培训中心,其主要任务是贯彻教育部关于加强中小学教师培训工作的总体要求,借鉴国内外教师教育发展先进经验,有效统筹全市县(区)教师培训机构,分学科、分类别、分层次、分区域开展中小学教师培训工作。

(二)研究目的

了解韶关地区教师队伍的组成、结构和素质状况,提出优化教师素质、更好地实现育人功能的建议。了解教师、校长的培训需求,为科学地制定"十三五"教师培训规划提供依据。

(三)研究方法与研究过程

1.研究方法

本项目研究综合运用了调查法和观察法。

问卷调查法。借助网络调查工具开展网上全员调查。问卷设计采用三级标准,即1分代表较差,2分代表一般,3分代表优秀。为便于理解,进行数据统计与分析时,得分基本转换为百分数。

实地观察法。深入实际,通过课堂观摩、说课、个别交谈、集体座谈等多种方式采取质性研究的方法。同时,课堂观摩、说课观察,通过观察量表进行量化打分,以避免主观性和个人误判。

2.研究过程

整个研究过程主要分三大环节:一是开展网络调查;二是组织实地调查;三是材料和数据处理并形成调研报告。

(1)网络调查

通过网络问卷方式开展调研,具体是通过在线问卷调查平台(问卷星)发放调查问卷,由市教育局直接发通知到县(区)教育局和各中小学校,各学校校长组织全体教师集中填写网络问卷,问卷回收率为60%。

网络调研共回收小学教师问卷7452份,中学教师问卷8133份,共15585位中小学教师参与调研,问卷有效率100%。

表1　参与网络调研的中小学教师地区分布(单位:人)

曲江区	浈江区	武江区	南雄市	乐昌市	始兴县	仁化县	翁源县	新丰县	乳源县	总计
1903	1268	1579	1983	2074	1529	1377	1792	1135	945	15585

将回收到的网络调查答卷进行系统的归纳分析。统计结果显示,小学教师问卷整体信度是0.867,中学教师问卷整体信度是0.852。对中小学教师问卷整体进行因

子分析,没有游离的因子成分。说明中小学教师问卷整体结构较好,基本实现调查的设计目标。

(2)组织实地调研

根据全市十个县(区)教育水平和质量差异度,遴选四个县(区)(具体为仁化县、乐昌市、乳源瑶族自治县和浈江区)作为调研县。每个县(区)抽取四所学校(包括一所高中、一所初中、一所中心小学和一所九年一贯制学校)共16所学校作为调研校。

二、韶关市中小学校和师资队伍基本情况

(一)乡镇学校和教师分布

截至2015年,韶关市中小学共有336所①学校,按照学段和类别分,小学共184所,初中(包括初级中学、九年一贯制学校、职业初中)共127所,高中(包括完全中学、高级中学、十二年一贯制学校)共25所;按照学校所在地分,城市学校86所,乡村学校250所,乡村学校数量占总体的74.4%。

截至2015年,韶关市中小学共有教职工26612人,专任教师25675人。其中,小学、初中、高中教师数量比例大概为5:3:2;按照教师任教学校所在区域划分,城市教师8284人,乡村教师17391人。从数据可以看出,韶关市中小学教师以乡村教师为主体。

(二)教师性别比例

统计数据显示,韶关市中小学教师男女教师性别比例为4.98:5.02,性别比例整体平衡,但年轻教师女性化趋势比较明显。随着国家"二胎政策"的放开,如果女教师扎堆生育,将会给中小学正常教学产生冲击,造成中小学"产假式"缺编。因此政府在教师招聘过程中应增加男教师的招聘比例,确保中小学教师性别结构平衡。

(三)教师工作量

教师平均工作量比较低,初中大约半数的"主科"教师只担任一个班的课,并担任班主任工作;科任教师一般担任两个班的课。工作任务基本上是人人均分,造成资源浪费并在某种程度上助长了部分教师拣轻怕重的思想。不少教师在标准班里使用扩音设备上课,不仅浪费资源,且影响听课效果。

---

① 本部分采用的全国数据来源于《2015年全国教育事业发展统计公报》,韶关市的数据来源于《2015年韶关市基础教育综合数据》,韶关市的数据因为统计原因,分类统计的和并不一致,本研究尊重原数据,不做修正。

(四)年龄结构

按年龄划分,24岁以下的教师共有544人,年龄居于25~34岁的教师共有4380人,35~44岁的教师共有10372人,年龄超过45岁的教师共有9659人。教师队伍年龄整体偏高,呈现明显的老化状态,有些学校20年没有补充新教师。

(五)学历结构

韶关市中小学教师研究生毕业的为210人,本科毕业的12982人,专科毕业的10472人,高中阶段毕业的1413人,高中阶段以下毕业的2人。

(六)教师的职称结构

韶关地区中学教师二级教师约占21%,一级教师约占45%,高级教师约占29%,职称结构总体合理,但是地区差异明显,农村中学高级职称比例很低。小学教师的职称结构呈"两头小中间大"的状态。

(七)学科结构

通过调查发现,农村小学体育、科学、音乐、美术教师的校均人数分别是2.77人、1.15人、1.71人、1.48人,远远低于镇区小学和城市小学。音乐、科学、体育、美术任课教师长期严重不足,给中小学素质教育造成较大影响。

三、韶关市中小学教师培训需求研究

(一)中小学教师培训需求分析

1.中小学教师希望的培训内容

(1)专业知识方面的需求

小学教师对小学生习惯养成的方式方法、小学生身心与认知发展规律、小学生心理健康与安全、课程改革现状与发展趋势等内容的培训愿望强烈。

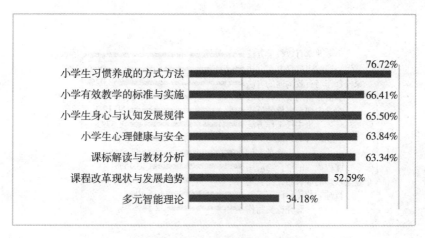

图1　小学教师对专业知识的培训需求比例图

中学教师对专业知识有较大的培训需求。超过半数的教师对课标解读与教材分析、创造性思维训练及应用、中学生学习心理特点、课程的认知目标与情感目标、课程改革再深化的重难点问题等培训内容均较有兴趣。

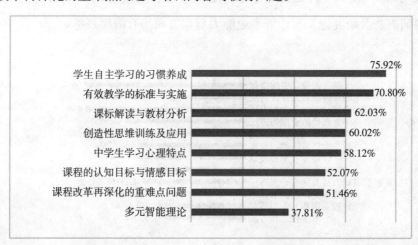

图2　中学教师对专业知识的培训需求比例图

（2）专业能力方面的需求

小学教师表现出对专业能力有较大的培训需求。对小学课堂有效教学方法、学生心理健康教育方式方法、家校合作与有效沟通的方法、学情分析的要点和方法、教学中偶发事件的处理以及班主任工作方法、学业评价的手段与方法、课程资源的整合与应用、卓越型教师的成长路径与轨迹、研究论文写作等能力培养方面均有迫切的培训需求。

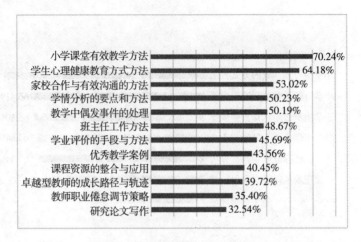

图3　小学教师对专业能力的培训需求比例图

中学教师在专业能力方面表现均衡的培训需求,对学习困难学生的指导、学生心理健康教育方式方法、教材与学情分析的要点和方法、学业评价的手段与方法、课程开发与研究、教学中偶发事件的处理、教师专业发展规划、家校合作与有效沟通、教育科研方法及研究论文写作等专业能力培训方面均有浓厚兴趣。

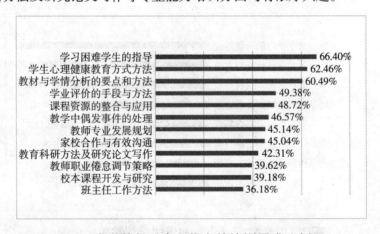

图4　中学教师对专业能力的培训需求比例图

(3)信息技术提升方面的需求

中小学教师在信息技术提升方面表现出较大的培训需求。对多媒体课件微课等制作与使用、多媒体环境下的学科教学设计、新教学媒体如电子白板等的应用、网络教学资源的获取与利用、网络教学平台的应用、技术支持的教学评价与学习评价等各个方面均表达出较大的培训需求。

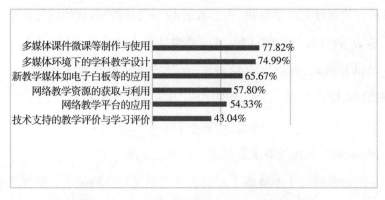

图5　中小学教师对信息技术的培训需求

2.中小学教师希望的培训形式

中小学教师希望培训形式多样化。根据网络问卷统计,有9453人希望培训形式是讲座与观摩实践结合,占总数的60.66%;有7924人希望培训的形式是课堂观察与案例制作,占总数的50.85%。这两项都超过50%,属于较多教师比较接受的培训形式。另外,有7143人希望的培训形式是专题讲座与研讨结合,占总数的45.84%;有5427人希望的培训形式是讲座与跟踪实践结合,占总数的34.82%;有5360人希望的培训形式是师带徒式,占总数的34.39%;有5329人希望的培训形式是集中讲座,占总数的34.20%;有5082人希望的培训形式是送教下乡,占总数的32.61%;有4285人希望的培训形式是围绕课题合作研究,占总数的27.5%;最后是有4161人希望的培训形式是菜单式远程学习,占总数的26.70%。

3.中小学教师希望的培训时间

调查结果显示,接受调查的教师中有8477人希望在工作时间内进行培训,占总数的54.40%,即多数教师希望是在工作时间进行培训;有3847人希望是在工作时间与休息时间混合进行培训,占总数的24.69%;有2543人希望是在寒暑假时间进行培训,占总数的16.32%;有717人选择是在双休日时间进行培训,占总数的4.60%,也就是说双休日是大多数教师不接受的培训时间。

4.中小学教师认可的培训考核方式

接受调查的教师中有8565人认可的培训考核方式是多种形式结合,占总数的54.96%,即多数教师认可的培训考核方式是多种形式结合,这为组织者提供了管理经验;有7943人认可的培训考核方式是培训总结,占总数的50.97%;有7705人认可的培训考核方式是教育教学案例,占总数的49.44%,即较多教师认可的培训考核方式是培训总结、教育教学案例,因此这两项也是不错的选择;有6604人认可的培训考核方式是试卷测试,占总数的42.38%;有2859人认可的培训考核方式是专题论文,占总数的18.35%,这是一个较小的比例,组织者要谨慎应用。

(二)中小学教师专业发展需求差异性分析

1.中小学教师所表述的需求表现出一定的差异性

不同年龄的教师对于专业能力提高表现出不同程度的需求。整体上呈年龄段越大,需求程度越弱。20~30岁年龄段的需求比较强烈。

不同学历的教师对专业能力提高需求具有一定差异,专、本科学历的教师对于学生学习心理、学困生转化、学情分析具有比较强烈的需求。非师范的其他学历的教师明显地表现出各项不同的需求程度。

2.教师所表达的需求笼统而模糊

韶关地区中小学教师,在表达自身的学习需求时是笼统的、模糊的,带有很强的从众性。国家级骨干教师更清楚地认识到自己所需要补充的专业知识,而且表现出对不同类型知识的需求不同,而其他教师(一般教师,县级、省级骨干教师)的需求并没有显示出明显的区别。又如,20岁以上教师运用信息技术的能力差异非常大,而表达的培训需求却没有差异。

(三)中小学教师培训的隐性需求分析

教师自己能够意识到的不足,提出需求,一般是他们已经具备一定基础,需要改进与提高的方面。而教师没有察觉(或由于谦虚而没有提及)的需求也许对他们的发展更为重要。通过访谈、观察和其他实地调查,调查者认为教师的需求是分层次的。

1.按照学段划分层次,共性的需求

(1)小学1~3年级(主要是村小和教学点的教师)

第一是需要研究和学习三年级教学内容及与学生今后学习的关系。原因是三年级是小学生学习中的关键转折点。村小和教学点的多数教师对教学内容的理解肤浅,使学生"输在起跑线上",从此失去对学习的兴趣和信心。

第二是需要学习和补充兼任学科的内容体系和教学特点。原因是"为了孩子一生的发展,小学阶段必须特别重视学生的全面发展,激发孩子生命的活力""要面向全体学生""不同的孩子可能具有不同的爱好,要满足他们发展的需要,展现各自的优点,这是保护孩子的自尊的最好的办法",让每个孩子带着自尊和信心而不是饱尝失败,带着自闭、自卑的阴影升入高年级学习。

第三是学习和探索小学生学习规律,重点是培养小学生良好的学习习惯。

(2)4~9年级的教师

这个群体为同一个层次,这个层次整体上第一需要是更新教育观念,变革教学方式。更新教育观念的重点是对教育功能的认识。优质的义务教育的内涵是搭建学生走向现代社会的桥梁。调查过程中初步感受到韶关虽然地处经济发展较为滞后的粤北,但人们谋生的环境还是比较好的,人们的生活也是过得比较安逸。如此社会条件下,不是所有学生都认同必须在中考中获得优秀成绩,进而争过"独木桥"。因此,部分学生在学习上放松对自己的要求,在很大程度上是受社会环境影响的。但是无论将来以什么方式进入社会,核心素养都是生存的根本。因此实施能力为本的教育应该是首先要确立的观念。其次就是把教师的知识和能力结构调整到胜任能力为本的教育。

(3)高中教师

正像高中教师自己提出的,第一需要是以高考要求变化为切入点的高中新课标、新教材培训。学习和研究的内容不仅是新高考改革的命题方向和解题要求与原来高考试题的差异,而且是以培养核心素养,特别是学科核心素养为目标的高中课程全面的改革。第二是形成反思的习惯,持续发展。

2.按照教师发展分层,体现个体差异

从前面总体推断95%置信区间的数值看,韶关市义务教育段教师,根据课堂整体状态、教学技能五项和说课等不同观测角度,水平都达到85分以上和低于65分的各占2.5%。前者可视为学科带头人,后者可视为业务水平欠缺的教师(仅仅业务水平欠缺不等于不合格教师)。

学科带头人的提高需求应为两个阶段:一是把自己的经验结构化,二是在传播经验和带动他人中,形成教学特色和专长。业务欠缺的教师(大部分已经50岁以上)需求是如何扬长避短,发挥自己的作用。

处于95%范围之内的教师分别处于三种水平。对韶关市教师专业发展阶段的大致估计,处于适应期的教师约占60%,发展前期约占25%,处于发展后期的教师大约占10%。适应期教师的首要需求应为围绕教材的学科知识梳理。原因是课改以后,教材的编排从学科中心转向实践中心、学生中心,需要教师整合教学内容,选择适当的教学策略落实三维目标,实现能力为本的教育,培训的潜在而深刻的效果是改善教师的认知水平,激励教师发展的动机。

发展前期约占25%的教师,工作得心应手,能够顺利地帮助有潜力的学生考出较好的成绩,但进入发展的"高原期",优势需求为提高"学科教学知识(PCK)"水平和反思水平。约占10%的发展后期的教师基本与前面提到的"学科带头人"属于同一层次,具有相同的需求。

四、基于培训需求的教师专业发展建议与对策

(一)系统培训

设计全县公共必修课,通过四步式远程教育(现称混合式培训)形式实现;设计专题短期培训,解决不同学段带有共性的热点、难点问题;根据培训队伍建设规划,设计培训层次,建立目标体系。

例如,设立"基础教育改革与发展""师德大讲堂""中小学学生学习心理"等公共必修课,解决大多数教师面临的主要问题。针对较大群体的不同需求设立"信息技术应用""教师心理健康""班主任工作案例分析"等公共选修课。

(二)多层次、多渠道培训

多层次的培训按照教师专业发展阶段,针对不同发展阶段教师提高的需求,参照教学能力的表现水平,设计适应期教师轮训、发展前期教师轮训和骨干与学科带头人培训。

多渠道培训的主渠道为广东省和韶关市整体培训计划,建立配套培训和延伸培训、本县教研室指导下的培训和校本培训渠道。同时兼顾少量利用高校资源,网络资源,本省优质学校、外省优质学校乃至国外培训渠道。

(三)多形式培训

根据培训性质、内容确定培训形式。例如,适应期教师轮训适合于"讲—摩—练—测—用"。面对面培训、交流、切磋效果较好,远程培训效果较差。

发展前期教师以工作坊的形式比较合适,辅以利用信息技术提高学习、研究的选择性、交互性。

发展后期以培训名师工作室和外出考察等形式为宜。例如,在教师工作量比较宽松的情况下,可以设计"影子培训"等跟岗学习,作为对骨干教师的勉励。

设计"带上一个班"的培训兼工作方式,使青年教师脱颖而出。

设计整校推进,高校与中小学联合,为学校发展量身定制"教师发展学校"等。

(四)以点带面,专家引领

加强骨干教师队伍建设和青年教师培养。建议尽快建设一支数量足够、学科和学段均衡的骨干教师队伍。使其以自身的意志、品格、道德、情怀感染周围的教师和学生,成为先进教学理念的承接者、传播者和教育改革的探索者。另外,通过专家引领,重点实施"乡村教师能力提升工程""城镇薄弱校教师素质提高工程""骨干教师培训工程"和"培训能力建设工程"四大工程。

手机微信学习平台在成人继续教育中的应用研究

暨南大学　郑凡强

摘要:我国在十六大报告中明确提出要"形成全民学习、终身学习的学习型社会,促进人的全面发展"。近年,基于智能手机的微信学习平台发展迅速,通过智能手机微信学习平台来开展全民学习和终身学习具有无可比拟的优越性。本文通过分析基于智能手机微信学习平台的特点和优势,提出构建成人继续教育手机微信学习平台,并提出构建该学习平台应该注意的几个问题。

关键词:继续教育;手机微信学习平台;移动学习

2011年11月底,微信注册用户超过5000万,2013年10月底,微信注册用户超过6亿,其中日活跃用户超过1.5亿人次。可以看出,在短短不到两年的时间里,手机微信平台成为中国最热的社交信息平台,并曾在27个国家和地区的APPStroe排名榜上排名第一。据2013年中文互联网数据资讯中心报告显示,在微信用户中,64%为大学生。据2013年5月艾瑞网报告显示,微信用户阅读浏览时间长达4.4亿小时。

目前移动互联网高速发展,作为移动互联网最大的产物——微信,已经成功运用到商业、政府、社会管理等各个领域,但在教育领域的应用还不多见。微信学习平台是在微信平台的基础上开发的一款更适合教学管理的移动学习平台,即微信+APP的集成手机微信学习平台,它支持通过手机微信功能进行学习,是基于微信公众账号功能所创建的移动学习平台。教育机构可以通过手机微信学习平台发布学习信息,学生可以通过安装有微信客户端的移动设备对教育机构所提供的内容进行阅读、学习。这种学习模式打破了传统教学模式对时间和场所的限制,极大地提升了管理的便捷性和效率。手机微信学习平台可以沿袭微信的优势功能,又可以开发出新的功能,例如线上预习、学习、复习功能,线下讨论、互动功能以及查询、评价、绩效考核等功能。同时,可以实现有效的账户管控和权限管控,通过独立APP对机构内部信息进行管理和发布,避免信息外泄的风险,最大限度地减少公版微信变更对于平台的影响。

一、成人高等继续教育的特点

成人教育主要培养在职学员,学生学习的目的大多是为了职业工作的需要,有自主学习意识,学习目的明确,自觉性很强。但是,多数学生年龄较大,不仅有工作上的压力,还有家庭生活的压力,工作和家庭耗费了大量的时间,学习时间很有限,学习压力也较大。

由于成人教育学生存在严重的工学矛盾、家学矛盾,学习时间难以保证,理论知识薄弱,然而成人教育面授学时只有普通教育面授学时的三分之一或二分之一,教师难以把课程的内容详细地讲述,学生大多还需要通过自学完成课程。学生的自学能力参差不齐,学生难于掌握课程知识。如何保证成人教育的教学质量,是成人教育急需解决的一个课题。笔者认为,通过构建成人继续教育手机微信学习平台和面授相结合,通过灵活的学分制管理机制,才能很好地解决学生的学习问题和较好地保证教学质量。

二、成人继续教育手机微信平台开展教学具有的优势

成人继续教育手机微信平台教学模式,打破了传统的教育观念、教学方法,给教学赋予新的含义。

(一)成人继续教育手机微信学习平台打破了课堂教学的地域限制

学习者可以不受空间的限制。手机微信学习平台使教学可以在任何地方进行,学习者完全可以在不同的地方、不同的时间根据自己的个人需要、学习习惯、知识基础来安排自己的学习,不必中断工作,解决了工学矛盾。

(二)成人继续教育手机微信学习平台增加了教学的时间灵活性

微信教学没有时间的绝对限制，学习者可以灵活地安排自己的学习时间，可以根据自己的喜好制订学习内容和进度，灵活学习。手机微信学习平台的教学方式是传统教学模式在时间和空间上的延伸，具有许多独特的优越性。通过微信移动学习的构建，可以弥补课程课时不够、学生跟不上教学进度的问题。

(三)成人继续教育手机微信学习平台创新了课堂教学的形式

微信移动教学具有完全的开放性，能够容纳各种形态的教学内容。微信学习平台把教育资源共享变成了现实，可以扩展教学规模，手机微信学习平台的规模效益使我们可以充分利用最优秀的教师、最先进的教学内容，使得学生获得优质的教学资源。手机微信学习平台可以让教师有更多时间丰富教学资源，开发精品课程，实现精品教学成果资源共享，提高教学质量。学生在工作中遇到的问题也可通过微信平台进行学习，从而也提高了学习的针对性，提高学习者的学习兴趣。学生还可以通过微信平台与一起学习的其他学员进行交流。

(四)成人继续教育手机微信学习平台能够立体、高效地传输信息

人体获取的各种信息中有83%的信息是通过视觉获得，微信移动学习平台可以用声音、文字、图形、图像立体地表现信息，容易吸引学生的注意力。手机微信学习平台为学习者提供了良好的认知学习环境，包括丰富的学习资源、快捷的信息检索与查询工具、网上模拟实践等，支持学习者独立或合作获取知识。

(五)成人继续教育手机微信学习平台提高学习者学习主动性

传统的教学模式主要以课堂教学为主，学生的主动性往往得不到发挥，处于被动接受知识的地位，缺乏自主探索的机会，不利于自学能力的培养，无法调动学生的积极性、主动性和创造性。手机微信学习平台是以学生自主学习为核心的开放性教学组织形式，在教学过程中，学生主动地学习知识，能够培养学生的创新能力、自主学习能力、自我管理能力，提高学生掌握知识的能力。微信学习深受学生欢迎，同学们在微信平台上活跃度高，最新资讯的及时推送与讨论，让学生的知识能够与时俱进。

三、成人继续教育手机微信学习平台的功能构建

手机微信学习平台可以从学生学习、教师教学、教学管理、教学监控四个方面为

教师和学生提供服务和帮助,最大程度提升微信学习的效果,为学生提供系统性、针对性、持续性和即用即学的学习。

学生通过登录手机微信学习平台,随时随地学习,查询了解课程信息、教学信息等,还可线上进行预习、复习,查看学习进度、学习成绩等。通过在线互动交流功能,添加好友,可针对学习内容与教师、其他学生进行在线交流互动,加深对学习内容的理解。

教师通过手机微信学习平台发布学习内容,及时查询课程安排,做好备课、授课准备;查看课程评价或讲师评价,及时调整课程内容;引导学生复习,布置作业,评判作业;进行课后在线辅导等。

管理机构可以通过手机微信学习平台主要对课程的规划、课堂管理、学生学习记录、学习成绩进行管理,也可以对课程内容、课件、题库、课程补充资料等进行管理,还可以对访问控制、上线率统计和学员信息进行管理。

教学监控管理者可以通过手机微信学习平台的查询功能,直接了解教学效果,并实时提出指导意见,通过查看学员学习报表、课程报表等了解学生学习的相关情况,通过在线互动交流功能,及时了解学生、教师的情况。

四、成人继续教育手机微信学习平台构建应该注意的几个问题

(一)课程设计应以学生为中心

微信移动学习要求学生具有高度的学习自主性和自觉性。自主学习是学生在明确学习任务的基础上,自觉主动地进行学习,并努力完成任务的一种学习模式,因此课程的设计必须充分考虑到学生的年龄特征和学习要求。课程设计应该具有充分的交互性和灵活性,充分调动学生的自主学习积极性和主动性。

(二)必须加大教学课件建设力度,建设优质教学资源

教学资源建设是开展微信移动教学的重要条件。建立高质量的教学资源库要注意教学课件的质量。课程设计应考虑教学内容,按照教学大纲的要求,找准教学的重点和难点。切忌照本宣科,简单地将课件设计成电子图书,那么就违背了设计移动教学的初衷了。

(三)微信移动教学应加强教与学的互动性,注重协作学习模式

协作学习是指由多个学生针对同一学习内容彼此相互合作,以达到对教学内容比较深刻的理解与掌握的过程。这种教学模式可以共享信息资源,充分激发学生的学习动机。在教学活动中,师与生、教与学是互构互生、良性互动的,是二者间的双向讨论、交流与沟通,这是一个提问应答、互为因果的反馈活动系统。互动教学要为学生提供相互交流的环境,使每个人的发言或评论都可以被所有参与讨论的学生所看到,使学生通过共同讨论,彼此相互理解,最终达到教学目标。通过协作学习激发学生的创新思维,最终培养学生解决复杂问题的能力。

(四)增强手机微信学习平台的普遍适用性

为增强手机微信学习平台的普遍适用性,需根据目前智能手机的操作系统开发针对不同系统的版本。同时要考虑终端的屏幕大小不同,开发针对不同屏幕大小的版本。此外,在发布和使用机制上,要考虑安卓系统和苹果系统的差异性。

五、结论

基于智能手机成人继续教育微信平台的教学模式,打破了传统的教育观念、教学方法,给教学赋予新的含义。微信教学平台可以克服成人教育过程中学生学习面临的各种问题,帮助学生提高自主学习的积极性和主动性,提高学生掌握知识的能力。在基于微信平台的教学过程中,教师与学生都是活动的参与者,教师通过微信学习平台与学生相互交流,增加学生对课程的参与度,提高教学质量。微信教学平台可以更加有效地塑造学习型社会,为社会培养更多更好的优秀人才。

参考文献:

[1]李玉峰.基于微信的大学道德教化信息的传播与优化[J].中国电化教育,2013(9):133-136.

[2]白浩,郝晶晶.微信公众平台在高校教育领域中的应用研究[J].中国教育信息化,2013(4):78-81.

[3]袁磊,陈晓慧,张艳丽.微信支持下的混合式学习研究——以"摄影基本技术"课程为例[J].中国电化教育,2012(7):128-132.

[4]朱学伟,朱昱,徐小丽.基于碎片化应用的微型学习研究[J].现代教育技术,2011,21(12):91-94.

网络教育环境下的教学质量监控研究

华南理工大学 刘丽莹

摘要：在远程教育环境下，受网络教学开放性特点和教学资源与技术等条件的限制，远程教学环节的管理处于相对自由和松散的状态。实施教学全程监控是提高现代远程教育教学质量的关键所在，应建立校内质量监控体系，实施教学环节和学习环节的监控措施，建立科学有效的评价体系。

关键词：网络教育；教学质量；监控

一、引言

网络教育承担着知识传播大众化和普及化的任务，《国家中长期教育改革和发展规划纲要（2010—2020年）》中指出要构建灵活的终身教育体系，要大力发展现代远程教育。党的十八届三中全会提出深化教育领域综合改革的明确要求，指出大力促进教育公平，构建利用信息化手段扩大优质教育资源覆盖面的有效机制。可见网络教育在今后对于推进我国终身教育体系和学习型社会中发挥着越来越重要的作用，是高等教育的延续和补充，成为人才培养学历提升的主要途径之一，备受用人单位和社会成员的关注和重视。

网络教育以先进的网络手段，灵活的学习方式，受到在职人员的青睐和支持，一定程度上解决了我国教育资源分布不均的问题，实现了教育公平。然而，拥有15年试点资历的网络教育,近年来却频频遭到社会学历含金量的质疑,《人民日报》曾在2013年5月发表文章《远程学历教育竟如此注水》,反映办学机构快速授予学位等违规办学行为,同时,用人单位也不同程度地对网络教育毕业生持观望态度。自此,网络教育质量堪忧的境况,值得我们对教学质量保证的探讨和沉思。

二、网络教育质量监控的不足

网络教育教与学的时空分离,造就了教学过程的相对松散性,同时,网络技术支持和网络资源质量等硬件技术能力同时影响着教学的好坏。尽管我国网络教育在质量监控体系建设方面取得了不少成绩,但由于办学经验不足,在现阶段运作过程中也出现了一些亟待解决的问题,这充分说明了现行的教学管理存在一定的漏洞,监控措施存在着不足。

(一)网络教学资源缺乏监控

教学资源是网络教学开展的前提所在,由于我国目前对教学资源的监控比较缺乏,办学高校也承受着资源建设的经济压力,致使教学资源质量参差不齐,影响了网络学生的学习质量。目前的网络课件主要存在制作质量不高、使用效果不佳、内容陈旧、缺乏定期更新等问题。

(二)忽视自主学习的过程监控

网络学习以个人学习为主,具有很大的自由度,同时也要求学生具有一定的知识基础和自学能力,若不对学习过程适当加以指引、监控,容易引起网络学习障碍,将会降低学习效率。人机对话的学习过程,不利于师生的情感交流,封闭的环境下加剧了学习枯燥感,学习热情大打折扣;再者,学生学习过程缺乏监督,自主学习能力不强,学与不学无人问津,容易滋生混文凭的念头。

(三)教师对教学过程的监控力度不足

现代网络教育中,教师的角色发生了重大的转变,由"教学"变为"导学",从"面授"变为"远距离"教学,"师生分离"降低了教师对教学活动的直接参与和控制程度,淡化了教师角色,难以及时获知学生情况并指导教学。因此,教师在"导学"上下的功夫深与浅,对教学过程的积极程度,直接影响着教育质量。

三、质量监控的原则和内容

网络教育开放性和师生分离的特点,决定了教学过程可能存在管理不到位的漏洞,如难以面对面观察学生的学习状态、学习进度、学习效果,难以及时解决学生的问题等,一定程度上影响了教学效果和质量,因此有必要对教学过程实施监控和督促。教学质量监控必须贯穿于教学全过程,坚持动态管理与定期检查的原则,做到目标监控、过程监控和结果监控的三结合,通过对各个教学环节进行全程监控,及时检测和纠正与教学质量目标的偏差,确保人才培养质量达到预期的效果。

目标监控是根本,其指办学机构对人才培养目标、发展定位、专业建设等方面进行的监控管理。过程监控是重点,从教学行为、学习行为以及影响教学效果的学习支持服务等有关因素进行监控管理。结果监控是关键,应从学习考核、毕业论文(设计)、毕业生质量、社会满意度等方面进行监控管理。

四、完善网络教育质量监控的措施

(一)建立校内两级质量监控组织体系

网络远程教育是高校高等教育的一部分,无论资源分配与使用、师资聘任、考核制度等,应列入学校整体发展规划当中,建立起从学校到院系的双重监管体系:一是建立校级宏观监控机构,如设立教学指导委员会及各专业主任等,负责完成主要教学环节的监控工作,研讨教学改革制度,审议制订人才培养方案等;二是院级教学过程监控,对教学工作实行全方位、具体的监控与督促,包括教师的教学行为与态度,学生参与学习的程度,以及学生学习效果的综合评议等。

(二)实施教学环节的过程监控措施

实施监控工作的措施包括:(1)督导监控,聘请一些有丰富教学经验和管理经验的教师组成督导组,对各专业的培养方案、培养目标、课程标准等提出建议,参与面授课听课或实时视频答疑,抽查学生作业,参与论坛讨论,检查和了解学生学习情况和教师教学工作,收集教师和学生有关教学工作的意见和建议,使学院能进一步了解实际办学情况;(2)校外专家监控,聘请其他高校有经验的教师和企事业单位相同行业的高级职称人员组成社会评审组,对专业课程设置和人才培养质量进行研究和评价,开展毕业生跟踪调查和社会需求调研,以获取社会人才需求的最新动态,使专业学习更贴近社会工作需要;(3)建立学生评教制度,每学期末通过教学平台开展教师评教活动,设立教师奖励制度,鼓励教师提高教学热情和重视程度;(4)建立检查制度,每学期由学院派出相关管理人员和督导员前往各校外学习中心进行教学检查和考试巡考,学期中主要检查教学运行和学生服务情况,学期末主要检查考场的考风考纪情况,定期检查有利于规范和督促校外中心的办学行为,及时解决办学过程中出现的问题。

(三)落实学习过程自控和外控相结合的措施

为达到远程学习的预期目标,学习过程需要自控和外控的有机结合。自控来自学习者明确的学习目的和积极的学习态度,外控则是通过一定方式或手段达到激发和促进学习。戈登(T. Gordon)在和谐沟通理论中曾提出,真正有效的课堂教学监控来源于学习者个人内心的自制,如果教师能积极参与到与学习者的和谐沟通中,就能培养他们的自制力和责任感,使他们自己寻求答案来解决问题。

首先,要激发网络学生的学习热情和主动性,培养其自觉上网学习的习惯,根据人才培养目标的要求,合理调整教学计划,加强对实际运用能力的培养,使理论知识与职业实践相联系,以满足成人学习的需求,使其感觉学习的动力和快乐;其次,优化网络课件设计,嵌入外部监控功能,完善教学平台和课件模块功能,建立个人学习档案功能,记录网上学习时长、监控学习进度及状态,实行学习支持服务人员课程责任制,以便教师全程及时跟踪和掌握每个学生的学习动态;再次,适当增加面授辅助教学,增进师生情感交流,美国远距离教育专家More认为,网络教育已与面授教育并称为"教育活动的两个家庭",两者的优势和问题决定了二者的整合,传统面授教学仍是我国被广泛认可和期待的教学方式,可采取课堂集中上课或网络视频同步教学的形式进行,面授教学应集中在实践性较强的课程,以重点讲解方式进行辅导。

(四)建立网络教育科学的评价体系

网络教育评价的目的在于提高教学质量,通过评价的指引,对被评价对象的发展变化及构成变化的因素进行判断,及时查找问题,纠正偏差。网络教育评价的对象是多样化的,不仅包括传统教学系统的三要素:学生、教师、教学内容,同时也包括了先进的网络教学手段,即学习支持和服务系统。对教学过程及学习效果进行评价,要遵循网络教育的教学规律,采取评价主体多元化,评价方式多样化的原则进行,同时,注重过程性评价,强调对网络教学的过程进行实时和非实时监控。结合我国目前网络远程教育的现状和特点,本文从教学评价、学习评价、效果评价和支持服务评价四方面进行评价。

表1　网络远程教育的质量评价体系

一级指标	二级指标
教学评价	教学态度与能力
	辅导与答疑
	在线测试与考核
	毕业设计指导
	学习资源和技术支持
	学生评教
学习评价	学习态度(网上学习时长、完成作业等)
	交互学习
	资源使用
效果评价	自我评价
	学生满意度
	社会评价
	考试成绩
支持服务评价	教学资源开发与更新
	网络平台设计与管理
	技术支持与咨询服务

　　质量是一切教育的核心,追求网络教育规模的强大不利于我国终身教育体系和学习型社会的锻造,我们需要打造质量有保障的网络高等教育。正因为网络教育对传统教学模式和教学手段进行了变革,赋予了学习者相当大的学习自由度,因此,对其质量的监控和研究显得特别重要,也是实施网络教育质量工程的核心动力。各办学高校要从内部质量监控做起,针对网络教学环节的特点,从监控组织体系、教学过

程、学习过程、评价体系四方面对网络教育质量进行内部监控,与国家和社会密切配合,达到内外监控手段的相互作用、有效兼顾。

参考文献:

[1]吴晓波.现代远程教育质量保证体系[M].长沙:湖南大学出版社,2010.

[2]秦磊.中国高校网络教育的现状与对策研究[D].陕西师范大学,2004.

[3]杨金来.网络学习行为的实时监控研究与实践[D].浙江工业大学,2008.

[4]国家中长期教育改革和发展规划纲要工作小组办公室.国家中长期教育改革和发展规划纲要(2010-2020年)[EB/OL].[2010-7-29].http://www.moe.edu.cn/srcsite/A01/s7048/201007/t20100729_171904.html.

[5]中华人民共和国教育部.教育部关于全面提高高等教育质量的若干意见[EB/OL].[2012-03-16].http://old.moe.gov.cn//publicfiles/business/htmlfiles/moe/s6342/201301/xxgk_146673.html.

[6]眭群.现代远程教育的科学发展[J].科教导刊,2014(9):48-49.

网络虚拟环境下成人综合素质培养的路径探析①

广州大学 张金兰 周维华

摘要:成人职业成长的不同阶段呈现不同的综合素质标准,高校成人综合素质的培养又有其特殊性。成人教育视野下的网络虚拟环境主要是任课教师所主导创设或指引的教育环境,有利于成人综合素质的培养和提升。而要充分发挥现代网络虚拟环境对培养和提高成人综合素质的积极影响,必须紧跟现代网络信息技术的潮流,加强师生网络信息技术的学习,改革考评制度与方法。

关键词:网络虚拟环境;成人综合素质;培养;路径

21世纪的人类已迈进一个数字化、网络化、信息化的崭新时代。适应当今世界信息技术创新应用趋势,借助于现代信息技术开展成人教学,对于培养和提高成人的综合素质具有重要的推动作用。本文将就成人教育综合素质培养有何特殊性、现代网络虚拟环境的发展将会给成人教育带来怎样的变革、网络虚拟环境究竟对成人综合素质的培养产生怎样的积极影响,以及如何利用现代网络虚拟环境所释放的正能量来提高学生综合素质等话题进行探讨。

① 基金项目:中国成人教育协会"十二五"成人教育科研规划2013–2014年度课题"网络虚拟环境下成人教学模式研究",项目编号为2013–091Y,"广东省普通高等学校成人教育研究会2016年优秀论文"。

一、成人教育综合素质培养的特殊性

何为综合素质？目前人们理解的视角不一，大致有广义和狭义之分。

广义的综合素质，是指在人的先天生理基础上，经过后天教育和社会环境的影响而形成的相对稳定的品质和能力。它主要表现为：一是思想道德素质，指在政治倾向、理想信仰、思想观念、道德操守等方面养成的品质；二是文化素质，指对人类知识的认识和掌握的程度及其表现出来的科学精神、求知欲望和创新意识；三是业务素质，指从事某种专门职业所必须具备的知识、经验和能力；四是生理素质，指体质、精力和外在形象等；五是心理素质，指能力倾向、个性倾向、性格特征和意志力等。广义的综合素质是对人的健全素质的一般性要求，也是人们对综合素质的一种较为普遍的理解。由于它从宏观层面概括了人的健全素质的各方面要求，因而对人的素质的培养具有普遍的指导意义。

狭义的综合素质，是指人们在某一领域所应具备的比较全面的素养，如道德综合素质、心理综合素质和业务综合素质等。实际上，它只是广义的综合素质的某一或某些要素的具体展开。

人的综合素质既有一般性要求，又有特殊性要求。一般性要求讲究的是素质的全面性，特殊性要求是针对现实中扮演不同角色的人在某一或某些素质方面的特别强调。也就是说，扮演不同角色的人，在综合素质的各个要素方面有所侧重，特别是不同职业、身份的人在业务能力方面的要求明显存在差异。这就意味着接受成人教育、未接受成人教育和接受全日制教育的"成人"，在综合素质上的要求是不一样的。接受全日制教育的大学生，在综合素质方面的要求可以通过学生综合素质测评指标体系反映出来，注重的是为学与做人，虽也讲劳动和工作，但不是谋生性和职业性的，而是实践性和体验性的。未接受成人教育的从业人员，在综合素质方面的要求虽然也强调德、才、身、心的健全发展，但更注重才能方面的素质，因为这在一定程度上决定了他能否胜任现有的工作。接受成人教育的成教学生，扮演的是"职业人员"和"学生"双重角色。作为职业人员，他在实际工作环境中逐渐形成了自己的"实然状态"的综合素质，但还无法适应现实工作环境和未来发展，需要进一步的改进和提高，形成一个"应然状态"的综合素质。而接受学校成人教育，正是他实现其综合素质从实然状态向应然状态转变的重要途径。作为成教学生，他又必须按照高校成

人教育人才培养标准进行再塑,使自己在德、智、体、美等方面全面发展,知识、素质、能力综合提高,更好地适应工作环境和未来发展。

　　成人综合素质的培养,不仅因职业、身份的不同而不同,而且在成人职业生涯发展的不同阶段也会有所不同。本耐和德莱福斯等人将人的职业能力的成长分为初学者、高级初学者、有能力者、熟练者和专家等5个阶段,劳耐尔等人又发现和确认了各发展阶段对应的知识形态。我国有学者认为,成人经历"从初学者到专家"的职业拓展过程中,知识、学习内容、技能、创新力、经验以及工作内容都在发生变化,总体趋势是从低技能、低能力、低创新向高技能、高能力、高创新方向发展;从简单的操作向指导、管理、规划方向发展;对综合素质的要求日益复杂化、抽象化,不再停留在表面,而向深层次的水平转化。而成人职业教育的任务,就是要通过合适的方法把处在低级阶段的人带入更高级的阶段,将门外汉逐渐培养成专家。成人职业成长的不同阶段具有不同的能力和对应的知识形态,也就呈现出不同的综合素质水平。

　　高校成人综合素质的培养,既不同于全日制大学生综合素质的培养,也不同于未接受成人教育的从业人员综合素质的培养。全日制大学生既离开家庭,又没有工作单位,其综合素质的培养主要依靠学校。未接受成人教育的从业人员出入于家庭和工作单位,工作单位在其综合素质的培养中发挥主要作用。工作单位主要通过职业技能培训的形式来提高职工的综合素质。而成教学生出入于工作单位、家庭和学校之间,其综合素质的培养受到单位、家庭和学校的多重影响。

二、成人教育所处的网络虚拟环境

　　自从互联网问世后,人们就开始生活在由各种网络编制的虚拟世界中。随着现代信息技术的快速发展,人们对网络虚拟环境的理解也在不断地变化。20世纪90年代,我国学者就开始了对网络虚拟环境的探讨,不过当时人们似乎将网络环境与虚拟环境视为两种不同的领域。关于网络环境,有人认为它是指适合网络软件开发的开发技术和开发工具;有人认为它是指在电子计算机和现代通信技术相结合的基础上构建起来的宽带、高速、综合、广域型数字式电信网络。前者似乎与互联网无关,后者与互联网有关,但两者都没有"虚拟"的意味。关于虚拟环境,有人称之为临境技术,指由计算机生成逼真的模型世界,这似乎与互联网无直接关联。不过,人们谈论较多的是如何发挥电化教育和计算机辅助教学(CAI)在成人教育中的作用。当然,这一时期也有学者基于国际互联网的兴起而提出传统意义上的地缘优势也将被网络服务所代替。还有学者明确将网络虚拟环境与职业教育(包括成人教育)联系起来,指出"明天的教育信息网络必将发展为满足终身学习需要的社会核心网络"。

表1 互联网技术三个阶段的比较

比较项	Web 1.0	Web 2.0	Web 3.0
目标	信息共享	信息共建	知识传承
特点	以编辑为特征,以数据为核心,传统金字塔权力模式过渡,自上而下精英模式	以分享为特征,以用户为核心,去集权中心,用户参与创作互动,从下而上草根模式	以网络化和个性化为特征,以服务为核心,去网站间隔阂,网站互动融合重组重构,左右平行自"我"模式
技术	W3C:www	无根本性革新技术	语义网
体现	雅虎、谷歌、新浪、搜狐、网易等	博客(Blog)、信息取合(RSS)、社会性网络(SNS)、维客(Wiki)等	微博、eyeOs、阔地网络(coddy)、雅蛙网(yaawa)、openID、iGoogle等

新的网络虚拟环境随着互联网进入寻常百姓家并随着互联网技术的不断变迁而变迁。目前互联网技术的发展大致经历了Web 1.0和Web 2.0两个阶段,并正在迈向Web 3.0阶段,这三个阶段的区别可以通过表1反映出来。同时,新的网络虚拟环境又随着移动通信技术的发展而发展。目前我国移动通信技术的发展又先后经历了四代:第一代(1G)主要是模拟传输,传输速度较低,业务量较小,安全性和质量较差;第二代(2G)是GSM、CDMA等数字手机使用的技术,具有稳定的通话质量和合适的待机时间,支持彩信业务的GPRS和上网业务的WAP服务以及各式各样的Java程序等;第三代(3G)将无线通信与国际互联网等多媒体通信结合,能够处理图像、音乐、视频流等多种媒体形式,提供包括网页浏览、电话会议、电子商务等多种信息服务;第四代(4G)集3G与WLAN于一体,是一种超高速的无线网络,能够传输高质

量视频图像。随着互联网和移动通信技术的不断发展以及移动通信技术与互联网的对接，又使成人教育所处的网络虚拟环境不断发生质的变革。人们对网络虚拟环境的理解也有所变化。故有学者将网络虚拟环境界定为"通过手机、计算机等电子通信媒介对现实事物、可能事物和不可能事物进行虚拟而形成一种有别于现实环境的新型人工化数字化环境"。不过，当前网络虚拟环境是手机与互联网相互兼容、相互渗透的时代，特别是Web 2.0和3G技术的流行、Web 3.0和4G技术的试用，将给成人教育带来巨大的变革。近年来，国内成人教育界在围绕如何发挥Web 2.0和3G技术以及Web 3.0和4G技术在成人教育中的作用方面做了大量的探讨，取得了可喜的研究成果。

三、网络虚拟环境下成人综合素质培养的路径

从成人教育的视野来说，网络虚拟环境主要是任课教师所主导创设或指引的教育环境，教师希望借助于这一教育环境来实现其教学和教育目标。教师主导的网络虚拟环境主要包括：一是任课教师参与创设的网络课程。网络课程的内容包括课程介绍、课程资源、网络课件、教学录像、教学案例、课程作业、课程考试、学习互动、课程论坛等。网络课程既可借助于学校所设的继续教育网络平台，也可借助于班级QQ群或班级微信群媒介，以方便成教学生随时学习和师生之间交流互动。二是师生互动的自媒体。自媒体是指一个普通民众或机构通过网络数字技术的媒介，向不特定或特定的群体或个体传递规范性及非规范性信息的一种传播方式，包括BBS、博客、播客、电子邮件、QQ、微信等。目前在成人教育中使用最为普遍的自媒体是私人QQ或微信和班级QQ群或微信群，师生之间、同学之间都可以通过这些媒介，分享他们的所闻所见（包括互联网信息、手机接收信息）、真实看法和自身经历。

成人教育所处的网络虚拟环境是一个比较开放的系统，对成人综合素质既有积极影响，也有消极影响。但高校成人教育所面对的网络虚拟环境，又是在高校网络管理部门和任课教师的主导下发挥作用的，这就保证了它朝着有利于成人综合素质培养和提升的方向发展。

（一）有利于提高思想道德素质

高校成人教育是严格按照专业人才培养方案来开展课程设计和课程教学的，网

络课程作为现代成人专业人才培养方案课程设计的一部分，必须保证其思想道德观念合乎国家的大政方针和主流价值观。高校成人教育的任课教师也有严格的要求，必须向成教学生提供洁净的网络虚拟环境，决不能向学生灌输那些违背国家大政方针和职业道德的歪理邪说，同时利用学校网络平台和自媒体网络积极引导学生树立正确的思想政治观念和职业操守。学生通过网络课程的学习和师生之间的自媒体互动，可以更好地树立正确的人生价值观和职业观，提高他们的社会责任感和职业良知。

（二）有利于提高科学文化素质

高校成人教育的课程教学（包括网络课程），目的是为了提高学生的专业科学文化素质。网络课程是供学生课外学习之用，它所提供的知识信息量一般大于课堂讲授的知识信息量，学生可利用课外自由支配的时间来浏览网络课程的教学内容，获得任课教师课堂有限时间所无法讲到的内容，因而它是课堂教学的一种有益补充，可以拓展学生的专业文化素养。

（三）有利于提高综合能力

高校和任课教师所创建和主导的网络虚拟环境对学生综合能力的影响是多方面的。一是提高信息技术能力。《教育部关于加快推进职业教育信息化发展的意见》（教职成〔2012〕5号）指出："加快推进职业教育信息化，大规模培养掌握信息技术的高素质技能型人才，是适应国家信息化与工业化融合发展要求，提高在职职工和在校学生信息素养、岗位信息技术职业能力和就业创业技能的紧迫任务。"任课教师借助于学校网络平台和自媒体平台创建高校网络课程，与学生之间进行互动交流，本身就是提高学生掌握信息技术能力的重要手段，而且是学生完成其课程学习所必须掌握的技能。二是增强自主学习能力。现代成人教育必须把培养学生利用现代信息技术进行自主学习的能力作为素质教育的突出重点，培养学生自主学习的意识和习惯，掌握自主学习的能力和技能。而现代网络技术恰恰为学生提供了这样一个能够提高自主学习能力、养成自主学习习惯的平台。三是增强自制力。自制力是指人们能够自觉地控制自己的情绪和行为，从而实现既定目标的能力。学生有家庭、工作等各种必须处理的实际问题、困难，并受多种社会因素影响、干扰，这些都有可能造成学习上的障碍和阻力，他们必须克服困难，坚持学习，这种毅力比在校生的毅力要强得多。因此,他必须协调好学习与工作和家务的关系,合理安排时间,有所为有所不为。有了学校和任课教师提供和主导的网络信息资源,学生就可以直接从中汲取有用的信息,而不为外面大量的无关信息所惑,从而在有限的时间里获取更多的知识技能。

当然,现代网络信息技术日新月异,它对增强人们综合素质所蕴藏的潜力可谓深不可测。如何利用好现代网络虚拟环境所释放的正能量来增强学生的综合素质,仍然是目前成人教育界争相探讨的热门话题。本文认为,要充分发挥现代网络虚拟环境对培养和提高成人综合素质的积极影响,必须从以下几个方面着手:

1.紧跟现代网络信息技术的潮流,打造先进的成人教育网络信息平台

由于现代网络信息技术更新速度越来越快,使得成人教育界探讨网络虚拟环境对成人教育的影响的主题也在不断变迁。数年前,人们还在探讨如何发挥Web 2.0和3G技术在成人教育中的作用,但很快Web 3.0和4G技术就进入了成人教育的领地,现在人们又开始了Web 4.0—6.0或网脑1.0时代和5G移动通信技术的构想。有学者指出,Web 4.0可供选择合适个体自身的个性化知识图谱以实现知识分配;Web 5.0从图灵机过渡到语用网,在数字空间里建立"虚拟社会";Web 6.0本质上是物联网与互联网的初步结合,每个人都有权调动五官去重新发现并改变世界。有学者对5G移动通信技术的研发现状和发展趋势进行了探讨。网络虚拟环境的不断更新,也必将为成人综合素质的培养和提高带来积极的影响。因此,高校成人教育要不断追踪和顺应现代网络信息技术的新变化,加强网络信息技术的硬件建设,为任课教师和学生打造先进的教育信息平台。

2.加强师生网络信息技术的学习,成为网络虚拟环境教学的弄潮儿

现代网络教育成效如何,关键是任课教师掌握网络信息技术的能力如何。任课教师必须自觉提高自己的网络信息技术水平,学校要为任课教师提供必要的网络信息技术培训机会,使他们能在成人课程教学中熟练掌握网络课程的制作技术和自媒体的运用手段,通过先进的网络信息技术平台当好学生学习的组织者、管理者和服务者。任课教师要注重对学生进行网络信息技术素质的培养,使他们既能掌握与互联网相关的学习技术,又能掌握对文字材料、文档排版、基本软件的下载与运用技术;既能通过网络获取信息、分析信息和综合处理信息,又能借助网络开展师生之间

和同学之间的互动式学习,特别是针对当代学生的年轻化、个性化特点,发挥好自媒体优势来开展个性化教学,更好地调动学生学习的积极性,增强其继续学习的信心。

3.改革考评制度与方法,重视成人课外网络教学中的学习表现

针对成人学习的特点,要改变以往的"一点式"考核评价为"多点式"考核评价。具体表现为:一要改变一次性考试的评价指标体系,加大形成性考核和实践性教学环节考核的比重,也就是要将学生平时参与网络互动的表现、完成网上作业的情况、运用网络技术的能力等因素纳入成绩考核的范围。二要改变以课堂考勤为唯一标准的考勤制度,将课堂考勤和网络考勤相结合,如果学生在课后网络课程学习中付出一定的时间和精力,能够与教师和同学通过网络课程平台和自媒体平台进行有效的交流互动,可以酌情给予其一定比例的考勤分。三要改变以课程知识为考核学生课程成绩的唯一依据,注重对学生综合素质的全面考核。网络虚拟环境是考核学生综合素质的重要舞台,学生网络平台上表达的思想道德观念是否正确,掌握网络课程知识的程度如何,网络互动中呈现的心理状态是否健康,网络操作技能是否熟练等内容都可在成人成绩考核中有一定的位置。

参考文献:

[1]教育部思想政治工作司组.高等学校辅导员工作概论[M].北京:高等教育出版社,2011:112.

[2]赵志群.职业教育工学结合一体化课程开发指南[M].北京:清华大学出版社,2009:37.

[3]龚自力,魏娜,陈潇.职业拓展背景下成人综合素质提高研究[J].天津市教科院学报,2013(2):37.

[4]刘家鑫,易宏元,张连涛.NOVELL网技术概论[M].南京:南京大学出版社,1993:251.

[5]傅晋华.网络环境下的文献信息资源建设[J].中共山西省委党校学报,1998,(2):66.

[6]杨嘉墀.计算机仿真的进展[J].计算机仿真,1995(1):1.

[7]卢文君.信息高速公路与未来保险业[J].中国保险,1996(8):44.

[8]丁言.教育信息网络的今天和明天[N].科技日报,2000-08-24(008).

[9]高路.超越谷歌——全球网脑新商机[M].北京:中国经济出版社,2010:161.

[10]周能.网络虚拟环境对中学生思想政治教育的负面影响及其对策[D].华中师范大学,2011:10.

[11]李方,叶谷平.新编现代教育技术学[M].广州:广东高等教育出版社,2013:184.

[12]龙肖虎,等.5G移动通信发展趋势与若干关键技术[J].中国学术期刊文摘,2016(3):20.

[13]沈光辉.现代远程教育素质教育理论与实践问题初探[J].福建广播电视大学学报,2002(4):36.

网上优质示范课程"基础会计"（成人教育）总结报告

暨南大学　李贞

摘要：近年来，在MOOC、网络公开课等开放教育的冲击下，成人教育教学方式的转换升级已是势在必行，充分利用网络技术进行知识传播是成人教育教学模式变革的重要趋势，本文通过"基础会计"（成人教育）网上优质示范课程建设的展示，针对课程的特点，探索信息技术与课程整合的教学模式，在学生中开展研究性学习、协作式学习和混合式学习，开展基于网络环境的教学改革试验，重点研究基于网络环境的课程教学模式、教学设计、教学策略、教学效果、教学评价等问题，推进网络资源的有效应用。

关键词：网优课程；教学改革；设计方案；创新点

一、课程建设与应用情况

（一）课题研究的背景

成人教育是21世纪高等教育的重要发展方向，成人教育的发展必须与社会发展紧密结合，在以知识为指导，以科技创新为动力的时代，成人教育的发展趋势是以终身教育和学习型社会为目标构建教育体系，以市场需求为引导，多样化和个性化的教育方案。近年来，在MOOC、网络公开课等开放教育的冲击下，成人教育教学方式的转换升级已是势在必行，充分利用网络技术进行知识传播是成人教育教学模式变革的重要趋势。随着网络技术的普及和发展,网络信息教学模式在成人教育领域得到广泛推广和应用,为学习者提供了丰富的学习资源和多样的学习情境,传统的以课堂为主的教学环境得到了时空上的拓展,它必将引起包括教育思想、教学模式、教学内容、教学方法和教学手段等的深刻变革,并将为成人教育信息化提供强有力的支持,为我国成人教育实现跨越式发展提供可靠的保证。如何有效地利用网络信息技术进行教与学,帮助学生学会自主学习,指导学生开展研究性学习,关注学生情感的发展,建立合适的评价体系是教育教学研究的重要课题,本课题进行这方面的研究。

(二)"基础会计"课程主要内容、特点

1.确定主要教学内容

"基础会计"课程是工商管理、会计学、金融学,国际经济与贸易等财经管理类专业的专业基础必修课,"基础会计"内容应包括会计基础理论、会计经济业务核算、会计报表编制及分析。该课程以会计七大核算方法为主线,从会计凭证的编制与审核到对账与过账、结转与结账、试算平衡,到最后会计报表的编制为一个会计循环,是特别强调以会计的基本理论来指导基本方法和操作技术的一门基础理论课程。

根据以往课程讲授的重点难点、学生的兴趣和接受水平,选取以下专题作为本课程建设内容:

专题一:基础会计总论

专题二:会计要素与会计等式

专题三:账户与复式记账

专题四:制造业核算——投入和采购核算

专题五:制造业核算——生产成本核算

专题六:制造业核算——销售和利润核算

专题七:会计凭证

专题八:会计账簿

专题九:财产清查

专题十:会计报表

2.整合网络教学资源

根据课程的需要,在教学平台上整合、开发多种实用性强的网络教学资源,将教学大纲、电子教案、教材、讲义、习题、网络课程、课件等资源录入平台或用平台建设教学资源,为课程教学改革创造条件。

3.慕课建设

根据"基础会计"课程内容选择10个小专题拍摄微视频作为学习内容,辅以学习资源和链接;在课程评价方面强调过程性评价,在每周学习结束后提供作业任务;在课程的实施中,组织学生开展基于网络教学平台的混合式学习和充分的交互,深化教学改革,创新教学模式,提高教学质量,培养学生的自主学习能力、创新能力和信息素养。项目成果是教学过程在网络教学应用平台上的呈现。

4.利用教学应用平台开展基于网上资源的教学应用

针对课程的特点,探索信息技术与课程整合的教学模式,在学生中开展研究性学习、协作式学习和混合式学习,开展基于网络环境的教学改革试验,重点研究基于网络环境的课程教学模式、教学设计、教学策略、教学效果、教学评价等问题,推进网络资源的有效应用。通过教学平台进行答疑和交作业。

5.运行维护评价与总结

对系统进行可靠性、稳定性的测试。并且根据教师、学生对使用过程中出现的新问题、新要求对网络优质示范课程进行相应的调整,并进行开发过程的技术总结。

(三)完成情况与使用情况

发挥网络资源共享的优势,充分利用网上资源进行教与学活动,运用教学PPT、教学微视频、教学动画、教学图片等,基于暨南大学BB平台开展教学。

发挥网上信息技术工具的作用,组织学生利用网上工具重构知识,创造性地学习,培养学生自主学习能力、创新能力和信息素养。

二、教学改革教学设计方案

(一)网上优质示范课程的教学模式图

图1　网上优质示范课程的教学模式1

图2　网上优质示范课程的教学模式2

(二)教学资源建设

"基础会计"网优课程的具体教学资源分为以下几个环节,按周为单位组织教学内容,现以第七周为例:

1.课前准备

首先,在这门课程开始前教师就要把教学大纲(其中包括课时安排、课程要求、课程主要内容等)、教材、主要参考书目在网上公布,让学生提前做好准备。在每次上课前把该课时的讲义和参考资料发布出来,让学生提前阅读,养成预习的良好习惯。

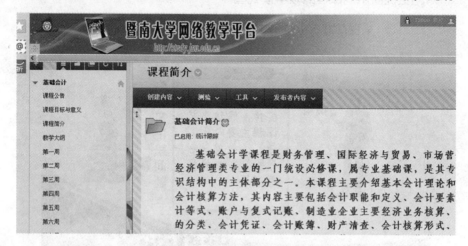

图3　课程简介示例

图4　教程示例

图5　控制面板示例

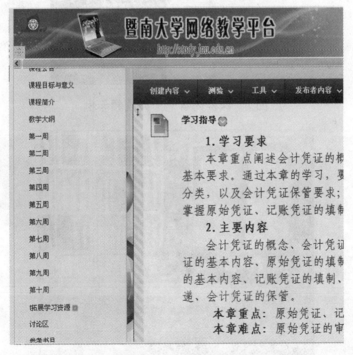

图6　学习指导示例

2.课堂教授与网络平台学习相结合

在课堂教学环节,先由教师讲授基本理论与学习重点难点,再采取个别提问或者在网络平台布置一定主题的课堂任务等启发式教学方式和任务型教学法来考查学生对教材及讲义中基本观点的理解,并且由学生来总结学习中的现象和规律。鼓励学生创新性思维,对于学生独立思考,提出的独创见解及时加以积极评价和总结,让学生不但能够阅读书本、思考书本更能跳出书本。

网络平台学习的微视频可以让有事出差不能来上课的学生在家学习,上课没听明白可以重复听,反复学习,方便自学。

图7　课程内容——微视频示例

图8　直播课堂示例

会计凭证动漫教学,让登记记账凭证一目了然。

图9　动漫教学示例

课堂上PPT教学让学生很直观看到各种实际工作中的原始凭证。

3.课后练习与反馈

　每一专题都给学生布置一定的作业,由学生独立完成。学生按时把自己的作业提交到网上(可以选择只限教师阅读和同学共享两种方式),教师在网络上及时反馈,并对全体同学做出总结和点评,学生在课后也可以对教师提问,教师及时做出解答,如果比较严重的问题,还可以提示全班同学加以注意。

图10　课后练习示例

图11　成绩中心示例

(三)建立教学讨论板

在网络课程的讨论板里可以给具有一定实际工作经验的成教学生进行工作交流,也可以让学生对教学问题进行讨论和交流,通过讨论板进行师生交互。

图12　讨论板示例

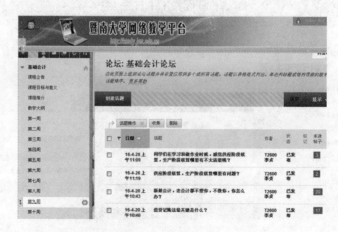

图13　论坛示例

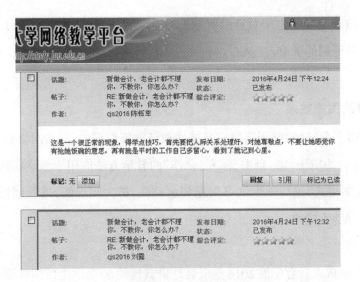

图14 论坛示例

(四)拓展学习

拓展学习这一环节需要教师根据学生层次设计,成人教育学生多层次多需求,如有工作需要考从业资格的学生,有刚开始学习会计需要熟悉会计科目表的学生等,根据学生情况提供拓展学习的资源,让学生可以在已有的知识积累上再次获得巩固和提高。让教学目标得到更高的体现,使得不同层次的学生的能力得到激发。

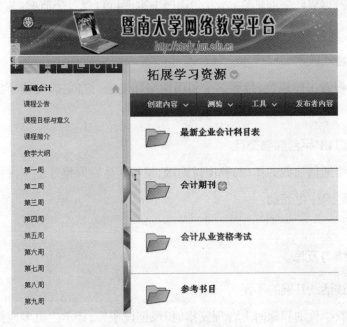

图15 拓展学习资源示例

最后,教师引导学生来对自己所学进行总结和评价,让每个人都有表现的机会和条件,提高他们的学习自信心。

三、教改实施效果

基于BB平台,针对基于网络信息技术教与学新型模式,探索网络教学与传统教学的有效整合的措施,将"自主、探究、合作"的教学方法应用于教学实践,探索慕课(MOOC)教学模式,提高学生学习兴趣和主动性,扩大知识面,培养创新能力,课堂气氛好,受到学生好评。

暨南大学成人教育学院2016业余会计班共计约60名学生使用本课程平台进行学习与辅导,通过课堂教学和网络教学结合,课后网上提交作业及教师批改作业、使用讨论区等网络资源,取得了很好的教学效果。

四、网优课程创新点

(一)充分利用网上资源进行教与学活动

发挥网络资源共享的优势,充分利用网上资源进行教与学活动,基于BB平台开展教学。

(二)混合式教学

发挥学习者主体地位,指导学生利用网络环境进行自主探究、发现学习等混合式教学。

(三)通过BB平台加强交互

发挥网络通信功能的作用,利用讨论版,组织学生在网络环境下进行协商、讨论学习,加强师生、生生互动。

五、总结与反思

(一)实践活动开展的不足

应该在教学计划和课时上合理安排,积极创设条件,让学生更多地接触实际,参加综合实践活动,以利全面发展。如何让课堂教学与综合实践活动有机结合、确保实效,值得我们今后进一步地探究。

（二）网优课程平台有待改进

平台上教师批改作业很不方便,必须要逐一下载才能批改作业,希望平台建设能直接让学生发到版面上,教师可以直接在上面批改,学生能很快地直接地知道自己作业的完成情况。

（三）关于教学质量评价体系研究不足

应在大量实践、调研、论证的基础上,从内部控制和外部控制两方面入手,研究并建立相对完善的网络化教学质量评估体系。

协同创新理念下高校各类继续教育间相互融通与衔接探索①

——基于华南理工大学的实践与探索

华南理工大学　胡侠

摘要:协同创新理念在高校继续教育领域的引入,使高校能够依据社会学习者对继续教育的需求特点,积极探索各类继续教育间相互融通与衔接的方式和方法,并在实践基础上提出各类继续教育协同发展的方向。

关键词:协同创新;继续教育;融通;衔接

"协同创新"指创新资源和要素有效汇聚,通过突破创新主体间的壁垒,充分释放彼此间"人才、资本、信息、技术"等创新要素活力而实现深度合作。在教育部"2011计划"中"协同创新"主要指高端主体之间的合作,这种理念在高校继续教育实践过程中也可以大胆借用。在教育大原则不变的前提下,依据社会学习者对继续教育的需求特点,积极创新教学方式,融通各种教学平台,实现横向沟通、纵向衔接、纵横整合、内外协调、整体优化的协同创新体制,按照继续教育的发展方向努力推动继续教育向前发展。

---

① 课题来源:广东省教育科学"十二五"规划课题:协同创新在高校继续教育领域的实践与探索(项目编号:2012JK223);华南理工大学中央高校基本科研业务费社会科学类项目:高校继续教育"立交桥"模式下人才培养创新研究(项目编号:2013GM12)。

一、社会学习者的学习需求特点

(一)需要灵活多样的教学方式

对社会学习者而言,出于谋生、就业、拓宽知识面、学习某种专门技术技能、提升综合实力、培养兴趣爱好等需要,通过灵活多样的教学方式达到对系统知识的学习、对某种技能短期的培训、对某种专业知识专门的了解,提高学历的同时加强某种技能的掌握和从多方面提高自己的综合竞争力等目的。社会学习者需求的变化对传统单一化的教学方式提出了挑战,对原有教学方式进行创新或对多种教学方式进行融合和衔接,就成为满足当前社会学习者对多样化教学方式的必然趋势。

(二)需要个性化的学习方式

首先,随着社会发展的日新月异,人们生活节奏的加快,社会学习者特别是成人学习者学习与工作和生活之间的矛盾日益突出,能够随时进行学习的需求逐步被重视。其次,随着信息技术的迅猛发展,特别是从有线网络到无线网络,从固定视频到各种移动终端的出现,广大学习者从原来固定时间和地方学习拓展到随地都能学习。最后,随着信息技术和教育深度融合,我国现代远程教育技术水平得到不断提高,为各类教育的更新、融合提供了可靠的技术保障,打造了丰富的学习平台,使随时随地进行个性化学习成为现实。

(三)需要便捷丰富的学习资源

越来越多的学习者对知识的需求面和需求量在不断增加,对高校优质教育资源享用的渴求日益增长,从公共服务设施到学习内容到大学的文化、精神、环境等方方面面。需要充分利用信息技术的独特优势,加强校企(行业)、校地(社区、区域)、校校之间的合作,协同各种资源,为工作和生活在社会各领域的学习者提供便捷丰富的学习资源。

二、高校各类继续教育之间融通与衔接的探索

现代高校继续教育多以学历教育(如网络教育、成人高等教育、自学考试助学)及非学历继续教育四大块为平台来开展。近三四年来,一些高校根据国家政策导向和市场需求,整合资源,共享资源,充分利用网络教育技术,创新教学和学习方式,积极探索高校继续教育发展的新路子。

(一)各种学历继续教育之间"立交桥"的搭建

1.成人高等教育与网络教育之间的融通

"网络成人直属班"的成功开办和"成人网络"融合的教学形式,就是充分发挥网络教育与成人高等教育各自优势:网络教育没有及时开发课件的课程,可以采用成人面授的办法进行教学,学分互认,毕业后发网络教育文凭;成人教育原本进行面授的公共课,现在可以采用网络教学课件,通过网络学习考试也可以实现学分互认,毕业颁发成人教育文凭。这样可以把现代远程教学与成人面授教学有效结合起来,充分实现二者的资源共享,优势互补。

2.自学考试与网络教育之间的融通

自学考试与网络教育之间的融通是单向的,即网络教育承认同层次、相同或相近专业的自学考试修业课程及学分,这为通过自学考试难以毕业或者希望拿到双学历文凭的学生提供了新的学习渠道,打开了获得学历的另一扇门。同时,也为已经就读网络教育的学生提供了一种更快捷的学习进步途径。假若能够在规定的有效时间内提前通过自学考试拿到相关课程的合格证书,就可以在更短的时间内拿到更高的文凭,达到在一个平台上,通过努力实现学历层次提升的自然衔接。

3.自学考试与高职高专相沟通

自学考试与高职高专的沟通主要是发挥省自学考试主考学校的作用,积极向省内相关高职院校推介相沟通合作模式,扩大相沟通助学的平台。发挥了主考学校较强的理论教学和品牌优势,使用了高职高专院校设备、师资、实验实习等方面的优越条件,从而达到资源共享、优势互补的目的。自学考试与高职高专院校的相沟通,以灵活开放的教育形式,独特的政策优势,多样化的助学形式和教学手段,不断满足高职高专学生的学习需求。为进一步丰富和优化自学考试教学模式,目前华南理工大学正在探索建立自学考试远程教学管理平台,加紧开发相应的网络课件,截至目前,自学考试与高职高专院校的相沟通学生规模达4600多人,合作院校30多个。

4.自学考试与普通高校相沟通

华南理工大学作为试点高校现正在开展通过自学考试获取本科第二学历的考试试点工作。普通高校本科生在全日制学习期间同时可以参加高等教育自学考试获取相关专业学分,而对普通高校本科阶段修读过并获得一定学分的课程,如果在主考学校组织考试的课程中存在,就可以免考并认定相应学分。修完自学考试相关专业学分,达到毕业条件的考生由省自学考试委员会颁发毕业证书,符合学位授予条件的毕业生由主考学校颁发相应的学士学位证书。这种沟通为普通高校在校大学生提供了第二种拿双学位的渠道。

(二)各类学历与非学历继续教育之间"立交桥"的搭建

1.技能培训与网络教育的融通

高校与国家部委、相关行业和协会合作开展职业技能非学历继续教育,开设行业资格认证培训项目,同时又可以与网络教育融通,实现互认学分,实现学习成果转换。如"华工数码""华工财经""华工设计"等双证班的创建,以及珠海南方学院、广州漫游等学习中心的开设,打破了学科与专业壁垒、技能培训与学历教育的壁垒,培训课程与学历教育的融通,最终取得了职业技能培训资格证和网络教育学历证。这种融通真正实现"教育服务社会"的理念,为企业联合订单培养,突出知识和技术的先进性、实用性和有效性,弥合企业用人和学校培养之间的沟壑,切实使潜在的教育资源优势转化为继续教育市场优势。同时,高校正积极探索与政府、企业(群)、学校、投资机构、社团共同合作搭建"开放、多元、共享"的继续教育技能实训平台,为更广泛的合作铺设渠道。

2.非学历培训与成人教育的融通

成人教育传统的授课考核方式多为面授和自主考核,现代继续教育改革使得成人教育的课程学分可以通过技能培训或考取国家承认的职业资格证的方法获取。对已取得职业资格证的相关或相近课程免考,直接给予学分;对参加技能培训并被同校网络教育认可的专业课程,成人教育在学分上同样给予认可。这样就可以避免重复学习同一门课程,使得成人教育发展更科学完善。

(三)各类继续教育融合与衔接的最新成果:教育超市

教育超市,即"数字化学习港",可以深入家庭、社区、企业、机关、军营,为各行各业教育受众提供具有应用普遍性的远程数字化教育及公共服务,真正体现了以终身学习为理念,实现无处不在的教育。"数字化学习港"是一种教育资料的集成融通建设,是为构建21世纪中国特色的全民终身教育体系、推动学习型社会的建设而构建的。在信息化时代,新的教学和学习方式的推出与先进教育技术手段的利用是分不开的,目前华南理工大学正在进一步完善网络教育、成人教育、自学考试、非学历教育资源共享的集教、学、管理、监控于一体的网络平台,通过教育超市学习平台可以实现各类继续教育之间的融通与衔接。在此过程中,教学方式的不断改革推动了教育技术手段的革新,教育技术的进步又促进了教学方式的创新和拓展,逐渐形成各类教和学与教育技术相长的良性互动发展。

三、协同创新理念下高校各类继续教育的发展趋势

在协同创新理念下,大力推进高校成人教育、网络教育、自学考试、各种培训的深度合作,不断探索适应于不同社会学习者需求的合作融合模式,营造有利于高校继续教育合作融合的环境和氛围,并最终形成适合学习型社会要求的继续教育体系。基于华南理工大学和国内其他高校的实践调研情况和教育部对构建终身学习体系建设的指导意见,可以明晰高校各类继续教育间相互融合与衔接的未来发展趋势:

(一)深度化

目前高校继续教育所包括的四个教学平台之间的融合与衔接处于实践摸索阶段,主要体现为两个特点:其一,融合与衔接是以学历继续教育为标准来进行"立交桥"的搭建,在校企(行业)合作培训中基本是以企业(行业)的需求为导向、高校为教育主体、企业人员为客体的现有框架;其二,四个平台之间的融合不是双向的,尤其是自学考试与其他平台之间,基本都是单向度的。所以,在后期改革发展过程中,需要加大对现有教育体制及运作机制的调整,使这四个平台之间融合的双向性得到更大发展;在学历教育与技能培训之间,更多向培训主体倾斜,以企业受教育的员工为主体,高校继续教育部门作为提供良好服务的辅助地位而存在。

(二)开放化

开放化发展未来将主要表现在以下两个方面:第一,高校继续教育现在运作的四个教育平台,每一个平台尽可能放开自己的门户,与其他平台之间形成双向良性互动;第二,高校继续教育平台应积极与其他院校加强合作,如与职业技术院校、培训学校、企业(行业)、政府(事业)单位等加强合作,构建一个适合终身教育体系的教育平台,同时整合社会各种教育资源,利用远程网络平台,实现资源开放共享;同时,随着继续教育的国际交流日益加强,国际合作办学日益扩大,高校继续教育也应积

极寻求对外的合作交流，引进国外先进的教育理念、办学模式和良好的教育项目，促使我国高校的继续教育向更广阔的领域拓展，向国际化方向发展。

(三)平台化

公共继续教育平台的搭建是未来继续教育融合与衔接的必然外在表现形式。高校继续教育会一如既往地坚持内涵发展，加强自身各种形式教育的融通、衔接、"立交桥"构建，优化结构，强化特色；逐步改善和完善传统的宣教模式、管理模式、课程设置方式等，积极与现代教育科技结合，互相促进，并最终形成一个能满足不同社会成员需求的多样化的继续教育平台。

(四)个性化

在教育平台构建设计的过程，就会根据现代社会学习者的特点提供全方位、个性化、专业化的教学服务，学习者可以通过已构建的教育平台实现个性化学习。

(五)品牌化

现代社会品牌的价值和影响力众所周知，为了更好地宣传并提供继续教育服务，以高校继续教育为例，势必会打造普通继续教育协同创新品牌项目群和优势项目群，充分发挥普通高校优势，强化特色，不断扩大普通高校继续教育影响力，创造更多的社会效益和经济效益。

(六)规范化

在高校众多平台间相互融合与衔接的过程中，如何构建一套完善的质量监控体系，确保教育质量成为体系构建中必须考虑的部分，如对不同培养方式成果的认可、学时学分的折算、教育过程的合理性及实效性、学生对教学过程和结果的意见反馈、对毕业生的跟踪调查以及合作合同等，都需要有一套规范的监控测评体系来提供保证。

参考文献：

[1]中华人民共和国教育部,中华人民共和国财政部.教育部财政部关于实施高等学校创新能力提升计划的意见[EB/OL].http://old.moe.gov.cn//publicfiles/business/htmlfiles/moe/s6578/201408/xxgk_172765.html.

[2]国家中长期教育改革和发展规划纲要工作小组办公室.国家中长期教育改革和发展规划纲要(2010–2020年)[EB/OL].[2010–7–29].http://www.moe.edu.cn/srcsite/A01/s7048/201007/t20100729_171904.html.

[3]中华人民共和国教育部.教育部关于全面提高高等教育质量的若干意见[EB/OL].http://old.moe.gov.cn//publicfiles/business/htmlfiles/moe/s6342/201301/xxgk–146673.html.

[4]刘自成.中国教育咨询报告(一)[M].北京:高等教育出版社,2012.

以社会需求为导向　实现高端培训的优质发展

中山大学　刘正生　曾毅斌　卢晓光

摘要：大力发展高端培训，充分发挥高层次人才在建设学习型社会中的引领和示范作用，是重点高校义不容辞的责任和使命。本文从学院对培训的定位、需求导向、质量保证措施等环节着手，介绍了办学面向社会所需，分类别分层次逐步推进的培训办学情况。提出要关注培训者培训，用前瞻的眼光建立广泛的合作关系，并指出培训办学需要市场化，实行企业化管理和创新的机制。

关键词：高端培训；MBA课程培训；干部培训

　　大力发展高端培训，充分发挥高层次人才在建设学习型社会中的引领和示范作用，对社会经济建设和实现国家战略目标具有重要意义，也是重点高校义不容辞的责任和使命。中山大学要跻身于华南地区教育的制高点，引领教育发展方向，培训教育就必须瞄准高端。2004年，高等继续教育学院将非学历培训的管理功能剥离后，学院对培训教育重新规划和定位，致力于发展高端培训，努力打造成功者的智慧殿堂。

一、明确定位

(一)高端培训

根据社会需求和中山大学的教育定位,即高层次、高起点、高质量,以及将重点转向大学后继续教育的"三高一重"的继续教育办学思路,高等继续教育学院规划培训工作,制订以高层次、大学后的研究生课程为主要培训内容,使培训办学在知识面的中高端上为社会经济发展培养人才服务。

(二)短期培训

由于培训教育体现的是新理论、新知识、新技能,因而,培训强调时效性。我们重点设置短期的培训项目,使学员在较短的时间内所学习到的知识内容,能迅速应用到工作中,充分体现出实效性。

(三)面向行业和系统办学

由于行业、系统群体大、项目多,建立合作关系后,往往需要规划3~5年的长期培训和不同层级、不同专题的培训。所以,我们瞄准行业、系统设置行业所需的个性化特色课程,以案例为中心开展培训。这类项目,我们可以对行业、系统进行培训的长远规划,一年一主题,并紧跟国家战略和形势政策,提升培训的效果,对社会容易形成影响力,产生辐射效应。

二、需求导向

我们按需求确定项目,设置培训课程和相应的培训方式。

(一)发展工商管理培训项目

满足广东民营经济快速发展对企业高层管理者的需求,大力发展工商管理培训项目,并在办学中不断探索与创新。学院集中主要力量举办在职经理MBA课程研修班、总裁高级MBA课程研修班,并向地区向行业逐步推进。

这一类培训项目从工商管理硕士课程中精选核心课程。由于课程体系较完整,内容高度浓缩(一门课程在1~2天讲完),既有理论深度,又有实操和大量案例,学员需要有一个消化、吸收过程。所以我们根据学员主要来自中小企业、民营企业的特点,按照一年期的培训设置课程,将学习分成若干次,以周末学习方式进行,并组织大量企业考察、交流研讨,提高学习的效果。

目前,学院的MBA培训项目课程设置与师资配备已臻成熟,并且常办常新,滚动发展,教学效果和服务质量获得学员好评,办学规模稳步增长,对提升广东民营企业的管理水平和市场竞争能力,以及社会经济的发展,起到较好的促进作用。2004年以来,学院举办MBA课程研修班280多期,面向企业培训中高层管理人员15000余人。

(二)适时从经济领域向公共管理领域拓展办学路径

党的十六大以来,国家对公共管理领域的研究凸现出培训的迫切性。为此,学院积极拓展公共管理领域的培训,尤其干部培训,并且明确提出将立足点放在增强教育培训的效果上,着力提升参训人员的党性观念、服务意识、发展能力和综合素质等。

这一类培训项目以形势政策、文化素质、管理能力、领导能力等为主要课程。由于培训班期是以同一单位的团体培训为主,学员在结合学习交流的同时,也进行工作沟通。所以我们一般设置一周左右的培训课程,采取封闭式的集中学习,达到短期培训的效果。

近几年,学院为司法系统、政法系统、电力系统、财税系统、工商管理系统、街道干部、妇女干部、青年后备干部,以及市委、区委组织部门等举办干部培训400多期,参加培训学员近20000人。

(三)开展专题培训

学院专门研发以“服务”“创新”“应急”“能力提升”“知识更新”等为主题的培训项目,向行业向各级政府部门推出,开展专题培训,为建立“学习型社会、学习型组织、学习型政党”而努力。如为山西省农村信用合作社联合社的600多名中高层管理人员设置个性化培训课程——“银行经营创新管理高研班”,分中山大学—香港大学两段培训,聘请行业权威人士授课,考察珠三角的农村信用社和香港的汇丰银行、渣打银行,实行每日写学习心得,教师评比等教学管理办法和手段实现教学效果。为佛山市南海区、清远市清城区等举办的“和谐城市管理行政执法高研班”,设置行业所需的个性化课程,以案例为中心开展培训。为深圳市南山区、广州市花都区举办的“应急管理专题培训班”,聘请国内知名学者、专家授课,受到学员的一致好评。

(四)开展境外合作培训

由于企业国际化管理的需求,学院引入国际培训新理念,提升学院办学层次和社会影响力。如学院与香港大学合作开展复合型高级管理人才的培养,引进整合营销传播研究生课程、组织与人力资源管理研究生课程、企业财务与投资管理、整合实效管理研究生课程等培训项目。因该项目教学内容和师资与香港大学本土保持一致,充分保证了学生体验有别于内地的香港教育模式。这类高质量高水平的研究生课程培训项目,吸引了来自国内外各大知名企业的学员。优质的办学获得社会较高的认同度,迄今已举办29期,学员约1000名。

三、优质办学

优质办学是培训工作的生命线。我们从以下方面保证办学质量:

(一)优质师资的聘请

培训教育的质量在于课程设置及师资配备能否与时俱进。因此,优秀的师资是办学的关键和重点。

1.建立以校外聘请为主的师资队伍

管理类高端培训要求课程的针对性和实操性强,多数是理论与实践的高度结合。因此师资构成也必须是多元的,并且要求所有教师都要有高层管理的经历或背景。为此,学院制定《兼职教授选聘办法》,聘请不同行业和专业的专家、学者、企业高管以及政府官员作为培训的主要师资,保证办学所需。另一方面,也确保学校的普通本科教育和研究生教育不受影响。

2.悉心集结国内外名师充实办学,不求所有,只求所用

为了紧扣社会经济发展形势节拍,应企事业高层管理者所需,学院邀请境内外名师讲学,提高办学的档次,扩大培训项目的影响力。

(二)注重办学过程的规范管理

1.实行项目负责制

为了强化项目的管理,学院在完善组织架构、科学布局人力资源的同时制定《培训项目负责制实施办法》。

2.建立工作规范

学院结合项目负责制,建立了基本适应学院培训工作的运转流程和较规范的工作程序。包括培训项目的立项、申报、审批、签发、验收和结算程序,以及项目实施过程中的一系列管理要求,如对外宣传、课堂管理、课后服务等。学院通过严谨的秩序管理若干办学项目的工作布局,对控制办学成本,扩大办学规模起到了较好作用。

(三)加强对项目计划的执行力度

培训项目计划的有效执行是保障培训质量的前提。近几年,我们十分重视培训项目实施关键环节的检查工作,包括教学计划、教学进度、与项目配套的实训计划(如主题沙龙、班级演讲、各类比赛等)、班级活动计划以及项目结束后的学员跟踪服务计划等。

高端学员参加培训的目的性很强,他们对课程和师资要求较高,并且要按照我们的教学进度在繁忙工作中安排时间学习,如果我们的培训计划不能有效执行,必将影响到学员的工作计划和培训愿望的实现。因此,我们规定教学计划若有变动(包括课程、师资、时间、地点等),必须至少提前2周按程序办理审批手续,并且变动不能超过20%。

(四)重视学员服务及学员对师资的评价与反馈

1.重视学员服务

每期培训班的学员参加培训时间较短,但他们对同学友情非常珍惜,对培训收获期望较高。因此,我们尽可能在较短的时间内为他们营造班级氛围,创造各种相互交流的机会,进而形成班级文化,并且在结业后能够长期维系和发展,使他们能够获取更多的收益。因此,我们十分重视对高端培训学员在培训期间及培训后的服务,并制定相应标准和要求。

2.建立学员对师资的评价制度

通过制订和运用师资评价表,学员意见反馈表,以及学员访谈、座谈等信息传递方式,动态评估教师授课情况,促进教师提升在实操性、案例教学中的效果,保证培训质量。

四、思考与探索

(一)关注培训者培训,做实基础性的工作

高端培训对培训者的素质要求更高,专业性更强,知识面更广泛,为此,培训者只有自身不断学习,才能较专业而深入地进行市场调研,策划并推广培训项目,引导培训市场的走向。培训教育从师资、课程、服务和培训模式等内容上都有很多的基础性工作要做,创新的空间很大。比如,在我们的实践过程中出现过有些短期培训项目难以满足培训对象的多元化需求;有些培训内容针对性不强,实用性不高;能提供的培训模式不够多样,培训对象选择有限。这些都表现在我们的基础性工作不扎实,新课程开发不多,优质师资积累不够,服务及模式创新不足,不能与时俱进,在培训市场难以产生强大的吸引力和竞争力。

(二)用前瞻性的眼光,谋划战略性工作

培训市场正在迅速发生变化,包括市场扩大、需求多元、方式多样等。如此广大的培训市场,我们更应明确市场定位,开展与中山大学发展相适应的培训项目。学院应充分发挥自身优势,与校内专业院系、党政机关、行业企业、兄弟院校、专业培训机构等建立广泛多样的合作关系,努力改变“找项目、找生源、找师资、找场地”的被动局面。比如,共同建立案例中心,研发培训案例;共同建设标准化实训基地,聘请有专业背景的培训教育专家研发特色课程或项目,开展领导力测评、应急管理演练、项目管理沙盘模拟、商战及投资模拟、团队操练、教练技术等培训。通过一系列措施,创办新项目、特色项目,打造精品项目、专有项目,实现培训的持续发展。

(三)把握培训的主体部分,推进培训工作进一步市场化

学院必须牢牢把握项目的主体部分,如招生宣传资料审查、学费收取、教师资格审核、教学效果评估和办学质量监控、结业资格审核及证书的颁发等;进一步放活项目的市场部分,如项目招生推广、生源组织、学员活动及学员服务、实践教学、拓展训练和培训考察等。继续完善培训项目管理办法,包括管理制度的明细化和管理过程的规范化,并且,在控制风险的前提下,简化管理流程,降低管理成本。

五、结束语

继续教育随着社会经济的发展而发展,非学历培训有着广阔的发展空间,而优质高端的培训教育蕴含无限的市场前景。培训教育是普通高校真正意义上的面向市场的办学行为,因而,培训办学需要市场化,而且必须市场化,必须对学历教育模式的管理体制进行改革,实行企业化管理和不断创新的激励机制,这正是学院近年所做的努力和下一步的方向。

中国成人教育学科建设的研究现状与推进分析①

华南农业大学 刘秀琴 徐正春 罗军

摘要:在利用中国期刊网检索回顾中国成人教育学科建设相关研究的基础上,从逻辑起点、内涵名称、学科体系等学科特征和研究对象、研究范式、核心理论、支撑理论和技术等研究特点入手,对现有研究进行了简短的评述。最后,以"为什么""是什么""怎么做"三个问题构成的逻辑框架,对成人教育学科建设的推进进行思考和分析,并从研究范式、知识体系及思维模式三个方面对完善我国成人教育学科建设重点进行了展望。研究旨在抛砖引玉,对我国成人教育学科建设给予足够的重视和有效的促进作用。

关键词:成人教育;学科建设;学科体系

21世纪人类迈入了知识爆炸的信息时代,知识更新速度不断提升,知识总量从18世纪的100年翻一番,到20世纪的每3～5年翻一倍。近50年来,人类社会所创造的知识,比过去3000年的总和还要多,知识更新速度使得终身学习成为必然。"成人教育是由传统学校教育向终身教育发展的一种新型教育制度",成人教育作为国民教育的重要组成部分,在树立和贯彻终身教育新理念、建立终身教育完整体系的过程中,发挥着越来越重要的作用。而成人教育的成效取决于成人教育学科体系的支

① 课题来源:广东省2014年教学质量与教学改革工程建设项目;广东省2015年教学质量与教学改革工程建设项目;华南农业大学2015年教改项目;华南农业大学经济管理学院2015年教学质量工程项目。

撑,在教育互联网化和中国"双创"高潮不断的社会背景下,成人教育面临机遇,加强成人教育学科建设,成为业界普遍关注的热点。

学科建设通常由学科地位(包括学科方向和发展层次)、学科队伍(包括学科带头人和学科梯队)和学科基地(包括实验室、重点学科、设备等)三个方面组成,学科建设是通过软件的积累和硬件的投入,不断提高学科水平,增强学科人才培养和科学研究能力,提高社会服务的综合水平的一项系统工程建设的过程。业界近年来对成人教育学科建设问题进行了较为广泛的探讨,相关的研究成果逐年增加。本文梳理并回顾了我国截至2015年成人教育及成人教育学科建设和学科体系相关的重要文献,以期为后续进一步的理论研究和实务操作提供启示与借鉴。

一、文献描述

本文利用中国知网中的高级检索功能,在"期刊"选项下,设置以"成人教育"并含"学科建设"为主题,以"核心期刊"和"CSSCI"两个选项为文献来源,以"2015"为检索截止时间等的检索条件,共检索出50篇文献。

(一)发表数量统计

来源期刊的具体分布情况如表1所示,50篇论文共计发表在11种期刊中,并在剔除部分篇幅较短及会议报道和投稿须知等非学术研究性质文献后,共梳理出42篇文献,其中,18篇、约占43%比例的论文发表在《中国成人教育》上,16篇、约占38%比例的论文发表在《成人教育》和《教育研究》上,其他8家期刊关于成人教育学科建设和学科体系的研究较少,刊登数量各为1篇。

表1 文献发表数量分布统计

文献	篇数	文献	篇数
中国成人教育	18	教育与职业	1
成人教育	9	河北师范大学学报(教育科学版)	1
教育研究	7	兰州大学学报	1
教育学术月刊	1	河南社会科学	1
现代远程教育研究	1	高等继续教育学报	1
教育理论与实践	1		

(二)发表时间统计

检索结果显示,来源期刊相关研究的起始时间为1998年,各年发表论文篇数未见规律性变动,2006年达到8篇的高峰值,次高峰则出现在2014年,当年发表论文6篇。相关主题研究论文发表的时间跨度如表2所示。

表2 文献发表年度分布统计

时间 (年)	1998	2002	2004	2005	2006	2007	2008	2009	2011	2012	2013	2014	2015
篇数	1	1	2	5	8	3	5	2	3	1	3	6	2

(三)研究主题统计

42篇论文聚焦于成人教育的基础性研究,除了6篇研究综述性质的文献以外,其他文献均涉及成人教育的相关概念、原则、目标定位,以及不同视角下成人教育学科建设问题和成人教育学科建设创新问题,详见表3。其中,有6篇论文相继研究了成人教育的主体、组织问题以及成人教育的环境建设问题。对于学科体系、比较研究也有涉猎。其中,有4篇论文涉及作为成人教育分支的研究生教育问题。具体数据统计如表3所示。

表3 学科建设研究内容分类统计

主题	数量	占比
回顾、评价及展望	6	14.3%
学科体系研究	3	7.1%
目标定位	2	4.8%
多维视域/本土	6	14.3%
主体/组织/环境	6	14.3%
争议与共识/改革与创新	5	11.9%
比较/综合研究	4	9.5%
研究生培养	4	9.5%
其他	6	14.3%
合计	42	100%

二、研究内容综述

(一)研究回顾

"成人教育"概念始现于1812年波尔(T. Pole)的《成人学校的起源及发展》一书，从此将成人教育与普通学校教育区别开来。20世纪20年代，成人教育研究逐步制度化，学科独立性得以确立。20世纪70年代，"终身教育""终身学习""学习社会"等理念的出现，成人教育的学科地位、职能与作用被重新认识，"成人教育"开始逐渐被"继续教育"替代。研究认为我国现代成人教育学的诞生以晚清政府1904年对成人学习活动进行管理为标志。近年来，与中国成人教育学科建设实践改革同步发展的研究陆续展开。相关研究从学科界定入手，对成人教育学科及其建设问题进行了较为全面的剖析，提出如果将学科界定为系统化的学科知识以及围绕其领域的知识形成的相关组织和制度，那么学科建设就既包括学科知识及其学科理论的梳理，也包括与学科相关的组织和制度建设，这一系统称为学科体系。

学科体系既是学科建设的起点，也是学科建设的终极目标，是学科建设的结果。相关文献首先进行了建构我国成人教育学科体系的前提研究，明确了成人教育学科具有基础性和应用性特征，提出成人教育应当具有自己独特的研究领域、研究对象以及学科地位，明晰了成人教育在教育体系中的不可替代性。同时，对我国成人教育学科体系构建的相关策略问题的研究也陆续出现，研究提出中国成人教育学科体系应当与中国成人教育体系相匹配的理念，研究还系统地构建了由7个序列构成的多序列、多层次、多形式的立体网络结构的学科体系。

此外，相关研究将成人教育进行了分类，具体划分为补偿教育、继续教育、成人职业教育和社会文化生活教育四种形式。在"成人教育学"①这一主干课程下，学科从成人教育的内涵、对象特点和文化差异三个面分化，分别形成了成人教育的子学科、子系统和学科层次结构。如图1所示：

---

① 也称为"成人教育概论""成人教育通论""成人教育的理论与实施"及"成人教育科学"。

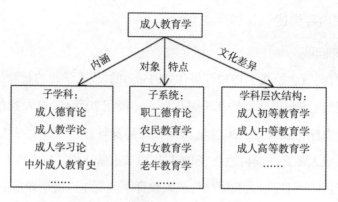

图1　成人教育学分支体系

再者,研究认为作为学科建设的载体,我国成人教育目前有四支研究力量,分别是政府研究机构的专职研究人员、院校研究机构的专兼职研究人员、群众性团体的社会研究力量和成教实务工作者,其中,高等院校及其研究机构是成人教育学科建设的主体。同时,由于成人教育学科与社会经济的变化发展联系密切,因而,相关研究也涉及成人教育学科产生和建设赖以生存的社会环境,对学科发展的困境与障碍也进行了较为深入的探求。

(二)研究述评

学科建设具体包括学科的研究对象、科学的属性特点和逻辑起点、成人教育的内涵名称及其学科体系、学科的核心理论、支撑理论技术及其研究范式、学科发展及其与相关学科的交集和关系、学科发展与经济社会发展的关系、学科发展历史与国际比较观点。比对之下,"成人教育学"虽然早在1992年已被确定为"教育学"的二级学科,然而学科"目标抵牾、学科组织松散、学科管理多元,学科资源内耗、学科标准差异、学科语境纠结"等具体问题依然存在,学科建设还远未成熟,其学科地位至今仍未被普遍认可。相关研究也有较大提升空间。

首先,作为一门学科,成人教育学科的研究对象、内涵名称、核心理论、支撑理论技术和研究范式等问题都有待于进一步厘清。如何界定教育对象"成人"及其范畴,如何界定成人教育内涵(是成人教育,还是继续教育,还是终身教育),如何界定边界、析出成人教育外延(如果是学历补偿和提高,那么大学教育是不是隶属于成人教育),这些基础性概念都有待于进一步深入研究。作为研究对象的基本概念确定之后,成人教育学科的核心理论和支撑理论的确定,就成为亟待解决的首要问题。成人教育核心理论应当有效地解释、预测和指导成人教育实践,而成人教育实践中的新经验、新体会和新思考可以得到科学的概括和提升。学科核心理论和知识体系的确定不仅可以提高学科的科学性,还会反过来规制相关的研究方法,选择适宜的研究范式,以提高对学科进行科学研究的可靠性。尽管有统计分析显示,相关研究方法采用简单的经验总结范式,或实践推测范式,或规划演绎范式的一类论文已降到20%以下,然而,成人教育学科建设问题的研究方法一直处于应然研究范畴,缺乏实证研究的科学基础。

再者,成人教育学科建设研究尽管已经初现雏形,而文献检索未见与相关学科发展的交集和关系的研究。纵向的历史性研究也端倪初现,而横向(与教育发达国家)比较研究略显不足,相关文献凤毛麟角,学科发展的国际比较研究偏向于对西方理念和思想阐释、对待本土的启示方面,缺乏全面深入的对比分析。比较之下,为我国业界所忽视的成人教育,一直是联合国教科文组织关注的重要领域,"从扫盲到生活技能培训,从倡导终身教育理念到组织全民终身学习活动,从《学会生存》到《教育——财富蕴藏其中》,形成了有关成人教育发展在思想理念、行动框架与愿景等方面的共识,为世界各国成人教育的发展提供了可参考的政策和行动框架"。因此,国际上相关的前瞻性借鉴研究有待于进一步展开。

三、研究展望

党的十六大报告特别号召要"形成全民学习、终身学习的学习型社会,促进人的全面发展"。十八大报告提出"积极发展继续教育,完善终身教育体系,建设学习型社会"。在此指导方针下,借鉴联合国教科文组织关于"全球学习型城市评价指标体系"设计的定位逻辑,建设性地提出推进成人教育学科建设需要思考的三个战略问题。

第一,"为什么"。在厘清"成人""成人教育""成人教育学科""成人教育学科建设"这些基本且关键的概念的前提下,深入剖析成人教育学科建设的意义,由此奠定成人教育在教育学的学科范畴、在社会经济发展的实践领域的学科地位、职能和作用。

第二,"是什么"。以"系统知识+组织制度"作为框架,全面阐述成人教育学科建设的具体内容,修正补充学科体系,确立基本的研究范式、核心理论、支撑理论和技术,审视与相关学科发展的交集和关系,梳理拓展学科发展国际比较问题。建立一个共同的学科平台,是学科百家争鸣的前提。

第三,"怎样做"。在定量分析成人教育对社会经济发展的巨大贡献、加强政策研究的基础上,将我国的成人教育学科建设制度化,在凸显成人教育的公共价值的基础上,争取政府、院校组织和科研机构的政策倾斜、经济资源和理论研究支持,寻求和确定成人教育学科建设在政策与举措、领导与管理、资源与投入等方面所应创设的保障与条件。同时,秉承创新改革的教学方针,将"学分银行"等新理念、"互联网+"等新手段纳入到成人教育学科建设中,从挑战中寻找机遇,促进成人教育学科在中国的发展壮大。

在学科建设及实践的三个战略性思辨和分析的基础上,我国成人教育学科建设研究也亟待深入,未来研究重点可能聚焦于三个方面:

首先,是成人教育的学科范式的研究。按照科学研究的一般性规律,我国成人教育学科建设研究需要解决的首要问题是学科研究范式的确立。成人教育学科建设研究范式的选择直接影响到本学科在教育学学科群中的地位,因此,明晰并确立研究范式,不仅可以确保成人教育学科的科学地位,而且,可以直接有效地提升学科研究水平,科学地揭示成人教育学科建设的规律性,为学科建设实践提供可靠的决策建议。研究范式可以分为量化研究范式和质性研究范式。量化研究范式可以科学地呈现成人教育学科建设研究中量的规律性结果;质性研究范式则主要通过分析成人教育学科建设的系列问题,探究其产生的原因,揭示其质的规律性结果。目前,我国有关成人教育学科建设的质性研究范式应用较为广泛,而量化研究范式有待于进一步提升,如何在进一步厘清成人教育的外延内涵的基础上,对我国成人教育学科建设的相关问题进行定量分析,将成为今后我国成人教育学科建设研究的主要拓展方向。

其次,是成人教育的学科知识体系的研究。成人教育学科建设要在成人教育知识体系的基础上进行,而成人教育知识体系的确立和构建无疑是学科建设理论和学科建设实践的基础,因此,明晰成人教育学科知识体系是成人教育学科建设值得深入研究的重要内容。同时,由于成人教育面临的特殊性和复杂性较高,成人教育学科知识体系也是成人教育学科建设的难点。鉴于成人教育与普通教育相比具有显著特殊性,因此,如何从被教育主体的特性和成人教育学科特性出发构建成人教育的学科知识体系,将成为我国成人教育学科建设的研究选择。显然,从主体特性和学科特性出发,可以引申出成人教育与普通教育学科体系对照研究、成人教育与普通教育学科建设对照研究,从中可以凸显成人教育特殊性,从而进一步指导成人教育学科知识体系建设。

最后,是基于成人教育的学科思维和理念模式的研究。成人教育本质上是研究成人学习规律的科学,而持续的学习过程不仅十分重要,而且也十分复杂。由于业界对于普通教育及其学科建设的研究较为广泛和深入,因此,普通教育的学科思维模式自然而然地被直接借鉴和应用在成人教育领域,从而导致相关研究无论从研究假设和假说、研究方法和工具、研究结果和结论等方面都存在进一步修正的空间。例如,无论是儿童教育,还是九年义务教育和高等教育,都存在明显的时间边界,而成人教育时间边界非常模糊,甚至存在无时间边界的终身学习。在终身学习理念下,"成人"一定会从天然的"教育者"转变为"被教育者",思维理念的转变,直接影响到成人教育学科建设的知识体系、教学内容、方法的确立和选择。此外,相对于其他类型的教育,如果将成人教育的主体假设为成年学习者比较明确地知道学习的价值、学习的目的、学习的内容,在这种假设理念基础下,成人教育可能更多聚焦于教育过程,而不是教育的知识内容,由此导致成人教育的教学模式与普通教育相比具有较大差异,而基于互联网的网上在线教学模式可以成为一种最优的教学模式,基于此,成人教育无论是作为教育主导者的教师还是教育组织者的教育机构和大专院校,其传统的功能可能会发生质的变化,教师可能会从系统知识的传授者,蜕变为知识资源的提供者和疑问的解答者。教育机构和大专院校可能会由知识传授组织者蜕变为教育平台的提供者。

综上所述,由于我国成人教育学科建设及其研究均处在初级阶段,因此,相关的研究空间巨大,可选的研究内容非常丰富,随着科学技术尤其是互联网技术在成人教育领域的普遍使用和教学模式的突破性创新,成人教育建设研究将会在研究内容和研究工具上不断开拓创新,最终形成较为科学和完整的学科体系。

参考文献:

[1]顾孝连.知识爆炸的信息时代科普工作需要更多科学家参与[C].中国科普理论与实践探索——第21届全国科普理论研讨会,2014(8):62-67.

[2]杜以德,柳士彬.成人教育学科建设回顾与反思[N].光明日报,2005-03-28.

[3]陆军,宋筱平,陆叔云.关于学科、学科建设等相关概念的讨论[J].清华大学教育研究,2014(6):12-15.

[4]杜以德,韩钟文.国外成人教育学科建设的历史回顾[J].中国成人教育,2005(6):104-105.

[5]孙立新,乐传永.成人教育研究的新进展与未来趋势[J].教育研究,2015(6):79-84.

[6]王北生,姬忠林.成人教育概论[M].开封:河南大学出版社,1999.

[7]张镇华.从成人教育知识增长看成人教育学科建设[J].中国成人教育,2014(19):5-7.

[8]侯怀银,吕慧.20世纪我国成人教育学学科建设的本土探索[J].教育理论与实践,2013(3):13-16.

[9]叶忠海.现代成人教育研究:历程和进展特点——为我国改革开放30年而作[J].成人教育,2009(12):4-8.

[10]谢国东,赖立,刘坚.面向21世纪中国成人教育学科建设研究[M].北京:高等教育出版社,2002.

[11]杜以德,韩钟文,何爱霞,等.中国成人教育学科体系结构及其分类研究[M].北京:高等教育出版社,2006.

[12]韩钟文.成人教育学科体系的发展脉络[J].教育研究,2006(10):41-43.

[13]李中亮.成人教育学中国化的意义和途径[J].成人教育,2008(12):11-13.

[14]曾青云,黄力论.论成人教育学科发展的现实基础[J].中国成人教育,2007(2):9-11.

[15]曾青云,崔铭香.论成人教育学科发展的社会环境建设[J].中国成人教育2007(9):5-8.

[16]曾青云,宋琼,许伶军.中国成人教育学科建设:争鸣与探索[J].中国成人教育,2014(7):5-9.

[17]朱涛.科学发展:新世纪成人教育的生命线[J].成人教育,2005(3):7-10.

[18]郭凌雁,曾青云.中国成人教育学科建设的文化分野[J].中国成人教育,2015(17):5-9.

[19]丁红玲.成人教育学科发展评价与建构[J].中国成人教育,2011(19):15-19.

[20]李晓佳,花月.林德曼与诺尔斯成人教育思想比较研究[J].教育学术月刊,2014(11):31-36.

[21]谢国东.国际成人教育共识与我国成人教育的改革和发展[J].教育研究,2013(4):70-75,81.

[22]桑宁霞,赵苏婉.成人教育学的公共价值[J].中国成人教育,2014(11): 11-14.

终身学习视角下成人高等教育人才培养的问题与对策

东莞理工学院 刘健 江文

摘要:发展是社会的特征,人处于发展的社会中,需要用一生的时间去适应社会的进步与发展,就需要终身学习。成人高等教育作为终身学习的重要途径,其人才培养还存在很多问题,为保证成人高等教育人才培养质量,需要正确认识成人高等教育的基本属性,树立终身学习理念,建构科学的课程体系,加强信息化建设,深化成人高等教育教学方法改革。

关键词:终身学习;成人高等教育;人才培养

一、引言

人的一生都是处于不断社会化的过程之中,是社会化的一生。人的存在具有其文化性,而文化是社会属性。发展是社会的特征,人处于发展的社会中,随着工业社会向知识社会的转型、人口结构老龄化的变化日渐凸显、经济发展与竞争、科学技术日新月异突飞猛进、民族文化融合渗透,人只能用一生的时间去适应社会的进步与发展,这就是人的社会化。社会化就是学习过程,终身社会化,就需要终身学习。

罗伯特·哈钦斯于1968年出版的《学习社会》,认为人是具有终身学习能力的,人类追求学习是其本性,人人都必须通过持续的学习来实现人生的真正价值,他倡导的学习社会的目标是在于向任何人提供任何人生发展阶段的任何学习机会。1994年在意大利罗马召开的首届世界终身学习会议,把终身学习定义为"终身学习是21世纪的生存概念"，"是通过一个不断的支持过程来发挥人类的潜能，它激励并使人们有权利去获得他们的终身所需要的全部知识、价值、技能与理解，并在任何任务、情况和环境中有信心、有创造地愉快地应用它们。"

成人高等教育与普通高等教育一样，是终身教育不可或缺的组成部分，理应归属于人才培养活动。成人高等教育曾经在我国工业化初期为企业和社会培养了数以千百万计的具有一定技能的适应工业经济发展的人才，为我国经济建设（尤其是工业化）和社会管理做出了重要的贡献。但是，必须清醒地认识到，随着举办成人高等教育带来一定经济利益，成人高等教育逐渐成为举办者的创收手段，而追求利润的结果必然是以牺牲人才培养质量作为代价。

二、成人高等教育人才培养存在的问题

(一)定位不准确，经费不足，教学投入难以到位

造成成人高等教育办学经费不足的首要原因，就是把成人高等教育机构视为创收营利机构，把成人高等教育归属于创收的业务范畴。不仅是社会办学机构在拼命降低成本，精打细算，恨不得就直接卖文凭给交了学费的成教学生，除了以营利为目的的社会办学机构，公办高校的领导也将成人教育机构视为能为学校创收的机构，把成人高等教育作为营利性产业来抓，把经济效益作为考核成人教育机构负责人的主要指标。有一些高校把成人教育机构作为财务独立核算、自收自支、自负盈亏的企业化单位，与后勤公司、科技开发公司等校办企业列为一类。学校把成人教育机构视为提款机，自然就不会为保证办学质量投入大量的办学经费。

办学经费不足，直接造成办学条件得不到保障。首先，是没有稳定的基本师资队伍。为减少办学成本，高校成人教育机构一般情况是没有专门的师资队伍。原因有多方面，因市场需求的变化，招生专业可能经常变化，如果有专门的师资队伍，难以安排每一位教师满教学工作量，另外，专门的师资队伍工资成本高，如果聘请课程教师，按教学工作量计发课酬，在刚刚满工作量的情况下，成本仅需专门教师工资成本的三分之一或四分之一。其次，是课程大量减少。为减少成本，成人高等教育举办方大量减少课程，缩短学时数或者减少课程门数，造成受教育者不能获得系统的专业知识。再次，是缺少基本教学设备。由于学校不愿意投入经费，或者教育机构

为减少经费支出,教学设备缺乏,教学手段原始落后,影响教学效果。最后,是基本没有图书资料。社会办学机构基本不会设置图书阅览室,而普通高校举办的成人高等教育,学生也很少能办理学校图书借阅证,很难利用高校图书馆提高学习。

(二)校外教学点分散,管理缺失,教学质量难以保障

教学点成为成人高等教育主要场所。目前,高校举办成人高等教育,主要依赖校外教学点完成。有很多高校成人高等教育在校学生数达到2万人甚至3万人,招生学生多,办学规模大。但实际上,真正在校本部学习的学生占学生总数不到20%,有些高校甚至基本不在校本部开展教学,全部学生都被安排在各教学点,学校只有2~3个工作人员负责招生工作、学籍管理。很多高校成人教育学院只是一个虚拟学院,因为没有学生在校本部学习,所谓学院成了管理机构,负责校外教学点的管理工作,而不承担教学工作。真正开展成人高等教育的不是高校,而是高校委托的社会办学机构——校外教学点。

跨地区、跨省办学是成人高等教育质量难以保障的最大问题。在工业较为发达地区,产业工人和流动人口比较集中,为赢得利益,很多高校跨地区甚至跨省开设教学点,开展成人高等教育。如果质量保证,多开教学点,方便产业工人就近学习,原本是利国利民的好事,但如果只是将举办成人高等教育作为创收的手段而非培养新一代产业工人,把人才培养的重要使命托给市外甚至省外的、以追求利润最大化为目的的教学机构去完成,教学质量又如何得以保证呢? 教学点之间为争取生源,在招生宣传中除了做虚假宣传外,还承诺只要学生交了学费,就可以保证毕业,因为上课教师都是教学点安排的,上课不考勤,考试照抄就行,更有甚者,有些教学机构在承担成人高等教育任务时,连最起码的教学过程都有缺失。而作为举办方的高校,偶尔在教学点巡视一番就算是监控教学质量了。有些高校校外教学点近百,而且很多还是跨地区甚至跨省,所谓管理与监控质量,只是说说而已。

(三)课程陈旧,脱离社会实际,没有考虑学生终身学习的需要

课程设置不能满足社会发展对人才的要求。很多高校在举办成人高等教育时为减少成本,没有引进新成果,开发新课程,开设的课程十几年没更新过。科技和社会每天都在发生变化,尤其是近年来,互联网的普及与提高,无线城市的建设,都无时无刻地影响着每一个人,青年人更是紧贴着科技与社会,与时俱进。而社会对人

才的知识结构、素质的要求也在不断地变化。如果课程陈旧,不能结合当前科技进步和社会发展,还在学习多年以前开设的、过时的、陈旧的课程,在一线工厂企业的产业工人所学的知识陈旧,根本满足不了工作需要,无法提高自己,学以致用,那么在职学习就没有意义。这样的教育,无论对社会还是对个人都是一种浪费,浪费了社会资源,浪费了学习者时间。

课程设置没有考虑学生终身学习的需要。一些高校成人高等教育课程设置紊乱,课程间没有相关性,课程是以科学逻辑组织的知识体系,知识本来是具有整体性、系统性,为方便学习,才被划分为若干不同的课程,课程之间应该有着逻辑关系,不同课程之间的逻辑关系,就是不同类知识之间的逻辑关系,只有认识到或者利用好这种逻辑关系,才会促进学习,否则就不利于学习者知识系统的建构。人的一生就是学习的一生,发展的一生。终身教育的理念认为人从一出生开始,直到生命结束,都是一个整体发展的过程。教育是需要伴随人的一生而进行的事业,不应只重视学历教育,同时应促进技能教育。教育是需要通过课程来实现的,如果课程设置不能保证教学效果,保障教学质量,促进人的发展,教育目标则难以实现,学生的终身学习就无从谈起。

(四)教学手段落后,教学方法失当,不能激发学生终身学习的兴趣

教学手段落后,课堂教学信息量少,学生在教学活动中只能获得有限的知识信息,不能激发学生终身学习的兴趣。社会办学机构教学条件较差,往往不重视教育信息化建设,一些高校的全日制普通高等教育的条件良好,并重视教育教学的信息化建设,但对于成人高等教育的教育信息化建设就有忽视。没有计算机房,更没有数字化教学平台,应该说教学条件与十几年前甚至几十年前相比没有改良。学生只能看教材读课本,学习的信息量仅仅局限于纸质材料。学生的收获甚微,难以激发课程学习的兴趣,从而影响其终身学习的兴趣。

教学方法失当,难以为学生授之以渔,难以引导学生学会学习。由于高校或者社会办学机构没有重视成人高等教育质量问题,课堂教学质量也就放松监管了。为节约教师课酬,不愿意高课酬聘请教学认真、教学效果良好的教师承担教学任务。愿意承担成人高等教育教学任务的教师,其目的是获得其价高的课酬,也不会花时间精力认真备课,课堂教学就照本宣科,一本教案数年不更新、修改,教学枯燥乏味,

学生实在难以提起精神,更不用说提起对课程的兴趣。学生在学习中没有获得学习方法,难以学会学习。但是,学会学习是学生终身学习不可或缺的必备能力。

三、成人高等教育人才培养的对策

(一)正确认识成人高等教育的基本属性

成人高等教育是培养人的活动,是高等教育的重要组成部分,也是社会个体终身学习的重要环节。成人高等教育与全日制普通高等教育一样,肩负着人才培养的使命,它一出现就决定了它的属性与使命就是为经济产业发展和社会管理的需求培养大量适用人才,同时也是满足已经进入社会工作,还没有机会接受全日制普通高等教育的社会个体学习提升的需要,体现出它的社会功能和个体功能。只有认识到成人高等教育与全日制普通高等教育一样都是高等教育的组成部分,对于社会和个体来说,它们一样重要,都是通过提高个体素质、促进个体发展来促进社会的进步发展,才会将成人高等教育的质量作为重中之重来抓,只有这样,才符合国家发展成人高等教育的初衷。所以,举办成人高等教育需要历史使命感和社会责任感,作为成人高等教育监管者的教育行政部门,更需要历史使命感和社会责任感,只有建立准入制度,提高门槛,加强监管,才能真正保证成人高等教育的教学质量,保证人才培养质量,促进学习者的进步与发展,推动社会进步与发展。

成人高等教育机构是非营利性机构。高等教育是培养人的活动,培养人的活动如果成为举办者的营利活动,活动的成本就会被刻意压低,随着举办者利润空间的变大,学习者的资源就会缩减,教育条件就会变差,人的培养质量就无法得到保障。尤其是作为成人高等教育举办者的高校,不能把校内成人高等教育机构作为营利性创收机构,否则,不仅不投入一定量的办学经费,支持成人高等教育完善条件、开展教育教学改革,反而要从每年的学费中提走一部分,作为学校的创收。这样就逼迫成人高等教育机构为降低成本,精简管理队伍,取消专门的师资队伍,将成人高等教育的办学任务委托给社会办学机构。所以才会出现高校成人高等教育机构工作人员2~3人,而成人高等教育学生可以达到2万~3万人规模的情况。高校要正确认识成人高等教育工作的属性,不要将成人高等教育机构视为营利性创收机构,才能重视其教学质量,才能保证人才培养质量,体现其人才培养的基本职能。

(二)树立终身学习理念

终身学习是学习型社会的基础,是个体适应社会发展以及自身生存与发展的需要。终身学习关系到国家推进工业化进程,建设工业大国,同样也关系到国家推进大众创业、万众创新的大局。2013年11月12日中共十八届三中全会通过的《中共中央关于全面深化改革若干重大问题的决定》指出,创新高校人才培养机制,促进高校办出特色争创一流,推进继续教育改革发展。试行普通高校、高职院校、成人高校之间学分转换,拓宽终身学习通道。2015年10月29日十八届五中全会通过《中共中央关于制定国民经济和社会发展第十三个五年规划的建议》提出,建立个人学习账号和学分累计制度,畅通继续教育、终身学习通道。以终身学习为理念的学习型社会的形成,需要营造一种终身学习的社会氛围,不仅是学习者,办学机构、教育主管部门、社会大众都应该树立终身学习理念。树立终身学习理念,可以帮助成人高等教育举办者明确教育目标,继而围绕教育目标开展教育教学工作。树立终身学习理念,也可以帮助学习者认识到自己是学习活动的主体,不仅可以主动挤出更多的学习时间,学会使用网络技术,也拓展了学习的空间。

将终身学习理念落实到成人高等教育的人才培养各个环节和各个方面。终身教育的理念在成人教育发展中起着指导的作用。树立终身学习理念,不能仅仅停留在口头上,或者工作设想、理论探讨层面,应该落实到成人高等教育的人才培养各个环节和各个方面。从专业设置、培养目标、人才培养方案的制订,到实施教学活动,都应在终身学习理念之下进行。要考虑到学习者学习发展的整体性、统一性和持续性,要结合知识的关联性,为学习者将来的学习做好铺垫,打下学习基础。理念是行为的先导,没有终身学习理念做指导,成人高等教育人才培养工作将会是盲目的、短视的和轻率的。

(三)构建科学的课程体系

课程体系要体现终身学习的理念。人才培养目标的实现需要通过课程的学习来完成,成人高等教育人才培养也不例外。课程体系的建构,不仅要体现专业的特点和专业培养目标,还应体现终身学习的理念。所以,在专业教学计划中,除了本专业所需的专业基础课程和专业课程外,应该设置一些有利于提升学习者人文素养的课程,例如哲学、历史、艺术、美学等通识课程,在促进学习者掌握专业知识和技能的同时，也提高其文化素质。在安排具体课程时，要考虑到学习者将来的学习、发展，一方面要注重学习者知识的深度，另一方面，也要注重学习者知识的宽度，以满足学习者终身学习的需要。人的一生都在社会化，人的一生都必须学习，以适应社会各方面的变化发展，人的发展具有整体性和历史连续性。所以，在课程体系建构中，也要考虑知识学习的整体性和历史连续性。

课程内容要紧密结合科技经济社会现实需要。学习者接受成人高等教育的目的是为了适应社会发展对人提出的新要求，不仅是其赖以生存的工作方面，还是社会生活方面。所以，学习内容不能脱离社会发展现实，不能用陈旧的课程内容来敷衍通过千辛万苦克服种种困难接受成人高等教育的学习者。课程内容要具有时代性，学习者通过获得新技术、新技能、新知识，能学以致用，提升专业能力和人文素养，能满足工作要求，增强社会竞争力。学习者通过学习，提高工作能力，能更好地为企业服务，促进企业的发展。

(四)深化成人高等教育教学方法改革

教学方法。人才培养最重要的是因材施教，应该了解培养对象。成人高等教育的对象主要是已经进入社会，并一边在工作，一边在学习的在岗人员，他们往往只有在晚上和周末才有时间上课，学习者的学习时间还经常不稳定，上课经常请假缺席。如果用普通高等教育的人才培养模式来举办成人高等教育，作为成人的学习者无论在观念、时间抑或是学习能力上又无法认可和达到要求。另外，如果教师上课时照念教材课本或者是讲义，课堂氛围沉闷，会影响学习者学习积极性。教师的教和学生的学应有互动，并结合实际案例，激发学习者学习兴趣，鼓励学习者主动学习、终身学习。

教学安排。高等教育教学不能满堂灌，也不能整个学习过程只安排学习理论课程。可以把课程的学习分为三个环节：1/3的时间理论教学，1/3的时间学生自学与实践，1/3的时间课程考核。这样可以将教师有针对性的教、学生主动的学以及成效考评结合起来。学生的学习可以通过移动学习平台的建设实现，如慕课、学习交流平台等。

考核评价。学习者的学习成效是否达到教学目标，可以根据专业特点、课程特点、学习者工作岗位与实践情况，提交报告、总结、方案、论文等，而不是仅仅只有一种闭卷考试的方式。实践证明闭卷考试的考试内容大都是概念、简答等死记硬背的,是效果最差的考核评价方式,反而会使学习者放松平常的学习与思考,尤其是结合工作岗位实践,是最不能有效评价学习者能力水平的评价方式。

(五)加大成人高等教育办学监管力度

政府主管部门加强监管。成人高等教育与普通高等教育一样,都是国家目前要重点建设的高等教育不可忽视的重要组成部分。成人高等教育几次通过中央全会讨论,写入党的重要文件,说明党和国家非常重视成人高等教育工作,也说明了成人高等教育在经济社会发展中的重要性。为保证办学市场的规范,提升成人高等教育的办学质量,政府主管教育的管理部门,应该加大对成人高等教育办学的监管,尤其是目前问题十分突出的高校跨地区甚至跨省设置校外教学点的现象。为保证质量,应加大对高校跨地区办学的监管力度,尤其是跨省设置的校外教学点。

高校要增强质量意识,进一步加强质量管理。2007年《教育部关于进一步加强部属高等学校成人高等教育和继续教育管理的通知》,要求把工作重心转移到教学工作和人才培养质量。高校作为成人高等教育举办者和实施者,其质量意识对于提高成人高等教育人才培养质量尤为重要。首先,高校要肩负起为经济社会发展和促进学习者进步提升的社会责任。高校领导要像重视普通高等教育人才培养那样重视成人高等教育人才培养工作,而不是将其定位为创收活动,或者干脆边缘化。其次,成人高等教育人才培养质量保障措施到位,要将保障措施落实到人才培养的各个环节和各方面。最后,责任落实到人。在终身学习的大背景下,成人教育管理者需要不断学习。要实行人才培养质量责任制,学校分管校领导、成人高等教育办学机构负责人都应该成为质量责任人。

只有政府的教育主管部门和高校成人高等教育办学机构都将成人高等教育人才培养质量放在首位,国家的方针政策方能落到实处,我国学习型社会才会形成,我国建设高等教育强国和人力资源强国才会得以实现。

参考文献:

[1]吴遵民.新版现代国际终身教育论[M].北京:中国人民大学出版社,2007:33-34.

[2]徐永波.终身学习与职业发展教程[M].北京:北京大学出版社,2011:2,5.

[3]中华人民共和国中央人民政府.中共中央关于全面深化改革若干重大问题的决定[EB/OL].http://www.gov.cn/jrzg/2013-11/15/content_2528179.htm.

[4]中国共产党第十八届中央委员会第五次会议.中共中央关于制定国民经济和社会发展第十三个五年规划的建议[N].人民日报,2015-11-4(4).

[5]谢国东.国际成人教育共识与我国成人教育的改革和发展[J].教育研究,2013(4):70-76.

[6]韩映雄.我国成人高等教育发展与转型[J].现代教育管理,2015(3):1-4.

[7]季传武.成人高等教育存在的问题及改革途径[J].继续教育,2014(4):59-60.

[8]冯琳,刘奉越.专业化:成人教育管理者队伍建设的基点[J].河北大学成人教育学院学报,2015(2):11-15.

珠三角新生代农民工就业培训现状及优化路径①

华南农业大学　许纯葇　林轩东　郭迪杰

摘要:优化新生代农民工就业培训模式,有利于广东省的产业转型升级。优化珠三角新生代农民工就业培训,应设立免费就业培训制度;就业培训班要灵活授课、鼓励社会办学、丰富办学形式;企业要拓宽办学思路,搞活办学形式,构建就业培训的配套设施,同时要加强师资队伍建设;相关就业培训机构要合理布局,健全监管形式,拓展宣传途径,完善培训体系。

关键词:珠三角地区;新生代农民工;就业培训

一、珠三角新生代农民工就业培训现状:基于问卷调查的分析

为更好地了解、分析珠三角新生代农民工就业培训现状,笔者针对珠三角新生代农民工就业培训现状与存在的问题设计了调查问卷,在2011年3月到10月,于广东省增城市、珠海市、广州市、中山市、东莞市等五个地点共发放1200份问卷,调查对象为18岁到30岁之间的农民工,收回有效问卷1128份,农民工工作涉及建筑、电力、家具等多个行业。在1128位受访新生代农民工中,受教育程度分别在小学以下、小学、初中、高中、大学及以上的人数分别为40人、170人、578人、315人、25人。其中,新生代农民工的受教育程度集中在初中及高中学历,两者总计所占比率为

---

① 本文系广东省哲学社科基金青年项目"广东转型升级背景下新生代农民工培训的长效机制构建研究"(项目编号:GD11YJY04)的研究成果。

79.2%；受过高等学历教育的仅有25人，所占比率为2.2%。珠三角新生代农民工受正规教育程度主要呈现出"两头尖、中间粗"的发展态势。

(一)就业培训参与度

在1128位新生代农民工中，365位受访新生代农民工表示曾经接受过由政府或企业提供的就业培训，763位受访新生代农民工表示从未接受过就业培训。目前，综合考虑培训机构的信誉、培训内容的有用性、培训费用的高低、培训时间安排的合理性以及培训机构的就业推荐成效等因素，我国培训市场能为农民工提供就业培训的机构主要有政府部门直接组建的培训机构、用人单位组建的培训机构、各专业学校组建的培训机构和部分社会团体、社会企业组建的培训机构。但目前，由政府和企业提供的就业培训机构供给远远不及需求。以上数据具有一定的代表性，首先，突出反映了政府没有统一的组织机构及配套就业培训机制；其次，尚未形成合理的、多元化的资金投入机制；再次，对农民工开展就业培训，从理论上讲城乡都有义务，但在农村人眼里这不属于农村的责任，在城市人眼里也不是城市人的义务。

(二)职业培训认受性

在受访的1128位新生代农民工中，认为很有必要参加就业培训的有910位，认为没有必要的有218位，80.6%的受访新生代农民工认可就业培训。与老一代农民工相比，劳动力市场对新生代农民工的素质要求更高，而新生代农民工自身对学习培训的积极性以及对学习培训的主观要求也更高。80.7%的受访新生代农民工认为十分有必要接受由政府或企业提供的就业技能培训。他们普遍希望通过自身的努力改变现状，实现美好的理想。在365位曾经参与由政府或企业提供的就业培训的受访新生代农民工中进一步访问得知，认为目前失业的可能性为"很小"或"比较小"的共计245人，所占比率为67.1%；认为"比较大"或"很大"的共计52人，所占比率为14.2%。这反映了就业培训具有一定的效果，使得曾接受就业培训的新生代农民工对目前自身的就业竞争优势具有一定的信心。

二、珠三角新生代农民工就业培训影响因素分析

从珠三角新生代农民工就业培训现状可以看出，影响新生代农民工参与就业培训的因素主要为培训资金、时间、内容、条件、教师、机构、意愿和宣传八个方面。

(一)培训资金

目前,珠三角地区关于农民工的就业培训经费来源主要有两个途径:一个是国家财政的定向拨款;另一个是通过地方政府拨付专项资金。在部分地区的地方企业会对自身内部员工提供免费培训的机会,但联合当地的就业培训管理部门或与技校联合对农民工开展培训的较少。据调查,珠三角地区36.3%的新生代农民工认为培训资金的多少是影响其是否接受培训的重要因素。

(二)培训时间

在影响珠三角新生代农民工接受就业培训的主要因素中,37.4%的新生代农民工认为时间是影响其参与就业培训的第一因素。经过进一步访谈与交流发现,培训时间影响新生代农民工参与就业培训主要表现在:一是部分新生代农民工认为培训机构提供的培训时间不足;二是部分新生代农民工自身时间不充裕导致无法参与培训。

(三)培训内容

新生代农民工放弃休息时间和加班的收入参加培训,必然承担着一定的机会成本,而培训效果往往具有滞后性,更增强了培训受益的不确定性,因此,培训内容成为影响新生代农民工的核心因素之一。通过与新生代农民工的交流得知,他们对培训内容涉及的行业领域、技能实效性非常关注。新生代农民工希望学习到不同行业领域的内容,挖掘自身的发展优势,进而注重专业技能的提高。

(四)培训条件

培训条件是指受教育者在接受培训时硬件设施和软件设施的供给状况,其中硬件设施包括书籍、教学工具、师资供应、教学媒介和培训环境等;软件设施包括师资的质量、培训内容的实用性等。在实地调研和走访的过程中,必要的硬件设施缺少的情况普遍存在。从管理者角度来讲,存在部分思想陈旧、缺少开拓意识的管理者,他们顾及资金流转周期和设备保养风险的因素,造成了训练实践设备落后于实际生产设备的局面;从运作角度来讲,缺少资金必然会造成培训条件差、设备短缺不足等问题,也将限制珠三角新生代农民工就业培训工作的进一步开展。

(五)培训师资

在调查珠三角新生代农民工就业培训的师资力量情况时,绝大多数新生代农民工对现有的师资力量持基本满意态度。据统计,7.8%的受访者表示他们参与就业培训受到了师资力量的影响。正派的教师作风不但能够树立良好的教师形象,更能够提高教学品质,增加感染力。培训机构师资队伍的优劣不但会影响学员的参与热情,还会影响培训机构长久发展的能力。

(六)培训机构

新生代农民工对于就业培训机构的认识不断完善和深入,他们在考虑是否参加培训时需要权衡的方面越来越全面。珠三角地区约有13.9%的受访新生代农民工认为当地培训机构的数量能够迎合新生代农民工对就业培训的种种需求等。培训机构的实际情况会影响新生代农民工接受就业培训的态度和行为。

(七)培训意愿

人在思维意识上若认可就业培训,自然在行动中也会有积极的表现。新生代农民工的培训意愿受多方面因素的影响,包括自身文化程度、所处环境氛围、政府政策导向和宣传力度等。调查显示,尚有一部分新生代农民工没有意识到培训对人的塑造作用和深远影响。

(八)培训宣传

新生代农民工仍属于农民工的群体范畴,其受自身文化程度和素质所限,在就业培训这一相对新生事物的理解和接受上往往体现出较大的被动性。无论是培训前的宣传、培训过程中的动态跟踪,还是培训后期的效果反馈,都需要及时向新生代农民工汇报,这不单是对培训工作的宣传,也是对培训工作的监督和肯定,在一定程度上保障了参与培训和未参与培训的新生代农民工的知情权、参与权、表达权与监督权。

三、优化新生代农民工就业培训的路径选择

(一)设立免费就业培训制度

农村就业培训具有公共产品或准公共产品属性。农村就业培训更多地表现为国家层面的受益性。通过农村就业培训,能够促进新生代农民工职业素质的提升和潜能的开发,促进新生代农民工就业问题的解决。因此,应将新生代农民工职业培训资金列入各级政府的财政预算,并确保经费收缴使用到位;要实施新生代农民工

就业培训补贴制度,建立由政府支付的新生代农民工公共教育的部分培训费用,并划入个人账户,由社会教育机构各方参与办学的公共教育模式。

(二)"购买"社会培训成果

调动职业学校等教育机构承担新生代农民工培训的积极性,可以积极鼓励有培训资质或者培训效果好的学校,依据政府下达的菜单开展培训。政府购买培训成果工作要坚持市场化原则,主要采用两种培训方式:一是个人自主选择培训机构。符合条件的新生代农民工可以根据自身的文化基础、职业技能状况和求职意向,自主选择培训项目,到经政府有关部门认定的培训机构进行职业培训。二是委托培训机构培训。根据就业市场需求状况组织或直接由培训机构组织符合条件的新生代农民工集体培训,在培训结束后,由政府认可的有关机构对相关培训机构组织的培训进行考核鉴定,合格则按照事先的约定支付相应的培训费。

(三)灵活授课,学分累计

教材内容、教学设备、授课方式、授课质量存在供求脱节的问题,必须从新生代农民工的利益、立场和视角出发,尊重新生代农民工的意愿和选择,设置人性化的培训课程,创新培训方法。开展培训工作的政府及培训机构,要坚持以市场为导向,以促进长期稳定就业为目标,分类分层推进职业技能培训;要积极开展培训需求调查,加强分工统筹,加强服务意识,满足新生代农民工群体不同类型、不同层次、不同形式、多样化选择的培训需求;要加强师资队伍专业化建设和教材开发,总结和推广"授课时间灵活安排""学分可累计和转续"、教师讲解演示、学生现场操作、"技术课和非技术课并重"等受新生代农民工欢迎的培训方式。

(四)鼓励社会办学,丰富办学形式

一方面,各级地方政府要在政策上鼓励、引导和支持以社会创办为主体的培训机构的设立,用社会创办的培训特色推动新生代农民工就业培训工作的发展;另一方面,有关部门应制定有利于职业培训发展的倾斜政策,扩大职业教育的生源,包括改革招生制度和方法,将职业高中与普通高中设置在同一批次上录取,免得不顾实际地把不适合送入普通高中的子女送入普通高中。另外,高校实施自学考试向农村延伸工程,可以为传统的农业从业人员、非农从业人员、非农业户的待业人员实现劳动力转移。

(五)拓宽办学思路,搞活办学形式

根据企业的需要对县域劳动力进行培训,不仅能够解决企业对劳动力的需要,也为企业未来劳动力的供给提供了坚实的后方保障。要创建"上挂、横联、下辐射"的办学形式:上挂科研单位,实行结对帮扶,帮助就业培训机构引进先进的生产技术、教学方法、高水平师资和科研项目;横联各有关行业、企业和部门,实现学校与其合作;向下辐射到乡镇、村成人文化技术学校,农村初中及新生代农民工个人,实行帮扶办学和生产指导。职业教育中心可以在具备条件的乡镇成人文化技术学校和中学试办中等职业教育教学班,方便新生代农民工及其子女就近入学。

(六)构建配套设施,加强师资建设

保证基础设施的完备性和高新设备的规模性是提升新生代农民工实践操作能力的必要途径。因此,要划拨专项资金用于教学设施的配购,鼓励社会捐助仪器设备;向企业借助部分实践设施和场所,兼顾企业利益,形成良好的互帮互助关系,便于长久合作和共同发展;对于较高价格的高新设备,要划分区域,联合各培训机构共同出资购买,并规划好每个出资机构轮流组织培训学习的时间。教师作为教育的软实力,决定了人才培养质量的高低。要抓教风建设,建立考核制、流动随即听课制、绩效工资制等,有效加强对教师的监督、消除教师消极的教学态度、提高教师的工作效率以及提升教学成果;通过严把"进口关",实行上岗资格考试制度,加强教师培训,发挥教师的创造性才能,提高教师队伍的整体素质;转变教师的聘用制度,形成系统、规范的招贤纳才机制,吸收各行各业优秀的企业家和技能娴熟的技术工作者作为培训教师,拓宽新生代农民工的职业空间。

(七)合理布局机构,健全监管机制

将现有的就业培训机构进行有效整合是合理布局的必经之路。对于硬件设施缺失严重、师资水平低下、无法达到预期培训教学效果的培训机构应予以合并。建立健全新生代农民工就业培训监督管理体系,有助于形成团结协作的工作氛围和协调一致的运行机制。因此,要出台监管制度,精简部门职位,明晰责任任务,避免出现多头管理的复杂局面;从内部对管理部门进行绩效考核;设立举报系统,制订严厉的处罚措施,对损害新生代农民工利益的培训机构及责任人严惩不贷,规范新生代农民工就业培训市场,维护新生代农民工群体的权益。

第八届研究会举办专题研讨会总结

1. 2013年5月31日,暨南大学主办"成人教育学生管理工作"专题研讨会,30个理事单位、76名代表参会,华南理工大学蒋开球、暨南大学廖仕湖、华南师范大学邹勇华、广东外语外贸大学苏冬燕、深圳大学胡海明、南方医科大学申玉杰、仲恺农业工程学院刘艾、广州大学丁邦友等8位代表分别做了成人教育学生管理工作的主题发言,还进行了分组讨论。

2. 2013年11月29日,广州大学主办"成人教育教学质量"专题研讨会,35个理事单位、75名代表参会,广州大学姚振坚、暨南大学廖仕湖、汕头大学王康华、广东医学院谢培豪等4位同志分别做了大会发言,还进行了分组讨论。

3. 2014年5月13日,华南农业大学主办"自学考试综合改革"专题研讨会,广东省教育考试院自考处欧阳坤立处长、黄列波调研员、刘谦进调研员、杨澎副处长以及来自中山大学等20所高校继续教育学院的50多名专家和代表参加了会议。会议由徐正春副理事长主持。会议重点围绕《广东省高等教育自学考试综合改革工作方案(征求意见稿)》进行研讨。汕头大学王康华、广东外语外贸大学何勇斌、华南农业大学叶浩等3位代表分别做了主题发言,大会安排了研讨交流,省教育考试院欧阳坤立处长做了讲话,廖仕湖理事长做会议总结。

4. 2015年4月23日,深圳大学主办"广东省普通高校深化继续教育改革实践与探索"专题研讨会。来自中山大学、华南理工大学、暨南大学、华南师范大学等24所院校的90多名代表参加了会议。全国高校现代远程教育协作组副秘书长,全国高校网络教育考试委员会办公室常务副主任,北京师范大学继续教育学院、网络教育学院、高等职业技术学院原院长李德芳教授应邀为大会做了《新形势下高校继续教育的改革和转型发展》的主题报告。深圳大学继续教育学院熊静院长、中山大学教务处潘金山副处长、华南理工大学继续教育学院刘芳院长分别做了专题交流发言。

5. 2016年5月11日，广东外语外贸大学主办广东省普通高校新常态下非学历继续教育创新发展专题研讨会。来自中山大学、暨南大学、华南师范大学、华南农业大学等33所高校及广东学苑教育发展有限公司近90位代表参加了会议。中国成人教育协会成人外语高等教育专业委员会会长、对外经济贸易大学继续教育学院原院长谢毅斌教授做了题为《高校继续教育创新发展的思考》的主题报告。华南农业大学继续教育学院徐正春院长、深圳大学继续教育学院杜龙书记、五邑大学继续教育学院余从荣院长、广东外语外贸大学何勇斌分别做了专题发言。

6.2017年6月14日，广州中医药大学主办"新形势下，普通高校继续教育供给侧改革与发展研讨会"专题研讨，32个理事单位、95名代表参会，广东省教育厅高教处吴念香处长做了题为《以改革创新为引领 推动我省高校继续教育转型升级》的主题报告、清华大学继续教育学院刁庆军书记做了题为《高校继续教育的定位及转型升级》的主题报告，深圳大学继续教育学院熊静院长、韶关学院周思明副处长、广州中医药大学邹旭教授等分别做了专题发言。

第八届研究会举办年会总结

1.2014年1月6日至7日,广东省普通高校成人教育研究会2013年年会在鹤山召开。来自全省34所普通高校成人(继续)教育学院、广东省成人教育协会的代表及特邀嘉宾共有106人参加了会议。本次年会由中山大学承办,年会主题为:高等教育深化改革背景下普通高校继续教育的发展路径。与会代表充分讨论理事长工作报告,并主要围绕广东省普通高校成人高等学历教育和继续教育改革发展路径等议题展开研讨交流。与会代表提交了年会学术交流论文37篇,并由承办单位编印了论文集。会议邀请了香港大学专业进修学院原院长、高级顾问杨健明教授做《香港大学继续教育的办学理念及实践》学术报告。

2.2015年1月7日至9日,广东省普通高校成人教育研究会2014年年会在广州召开。来自全省33所普通高校成人(继续)教育学院、广东省成人教育协会的代表及特邀嘉宾共有110人参加了会议。会议由华南师范大学承办,年会主题为:高等教育深化改革背景下普通高校继续教育的规范管理。与会代表充分讨论理事长工作报告,并围绕广东省普通高校成人高等学历教育和继续教育的规范管理及创新发展等议题展开研讨交流。与会代表提交了年会学术交流论文28篇,并由承办单位编印了论文集。会议邀请了《中国成人教育》杂志社总编室陈明欣主任做题为《成人教育学科建设与学术研究的几个问题》的学术报告。

3.2015年12月21日至23日,广东省普通高校成人教育研究会2015年年会在广州召开。来自全省34所普通高校成人(继续)教育学院、广东省成人教育协会的代表及特邀嘉宾共有100余人参加了会议。会议由广东工业大学承办,年会主题为:

386 ::::广东省普通高等学校成人教育研究论文集（第六辑）

基于信息平台下，继续教育的改革与创新。与会代表充分讨论理事长工作报告，并围绕广东省普通高校成人高等学历教育和继续教育在信息平台下的创新发展等议题展开研讨交流。与会代表提交了年会学术交流论文26篇，并由承办单位编印了论文集。大会邀请了上海市成人教育协会副会长齐伟钧教授做题为《上海市成人高等教育"学分银行"建设探索与思考》的学术报告。

4.2016年12月28日至30日，广东省普通高校成人教育研究会2016年年会在清远市召开。来自全省30所普通高校继续（成人）教育学院的院长、教师代表、广东省普通高校成人教育研究会正副理事长、常务理事、正副秘书长及广东学苑文化发展有限公司共计100余人参加了此次会议。会议由华南农业大学承办，年会主题为：规范办学与转型发展。与会代表充分讨论理事长工作报告，并对新形势下普通高校继续教育改革与发展的相关问题进行探讨，进一步明确普通高校继续教育改革与发展的思路和举措，促进普通高校继续教育的健康、可持续发展。研究会副理事长刘芳院长做题《高校继续教育可持续发展的思考》的学术报告。

5.2017年会由华南理工大学承办。